평등해야 **건강**하다

The Impact of Inequality: How to Make Sick Societies Healthier
by Richard G. Wilkinson

Copyright ⓒ 2005 by The New Press
All Right reserved.

Korean translation edition ⓒ 2008 by Humanitas
Published by arrangement with The New Press, New York, USA
through Bestun Korea Agency, Seoul, Korea.
All Right reserved.

이 책의 한국어 판권은 베스툰 코리아 에이전시를 통해 저작권자와 독점 계약한 후마니타스에 있습니다.
저작권법에 따라 한국 내에서 보호를 받는 저작물이므로 어떠한 형태로든 무단 전재와 무단 복제를 금합니다.

평등해야 건강하다

불평등은 어떻게 사회를 병들게 하는가

리처드 윌킨슨 지음 김홍수영 옮김

후마니타스

평등해야 건강하다
불평등은 어떻게 사회를 병들게 하는가

1판1쇄 | 2008년 3월 25일
1판5쇄 | 2014년 11월 25일

지은이 | 리처드 윌킨슨
옮긴이 | 김홍수영

펴낸이 | 박상훈
주간 | 정민용
편집장 | 안중철
편집 | 윤상훈, 이진실, 최미정, 장윤미(영업)

펴낸 곳 | 후마니타스(주)
등록 | 2002년 2월 19일 제300-2003-108호
주소 | 서울 마포구 합정동 413-7번지 1층 (121-883)
전화 | 편집_02.739.9929 영업_02.722.9960 팩스_0505.333.9960
홈페이지 | www.humanitasbook.co.kr

인쇄 | 천일_031.955.8083 제본 | 일진_031.908.1407

값 17,000원

ISBN 978-89-90106-58-2 03300

이 도서의 국립중앙도서관 출판시도서목록(CIP)은 e-CIP 홈페이지(http://www.nl.go.kr/ecip)에서 이용하실 수 있습니다(CIP제어번호: CIP2008000824).

차례

한국어판 서문 7
서문 11

1장 풍요로운 사회 · 물질적 성공과 사회적 실패 14

2장 불평등 · 더 적대적이고 덜 친화적인 사회 47

3장 불안과 불안정 · 타인의 시선 73

4장 건강과 불평등 · 수명은 짧고 스트레스는 많은 삶 122

5장 폭력과 불평등 · 지위, 치욕, 그리고 존중 169

6장 협력이냐, 갈등이냐 · 평등이 이 문제를 결정한다 194

7장 젠더, 인종, 불평등 · 아랫사람에게 발길질하기 240

8장 사회적 전략의 진화 · 호혜성과 지배 262

9장 자유, 평등, 우애 · 경제적 민주주의 313

옮긴이 후기 350
참고문헌 367
찾아보기 389

일러두기

1 본문에서 사용하고 있는 [ ]는 윌킨슨의 첨언이며, 독자의 이해를 돕기 위한 옮긴이의 첨언인 경우는 [—옮긴이]로 표기했다.
2 본문에 있는 각주는 모두 옮긴이가 덧붙인 설명주이다.

한국어판 서문

『평등해야 건강하다』가 한국의 독자들을 위해 한국어로 출판될 수 있게 되어서 매우 기쁘다. 지난 세대 동안 한국 사회가 겪어 왔던 놀랍고도 흥미로운 변화들이 건강과 사회에 어떤 영향을 미쳤는지를 이해하는 데에 이 번역서가 작은 기여를 할 수 있기를 바란다.

한국어판 서문을 쓰면서 나는 늦게나마 내 연구가 어떻게 하면 장기적인 전망과 조화를 이룰 수 있을지 생각해 보게 되었다.

사회는 점차 부유해지는데도 경제 성장이 가져오는 사회적 혜택은 오히려 줄어들고 있다. 비록 기대 수명은 계속해서 높아질 수 있겠지만, 그것을 오롯이 경제 성장 덕분으로 보기는 어려울 것이다. 사회 구성원들이 느끼는 행복감은 점차 줄어드는 반면, 걱정·우울·자살·비만을 나타내는 사회 지표들은 지난 몇 세대 동안 계속 증가하고 있다. 이처럼 경제 성장의 혜택이 줄어들고 있다는 점만이 인류가 당면한 문제는 아닐 것이다. 에너지 낭비에 경종을 울리고 있는 지구 온난화 현상처럼, 인류는 경제 활동이 환경에 미친 부작용들에도 직면하게 되었다.

이 책은 현대 사회가 교차로에 서 있다는 자각에서부터 시작한다. 인류의 역사가 시작된 이래 지금까지 삶의 질을 높이고자 하는 노력이 계속되었고, 그 결과 인간 사회의 물질적 생활수준도 향상되었다. 하지만 이제 적어도 가장 부유한 나라들에서는 삶의 질과 물질적 생활수준의 관계는 그렇게 밀접하지 않다. 따라서 우리는 실질적인 삶의 질을 높이기 위한 새로운 방법들을 모색해야 한다. 오늘날 경제 성장이 가져다주는 선물은 줄어들고 있을 뿐만 아니라, 가끔 혜택보다는 해악이 되어 돌아오고 있다. 특히 건강은 물질적 여건만이 아니라 심리적·감정적 상황 등, 인간의 환경에 매우 민감하게 반응하는 지표다. 사회 전체의 건강을 좌우하는 사회적 요인들을 분석한 지난 30년의 연구 성과들은, 인류의 행복을 위해 무엇이 가장 필요한지에 대해 새로운 통찰을 제공해 주고 있다. 이 연구들이 말하고자 하는 바는, 행복한 삶을 영위하기 위해서는 충분한 음식과 안식처만이 아니라 사회적 환경의 질도 매우 중요하다는 점이다. 개인적인 차원에서 이런 주장은 별로 새로운 것이 아닐지도 모른다. 우리는 이미 친구가 소중하고, 남들에게 가치를 인정받고 존중받는 것이 중요하며, 어린 시절의 경험이 훗날에도 계속해서 영향을 미친다는 사실을 알고 있기 때문이다. 그러나 우리가 사회적 환경과 건강, 그리고 행복을 사회적인 차원에서 바라보게 된다면, 이런 주장은 매우 중요한 의미를 갖는다. 사적인 세계가 사회 구조, 사회적 지위와 계급, 그리고 불평등에 의해 엄청난 영향을 받는다는 사실을 깨닫게 되기 때문이다.

인류는 오래전부터 불평등이 사회적으로 치명적인 결과를 낳고 있으며, 사회를 좀먹고 있다는 사실을 어렴풋하게나마 인지하고 있다. 그러나 이제 우리는 자료를 통해 각 국가들의 불평등이 얼마나 심각한지를 직접 비교할 수 있게 되었으며 결과는 놀라웠다. 부유한 국가들 가운데 건강 수준이 가장 높은 나라는 제일 잘사는 나라인 미국이 아니었다. 노르웨이나 스웨덴처럼 평등한 나라들이 건강한 사회였다. 불평등이 사회에 미치는 영향은 단지 건강에만 국한되지 않는다. 심한 사회적 박탈감에 시달리는 불평등한 사회는 사회적 박탈감과 관련된 온갖 사회 문제들로 고생하고 있다. 한편 건강 수준이 낮은 사회는 강력 범죄 발생률과 수감률, 10대 임신 비율이 높고, 아이들의 수리와 언어 능력이 떨어지며, 신뢰와 사회적 자본의 수준은 낮은 것으로 나타났다. 한 지표가 좋지 못한 사회는 어김없이 다른 지표들에서도 좋은 기록을 내지 못했다. 이렇게 사회 지표들에 격차가 생기는 이유는 불평등의 정도와 관련이 있다. 낮은 사회적 지위는 인간과 사회를 손상시키는데, 사람들 사이의 사회적 지위 격차가 커질수록 이에 따른 손상도 심해지는 듯하다. 이처럼 불평등의 정도에 따라 이렇게 다양한 분야의 사회 지표가 달라질 수 있다는 사실은 매우 충격적인 발견이었다.

    이 책에서 인용한 많은 연구는 역학적疫學的 관점에 기반을 두고 있다. 하지만 건강이 사회적·물질적 여건과 연결되는 경로들에는, 사회심리학적 경로—만성 스트레스 때문에 생기는 심리사회적 효과들처럼—도 분명히 포함되어 있다. 물질적인 환경만이 건강에 영향을 주는 것은 아니다. 이 물질적 환경이 갖는 사회적 의미, 이를 우리가 경험하게 되는 과정, 그리고 이런 환경 속에서 우리가 자신을 인식하는 방식들도 건강에 영향을 미친다. 이는 한 사회의 건강 수준을 이야기할 때, 물질적 기준 못지않게 각 사회의 문화적·역사적 특성들이 중요하다는 사실을 의미한다. 사회마다 낙인의 대상이 다르다. 따라서 무안함, 수치심, 무시의 원천—모두 스트레스의 중요한 요인이다—은 사회마다 다르다. 하지만 어떤 요인들은 인간의 근원적인 심리에 근거하고 있으며, 따라서 많은 사회에서 공통적으로 나타나는 보편적인 요인들일 수 있다. 불평등한 사회가 더 폭력적이며 건강 수준도 낮다는 가설은 다양한 경제 발전 단계에 있는 여러 사회로부터 계속해서 증명되어 왔다. 때문에 비록 이 책이 서구의 사례를 바탕으로 논의를 진행하고 있다 하더라도, 한국과 같은 다른 문화권의 사회에서도 유의미할 것이라 확신한다. 덧붙여 이 번역서의 출간이 한국 사회의 특성을 반영한 후속 연구가 나오는 데 일조할 수 있기를 바란다.

2008년 영국 노팅엄에서
리처드 윌킨슨

서문

『평등해야 건강하다』는 그동안 이루어져 왔던 건강과 불평등에 대한 연구들을 종합적으로 분석하고 검토한 책이다. 그러니 건강과 불평등에 대해 연구를 수행해 온 수많은 학자에게 먼저 감사 인사를 해야겠다. 그들은 내가 건강 불평등이라는 거대한 퍼즐을 맞추기 위해 사용했던 퍼즐 조각들을 마련해 주었다. 건강과 불평등에 대한 연구자들의 관심은 매우 다양하다. 따라서 이를 둘러싸고 토론과 논쟁이 끊임없이 계속되어 왔다. 하지만 지난 30여 년 동안 건강 불평등을 연구하면서 감동받았던 부분은 이런 관점의 대립이 아니었다. 연구자들은 서로 다른 견해를 가지고 있었지만, 모두 매우 고통스러운 인고의 시간을 견디면서 건강 불평등의 문제에 천착할 만큼 자기 자신의 연구와 연구가 갖는 사회적 함의와 연구가 궁극적으로 지향해야 할 사회 정의라는 가치에 대해 매우 깊은 신념을 가지고 있었다. 이처럼 모두가 근본적으로 공유하고 있는 신념의 기반을 생각했을 때, 종종 일어나는 의견 충돌은 그리 중요한 문제가 아니었다. 그래서 나는 홀로 연구에 골몰하고 있는 시간조차, 어떤 커다란 공동체에 속해 있다는 느낌을 받곤 했다. 단지 건강 불평등이라는 문제에 대해 고민하며 인류가 좀 더 행복해지기를 바라는 마음을 넘어서, 궁극적으로 사회정의를 함께 꿈꾸는 공동체 말이다. 이런 의미에서 지금껏 필자를 지지해 주었던 친구들과 동료들만이 아니라, 나와 관점을 달리하면서 만만치 않은 도전을 주었던 연구자들에게도 심심한 감사를 전하고 싶다.

어떤 사람들은 내가 아무에게나 감사를 한다며, 여기에서 일일이 이름을 언급하는 것을 못마땅하게 생각할지도 모르겠다. 하지만 소중한 사람들의 이름을 한 명씩 불러주고 싶다. 이들은 내가 생각하는 방식에 영향을 미치거나, 연구에 임하는 태도를 북돋아 주거나, 환대와 지지를 베풀어 주거나, 이 책에 참고할 만한 연구를 수행하는 것처럼, 다양한 방식으로 함께 길을 걸어 주었다. 멜 바틀리(Mel Bartley), 리사 버크만(Lisa Berkman), 스테판 베쯔루츠카(Stephen Bezruchka), 데이비드 블레인(David Blane), 밀드레드 블랙스터(Mildred Blaxter), 마틴 보박(Martin Bobak), 에릭 브루나(Eric Brunner), 사이먼 찰스워스(Simon Charlesworth), 헬레나 크로닌(Helena Cronin), 조지 데이비 스미스(George Davey Smith), 앵거스 디톤(Angus Deaton), 데이비드 도니슨(David Donnison), 대니 도어링(Danny Dorling), 짐 던(Jim Dunn), 데이비드 에르달(David Erdal), 사라 팬(Sarah Fan), 루이지아 프란지니(Lousia Franzini), 폴 길버트(Paul Gilbert), 팸 길리스(Pam Gillies), 데이비드 핼펀(David Halpern), 클라이드 헤르츠만(Clyde Hertzman), 이치로 가와치(Ichiro Kawachi), 쇼나 켈리(Shona Kelly), 브루스 케네디(Bruce Kennedy), 마가레타 크리스텐슨(Margareta Kristenson), 바바라 크림골드(Barbara Krimgold), 디 쿠(Di Kuh), 안톤 컨스트(Anton Kunst), 피터 롭메이어(Peter Lobmayer), 데이비드 로우(David Lowe), 조안 맥켄바

흐(Johan Mackenbach), 마이클 마멋(Michael Marmot), 샐리 매킨타이어(Sally McIntyre), 케이트 픽켓(Kate Pickett), 크리스 파워(Chris Power), 폴린 로즈나우(Pauline Rosenau), 낸시 로스(Nancy Ross), 로버트 새폴스키(Robert Sapolsky), 매리 쇼(Marry Shaw), 오브리 쉐이햄(Aubrey Sheiham), 캐롤 쉬블리(Carol Shively), 요하네스 시그리스트(Johannes Siegrist), 앨빈 탈로브(Alvin Tarlov), 로베르토 드 보글리(Roberto de Vogli), 마이크 워즈워스(Mike Wadsworth), 패트릭 웨스트(Patrick West), 데이비드 윌리엄스(David Williams), 마이클 울프슨(Michael Wolfson), 앨리슨 질러(Alison Ziller). 만약 이들이 없었다면 세계는 더욱 곤궁해졌을지도 모른다. 이들의 참신한 연구는 현대 사회가 직면하고 있는 사회 정의의 문제를 과학적 분석의 영역에 반영시키는 데 크게 기여했다.

이 자리를 빌려 지난 몇 년 동안 필자에게 재정적 지원을 해 주고 있는 영국의 경제와사회연구위원회(Economic and Social Research Council), 의학연구위원회(Medical Research Council), 바링 재단(Baring Foundation)과 폴 햄린 재단(Paul Hamlyn Foundation)에 고마움을 전한다. 마지막으로 필자가 현재 몸담고 있는 노팅엄대학교와 동료 연구자들에게도 감사한다. 이들이 아니었다면 이 책을 마무리하지 못했을 것이다.

1
풍요로운 사회
물질적 성공과 사회적 실패

 미국을 비롯한 선진국에서조차, 가장 가난한 지역에 사는 사람들의 기대 수명은 가장 부유한 지역에 사는 사람들보다 5년에서 10년, 혹은 15년이나 짧게 나타난다. 그 격차는—사람들이 살아가는 사회경제적 환경이 매우 다르다는 점을 반영하는 것으로—인권 침해의 모습을 극단적으로 보여 준다.
 사람들은 대체로 현대 사회로 접어들면서 계급 격차가 이전보다 줄어들었으리라 짐작한다. 하지만 지난 몇십 년 동안 계급별 건강 수준을 살펴보면 격차는 오히려 벌어졌다. 건강 불평등은 부유층과 빈곤층, 고학력자와 저학력자, 그리고 같은 사회·경제적 계층에서도 서로 다른 인종과 민족 집단들이 얼마나 다른 수준의 삶을 살고 있는지를 보여 준다. 나아가, 이와 같은 상황은 인류애와 도덕성과 같은 근대 사회의 가치들에 근본적인 질문을 던진다.
 이 책은 건강 안내서가 아니다. '건강을 지키기 위해 해야 할 일과 하지 말아야 할 일'을 가르쳐 주지 않는다. 대신 사회·경제적 불평등이 개인들과 사회에 어떤 영향을 미치는지 밝히기 위해서, 건강 불평등에 관한 연구들을 활용한다. 사회 계층화의 총체적 효과에 대한 이해는 우리가 사는 사회에 대한 좀 더 깊이 있는 성찰로 우리를 이끈다. 사회적 요인들이 건강 상태를 결정하는 가장 강력한 요인이기에, 이 책에서는 부유한 사회에도 악영향을 미치는 사회적 불안의 뿌리에 대해 살펴볼 것이다. 그리고 수명뿐만 아니라, 더 중요하게는, 우리 모두의 삶의 주관적이고 사회적인 질을 증진할 수 있는 변화의 방향을 제시할 것이다.

상하수도의 보급과 19세기 공중보건운동을 통해 도시의 물리적 환경은 크게 개선되었다. 그러나 이제는 물리적 환경만이 아니라 사회적 요인들도 건강을 심각하게 해칠 수 있다는 인식이 확대되고 있다. 이런 인식이 확장된다면 인간 삶의 질은 다시 한번, 더욱 근원적으로 변화될 수 있다. 우리는 건강을 해치는 사회 구조가 무엇인지를 규명하는 것에서부터 개혁 프로그램을 시작할 수 있다. 때늦은 깨달음이긴 하지만, 이런 개혁 프로그램을 통해 미래 세대들은 우리의 사회와 사회적 관계들에 얼마나 많은 결함이 있었는지를 깨달을 수 있을 것이다.

변화하는 생애

나는 어머니가 갓난아이였을 무렵 당신의 할머니 품에 안겨서 찍은, 거의 90년 된 가족사진을 가지고 있다. 90세가 넘은 어머니는 지금도 살아계신다. 사진 속에서 어머니를 안고 계신 나의 증조할머니는 1826년에 태어나셨다. 1826년이라면, 조지 스티븐슨이 만든 최초의 증기 기관차 '로켓'Rocket이 시속 13마일[20.9km-옮긴이]로 화물을 운반하면서 기계 동력이 동물 동력보다 낫다는 사실을 만방에 알렸던 해보다 3년 정도 앞선 때다. 그러니까 증조할머니와 어머니의 생애는 기계 동력의 초창기에서 시작해 선박으로는 험난하고도 기나긴 항해가 필요했던 곳을 단 몇 시간 만에 여행할 수 있게 된 항공의 시대에까지 걸쳐 있는 것이다. 또한 이들의 생애는 최초의 국내 통합 우편 서비스가 시작된 때부터 무선 통신으로 지구촌 곳곳이 실시간으로 연결되는 시대로까지 이어진다. 사회·정치면에서도 굵직굵직한 변화들이 있었다. 이들의 생애는, 노예제가 일반적이었고 오늘날에는 경범죄에 해당하는 사안에 대해서도 공개 처형과 태형이 비일비재했던 시기에서부터, (미국을 제외한 유럽연합의 모든 국가들처럼) 대부분의 진보적인 선진국에서 모든 형태의 신체 처벌과 극형이 금지되고 교사나 심지어 부모조차도 아이를 체벌하는 것이 금지된 현재까지 이어지고 있다.

과거에도 변화의 속도는 놀랄 만큼 빨랐다. 하지만 그런 발전을 가져온 당시의 경제 성장률은 지금 기준으로는 경기 침체보다 약간 높은 수준에 불과했다. 영국에서 시작된 세계 최초의 산업 혁명 시기에도 연평균 경제 성장률은 1%를 좀처럼 넘지 못했다. 오늘날에는 적어도 당시 성장률의 세 배 정도는 되어야 그럭저럭 성장하고 있다는 평가를 받는다. 현재 몇몇 국가는 당시의 경제 성장률보다 열 배 정도 빠른 속도로 성장하고 있다. 지난날의 변화도 실로 놀라운 성과였지만, 지금의 변화 속도는 과거와는 비교도 할 수 없을 정도로 빠르다.

상상할 수 없었던 일들이 실현되려면 한두 세대가 지나야 했던 때도 있었지만 우리는 이제 어린 시절에는 상상조차 하지 못했던 일들이 우리의 삶이 끝나기도 전에 현실이 되는 상황을 목격하고 있다. 이런 속도를 놓치지 않으려면 우리의 사고도 급진적일 필요가 있으며, 또한 더욱 긴 안목을 가지고 사고해야 한다. 동시에 우리는 현재 인류 사회를 이끄는 힘들의 본질적인 동학을 이해하고, 그것들이 우리를 어디로 이끌어가고 있는지, 우리 스스로는 어디로 나아가길 원하는지, 그리고 최악의 경우를 피하기 위해 우리가 할 수 있는 일은 무엇이며, 어떻게 인류 사회를 좀 더 행복한 사회로 바꾸어 나갈 수 있을지를 질문해야 한다.

현대 사회의 생활수준이 너무나 높아졌기 때문에 우리는 온수나 위생적인 하수도 시설이 선조에게는 얼마나 대단한 사치였는지를 잊고 지낸다. 빛은 투과시키면서도 바람은 막아주는 유리창은 인간의 삶에 매우 중요한 변화를 가져왔다. 이렇듯 유리창처럼 단순한 발명품들조차 일상화된 지 이제 고작 몇 세기가 지났을 뿐인데도 그 변화를 생각하는 사람은 거의 없다. 이제 선진국에서는 가난한 사람들도 세탁기, 청소기, 냉장고, TV, 비디오, 자가용까지 가지고 있다.

그런데도 오늘날 선진국에서조차 사람들은 너무나 불행해 보인다. 이들은 강력범죄만이 아니라 우울증, 불안, 스트레스, 알코올 중독, 향정신성 약물 중독이라는 무거운 짐들로 고통받고 있다. 현대 사회는 이전 세대들이 누리지 못했던 물질적 안락, 사치, 안전을 누리고 있지만, 마치 지금이 상태를 견디는 것조차 힘들다는 듯이 '스트레스'나 '생존'과 같은 단어들을 자주 내뱉곤 한다. 과거에 비하면 노동은 육체적으로 훨씬 수월해졌고 물리적인 근무 시간도 단축되었다. 그러나 심리적 스트레스 때문에 병가病暇를 내는 사람들은 더욱 늘어났다. 심리사회적 문제는 사람들이 의

사를 찾는 첫 번째 이유가 되었으며, 우울증, 불안, 불면증 등을 이겨내도록 돕는 향정신성 의약품이나 진통제가 약물 처방에서 가장 큰 규모를 차지하게 되었다. 이런 약물들은 마음을 안정시키고, 고통을 완화해 주며, 때로는 뇌의 쾌락 중추를 자극하기도 한다. 이제 어디서든 우리는 신경쇠약에 걸린 사람들을 쉽게 만날 수 있다. 이들은 자신의 인내력과 대처 능력이 한계에 달했다고 느끼며, 살아갈 의지를 포기하거나 쉽게 망상에 빠지고, 소외되어 혼자 지내거나, 때로는 괴상하고 위험한 환상에 빠지기도 한다. 또한 지난 반세기만 돌이켜 보더라도, 대부분의 국가에서 우울증은 (그저 과거보다 많아진 차원을 넘어) 일상적인 증상이 되어 버렸다. 우울증만이 아니라 자살률, 알코올 중독, 범죄율도 계속 높아지고 있다.

현대 사회에서 나타나는 물질적 성공과 사회적 실패의 대비는 의미심장한 역설을 보여 준다. 하지만 우리는 그런 역설적 상황이 발생한 인과적 경로에 대해서는 아는 바가 거의 없다. 우리의 선조들은 기적과 같은 과학 기술이 엄청난 안락을 선물할 것이며, 그 결과를 후손들이 맘껏 누리게 될 것이라고 기대했을지 모른다. 현대의 첨단 기술은 물질적 풍요를 가져다 주었고, 동시에 고되고 지루한 육체노동에서 현대인들을 해방시켰다. 그뿐만 아니라 집에서도 교향악을 완벽히 재현하는 음향 설비, 버튼 하나만 누르면 움직이는 자동차, 지구의 반대편에서 일어나는 일을 실시간으로 전해 주며 언제 어디서든 누구하고나 대화할 수 있는 통신 기술처럼, 첨단 기술은 이제는 너무나 당연해진 현란한 물질문명으로 우리를 이끌었다.

우리의 선조들은 물질적으로 풍요해지면 사회적 삶도 번영하게 될 것이라고 꿈꾸었을 것이다. 그들은 인간의 사회성을 각박하게 만드는 자원의 희소성에서 해방된다면, 부족한 자원 때문에 비열해지거나 서로 증오

하는 일 따위는 사라질 것이고 대신 아낌없는 온정과 자비가 풍요로운 세계를 사는 인간의 특성이 될 것이라고 기대했을지도 모른다. 하지만 인간 사회는 실제로 자랑할 만한 사회적 성과를 거의 거두지 못했다. 우리가 현대 과학과 첨단 기술의 결과에 온전히 자부심과 자신감을 느끼게 될 날은 아직도 요원해 보인다.

우리의 선조 가운데 상당수는 자원의 희소성 때문에 사회 갈등이 생겨난다고 믿었다. 17세기 저명한 정치사상가 토머스 홉스Thomas Hobbes도 부족한 자원을 차지하고자 사람들이 경쟁하면서 사회 갈등이 일어난다고 주장했다. 따라서 홉스는 평화를 강제하는 전제 군주나 정부의 강력한 권력이 없다면, 희소한 자원을 둘러싼 경쟁으로 말미암아 사회는 '만인의 만인에 대한 투쟁'의 상태가 될 것이라고 믿었다.

정치적 스펙트럼에서 홉스와 반대쪽에 있었던 초기 사회주의자들도 자원의 희소성이 가져오는 효과에 대해 비슷한 가정을 하고 있었다. 그들은 산업화가 가져올 것으로 보이는 풍요를 통해 정치적·경제적 체계가 진보할 것이며, 그것이 계급 분할과 전쟁이 없는 형제애와 자매애의 시대로 인류를 인도할 것이라고 믿었다.

그렇다면 무엇이 잘못되었을까? 왜 우리는 육체적으로 안락하고 오락과 자극, 흥밋거리가 넘쳐나는데도 이렇게 자주 불행을 느끼며, 스트레스를 받고 우울증에 빠지게 되었을까?

몇몇 사람들은 풍요가 우리의 삶에서 '궁핍의 힘'을 약화시켰기 때문에 이런 문제가 발생했다고 주장한다. 즉, 해방이 파멸을 가져왔다는 것이다. 몇 세대에 걸쳐 인간의 삶을 단련시켜 온 궁핍에서 인간이 벗어남에 따라, 대신 나약한 자유만 남게 되었다는 것이다. 만약 이런 해석이 사실이라면, 궁핍에서 벗어난 가장 부유한 지역에서 위와 같은 문제들이 가장 심하게 나타나야 할 것이다. 그러나 대부분의 사회 문제와 불행의 징후는 가난한 지역과 부문에서 더욱 많이 (대체로 매우 심각한 정도로) 나타난다.

한 국가의 사회적 행복 지수measures of social well-being는 국가가 부유할수록 높아지는 것이 일반적이었다. 하지만 지금 부유한 나라들을 보면, 경제 수준이 높아짐에도 행복 지수는 더 증가하지 않거나 오히려 떨어지고 있다. 1970년대나 그 이전에도 부는 계속 축적되고 있지만, 그 후로 행복 지수는 전혀 증가하지 않았다.

물질적 번영이 왜 기대했던 것만큼의 사회적 행복을 가져다주지 못했는지에 대해서 몇 가지 추측만 할 수 있을 뿐, 아직도 이를 제대로 파악하려는 유용한 토론이나 실천은 거의 이루어지지 않고 있다. 정치인들과 시사평론가들은 대체로 실증적인 증거에 관심을 기울이기보다는 대중의 편견에 편승하는 전략을 사용한다. 사람들은 개별적으로 기분전환을 위해 신용카드 한도를 바닥내며 소비주의의 물결에 휩쓸리곤 한다. 더욱 염려되는 사실은 사회적·정서적 행복을 가져다주는 대안으로 폭음이나 약물 복용이 자주—비록 순간적이기는 하지만—사용되고 있다는 점이다.

사실 현대 사회는 과거 어느 때보다 현재의 상황과 문제의 원인을 이해하기에 좋은 여건을 갖추고 있다. 주의 깊게 사용하기만 한다면, 컴퓨터와 통계기법을 통해 우리가 지금까지 보지 못했거나 인정하고 싶지 않았던 사실들을 밝혀낼 수 있게 되었고, 이에 따라 우리는 인간과 관련된 사회적 과정들을 더욱 구체적으로 파악하기 시작했다. 지구의 나이, 인류의 진화, 인간의 정신과 육체의 작동 원리를 이해하게 되면서, 우주 안에서 인류의 위치도 더 잘 파악할 수 있게 되었다. 이와 동시에 우리 자신을 알려면 우리가 살고 있는 사회를 더 깊이 이해할 필요가 있다는 사실도 깨달았다. 아직 사회과학은 다소 혼란스럽고 자기보존적이며 자기정당화에 관심을 두는 경향이 있다. 하지만 사회과학자들이 현대 사회에 대한 자신들의 각성과 의식을 여러모로 표명하기 시작한 것도 사실이다. 사회과학이 특정한 계급이나 종교, 인종, 국가의 이익에 종속되지 않고 덜 편파적으로 연구를 진행할 수 있게 되면서, 사회 문제에 비생산적으로 대응했던 도덕주의적이고 보수적인 관점들은 점차 설 자리를 잃었다. 대신 인간이 어떤 존재인지를 편견 없이 현실적으로 보려는 시도들이 새롭게 주목받기 시작했다.

사회 지표로서의 건강

이 책은 우리 자신이 살고 있는 사회의 다양한 측면들로부터 어떤 영향을 받는지 살펴보기 위해 수많은 증거를 조사할 것이다. 이는 주로 선진국에서 사람들의 건강과 기대 수명에 영향을 미치는 사회적 요소들이 무엇인지를 분석한 연구들에서 발견할 수 있다. '건강을 결정하는 사회적 요인들'이라고 불릴 수 있는 이런 요소들은 지난 20여 년 동안 보건 연구의 핵심 주제로 떠올랐다. 이런 연구들을 통해 우리는 인간이 어떻게 사회적 환경과 사회 구조로부터 영향을 받는지 새롭게 통찰할 수 있게 되었다.

건강과 질병은 인간과 환경이 만나는 지점의 성격에 달려 있다. 모두 그런 것은 아니겠지만 병이 걸리는 데는 대체로 환경적인 원인이 있다. 병의 원인과 경과는 인간과 그를 둘러싼 환경 사이의 관계가 어떠했는지를 보여 준다. 질병은 우리와 환경 사이의 관계에서 무엇인가 잘못된 부분이 있다고 말해 주는 경보기인 셈이다. 건강 상태가 좋으면 모든 것이 만족스럽게 돌아가고 있다는 뜻이며, 반대로 건강이 좋지 않다면 환경이 우리를 괴롭히고 있다는 뜻이다. 개별 인간이 겪는 우울증, 알코올 중독, 궤양, 심장질환, 비만, 불안증, 폐질환이나 여러 종류의 암들은 그 사람의 삶에서 어떤 부분이 잘못되었는지를 말해 준다.

건강 상태가 사회적 환경을 반영하고 있는 지표라는 점을 인식하면, 중요한 사회적·심리적 통찰을 얻을 수 있다. 서로 다른 건강 수준은 사람들이 처해 있는 서로 다른 사회적 환경을 적나라하게 보여 주기 때문이다. 물론 상당수의 질환은 일차적으로 물리적 환경에 영향을 받는다. 그러나 더욱 중요하고 흥미로운 지점은, 질병이 우리의 생활방식과 사회적·감성적 행복에 따라 크게 좌우된다는 사실이다.

최근 들어 사회적 요인이 부유한 국가들에서 국민 건강을 좌우하는 가장 중요한 요소라는 연구 결과가 속속 발표되고 있다. 이들이 꼽는 사회적 요인에는 초기 아동기 때 겪었던 경험, 현재 겪는 불안과 걱정의 강도, 사회적 관계의 질, 삶에 대한 자기통제력의 정도, 그리고 사회적 지위가 포함되어 있다. 우리가 건강의 어떤 차원을 어떤 관점에서 바라보는지에 따라 건강을 통해 발견할 수 있는 삶의 양상은 달라진다.

이 책에서는 개별 인간의 건강 상태가 아니라 전체 사회나 전체 인구의 수준에서 각 집단의 건강 격차를 살펴볼 것이다. 개인의 상황에 따라 건강 수준이 우연히 달라지는 경우가 아니라, 더욱 광범위하게 적용될 수 있고 신뢰도가 높은 유형과 인과관계들을 발견하기 위해서다.

질병 구조의 변화

선진국들은 오랜 기간에 걸쳐 생활수준이 개선되면서 물질적 궁핍의 직접적인 영향권에서 벗어나게 되었다. 그러나 그 이후 사회적·심리적 요인들이 건강 상태를 결정하는 요소들로 점차 크게 부각되기 시작했다. 건강에 관한 기록을 보면 소득의 증가와 절대 빈곤의 감소가 건강에 미친 효과를 분명하게 확인할 수 있다. '질병 구조의 변화'epidemiological transition[1]라는 말은 경제 성장 덕분에 절대적인 물질적 궁핍에서 벗어나게 되면서 인류의 건강에 있었던 변화들을 총칭한다.

질병 구조의 변화가 가져온 가장 중요한 변화는, 모든 연령대, 특히 아이들을 공격했던 고질적인 감염성 질환들이 사라진 것이다. 물론 이것은 제3세계에서 빈곤의 질병으로 여전히 남아 있기는 하다. 반면 이제 인간의 주요 사망 원인은, 특히 선진국에서 노년기에 나타나는 심혈관 질환이나 암과 같은 퇴행성 질환으로 옮겨졌다.

한 사회에서 건강은 이전처럼 물질적 생활수준의 향상에 즉각적으로 반응하지 않는다. 일단 우리가 필요한 재화를 충분히 가지고 있다면, 그보다 조금 더 갖는다고 건강 상태가 쉽게 좋아지지는 않는다. 건강을 위한 물질적 필수 요건들이 충족되고 나면, 1인당 GNP 대비 평균 기대 수명 곡

---

[1] **역학**(epidemiology, 疫學)은 어떤 지역이나 집단에서 발생한 질병의 원인이나 변화를 연구하는 의학의 분과 학문 중 하나다. 초기 역학은 전염병의 발생, 유행, 종식에 영향을 미치는 조건들을 밝혀서 병을 예방하거나 치료하는 데 목적이 있다. 그러나 오늘날에는 재해나 공해로 인한 건강 악화에서부터 심리적·사회적 요인들이 전체 사회의 건강에 미치는 영향을 연구하는 사회역학(social epidemiology)에 이르기까지 연구의 범위가 확대되고 있다.

선의 상승세는 안정 국면으로 접어든다. 따라서 우리가 조사한 25개국이나 30개 선진국의 평균 수명은 이들이 얼마나 부유한지에 영향을 받지 않았다. 예를 들어, 미국은 세계에서 가장 부유한 국가이고 다른 어떤 나라보다 건강 관리에 많은 돈을 투자하고 있지만 평균 수명은 다른 선진국보다 짧다(미국 경제력의 절반 수준인 나라도 있다). 심지어 미국의 50개 주에서 평균 소득과 수명은 전혀 연관이 없거나 약간의 관계만 있을 뿐이었다. 다시 말해 어떤 지역의 시민이 다른 지역의 시민보다 두 배 잘산다고 해도 이런 차이가 평균 수명의 차이에 거의 영향을 미치지 못한다는 말이다(Wilkinson 1997a).

질병 구조의 변화를 통해 확인할 수 있는 흥미로운 점은 상당수의 사람이 과거처럼 기본적인 필수품을 걱정해야 하는 상황에서 벗어났다는 점이다. 감염성 질환이 급격히 감소함에 따라, 옛날에는 주로 부자들이 걸려서 '풍요의 질병'이라고 불렸던 병들이 이제는 풍요로운 사회를 살아가는 가난한 사람들 사이에서 빈번히 발생하고 있다. 예를 들어, 과거에는 상류층에서 흔했던 심장병이 이제 빈곤층의 질병이 되었으며, 뇌졸중과 폐암을 비롯한 여러 질병에서도 비슷한 현상이 나타났다. 이 중 가장 두드러진 사례는 비만의 사회적 분포가 반전된 것이다. 몇 세기 전만 해도 잘 먹고 잘사는 부자들이 뚱뚱했고 먹을 양식이 부족한 사람들은 말랐었다. 하지만 질병 구조가 변화하면서 이런 양상이 역전되었고, 지금은 가난한 사람들이 더 뚱뚱한 현상이 나타나고 있다.

심장병이 여전히 부자들의 질병이었던 20세기 전반까지만 해도 빈곤은 여전히 물질적 궁핍의 측면에서 정의되었다. 그러나 20세기 중반 이후 임금과 생활수준이 전반적으로 향상되고 다양한 복지 제도와 사회 안전망이 보완되면서, 대부분의 사람이 절대적 궁핍에서 벗어나게 되었다. 부유한 국가들에서 질병 구조가 변화하고 비만과 심장병이 하위 계층에서 더 많이 발병함에 따라, 빈곤도 절대적 개념보다는 상대적 개념으로 다시 정의되기 시작했다. 현재 유럽연합의 국가들(비록 미국에서는 아니지만)에서는 절대적 개념이 아닌 (국가 평균 소득 50% 이하의 생활자처럼) 상대적 개념을 통해 공식적인 빈곤선을 규정하고 있다. 또한 빈곤이 낳는 충격 역시 '사회적 배제'라는 더욱 포괄적인 맥락에서 재정의되고 있다.

홍수가 잦아들면 상처 입은 대지가 그 모습을 드러내듯이, 건강에 미치는 물질적 궁핍의 효과가 잦아들자 심리적 요인들이 모습을 드러내기 시작했다. 이전에 가난한 사회에서 심리적 요인을 관찰하는 것이 어려웠던 것은, 물질적 빈곤의 강력하고 직접적인 효과 때문만은 아니었다. 절대적 빈곤이 그 자체로 극심한 심리적 걱정과 불안을 낳듯이, 물질적 박탈과 심리적 스트레스는 서로 밀접한 관계에 있다. 식료품처럼 꼭 필요한 재화가 부족하면 심리적 효과나 사회적 스트레스를 동반한다. 또한 스트레스는 신체에 직접적으로 영향을 미치기보다는 신체를 병원균에 취약하게 만들어 건강을 우회적으로 악화시킨다. 예를 들어, 만성 스트레스는 우리 몸의 면역 체계를 약화시키므로 스트레스를 많이 받으면 감염성 질환에 걸리기 쉽다. 다시 말해 건강에 대한 스트레스의 영향력은 독립적으로 나타나기보다 감염성 질환의 원천에 노출되었을 때 간접적으로 발현한다.

심리사회적 요소들이 건강에 미치는 영향력은 전적으로 이런 요소들이 얼마나 자주 스트레스를 일으키는지에 달린 것으로 보인다. 만성 스트레스는 수많은 질병에 취약하게 해 심혈관계나 면역 체계를 포함한 생리적 체계에 악영향을 미친다. 이 효과는 매우 광범위하게 나타나며, 따라서 스트레스를 급속한 노화처럼 면역력을 전반적으로 떨어뜨리는 요인으로 간주해야 할 것이다. 심리사회적 요인 때문에 건강이 어떻게 나빠지는지를 보여 주는 생리적 지표들은 수없이 많다. 그러나 심리사회적 요인이 건강에 미치는 영향력은 흡연, 음주, 약물 남용, '스트레스성 폭식'처럼 건강에 안 좋은 생활 습관들이 더 자주 발견되고, 퇴행성 질환이 일찍 발생하는 선진국에서 가장 명확하게 드러난다.

건강이 매우 중요한 사회 지표인 이유는, 한 인간이 사회를 어떻게 생각하고 느끼고 경험하며 고통스러워하는지에 따라 그 사람이 질병에 걸릴 위험의 정도도 달라지기 때문이다. 따라서 건강의 심리사회적 측면을 이해하게 되면, 우리를 둘러싼 환경의 사회적 의미도 이해할 수 있게 된다. 건강을 악화시키는 심리사회적 위험 요소들은 특히 부유한 시장 민주주의 사회에서 일어나는 사회 문제를 다룰 때 더 유용하다. 바로 이 스트레스의 주요 원인이 현대 사회에서 나타나는 광범위한 불행의 징후들과 관련이 있기 때문이다. 심리사회적 요인들은 스트레스를 통해 건강에 영향을 주기 때문에, 이 연구를 통해 밝혀진 주요 심리사회적 위험 요인들을 현대 사회의 만성적인 스트레스의 가장 중요한 원천이자 징후로 보아야 할 것이다. 스트레스는 사람들을 전문의약품이나 (담배와 술처럼) 기분 전환용 약물에 의존하게 하며, 우울증, 불안, 불행, 혐오감, 소외감, 불안정, 통제력의 상실과 같은 증상을 일으킨다. 이런 증상들은 모두 건강 상태와 사망률에 커다란 영향을 미친다. 그뿐만 아니라 이런 증상들의 만연은 현대 사회가 이룩한 기술적 성취에 걸맞은 사회적 개선을 이뤄내지 못했음을 분명히 보여 준다.

간단히 말해, 현대인들은 육체적 질병이나 수명 단축과 같은 물리적 고통만이 아니라 다양한 심리적 아픔과 고통도 함께 겪고 있다. 따라서 심리사회적 요소들에 대한 보건 연구는 현대 사회가 겪는 사회적 실패를 이해하는 데 더욱 유용한 도구가 될 수 있다. 물론 반대로 건강을 좋아지게 만드는 심리사회적 요인들도 있을 수 있다. 예를 들어, 기쁨을 느끼고 삶을 스스로 통제하며 많은 친구를 사귀고 행복한 관계를 맺는 일은 건강 상태에 상당히 유익할 것이다.

무엇이 현대인에게 스트레스를 가장 많이 주는지를 알아내려면 인간을 둘러싼 사회적 환경과 사회적 관계를 살펴봐야 한다. 한 개인이 처한 사회적 환경은 각자의 처지에 따라 우연하게 결정되는 것처럼 보일지도 모른다. 그러나 수천 명으로부터 얻은 자료를 바탕으로 질병 구조를 연구한 결과, 사람들의 심리사회적 행복과 사회의 구조적인 특성들이 서로 연관되는 여러 보편적인 유형이 도출되었다. 우리는 현대인에게 스트레스를 주는 원인으로 이런 사회 구조적인 특성들에 주목할 것이다.

건강 불평등

건강 불평등의 원인을 파악하려는 연구자들에게 건강에 영향을 미치는 심리사회적 측면은 가장 첨예한 관심사가 되어 왔다. 앞서 언급했던 것처럼, 최근 들어 계급 간 건강 수준과 기대 수명의 격차가 더욱 악화하고 있다. 한 사회에서 건강 수준은 보통 사회 계층이 높을수록 좋아진다. 기대 수명이나 장애, 사망률 등을 살펴보더라도, 소득·교육·직업을 기준으로 한 사회적 피라미드에서 상층으로 갈수록 건강 수준이 높게 나타나고 하층으로 내려올수록 낮게 나타난다.

미국 23개 지역의 공식 자료를 기초로 한 연구에 따르면(Geronimus et al. 2001), 가장 부유한 지역에 사는 16세 백인 여성은 86세까지 살 것으로 예측되었지만, 뉴욕·시카고·로스앤젤레스의 가장 가난한 지역에 사는 흑인 여성의 기대 수명은 70세에 불과했다. 무려 16년이나 짧은 것이다. 이와 비슷하게, 부유한 지역에 사는 16세 백인 남성의 기대 수명은 74~75세였지만, 극빈 지역에 사는 흑인 남성의 기대 수명은 59세에 불과했다. 미국에서 부유한 지역의 백인과 가난한 지역의 흑인 사이에 존재하는 기대 수명의 격차는 남성과 여성 모두에서 약 16년 정도로 추정되었다. 만약 이 수치가 16세 아동들의 기대 수명이 아니라 **출생 당시** 영아들의 기대 수명으로 조정되고, 따라서 영아와 아동의 사망률까지 합산되었다면, 그 격차는 아마 더 크게 벌어졌을 것이다. 또한 이 연구에서는 소득과 사망률 간에 매우 높은 상관관계가 있었다. 예를 들어, 23개 조사 지역 가운데 중위 계층 가구 소득[2]이 높은 지역일수록 평균 사망률은 대체로 낮았다. 또한 백인과 흑인의 사망률 격차가 큰 지역일수록 그 지역의 전체 소득 격차는 어김없이 크게 나타났다. 다시 말해 미국에서는 사회·경제적 환경의 격차에서 비롯된 건강 불평등 때문에 가장 가난한 지역 주민들의 수명은 가장 부유한 지역의 주민들보다 20%나 짧아졌다. 만약 출생 시점부터 기

---

[2] **중위 계층 가구 소득**(median household income)은 모집단의 중위 계층이 갖는 소득 수준이다. 반면 **가구 평균 소득**(average household income)은 모집단의 총소득을 가구 수로 나눈 값을 말한다. 따라서 전자는 모집단 내의 소득 편차가 어느 정도인지를 알아보는 지표로 사용되며, 후자는 모집단의 전반적인 생활수준을 파악할 때 주로 사용된다.

대 수명을 계산했더라면, 빈곤한 지역 주민들의 기대 수명은 부유한 지역의 주민들에 비해 아마 25% 이상 짧게 나타났을 것이다. 결과적으로 보면, 뉴욕의 할렘이나 시카고의 남부처럼 미국의 극빈 지역에 사는 사람들의 사망률은, 세계에서 가장 가난한 나라인 방글라데시에 사는 사람들보다도 대부분의 연령대에서 더 높게 나타난다(McCord and Freeman, 1990).

그러나 이는 단지 빈부의 극단에 놓여 있는 계층에게만 해당하는 이야기가 아니다. 전체 사회 계층을 통틀어서—따라서 중산층 사이에서도—사회적 지위와 사망률은 연관관계를 보인다. 어떤 곳에서든 지위가 높은 사람일수록 오래 사는 경향이 있다. 런던의 공공기관에서 일하는 1만 7,000명의 공무원을 조사한 결과, 말단 공무원들이 심장병으로 사망하는 비율이 같은 사무실에 있는 고위 관료들보다 네 배가량 높았다(Rose and Marmot 1981). 사무실의 위계 서열에서 중간을 차지하는 사람들은 사망률도 중간 수준이었다. 흡연·운동·식습관처럼 이미 잘 알려진 심장병의 위험 요인들은 이런 건강 격차를 거의 설명하지 못했다. 그런 요인들 때문에 건강 격차가 나타나는 경우는 전체 사례의 3분의 1도 되지 않았다(Lantz et al. 1998). 단순히 말단 공무원들이 걸린 질병이 한두 개 더 많아서 공무원들 사이에서 건강 격차가 발생하는 것은 아니다. 사망 원인이 될 수 있는 질병 대부분이 말단 공무원들 사이에서 더 자주 발생했고, 고급 공무원들에게는 거의 나타나지 않았다. 심장병만이 아니라 다른 사망 원인까지 포함해서 조사했을 때도 정부 기관에서 일하는 말단 공무원의 사망률은 고급 공무원들보다 세 배 높았다(참고로 이 책 전체에서 사용하고 있는 사망률은 연령과 성별 변수를 조정해 표준화한 수치). 이처럼 자신을 '중산층'으로 인식하는 사무직 노동자들 사이에서도 그들 내부의 서열에 따라 이렇게 엄청난 건강 불평등이 발생하고 있었다. 만약 빈민·실업자·노숙인까지 이 연구에 포함했다면 건강 불평등의 정도는 더욱 커졌을 것이다.

계층에 따른 건강 수준은 연속적인 경사면을 그린다. 이 경사면은 사회의 상층부에서 하층부를 가로지르며 점차 낮아진다. 이 사실은 건강 불평등이 단순히 빈곤층에 국한된 문제가 아니라, 정도는 다르지만 모든 계층에게 중요한 문제임을 시사한다. 우리는 절대 빈곤과 직결된 건강 문제를 척결하는 데에는 성공했을지 모르겠지만, 상대적 건강 불평등의 문제는 대부분 해결하지 못하고 있다. 이 책을 읽는 당신도 이 문제에서 벗어나지 못한다. 지금 같은 책을 읽고 있는 독자들도, 사실 각각이 처한 상대적인 사회경제적 지위에 따라 건강에 문제가 생길 가능성이나 안정적인 노후생활을 영위할 가능성은 모두 다르다.

건강 불평등 문제를 이해하는 데에서 핵심은, 건강 격차의 정도가 각 사회와 시대마다 다르다는 점이다. 예를 들어 미국이나, 최근 들어 영국과 같은 나라들은 북유럽처럼 사회 민주주의를 지향하는 국가들보다 건강 격차가 더 큰 것으로 나타난다. 〈표 1-1〉은 최근 몇 년 동안 영국에서 건강 격차가 어떤 추이로 변했는지를 보여 준다. 잉글랜드와 웨일스에서 미숙련 육체노동자(사회 계급 V)와 전문직 노동자(사회 계급 I)의 기대 수명 차이를 보면, 1970년대 초, 사회 계급 V에 해당하는 직업을 가진 남녀는 사회 계급 I에 속하는 남녀보다 5년 반 정도 기대 수명이 짧았다. 그러나 1990년대 초중반부터 이 격차는 급격히 확대되어, 남성은 9년 반, 여성은 거의 6년 반 정도로 차이가 벌어지게 되었다. 그 이후에는 건강 격차가 다소 누그러진 것처럼 보이지만, 1970년대에 비해서는 여전히 큰 수치다. 물론 사회 계급 V에 속하는 직업군이 받았던 다른 사회적 불이익은 점차 줄어

표1-1 사회 계급 I (전문직)과 사회 계급 V(미숙련 육체노동)의 출생 당시 기대 수명의 차이 (단위: 년)
(대상: 잉글랜드와 웨일스)

	남성	여성
1972-1976년	5.5	5.3
1992-1996년	9.5	6.4
1997-1999년	7.4	5.7

자료 : A. Donin, P. Goldblatt, and K. Lynch, "Inequalities in Life Expectancy by Social Class 1972-1999", *Health Statistics Quarterly* 52 (2002), pp. 15-19.

들었을지도 모른다. 하지만 계급 간 기대 수명의 격차는 거의 줄지 않았다. 하지만 국가나 시대마다 건강 불평등 수준에 차이가 있다는 사실은 이런 격차가 고정되어 있거나 불가피한 것이 아니라는 점을 암시한다. 다시 말해 어느 정도는 인위적으로 건강 불평등을 줄일 수 있다는 말이다.

기대 수명의 격차는 그 원인이 무엇이든 간에 결국 근대 시장 민주주의의 병폐라 할 수 있는 사회적 불의social injustice의 심각성을 보여 준다. 우리는 사람들이 재판도 없이 구속당하고 고문당하며 실종되는 인권 침해의 사례들에 대해서는 쉽게 분개한다. 하지만 건강 불평등이 이보다 훨씬 더 많은 희생자를 낳고 있다는 사실은 잘 모르고 있다. 어떤 무자비한 정권이, 건강 불평등으로 인해 줄어든 빈곤층의 수명에 해당하는 시간만큼 가난한 사람들을 강제로 감금했다고 가정해 보자. 이런 일이 벌어진다면 우리는 어떤 반응을 보일까? 어쩌면 빈곤층의 높은 사망률은 감금보다 더 심한 사형 집행일 수도 있다. 따라서 우리는 건강 불평등을, 매년 정부가 자의적으로 상당수의 국민을 사형시키는 것과 같은 수준의 인권 침해로 취급할 필요가 있다.

그러나 하층민일수록 빨리 죽는다는 사실은 사회적 불의의 일부분에 지나지 않는다. 건강 불평등이 가지는 또 다른 불의는, 가난한 사람들은 오래 살지 못할 뿐만 아니라 사는 동안에도 가난하게 산다는 점이다. 만약 어떤 사람이 감자 튀김과 도넛을 너무 많이 먹어서 수명이 단축되었다면, 그들의 삶은 짧았지만 적어도 달콤했다고 말할 수 있을지 모른다. 그러나 만약 이들의 수명이 단축되는 가장 결정적인 이유가 우울증이나 불안처럼 생애 전체를 억누르는 사회적·심리적 스트레스 때문이라면 상황은 완전히 다르다.

건강 불평등은 사회정의의 기본적인 주제일 뿐만 아니라, 전체 인구의 건강 수준을 결정하는 요인들을 밝혀 주는 실마리이기도 하다. 다행히도 건강 불평등의 실태를 파악하려는 연구들이 국제적으로, 공적인 재정 지원을 통해 활발히 진행되고 있다. 물론 그 분석 결과들은 여전히 논쟁의 소지가 많다. 또한 정부가 이런 연구들에 재정 지원을 하는 것은, 더 적극적이고 효과적인 대책을 마련하는 대신 전시행정만으로 끝내려 하는 생색내기일지도 모른다. 어찌되었든 오늘날처럼 사회적 불의를 폭로하는 경험적 연구들이 학계의 주목을 받게 된 경우도 드물다.

이 책에 사용한 사례들은 보건 분야의 연구들을 기초로 한다. 이 연구들은 횡단 연구·개별 연구·지역 연구를 비롯해 수천 명의 사람을 출생에서부터 수십 년 동안 추적한 전향적 방법prospective methods 등을 두루 사용하고 있다. 덧붙여 이런 방법들로 상관관계와 인과관계를 분간하기 어려울 때는, 자연적 실험을 사용하거나 다른 영장류에 대한 관찰과 같은 개입 연구intervention studies를 통해 이를 보완했다. 비록 이런 사례들이 우리 사회에 깊숙이 뿌리박혀 있는 문제들을 가리킨다고 해도, 그것을 무시하거나 모르는 체해서는 안 된다.

계층에 따라 건강 수준을 달라지게 하는 주요 요인들은, 이번 연구에 참여했던 연구자들이 처음에 예상했던 가설과는 매우 달랐다. 실제로 심리사회적 요인들의 중요성은 예기치 않았던 부분이었다. 연구를 진행하면서 사회가 건강에 대해 우리에게 놀라운 사실들을 말해 주고 있을 뿐만 아니라, 건강 또한 우리에게 사회에 대해 예상치 못했던 흥미로운 점들을 말해 준다는 사실을 깨달을 수 있었다. 이런 깨달음은 부유한 사회가 직면하고 있는 사회적·정치적 문제들을 성찰하는 데 많은 도움을 주었다. 특히 개인과 사회의 관계에 대해서, 그리고 사회 구조가 어떻게 개인의 삶에 영향을 미치는지에 대해서 많은 점을 파악할 수 있었다.

건강 불평등의 원인을 파악하면, 다른 사회 문제들의 주요 원인이 무엇인지도 어느 정도 알 수 있게 된다. 상대적 박탈감과 낮은 사회적 지위는 건강 문제만이 아니라 다른 사회 문제들도 함께 일으키기 때문이다. 사회 문제들의 원인만이 아니라 사회 문제들이 만들어지는 심리사회적 경로도 비슷한 경우가 많다. 불안정, 불안, 그리고 만성 스트레스는 심혈관계와 면역 체계의 기능을 약화시키고, 사람을 빨리 늙게 하며, 질병을 견뎌내는 능력을 약화시킨다. 이렇듯 건강을 악화시키는 심리사회적 요인들은 폭력, 약물 오남용, 우울증, 10대 임신, 그리고 학령기 아동들의 낮은 학업 성취도와 같은 다른 사회 문제들의 원인이 되기도 한다.

물론 건강에 영향을 주는 심리사회적 경로에 주목한다고 해서 물질적 삶의 문제를 간과한다는 말은 아니다. 오히려 그 반대다. 앞으로 살펴보겠지만, 기본적으로 사회 구조와 사회적 관계의 질은 물질적 기반 위에서 형성된다(물질적 관계의 특성들과 사회적 관계의 특성들은 서로 동떨어져 있지 않다). 특히 이 책에서는 상대적 소득 불평등과 사회경제적 불평등이 인간의 사회적 삶에 어떤 영향을 미치는지를 중점적으로 다룰 것이다. 어떤 사람들은 여전히 사회 전체의 소득 수준과 재산의 절대적 수준이 문제이지 상대적 불평등은 별로 중요하지 않다고 생각할지도 모른다. 이런 관점은 이제 이 책에 제시된 구체적인 논거들 앞에서 설득력을 잃게 될 것이다.

먼저 우리는 불평등이 어떻게 사망률을 높이고, 사회적 관계의 질을 악화시키며, 폭력을 조장하고, 공동체 생활에 대한 참여도를 떨어뜨리는지 살펴볼 것이다. 이를 통해 불평등이 사회를 심각하게 좀먹고 있다는 사실을 다시 한번 자각하게 될 것이다. 사회 문제의 근원을 제대로 인식하게 될 때야 비로소 삶의 질과 행복을 높이기 위해 인류가 발전시켜야 할 사회의 특성과 인간의 사회성이 무엇인지도 제대로 고민할 수 있다.

하지만 이 책은 불평등을 통렬하게 비판하는 도덕서는 아니다. 그보다는 불평등의 사회적 효과를 보여 주는 실증적 증거들을 제시하고, 이에 대한 해석을 발전시키려는 시도라고 할 수 있다. 이 책의 해석은 인간이 가진 사회성의 진화론적 뿌리로 우리를 안내할 것이다. 물론 실증적 분석이라 하더라도, 연구의 결론에는 도덕적 함의가 내포되어 있다. 불평등이 사회 하층에 있는 사람들뿐 아니라 전체 사회의 구조에 영향을 미치기 때문이다. 따라서 불평등에 관한 이 책의 분석과 결론은 우리 사회가 앞으로 지향해야 할 바람직한 사회상에 대해 강한 함의를 지닐 수밖에 없다.

나아가 이 책이 불평등을 단순히 싸잡아 비판하거나, 완벽한 평등이라는 비현실적이고 유토피아적인 이상을 이야기하는 것이 아닌 또 다른 이유는 이 글에서 사용하고 있는 증거들이 선진 시장 경제 국가들 사이에서 발견된 다양한 불평등의 결과를 통계적으로 비교한 것이기 때문이다. 물론 오늘날 이런 국가들이 좀 더 평등해지면 좋겠지만 다양한 사회들에서 존재하는 기존의 불평등 수준의 작은 차이가 중요하다. 이 점은 우리 모두의 삶의 질과 관련해 중요한 함의를 전해 줄 것이다.

요약과 각 장의 구성

이 책의 핵심 요지는 다음과 같다. 즉, 더 많은 평등이 가져다주는 이득을 이해하려면 인간이 불평등과 위계 서열에 대해 어떻게 대응하는지 이해할 필요가 있다. 그리고 이는 사회 계급에 대한 마르크스와 같은 정치사상가들의 저술을 이해하는 것만큼이나 원숭이들의 사회생활에 대한 이해도 필요하다는 것을 의미한다.

가장 본질적인 수준에서 말하자면, 인류도 다른 종種들처럼 희소 자원을 둘러싼 경쟁 때문에 생기는 여러 문제를 해결해야 했다. 같은 종의 구성원들은 서로 비슷한 욕구가 있고, 따라서 생존을 위해 각자가 필요로 하는 재화도 대체로 같다. 이런 이유 때문에 같은 종 사이에서는 언제나 갈등이 잠재되어 있다. 갈등을 다루는 데에는 두 가지 대조적 방식이 있는데, 한 사회의 불평등 정도는 이 두 가지 방식을 양극단으로 하는 스펙트럼에서 그 사회가 어느 쪽으로 기울어 있는지에 따라 달라진다. 좀 더 구체적으로 말하면, 스펙트럼의 한 극단은 권력과 강압에 기초한 위계 체계로 이 체계에서 가장 좋은 재화는 가장 힘이 센 개체에 돌아가고, 사회적 관계는 권력의 분화에 따라 질서를 잡는다. 또 다른 극단은 공평과 개인의 필요를 인정하는 평등주의적 해결책으로, 채집과 수렵을 주로 하던 선사시대의 인간들은 갈등을 해결하기 위해 이 방식을 사용했다. 따라서 인류 사회의 초창기에는 상호 호혜, 선물 교환, 식량 공유가 희소한 자원을 배분하는 지배적인 방식이었다. 권력과 공포에서 비롯된 관계와 사회적 의무·평등·협력에서 비롯된 관계는 서로 대조를 이룬다. 한 사회의 불평등 정도는 해당 사회가 이런 연속선 위에서 어디에 놓여 있는지를 보여 준다.

인간이 경험하게 되는 사회적 관계의 유형은 '지배의 관계'와 '친화의 관계'로 나눌 수 있다. 지배의 관계는 서로 경쟁자가 되어 강자가 약자를 약탈하고 위계질서 속에서 상대를 갈취하는 관계다. 반대로 친화의 관계는 서로가 원조·우정·협력의 대상이 되는 관계를 말한다. 우리는 자신이 어떤 사회적 관계에 놓여 있는지에 따라 전혀 다른 사회적 전략을 구사한다. 개별 인간은 지금 자신이 맺는 사회적 관계가 어떤 특성이 있는지 끊임없이 가늠해야 한다. 개인이 직면하게 되는 사회적 관계들이 상황에 따라 달라지고, 이에 따라 구사할 수 있는 최선의 전략들도 달라지기 때문이다. 예를 들어, 우리는 상사 앞에서는 주눅이 들고 두려움을 느끼지만, 친구들 사이에서는 편안하고 안정감을 느낀다. 여기서 우리는, 단순히 개인 차원을 넘어서 한 사회가 평등한지 불평등한지에 따라 그 사회 구성원들이 선택할 수 있는 사회적 전략이 전반적으로 달라진다는 사실에도 주목해야 한다. 이 책에서는 그 경험적인 근거들을 제시할 것이다. 불평등은 더 자기중심적이고, 덜 친화적이며, 반사회적이고, 스트레스를 더 받게 하고, 폭력 수준을 높이며, 공동체적 결속을 약화시키고, 건강을 악화시키는 사회 전략들을 부추긴다. 한편 평등한 사회는 친화적이며, 덜 폭력적이고, 상호 지지적이며, 포용적이고, 좀 더 나은 건강 상태를 가능하게 한다. 인간의 성격은 위 두 가지 특성의 혼합으로 이루어지는데, 혼합의 비율은 고

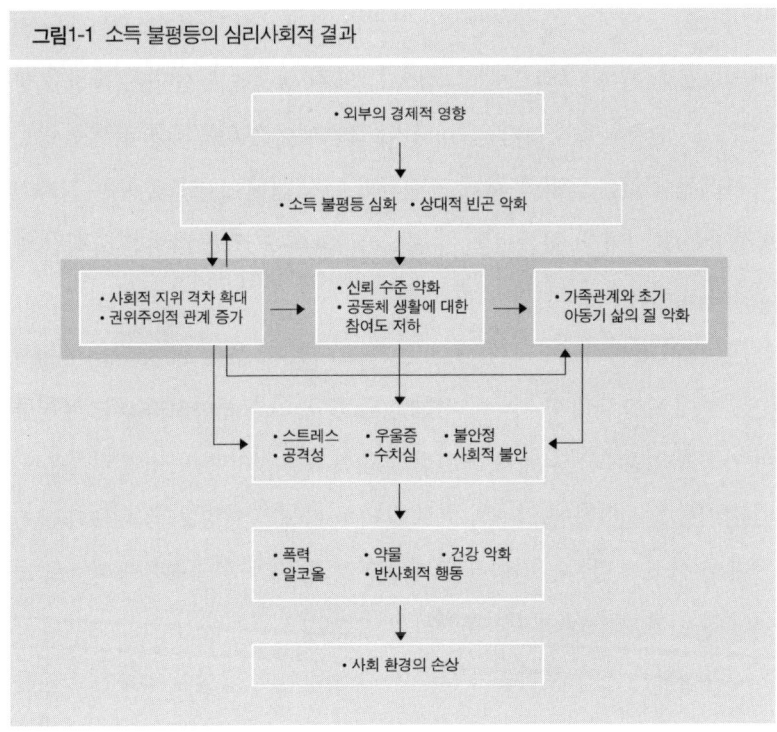

그림1-1 소득 불평등의 심리사회적 결과

정되어 있지 않고 매우 유동적이다. 따라서 인간성은 타인에 대한 감정 이입이 제한적이며 공공선에 대한 책임감이 없는 반사회적인 성격에서부터 그와는 정반대의 성격에 이르기까지 다양하게 변할 수 있다. 뿐만 아니라 불평등은 한 개인이 누구에게 성적 매력을 느끼는지, 좀 더 넓게 말하면 인간의 재생산 전략까지도 변화시킨다.

실제 일어나는 사회적 작용들을 인과관계의 방향을 표시하는 화살표나 그림만으로 정리할 수는 없지만 〈그림 1-1〉처럼 단순화해 보자. 상자 안에 적혀 있는 문구들이 우리가 앞으로 각 장에서 논의할 주제가 무엇인지 가늠하는 데 도움을 줄 것이다. 사회적 세계의 모든 것은 다른 모든 것에 영향을 미친다. 그러므로 〈그림 1-1〉의 각 상자는 사실 다른 상자와 쌍방향으로 연결되어야 한다. 그러나 이 그림에서는 위쪽의 물질적 불평등이 아래쪽에 있는 심리적·행태적 결과와 건강 상태에 영향을 주는 인과적 방향만을 표시했다. 화살표는 이 책에서 논의되고 있는 강력한 사회적 과정을 가리킨다.

이 책의 전체 내용은 크게 두 부분으로 나뉜다. 우선 2장, 3장, 4장에서는 건강에 관한 다양한 연구 결과들을 다룬다. 이 부분에서 우리는 불평등이 어떻게 인간과 사회에 해를 가하는지 살펴볼 것이다. 나머지 장들은 이런 관계들을 연결하는 인과적 경로를 더욱 자세히 설명한다. 따라서 불평등이 한 사회에 미치는 영향을 먼저 살펴보고, 그 이후에 불평등이 어떻게 이와 같은 효과를 낳는지를 분석하고자 한다.

2장에서는 소득 불평등이 클수록 사회적 관계의 질이 악화되고 있음을 보여 주는 증거들을 살펴볼 것이다. 여기서 소득 불평등은 빈부의 격차를 말하는데 빈부 격차가 큰 불평등한 사회에서는 강력 범죄와 살인율도 높게 나타나는 경향이 있다. 또한 불평등한 사회에 사는 사람들은 서로에게 더 큰 적대감을 품고 있으며, 공동체 생활에 참여하지 않고, 서로 신뢰하지 않는다. 간단히 말해, 그들은 매우 열악한 수준의 사회적 자본social capital을 가지고 있다. 2장에서 제시된 자료들은 불평등이 사회적 관계를 얼마나 부식시키는지를 보여 줄 것이다.

3장에서는 건강 상태를 악화시키고 인간을 빨리 죽게 만드는 심리사회적 위험 요소들을 살펴볼 것이다. 그러나 앞에서 언급했듯이 심리사회적 요인들은 직접적으로 건강에 영향을 미친다기보다 생물학적 스트레스 반응을 일으키면서 건강을 간접적으로 악화시킨다. 때문에 심리사회적 위험 요소에 대한 역학적 연구는 결국 현대 사회에서 스트레스를 일으키는 가장 결정적인 요인들을 파악하는 작업이다. 만성 스트레스의 뿌리가 되는 심리사회적 위험 요소들은 현대 사회의 문제점들을 이해하는 데 왜 보건 연구가 중요한지를 깨닫게 해 준다. 그중에서도 다음 세 가지 심리사회적 위험 요소들이 특히 주목할 만하다. 스트레스를 유발하는 첫 번째 위험 요소는 낮은 사회적 지위다. 여기서 낮은 사회적 지위란 물질적 생활수준만을 의미하지 않는다. 이에 더해서, 멸시당한다는 느낌, 사회의 위계서열에서 열등한 위치에 놓여 있다는 느낌, 종속감과 낮은 통제력처럼 사회적 지위가 낮아서 생기는 모든 사회적 감정을 포함한다. 두 번째 위험 요소는 빈약한 사회적 관계다. 이것은 친구가 없고, 독신 생활을 하며, 사회적 연결망이 허술하고, 참여하는 공동체가 없는 상황을 말한다. 한 개인의 사회적 지위와 사회적 관계에 따라 개인이 선택하는 사회적 전략들이 달라지고, 그 사람이 사회에서 활동하는 수준과 범위도 달라진다. 세 번째 위험 요소는 초기 아동기의 경험이다. 여기서 초기 아동기의 경험이란, 전체 생애에 걸쳐서 스트레스와 건강에 영향을 미치게 되는 출생 전후의 스트레스 경험을 말한다. 특히 임신 기간에 산모가 받은 스트레스도 초기 아동기의 경험에 포함될 수 있다. 이것은 애착 관계의 결핍이나 가정 불화 때문에 아이가 받는 스트레스와 밀접한 관련이 있기 때문이다. 이런 초기 아동기의 경험이 어떠했는지에 따라서 각 인간이 비슷한 사회적 환경에 대처하는 방법이 달라진다. 인간은 출생 이전부터 아동기로 이어지는 일정한 기간 동안 스트레스에 민감하게 반응한다. 이는 나머지 생애에서 받을 수 있는 스트레스들에 어떻게 반응할지가 이 시기에 프로그램화되고

'조정'tune되기 때문이다.

모든 인간은 대우받고, 존중받으며, 친구를 사귀고, 초기 아동기의 혜택을 누려야 한다. 이런 경험이 성인기에 자존감의 근간을 형성하기 때문이다. 인간을 스트레스에 취약하게 만드는 위와 같은 세 가지 위험 요소들은 겉보기에는 사사로운 개인적 특성처럼 보일지도 모른다. 하지만 이런 요인들이 어떤 특정 사회에서 더 문제가 되는 데에는 그럴 만한 사회적 원인이 있다. 사회적 지위에 따라 그 사회의 구성원들은 자신을 가치 있다고 느끼며, 인정받고 있고 필요한 존재라고 여길 수도 있고, 정반대로 멸시당하거나 무시당하거나, 불필요한 존재로 취급받거나, 경시당하거나 낙인찍히거나 모욕당하고 있다고 느낄 수도 있다. 이때 한 사회의 소득 격차는 그 사회의 사회적 지위가 얼마나 분화되어 있는지를 극명하게 보여 주는 지표가 된다.

4장에서는 불평등한 사회일수록 사망률이 높다는 증거에 대해 살펴볼 것이다. 3장에서 다룬 심리사회적 위험 요소의 세 가지 범주를 되짚어 보면, 소득 격차가 큰 지역에 사는 사람들의 건강이 더 나쁘다는 사실을 예상할 수 있다. 사회의 하층 계급은 더욱 큰 상대적 박탈감을 느낄 뿐만 아니라, 2장에서 볼 수 있듯이, 이들을 둘러싼 사회적 관계의 질도 매우 안 좋다. 덧붙여 상대적 빈곤 상태에서 생활하는 수많은 사람은 가정생활에서도 스트레스를 받기 쉽다(상대적 빈곤선 아래에 있는 사회에서는 아이가 있는 가족의 상당수가 이 문제에 특히 관심을 둬야 한다). 4장에서는 불평등한 사회에서 사람들의 건강이 나빠지는 경로를 다양한 자료를 통해 증명하려 한다. 이는 앞 장의 논점들을 다시 확증하는 작업이기도 하다. 우선 불평등에 대한 논의에서 시작해, 그것이 사회적 관계나 사회적 지위, 그리고 가족의 기능에 어떤 악영향을 미치는지를 살펴볼 것이다. 그리고 다시 이런 악영향이 스트레스와 건강에 미치는 충격까지 다루고자 한다.

후반부에서는 전반부의 내용에 살을 붙이면서, 왜 불평등이 앞서 말했던 효과들을 가져오는지를 좀 더 분석적으로 논의할 것이다. 전반부에서는 폭력, 사회적 관계의 질, 건강, 이 모든 것이 불평등과 연결되어 있다는 증거들을 나열했지만, 5장부터는 이런 관계의 이면에 놓여 있는 심리적이고 행동적인 경로를 세심하게 추적할 것이다. 특히 이런 경로를 밝히는 대표적인 사례로 폭력에 주목한다. 5장에서는 폭력과 자기 존중감의 관계를 살펴볼 것이다. 불평등한 사회에서 폭력이 빈번하게 일어나는 이유는 무엇일까. 불평등과 낮은 사회적 지위에 시달리게 되면 사람들은 자신이 무시당했다고 느낀다. 폭력 사건은 종종 창피를 당하거나 자신이 '멸시당했다'고 느끼는 사람들에 의해 발생한다. 이 사실은 불평등과 낮은 사회적 지위가 우리의 존엄성과 자존심에 얼마나 큰 상처를 입히는지를 보여 준다.

6장에서는 위 논의를 한 단계 진전시킨다. 특히 어떤 사회적 작용이 사회적 거리감, 속물근성, 그리고 위계 서열의 아래에 있는 사람들에 대한 차별을 부추기는지 살펴본다. 이 모든 특성은 소득 불평등이 큰 사회에서 더욱 많이 나타난다. 6장에서는 서열이 확실한 관계에서 지배적으로 나타나는 사회적 전략과, 동등한 사람들 사이에서 나타나며 우정과 사회적 연대에 적합한 친숙하고 협력적인 전략을 대조해 볼 것이다. 그것은 평등한 사회에서 사회적 관계의 질이 높게 나타나는 이유를 설명해 준다.

덧붙여 6장에서는 불평등과 사회적 관계의 질 사이에서 인과관계가 어떤 방향으로 흐르고 있는지도 살펴보고자 한다. 불평등이 사회관계의 질을 악화시키는지, 아니면 사회관계의 질의 변화가 소득 불평등의 변화를 이끄는지를 확인하려는 것이다. 이 문제는 매우 중요하다. 물론 인과관계는 양쪽 방향 모두에서 성립될 수 있다. 하지만 특히 이 장에서는 여러 사례와 증거를 바탕으로 소득 불평등의 변화가 사회적 관계의 질을 악화시키는 인과적 힘이 그 반대의 경우보다 더 강하다는 결론을 도출해 낼 것이다.

7장은 폭력과 불평등의 관계를 다룬 5장의 논의와 연결된다. 그러나 7장에서는 남성과의 관계에서 인종주의와 여성의 지위가 지배의 전략에 어떻게 영향을 받는지 살펴볼 것이다. 불평등하고 위계 서열이 강한 사회는 여성들을 억압하고 남성 중심적이며 가부장적이기 쉽다. 불평등한 사회는 반사회적이며 공격적이고 폭력적이다. 따라서 이런 사회에서 여성의 지위는 좀처럼 개선되지 않는다. 비단 인류만이 아니다. 서열이 중시되는 영장류 사회에서도 지배적인 동물에게 모욕을 당했던 동물은 자신보다 약하고 여린 동물에게 이른바 '전위된 공격 행동'[3]을 가하는 경우가 많다. 이는 할 수만 있다면 누구에게라도 자신의 지위와 권위를 확인받고자 하는 우열 사회가 낳은 폐단이다. 테오도르 아도르노 Theodor Adorno는 나치의 희생양이 된 유대인들을 연구하면서 이런 부작용을 '자전거 타기 반응' bicycling reaction 이라고 이름 붙였다(Adorno et al. 1950). 왜냐하면 강력한 서열 체계를 가진 권위주의적인 사회 구조에서 사람들은 마치 자전거를 탈 때의 자세처럼 윗사람에게는 머리를 조아리는 반면 아랫사람들은 발로 차서 뒤로 넘어뜨리기 때문이다. 이것은 불평등이 만연한 사회에서 왜

---

[3] **전위된 공격 행동(displaced aggression)**은 자신에게 폭력을 가하거나 억압한 사람을 직접 공격하는 것이 아니라 다른 대상에 분노를 표현하는 행동을 말한다.

여성이나 종교적·인종적 소수자가 더 심한 차별을 당하게 되는지를 설명해 준다.

8장은 인류가 평등주의적인 수렵·채집 사회에서부터 억압적인 독재 정권에 이르기까지 상당히 다양한 사회 체계를 이루며 살아왔다는 사실을 환기시키면서 시작한다. 각 인류 사회나 동물 사회가 요구하는 사회적 전략은 그런 사회 체계의 성격에 따라 매우 다르다. 만약 당신이 위계 서열이 존재하는 사회에서 살아가는 개코원숭이라고 가정해 보자. 당신은 약육강식의 희생양이 되지 않기 위해서 항상 뒤통수를 조심해야 하며, 힘이 센 원숭이를 피해 다녀야 하고, 갖고 싶은 것을 얻기 위해 언제든 싸울 준비를 해야 할 것이다. 그러나 인류의 선사시대처럼 평등한 사회에서는 전혀 다른 사회적 전략이 필요하다. 이 사회에서는 사회적 관계들이 성숙해 있으며, 호혜와 협력을 통해 상호 이익을 얻을 수 있다는 사실을 확고히 하고자 선물 교환이나 식량 공유와 같은 제도들을 사용한다. 호혜와 상호 지지에 의지하는 사회에서 사람들의 안전은 사회적 관계의 질이 높을수록 좋아지기 때문이다.

이런 맥락에서 8장은 세 가지 과제를 다루고 있다. 첫 번째 과제는 인간이 평등하거나 혹은 불평등한 환경에 살 때 익히게 되는 행동들이 무엇인지 살펴보는 것이다. 이와 함께 이런 환경의 차이가 왜 인간으로 하여금 지배 행동이나 친화 행동 가운데 하나를 선택하게 하는지 알아볼 것이다. 두 번째 과제는 초기 아동기에 스트레스에 대한 반응이 어떻게 프로그램화되는지를 살펴볼 것이다. 덧붙여, 그것이 평등하거나 혹은 불평등한 사회 구조에 인간이 대처하는 방식에 어떤 영향을 미치는지 윤곽을 그려 보고자 한다. 세 번째는 위계질서 때문에 생기는 스트레스가 구체적으로 어떤 경로를 통해 건강에 영향을 미치는지, 그 생물학적 메커니즘을 추적하는 것이다. 이를 통해 어떻게 스트레스가 인간의 행동만이 아니라 인간의 신체 내부로까지 침투해서 심혈관계와 면역 체계에 영향을 미치는지 이해할 수 있을 것이다. 우리는 이 세 과제를 푸는 과정에서 먼저 인간이 가진 사회적 욕구를 해결할 수 있는 다양한 방식들이 무엇인지 짚어 볼 것이다. 또한 이 가운데 어떤 방식을 선택하느냐에 따라 사회 체계가 얼마나 달라지며, 서로 다른 사회 체계가 인간의 마음과 육체에 어떻게 다른 영향을 미치는지도 깨닫게 될 것이다.

마지막으로 9장은 지금까지 다루었던 논의들이 사회적 환경의 중요한 세 가지 가치와 직결된다는 사실을 지적하면서 시작한다. 바로 자유liberty, 평등equality, 그리고 우애fraternity가 그것이다. 이들은 오늘날까지 핵심적인 정치적 이상으로 추앙받고 있다. 1789년 프랑스혁명 당시에 자유는 소비자의 선택의 자유freedom가 아니라, 봉건 귀족과 지주들의 독재에 굴종하거나 종속되지 않은 해방의 상태를 의미했다. 원래 자유는 서열 제도가 양산해 낸 사회적 차별에 저항하는 정신이었다. 한편 젠더 중립적인 개념을 빌려서 말하면, 우애, 즉 형제·자매애는 현대 사회에서 사회적 관계의 질이 얼마나 중요한지를 함축하고 있다. 우애는 폭력·신뢰·우정, 그리고 공동체적 삶에 참여하는 정도와 밀접한 관련이 있는 이상이다. 마지막으로 평등은 자유와 우애를 위한 전제 조건이다. 불평등한 사회에서 사는 사람들은 자신이 무시당했다거나 멸시당했다고 느낀다. 이처럼 심각한 물질적 불평등은 다양한 심리적 문제들을 만들어 낸다. 그뿐만 아니라, 경험적 자료들과 여러 이론이 강조하듯, 불평등은 사회적 관계의 질을 심각하게 훼손한다.

사실 이 책에서 주목하고 있는 건강을 악화시키는 심리사회적 위험 요소들이나 스트레스의 주요 원천들이 완전히 새로운 주제인 것은 아니다. 사람들은 이전부터 사회적 환경이 삶의 질에 결정적인 영향을 미친다고 생각해 왔다. 그러나 이를 제대로 해결하지 못해서 발생한 실패의 비용은 이제 단순히 사회와 인류에게 해를 가하는 것으로 끝나지 않는다. 불평등의 증가는 환경적으로 지속 가능한 경제 발전을 가로막는 가장 심각한 장애물이다. 불평등은 사회적 지위를 둘러싼 경쟁을 부추기며, 사람들에게 사회적 지위를 표현하는 방법으로 과도한 소비에 집착하도록 압박을 가한다. 이는 계속 솟구치는 경제 성장, 자원 고갈, 환경오염으로 이어졌다. 9장은 경제적·제도적 민주주의를 포함해서 특정한 정치적 대안들을 제시하며 끝을 맺는다. 우리가 심리사회적 삶의 질을 높이고자 한다면, 그러면서 사회적 질병을 치료하는 처방으로 개인주의적이고 영합 게임zero-sum game에 불과한 소비를 사용하고 싶지 않다면, 9장에서 제시한 대안들을 실현하고자 노력할 필요가 있을 것이다.

만약 우리가 현대 사회의 문제들을 진심으로 해결하기를 원한다면, 이제 더는 불평등이 우리 사회를 좀먹고 있다고 말로만 떠들고 어물쩍 넘어가서는 안 될 것이다. 이보다는 불평등이 인간에게 미치는 파장을 더욱 철두철미하게 분석하는 태도가 무엇보다 절실하다. 마치 완전히 평등한 상태에 도달할 때가 되어야만 비로소 사회가 변한다고 고집을 부리면서, 불평등이 인간에게 어떤 영향을 미치는지를 보여 주는 구체적인 논의들을 그저 몽상적이고 실현 불가능하다고 치부해서는 안 된다. 우리가 이 책에서 사용한 모든 자료들이 실존하고 있는 사회들, 특히 시장 민주주의 사회에서 나왔다는 사실을 다시 한번 명심해야 한다. 이는 현대 사회가 겪는 아픔을 실제로 치유할 수 있고, 또한 우리 모두의 삶의 질을 크게 향상시킬 수 있는 실천적인 정책들이 상당히 많이, 그리고 지금도 존재하고 있다는 것을 뜻하기 때문이다.

　이 책에 언급된 주제들은 서로 긴밀히 얽혀 있다. 따라서 똑같은 사례들이 다른 주제를 다룰 때 다시 나오기도 한다. 예를 들어, 폭력 수준은 사회적 관계의 질을 나타내는 하나의 지표로 2장에서 언급된다. 그러나 이는 5장에서 무시당하고 주눅 드는 상황에 인간이 얼마나 민감한지를 살펴볼 때에도 다시 논의될 것이다. 또한 7장에서 여성과 민족적 소수자에 대한 차별을 논할 때도 폭력은 주요 사례가 된다. 그 밖의 다른 사례들도 이 책에서 여러 번 언급될 것이다. 물론 그 이외의 경우 중복을 최대한으로 줄이려고 노력했다.

2
불평등
더 적대적이고 덜 친화적인 사회

이 장에서 제시된 사례들은 빈곤층과 부유층의 소득 격차가 다른 사회보다 낮은 사회, 즉 상대적으로 평등한 사회일수록 사회적 관계의 질이 높게 나타나는 경향을 보여 준다. 이를 통해 평등한 사회에서 살아가는 인간은 서로 신뢰하고 있다는 사실을 확인할 수 있다. 평등한 사회의 사회적 자본과 사회 응집력 수치는 이런 사회에서 공동체적 삶이 더욱 건강하며 살인율과 폭력 수준도 일관되게 낮다는 점을 보여 주고 있다.

지금까지 심리학 분야의 연구들은 주로 개인의 심리를 분석 대상으로 삼았다. 따라서 사회를 분화시키고 낮은 계층의 사람들을 차별하게 하는 사회적 작용들을 자주 간과하곤 했다. 반면 사회 계급의 계층화 현상을 다루는 사회학 분야의 연구들은 계층화가 개별 인간의 심리와 어떻게 상호 작용을 하는지에는 관심을 두지 않았다. 이 책에서는 개인과 사회를 함께 다루어 보고자 한다. 이는 개인의 심리 상태가, 인간성을 손상하고 역기능적인 사회를 만드는 데 일조하고 있는 거시적인 사회 과정과 서로 강력하게 상호 작용하고 있다는 사실을 드러낼 것이다. 우리는 이 장에서 사회적 관계의 질이 불평등과 매우 긴밀하게 연관되어 있다는 사실을 지적하고, 이어서 이 관계의 원인을 분석해 나갈 것이다.

어떤 사람이 친절하든 적대적이든, 사람들과 어울리는 것을 좋아하든 혼자 있는 것을 좋아하든, 예의가 바르든 난폭하든, 믿음직스럽든 의심스럽든, 지역 공동체에 적극적으로 참여하든 그렇지 않든 간에, 이런 차이는 보통 선천적인 유전 인자 때문이거나 어릴 적 경험을 통해 형성된 성격 차이 정도로 치부됐다. 그러나 우리는 어느 지역 사람들이 다른 지역 사람들보다 더 친절하고 여유가 있으며, 덜 폭력적이라고 말하곤 한다. 어떤 공간이 친근하고 편안하며 안전할수록 사람들은 그곳을 더 좋아한다. 실제로 그 차이는 현실적 근거를 갖고 있다. 통계 자료를 보면 지역마다 사람들이 서로 신뢰하는 정도, 공동체적 삶에 관심을 두는 정도, 그리고 폭력 사건이 일어나는 빈도가 확연히 다르다. 사회적 관계의 성격은 삶의 질을 좌우하는 매우 중요한 요인이다. 요컨대, 어떤 사회는 다른 사회보다 분명히 더 살기 좋은 사회인 것이다.

만약 한 사회가 다른 사회보다 친밀한 이유가 무엇인지 묻는다면, 대체로 사람들은 각 사회의 문화적 전통이 다르기 때문이라고 답할지도 모른다. 그러나 '문화적 전통'의 이면에 무엇이 있으며 왜 그것이 시간이 지나면서 변화하는지를 이해하지 못한다면, 위의 대답은 별 도움이 되지 못한다. 그런 식의 대답은 서로 다른 문화적 전통이 어디에서 비롯되었으며, 더 친밀한 사회를 만들기 위해 우리가 무엇을 해야 하는지에 대해서는 어떤 대답도 해 주지 못하기 때문이다.

우리가 앞으로 살펴보겠지만, 사회적 관계의 질은 사회경제적 불평등의 정도에 따라 엄청나게 달라진다. 오늘날에는 불평등의 정도가 사회적 관계의 질에 많은 영향을 미친다는 점을 증명할 필요가 있지만, 사실 이전 세대의 사람들에게 이 둘 사이의 관계는 매우 명백한 사실로 인식되었던 것으로 보인다. 초기 기독교사회주의자들은 매우 높은 수준의 평등을 지향했다. 물론, 이들이 평등을 주장했던 이유는 평등이 오늘날처럼 인간이 이기적인 소비자로 전락해 버린 사회에서 재화를 공평하게 나눌 수 있는 방식이라고 믿었기 때문만은 아니었다. 그들은 평등이 인간의 선천적인 사회성을 더욱 풍성하게 발현할 수 있도록 도울 뿐만 아니라, 조화로운 사회를 만들기 위한 결정적인 가치라고 믿었다. 초기 기독교사회주의자들은 부와 소득의 격차가 사회적 분열을 조장하는 주요 원흉이라고 비판하면서, 종종 서로 '형제', '자매', 또는 '동무'라고 불렀다.

사회 통합의 정도, 서로 신뢰하는 정도, 그리고 사람들이 공동체적 삶에 관여하는 정도는 삶의 질을 풍요하게 하는 중요한 사회적 자산이다. 이런 특성들은 '사회적 자본'이라는 개념으로 불렸는데, 이 말은 마치 그 자체가 하나의 경제적 자원임을 암시하고 있는 듯하다. 최근에는 정치적 입장이 정반대인 사람들조차 모두 사회적 관계의 질을 개선하거나 공동체적 삶을 회복하는 데 비상한 관심을 보이고 있다. 그중 일부는 특히 도시 빈민 지역 주민들의 사회적 태도와 행동에서 공적 참여에 대한 활력이 급속히 쇠락하고 있음을 우려한다. 이에 몇몇 정치적 좌파들은 사회적 자본에 관심을 쏟다 보면 빈곤과 박탈의 문제에 대한 정부의 대응 방식이 소극적으로 변할 수 있다며 이런 관점을 비판했다. 사회적 자본이라는 개념은 빈곤의 원인 자체가 아니라 상대적 빈곤이 가져온 결과에만 눈을 돌리게 한다는 것이다. 이들은 사회적 자본이 지금처럼 우파를 포함한 각계의 관심을 끌 수 있었던 이유는, 빈곤을 직접 해결하려면 엄청난 돈이 필요한

데 비해 그것은 빈곤의 현상만을 다루게 해 돈을 덜 쓸 수 있게 하는 방식이기 때문이라고 비판했다. 예를 들어, 극빈 지역에서 (폭력과 범죄 발생 비율이 높아서 결과적으로) 사회적 자본의 수준이 가장 낮게 나타났다고 가정해 보자(실제로도 그렇다). 이때 우파 정치인들은 빈곤 지역 주민들에게 필요한 자원은 더 많은 소득이 아니라 사회적 관계를 회복하는 일이라고 믿고 싶어 할지도 모른다. 이런 오해는 사회적 자본이 정치적 우파들에게 매력적인 개념이 된 이유를 설명해 준다. 하지만 진실은 정확히 그 반대다. 소득 불평등보다 사회적 자본이 중요한 것이 아니라, 바로 소득 불평등이 사회적 자본을 피폐하게 만든 것이다. 불평등한 사회는 불평등 때문에 생기는 불의들의 대가를 반드시 치르게 되어 있다. 불평등한 사회에서 나타나는 형편없는 사회적 자본도 불평등이 치러야 하는 사회적 비용이다. 심각한 불평등을 겪고 있는 사회는 적대적이고 폭력적인 사회로 전락하게 된다.

지난 20세기 후반의 몇십 년 동안[1] 여러 국가에서 소득 격차가 급격하게 확대되었다. 이에 소수 논평가들은 불평등이 사회를 부식시키고 있다는 통찰력 있는 비판을 내놓았다. 그러나 사회적 자본이라는 개념과 공동체적 관계의 질에 대한 관심이 유행처럼 광범위하게 있었지만, 불평등 때문에 사회적 자본이 손상되고 있다는 사실을 정확히 지적한 사람은 거의

---

[1] 윌킨슨은 이 책에서 '20세기 마지막 4반세기'나 '20세기 후반의 몇십 년' 동안 서구 사회에서 더욱 심화되기 시작한 불평등에 주목한다. 그 이유는 이 시기에 영국의 대처리즘이나 미국의 레이거노믹스의 사례에서 볼 수 있는 것처럼, 서구에서 복지 국가의 재편(복지 정책의 축소)이 본격화되었고, 금융 자본의 세계화, 노동 시장의 유연화를 핵심으로 하는 신자유주의 경제 정책이 확대되면서 빈부의 양극화도 확대되었기 때문이다.

없었다. 따지고 보면 최근 들어 사회적 자본에 대한 관심이 증가하게 된 이유는 바로 불평등이 심화하면서 사회적 관계의 질과 공동체의 삶이 약화되었기 때문인데도 말이다. 이 점에서 현재의 논의들은 얄궂게도 불평등과 사회적 자본의 관계를 간과하고 있다.

평등이 순기능을 한다는 과거 사회주의자들의 믿음은 실제로 정책을 논의하는 과정에서는 배제되었다. 이들의 믿음은 (기껏해야 인간 사회에서 평등이 완벽하게 실현되고, 사자들이 어린 양과 뛰노는 완전한 유토피아를 꿈꾸는 사람들에게만 의미가 있는) 공허한 이상주의 정도로 치부되곤 했다. 현실에서 불평등이 조금만 개선되더라도 평등의 순기능을 상당한 정도로 누릴 수 있다는 사실에 주목하는 사람은 별로 없었다. 따라서 시장 민주주의 사회들이나 미국의 여러 주에서 수집한 실제 자료들을 가지고, 불평등 수준이 조금만 변해도 건강 수준이 엄청나게 달라진다는 사실을 증명하는 일은 매우 중요한 시도라고 할 수 있다.

토크빌

알렉시스 드 토크빌Alexis de Tocqueville의 『미국 민주주의』Democracy in America는 공동체적 삶이 갖는 장점에 주목한 가장 초기의 연구다. 여기에서 그는 1831년에 자신이 방문했던 미국에 대해 이야기한다. 사회적 자본에 관해 글을 쓰는 사람들은 미국의 공동체적 삶의 장점을 지적한 토크빌의 분석을 자주 인용한다. 하지만 이들은 토크빌이 이런 평가를 내리게 된 근거로 무엇을 언급했는지는 항상 생략해 버린다. 사실 토크빌은 그의 책 첫 번째 장에서 이에 대한 자신의 관점을 명확히 하고 있다.

> 미국에 머무르는 동안 보편적인 조건의 평등만큼이나 나에게 강렬한 인상을 남긴 것은 없었다. 나는 조건의 평등이 미국 사회에 미치는 어마어마한 영향력을 쉽게 알아차릴 수 있었다. 그것은 여론에 특정한 방향을 제시하고, 법 제도에 놀랄 만한 전환을 가져왔으며, 지배자들에게는 새로운 좌우명을, 피지배자들에게는 특정한 관습을 형성하게 해 주었다.
> 나는 조건의 평등이라는 원칙이 갖는 지배력이, 정치적 관행과 법률을 뛰어넘어 정부뿐만 아니라 시민사회로까지 확대되어 있다는 사실을 느낄 수 있었다. 그것은 여론을 형성하고 정서를 불러일으키며 풍습을 길러내고 심지어 그것이 직접 만들지 않은 것들조차도 무엇이든 수정한다.
> 미국 사회를 연구하면 할수록, 나는 조건의 평등이 미국의 독특한 현상들이 발원하는 근본적인 원천이며, 언제나 미국에 대한 나의 모든 관찰이 귀결되는 핵심이라는 사실을 계속해서 자각하게 되었다(Tocqueville 2000, 1).

미국 사회에 봉건 귀족이 없다는 점은, 프랑스혁명에 대한 기억을 간직하고 있던 토크빌과 같은 프랑스인에게는 매우 주목할 만한 특징이었다. 비슷한 시기에 톰 페인Tom Paine도 그의 저서 『인간의 권리』Rights of Man(1792)에서 봉건 사회의 역사를 유럽 사회의 재앙으로 간주했다.

토크빌은 평등을 시민의 공동체 생활을 이끄는 원동력으로 보았던 이유를 다음과 같이 설명하고 있다.

> 모든 인간이 …… 그들의 직업, 부, 출신에 따라서 다시는 돌이킬 수 없는 방식으로 서열을 부여받게 되었을 때 …… 각 계급은 자신들만의 의견, 정서, 권리, 도덕적 관행, 생존 양식을 갖게 될 것이다. 따라서 한 계급의 구성원들은 다른 집단의 구성원들과 어떤 공통점도 공유하지 않게 된다. 그들 사이에는 공유할 만한 사고방식이나 동

질 의식이 없다. 만약 그들이 인류라는 똑같은 종에 속해 있다고 믿었다면, 이런 일은 절대 일어나지 않았을 것이다. …… 출생이나 관습에 따라 귀족 계층이 된 중세 시대의 역사가들은 귀족층의 비극적인 몰락을 형언할 수 없는 슬픔으로 묘사하곤 했다. 하지만 이들은 평민층을 향한 대량 학살과 고문에 대해서는 눈 하나 깜빡하지 않고 거침없이 이야기했다(Tocqueville 2000, 249).

몇 장 뒤에서 토크빌은 다음과 같이 덧붙인다.

사람들 사이에 계급이 거의 평등해서 모든 사람이 비슷한 사고방식과 의식을 가지게 된다면, 개인들은 단번에 다른 사람들의 감정을 헤아릴 수 있게 될 것이다. 다른 사람을 이해하려면 자기 자신을 되돌아보면 된다. 그것으로 충분하다. 따라서 그가 이해할 수 없는 비밀스러운 속성이나 이면에 숨겨져서 드러나지 않는 비극 따위는 없다. 상대가 이방인이나 원수라도 마찬가지다. 그의 상상은 곧바로 상대방의 입장에 자신을 서게 할 수 있다. 평등은 상대방의 개인적인 일들에 동정심을 느끼거나, 동료의 육체가 찢겨 나갈 때 자기 자신도 그만큼 고통을 느끼게 해 준다(Tocqueville 2000, 251).

물론 토크빌은 당시 미국 사회에 숨겨진 불평등과 노예제의 잔인함을 간과하지 않았다. 그는 노예들이 "끔찍한 고난을 경험하며, 극단적이고 무자비한 처벌에 항상 노출되어 있다"라는 점을 인식하고 있었다. 그러나 노예제가 미국 사회의 평등성에 대한 그의 주장을 약화시키진 않았다. 오히려 그는 불평등이 인간관계의 특징을 결정한다는 자신의 주장을 뒷받침하는 또 다른 근거로 노예제를 들었다.

이 불행한 노예들이 주인의 동정을 거의 받지 못한다는 사실을 쉽게 발견할 수 있었다. 주인들은 자신의 이익을 위한 도구쯤으로 노예를 바라보았다. 그뿐만 아니라 노예의 삶은 자신이 겪을 가능성이 거의 없는 불행이라 생각했다. 따라서 같은 지위의 동료에 대해서는 한없는 인간애를 발휘하는 사람일지라도, 미국의 평등성이 닿지 않는 공간에서 노예들이 당하는 고통에 대해서는 매우 둔감했다(Tocqueville 2000, 251).

상황적 증거

우선 나는, 제4장에서 살펴보겠지만, 왜 평등한 사회가 더 건강한지를 설명하기 위한 일환으로 상대적으로 평등한 사회와 불평등한 사회에서 사회적 관계의 질의 차이가 발견되는지를 관찰했다. 이를 통해 좀 더 건강하고 평등한 사회와 그렇지 않은 사회의 차이를 찾으려고 했다.

초기에는 수량화되지 않은 상황적 증거들 말고는 거의 자료를 수집할 수 없었다. 물론 이를 통해서도 평등한 사회와 불평등한 사회의 차이는 충분히 명백해 보였다(Wilkinson 1996a). 상황적 증거들은 평등한 사회일수록 더 응집력이 있다는 점을 보여 주고 있었다. 여기에서는 세 가지 사례만을 언급하고 넘어가겠다. 1, 2차 세계대전 동안, 영국 정부는 전쟁의 부담을 사회 구성원 전체가 똑같이 짊어지고 있다는 인식과 국민화합을 진작시키고자 몇몇 사회 정책들을 고안해 냈다. 리처드 티트머스Richard Titmuss는 "[전쟁 수행을 위해] 일반 대중의 협력이 꼭 필요하다면 우선 불평등을 줄여야 하며, 또한 사회 계층 피라미드의 높이를 낮춰야 한다"(Titmuss 1958, 86)라고 주장했다. 이에 따라 소득 격차는 노동자들 사이에서만이 아니라 실업자들 사이에서도 급격하게 사라졌다. 반면 소득세는 매우 큰 폭으로 올랐다. 이런 정책은 의도한 목적을 달성했던 것으로 보인다. 사람들은 끈끈한 동료애, 사회 통합, 그리고 공동의 목표에 대해서 이야기하곤 했다. 전쟁이라는 악조건 속에서도 당시 민간인 사망률이 20세기의 어떤 시기보다 두세 배가량 빠르게 감소했다는 점도 당시의 흥미로운 현상이다.

내가 발견한 두 번째와 세 번째 사례는 일본과 스웨덴이다. 세계은행의 보고에 따르면, 1980년대에 두 나라는 선진국 가운데 가장 평등한 사회였고 기대 수명을 기준으로 했을 때 일본은 첫 번째로, 스웨덴은 두 번째로 건강한 사회였다. 이 두 국가는 상당히 통합적인 것으로 알려져 있고, 강력 범죄율도 매우 낮으며, 구성원 간 신뢰도도 상당히 높게 나타나고 있다. 반면, 선진국 가운데 구성원 간 신뢰도가 매우 낮고 사망률이 제일 높은 미국을 보면, 세계에서 가장 잘살고 보건의료비로 엄청난 돈을 쓰고 있지만, 다른 선진국들에 비해 평균 수명이 가장 떨어진다. 또한 다른 부유한 시장 민주주의 국가들보다 소득 격차도 가장 큰 국가로 기록되고 있다.

신뢰

다행히 우리는 상황적 증거들을 뛰어넘는 자료들을 구할 수 있게 되었다. 미국의 주들을 대상으로 연구한 이치로 가와치Ichiro Kawachi와 브루스 케네디Bruce Kennedy는 다른 주들보다 소득 격차가 작은 주들에서 기대 수명이 높은 이유를 밝히고자 했다(Kawachi and Kennedy 1997). 그들은 상대적으로 평등한 주에 사는 사람들이 서로 더욱 신뢰한다는 사실을 밝혀냈다. 가와치와 케네디는 미국의 일반 사회 조사General Social Survey 자료를

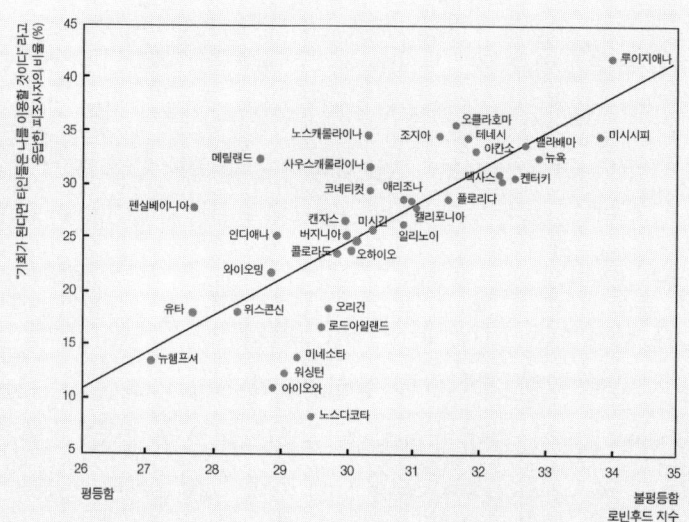

그림2-1 소득 불평등과 신뢰 수준의 관계 (대상: 미국의 주들)

로빈후드 지수는 소득 불평등을 측정하는 한 방법으로, 모든 사람의 소득을 평준화하기 위해서 한 사회 총소득의 몇 퍼센트가 부유층에서 빈곤층으로 재분배되어야 하는지를 나타내는 지수다. 여기서 신뢰 수준(세로축)은 "기회가 된다면 타인들은 나를 이용할 것이다"라는 명제에 동의한 사람들의 비율로 측정했다. 이 도표는 상대를 신뢰하지 않는 사람들의 비율이, 평등함 사회(왼편)에서는 10~15%에서, 불평등한 사회(오른편)에서는 35~40%까지 상승하는 경향을 보여준다.

자료: I. Kawachi et al., "Social Capital, Income Inequality, and Morality," *American Journal of Public Health* 87(1997): 1,491-1,498. The American Public Health Association의 허가하에 다시 그림.

이용해, 소득 격차가 큰 곳일수록 사람들은 "기회만 있다면 타인들은 나를 이용할 것이다"라고 믿고 있다는 사실을 보여 주었다. 〈그림 2-1〉은 불평등과 신뢰 수준의 관계에 대한 이들의 연구를 재인용한 도표다. 각 주마다 상대방을 신뢰한다고 응답한 사람들의 비율에는 큰 차이가 있었으며, 이 차이는 소득 불평등의 정도에 따라 달라졌다. 가장 평등한 주들에서는 오직 10~15%의 인구만이 타인을 믿을 수 없다고 답했다. 반면 불평등한 주

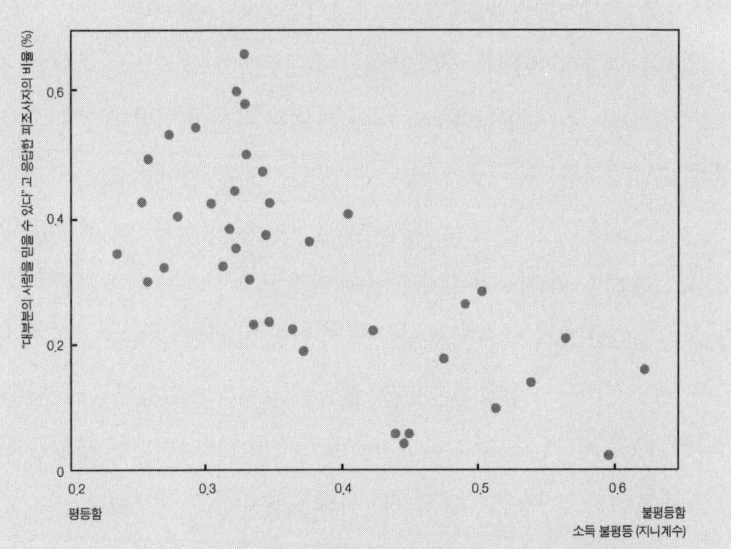

그림2-2 소득 불평등과 신뢰 수준의 국제적 관계

이 도표는 불평등한 사회(오른편)일수록 "대부분의 사람들을 믿을 수 있다"고 응답한 사람이 적다는 것을 보여준다(구 공산주의 국가는 포함되지 않았음).

자료: E. Uslaner, *The Moral Foundations of Trust* (New York: Cambridge University Press, 2002), Cambridge University Press의 허가하에 다시 그림.

들에서 그 비율은 35~40%까지 증가했다.

 소득 불평등이 낮은 사회에서 서로를 신뢰하는 인구 비율이 높게 나타나는 현상이 단지 미국에서만 발견되는 것은 아니다. 에릭 어슬러너Eric Uslaner는 최근 그의 저서 『신뢰의 도덕적 기초』*The Moral Foundations of Trust*(2002)에서 평등한 사회일수록 사람들이 서로 신뢰한다는 점에 주목했다. 이런 관계를 국가 단위에 적용한 것이 〈그림 2-2〉다(비록 〈그림 2-1〉과 〈그림 2-2〉의 그래프는 서로 반대 방향으로 기울어져 있지만, 이 두 관계는 같은 양

2장 · 불평등 57

상을 나타내고 있다. 〈그림 2-1〉에서는 Y값이 높을수록 불신의 수준이 높아지지만, 〈그림 2-2〉에서는 Y값이 높을수록 신뢰 수준이 높아지기 때문이다).

불평등과 신뢰에 대한 위의 분석들에 덧붙이자면, 로버트 퍼트남Robert Putnam도 (나와의 사적인 대화에서) 이와 관련된 자신의 미발표 연구에 대해 말해 주었다. 그는 세계 가치관 조사World Value Survey에서 얻은 국가들에서 나타난 신뢰 수준과 각 국가의 불평등 사이에 강력한 연관관계를 발견했다고 말했다. 이 연구가 도출한 분포도의 한쪽 끝에는 소득 격차가 가장 크고 신뢰도가 가장 낮은 브라질이 놓여 있었고, 다른 한쪽은 소득 격차가 유독 낮고 신뢰도가 상당히 높은 스웨덴이 차지하고 있었다. 퍼트남은 이 두 국가가 이례적인 사례가 아니라, 여러 국가에서 나타나는 불평등과 신뢰도의 관계를 보여 주는 대표적인 사례일 뿐이라고 강조했다.

공동체적 삶

퍼트남은 사회적 자본과 공동체 생활의 참여도가 인류의 복지에서 무시할 수 없는 중요한 구성 요소라는 점을 학계와 정치계에서 의제화하는 데 누구보다 지대한 공헌을 했다. 하버드대학교 정치학과 교수인 그는 사회적 자본 연구의 권위자로 알려져 있다. 그의 대표적인 두 연구(Putnam 2000; Putnam, Lenardi, and Nanetti 1993)는 미국과 이탈리아의 특정 지역들을 대상으로 하고 있다. 여기서 그는 공동체 생활의 강도를 나타내는 여러 지표를 하나의 지수로 통합해 사람들이 공동체 생활에 얼마나 참여하는지를 측정했다. 가장 중요한 지표는 스포츠 클럽, 정원 가꾸기 모임, 자선 단체, 스카우트, 합창단처럼 자발적인 모임이나 단체에 참여하는 사람들의 비율이었다. 또한 사람들이 지방선거에 참여해 투표하거나 지역 신문을 읽는지도 공동체 생활의 참여도를 나타내는 지표에 포함됐다.

이탈리아의 사회적 자본에 관한 퍼트남의 연구(Putnam 2000; Putnam, Lenardi, and Nanetti 1993)는 1970년대에 주민 1인당 재정 비율이 똑같은 상태에서 세워진 20개의 지방 정부가, 시간이 지남에 따라 어떻게 각기 다른 실적을 내게 되었는지를 밝히고자 했다. 물론 잘사는 지역의 정부가 다른 지역보다 성과가 좋게 나타나기는 했지만 전체적으로 봤을 때 지방 정부의 실적은 지역민들이 얼마나 공동체 생활에 관심이 있느냐와 밀접하게 관련되어 있었다. 그는 주석(224, n. 52)에서 '시민 공동체'civic community 지수가 각 지역의 소득 불평등 수치와 매우 긴밀한 연관관계(r= 0.81)를 가지고 있다고 지적했다. 소득 불평등 수준이 낮을 때 공동체 생활에 대한 참여가 더욱 활발했던 것이다.

또한 퍼트남은 이탈리아 각 지역의 지도자와 주민들을 인터뷰한 후 사회적 태도와 평등주의적인 풍토에 대해 다음과 같이 말했다. "다른 지역보다 상대적으로 시민적 덕목이 발달한 지역의 정치 지도자일수록 정치적 평등을 열성적으로 지지하는 경향이 있다"(Putnam 1993, 102). "지도자들과 마찬가지로, 시민적 덕목이 발달한 지역의 주민들은 위계적인 권위에 대해 혐오감을 가지고 있다"(Putnam 1993, 104). "평등은 시민 공동체의 본질적인 특징이다"(Putnam 1993, 105). 그는 상대적으로 시민적 덕목이 발달하고 평등주의적인 지역의 '수평적'인 사회관계와, 시민적 덕목이 덜 발달하고 '수직적'인 지역의 '후견인-피후견인'patron-client 관계를 대조하기도

그림2-3 소득 불평등과 사회적 자본의 관계 (대상: 미국의 주들, 1990년)

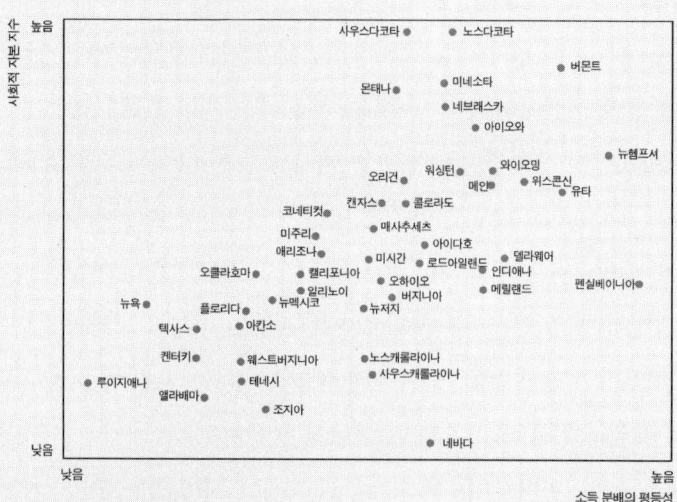

여기서 소득 격차가 작은 주(오른편)일수록 퍼트넘의 사회적 자본 지수의 측정치가 높게 나타났다. 이는 평등한 지역의 주민들이 공동체 생활에 더 적극적으로 참여한다는 뜻이다. 반면 불평등한 주(왼편)는 대부분 공동체 생활에 참여하는 정도가 낮았다.

자료: R. D. Putnam, *Bowling Alone: The Collpase and Revival of American Community* (New York: Simon & Schuster, 2000), Fig. 92. Simon & Schuster Publishing Group의 허가하에 사용.

했다.

미국의 사회적 자본에 대한 퍼트남의 연구는 『혼자 볼링하기』*Bowling Alone*라는 제목의 책으로 2000년에 소개됐다. 이 연구는 공동체 생활에 가장 활발하게 참여하는 주에서 소득 격차가 가장 낮다는 사실을 분명하게 보여 준다. 〈그림 2-3〉은 이 횡단면적 연구에서 발견한 연관관계를 정리한 것으로, 그 결과는 퍼트남이 이탈리아 사례 연구에서 발견했던 것과 매우 흡사하다.

퍼트남은 미국과 이탈리아의 사례를 연구하면서 이런 횡단면적 증거를 발견했다. 특히 미국의 사례를 통해 시간이 흐를수록 공동체 생활의 참여도에 변화가 생긴다는 점도 발견했다. 사실 사회적 자본에 관심이 있었던 퍼트남에게 전체 사회의 불평등은 주변적 관심사에 불과했다. 하지만 그는 자신이 측정한 공동체 생활의 참여도가, 비슷한 특성을 가진 종교적·인종적·계급적 소집단 **내부의** 공동체 생활의 정도만을 말해 줄 뿐, 각 집단을 가로질러 이루어지는 공동체적 연대와는 상관없을 것이라는 문제 제기에는 반박했다. 그는 전체 사회의 불평등이 완화되면 같은 집단을 넘어서 서로 다른 집단들 사이의 사회적 자본도 광범위하게 증가한다는 사실을 증명하고자 했다. 이와 관련해 지난 한 세기 동안 사회적 자본과 소득 격차의 변화가 거의 정확하게 일치했다는 점을 다음과 같이 지적했다.

> 공동체와 평등은 서로를 강화한다. …… 20세기 전반에 걸쳐 사회적 자본과 경제적 불평등은 나란히 변화했다. 부와 소득 재분배의 관점에서 보자면, 1950~60년대 미국은 지난 한 세기 가운데 어느 시대보다도 가장 평등주의적이었다. …… 이 시기 동안 사회적 유대감과 시민 참여의 정도는 매우 높은 수준을 기록했고, 이와 동시에 평등과 사회적 자본도 성장했다.
> 반대로 20세기 후반의 30년은 불평등이 증가하고 사회적 자본이 줄어든 시기였다. 20세기 마지막에 이르기까지 거의 30년 동안 미국의 빈부 격차는 지속적으로 증가했다. 적어도 지난 한 세기를 통틀어 보았을 때, 불평등이 가장 오랫동안 지속적으로 악화된 기간이었을 것이다. 이처럼 사회적 자본과 불평등이 변화하는 추세는 시기적으로 일치한다. 이는 매우 중요한 사실이다. 1960년대부터 70년대 어딘가에서 미국은 역사적 방향을 선회했고, 이와 동시에 사람들 사이에서 경제적·사회적·정치적으로 연대하는 경향도 줄어들었다(Putnam 2000, 359).

비록 이런 언급까지 하긴 했지만, 퍼트남이 자신의 연구에서 특별히 불평등을 강조했던 것은 아니다. 그는 불평등을 부차적인 문제로 다루었고, 왜 불평등과 사회적 자본이 관련이 있는지는 논의하지 않았다. 그럼에도 불구하고 그의 책을 주의 깊게 읽다 보면 이 둘이 서로 연결되어 있다는 매우 귀중한 근거들을 얻을 수 있다. 우선은 미국의 50개 주와 이탈리아의 20개 지역 연구를 통해 도출된 횡단면적 관계, 미국에서 지난 한 세기에 걸쳐서 불평등의 수준과 공동체 생활에 참여하는 비율이 비슷한 양상으로 변하는 경향, 그리고 마지막으로 사회적 자본이 풍부한 지역의 정치적 지도자와 주민이 더욱 평등주의적이고 민주주의적인 가치를 가지고 있다는 조사 자료 등이 그 근거이다. 퍼트남은 이미 발표했던 위와 같은 증거들만이 아니라, 한 세미나[2003년 3월 12일, 유니버시티칼리지(University College London)]에서 아직 공식적으로 발표하지 않은 자료들을 언급하기도 했다. 그리고 다음과 같은 결론을 내렸다. "그것들[불평등과 사회적 자본] 사이에 매우 긴밀한 연관관계가 있다는 사실은 결코 의심할 수 없습니다."

살인과 불평등

소득 불평등이 사회적 관계의 질을 악화시킨다는 결정적인 증거는 강력 범죄와 살인에 대한 연구에서 얻을 수 있다. 국가마다 범죄에 대한 법률적 정의와 공개 자료들이 다르므로 폭력 수준을 국제적으로 적절히 비교하기는 어렵다. 그러나 살인은 예외다. 살인으로 분류될 수 있는 사건은 나라마다 비슷해 국가 간 비교 연구가 쉬운 편이다.

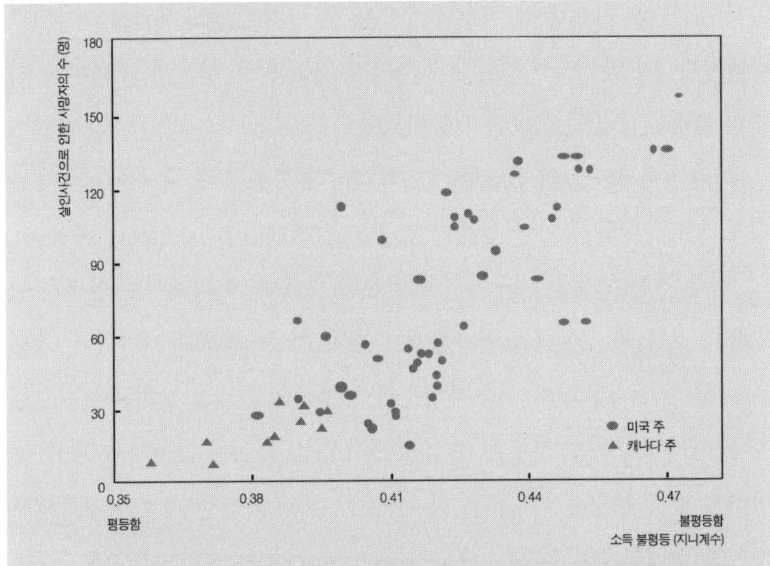

그림2-4 소득 불평등과 살인율의 관계 (대상: 미국 50개 주, 캐나다 10개 주)

미국과 캐나다 모두 불평등한 주에서 살인이 빈번히 발생한다.

자료: M. Daly, M. Wilson, and S. Vasdev, "Income Inequality and Homicide Rates in Canada and the United States," *Canadian Journal of Criminology* 43 (2001): 219-236, The Canadian Journal of Criminal Justice의 허가하에 다시 그림.

　소득 격차가 심한 사회에서 폭력 사건이 더 빈번함을 보여 주는 연구는 50개가 넘는다. 이는 한 국가를 대상으로 한 연구에서부터 선진국과 개발도상국 간의 국제적 비교 연구에 이르기까지 매우 다양하다. 이 연구들을 살펴보면, 소득 격차와 폭력의 연관성은 빈곤과 평균 임금 수준이 폭력에 미치는 영향력 변수를 통제한 이후에도 여전히 유효했다.

　〈그림 2-4〉는 미국 50개 주와 캐나다 10개 주를 비교한 것이다(Daly et al. 2001에서 인용). 이 도표를 보면 소득 불평등 수준에 따라 지역별 살인율

이 최소한 열 배가 차이 나고 있다. 이 연구가 보여 주는 차이는 단순히 미국과 캐나다의 차이만이 아니다. 국가 내 각 지역 간에도 살인율의 차이가 나타났다. 이 연구에서 살인율에 차이가 나는 이유 가운데 약 50%는 각 주의 불평등 수준이 다르기 때문이었다.

파안실베르와 그의 동료들은 39개국의 자료를 통해 살인율과 소득 불평등에서도 이와 유사한 관계가 있음을 밝혀냈다(Fajnzylber et al. 2002). 〈그림 2-5〉는 그들의 연구에서 재인용한 도표다. 여기에서도 여전히 살인율과 소득 불평등 간의 연관관계가 통계적으로 매우 유의미했다. 그러나 미국과 캐나다 내의 소득 불평등과 살인율의 관계를 보여 주는 〈그림 2-4〉와 비교해 보면 분포의 중심 값에서 다소 흩어져 있는데, 그 이유는 아마도 소득 불평등의 수준을 국제적으로 비교할 만한 자료가 부족해서 정확한 분석이 쉽지 않기 때문인 것으로 보인다.

이 연구들보다 앞서 1993년 이후로 불평등과 살인율의 연관관계를 분석한 연구들도 40여 개나 존재한다. 이 가운데 34개는 메타 분석에 포함할 수 있을 만큼 훌륭한 자료들을 제공해 주었다. 예를 들어, 『크리미널 저스티스 리뷰』*Criminal Justice Review*에 불평등과 폭력이 매우 밀접한 관계가 있다는 연구 결과를 발표한 어떤 저자들은 빈곤이 폭력 수준을 높인다고 주장했다(Hsieh and Pugh 1993). 이들의 주장은 매우 가난한 지역에서는 무리 없이 받아들여질 것이다. 그러나 이 연구에서 말하는 빈곤이 한 지역을 다른 지역과 비교했을 때 생기는 상대적 빈곤을 말하는지, 아니면 그 지역만의 절대적 빈곤을 말하는지는 알 수 없다. 왜냐하면 이 연구는 매우 좁은 구역에 사는 저소득층만을 연구 대상으로 삼고 있었기 때문이다. 일례로 우리가 뉴욕의 할렘과 같은 지역에서 왜 폭력 수준이 높게 나타나는지

그림2-5 소득 불평등과 살인율의 국가 간 관계

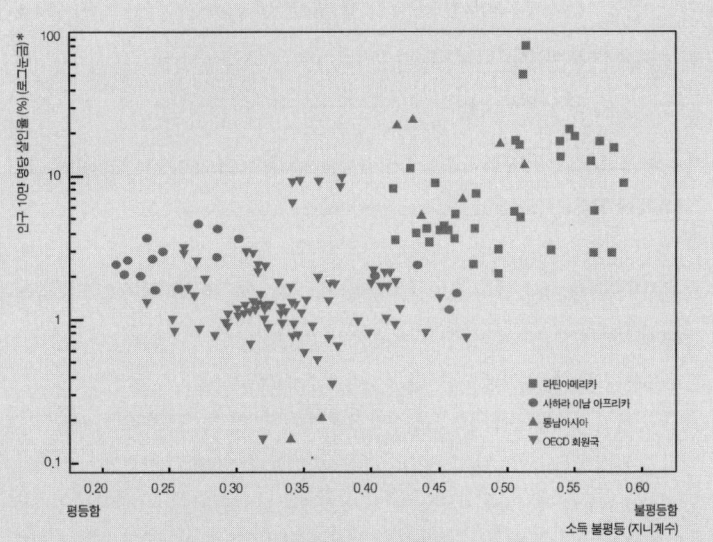

사망률은 소득 격차가 큰 국가(오른편)에서 높다. 이런 관계는 40~50차례 동일하게 재현되었다.

자료: P. Fainzylber, D. Lederman, and N. Loayza, "Inequality and Violent Crime," *Journal of Law and Economics The University of Chicago* 2002; 45(1):1-40.

*역자 주: 선형눈금으로 그려진 그래프의 눈금 간격은 0부터 10은 10칸, 0부터 20은 20칸으로 일정하다. 반면 로그눈금으로 그려진 그래프에서는 0부터 10까지는 그대로 눈금 10칸으로 나뉘는 반면 다음 11부터 20까지는 100칸, 21부터 30까지는 1,000칸으로 열 배씩 칸 수가 증가한다.

를 묻는다고 치자. 이때 할렘의 폭력 수준이 높은 이유는 할렘의 절대적인 빈곤 수준이 높아서라기보다는 할렘의 사람들이 미국의 다른 지역의 사람들과 **비교해서** 더 가난하기 때문일 가능성이 크다. 그러나 이 연구는 이런 차원을 지적하지 않고 있다.

연구 자료들에서 나타나는 살인율과 불평등의 연관관계는 명백하지만, 정치인과 대중들은 이를 믿고 싶어 하지 않는 것 같다. 그러나 많은 범죄학자는 살인율과 **다양한** 환경적 요인들의 관계를 살펴보았을 때, 살인율과 불평등 사이에 가장 안정적인 관계가 있다고 주장한다. 이에 대한 최근의 학술적인 논평들은 다음과 같다.

> 살인율에 관한 국가 간 연구에서 가장 일관된 결과는 소득 불평등과 살인율이 정(正)의 관계에 있다는 점이다(Neapolitan 1999, 260).

> 높은 수준의 살인율은 소득 분배에서 나타나는 높은 수준의 불평등과 언제나 동시에 관찰된다(Messner and Rosenfeld 1997, 1394).

> 경제적 불평등은 다른 변수들을 통제한 이후에도 살인율과 정비례하며 유의미한 관계를 맺고 있었다. 최근 자료들에서도, 그리고 지난 연구들과는 완전히 다른 척도로 경제적 불평등을 측정했을 때에도, 이 관계는 변함없이 발견되었다. 따라서 불평등과 살인율 사이에는 매우 강한 관계가 있다는 사실을 다시 한번 확인할 수 있었다(Lee and Bankston 1999, 50).

적대감, 인종주의, 그리고 투표

폭력에 관한 자료로 가장 적절한 것은 미국 10개 도시의 평균 적대감 수준을 측정한 연구 결과다(Williams, Feaganes, and Barefoot 1995; Williams와의 개인적인 대화). 이 연구의 조사자들은 각 도시에서 200명의 시민을 무작위로 추출해서 적대감 수준을 측정했다. 이때 사용된 척도는 미네소타 다면적 인성 검사MMPI: Minnesota Multiphasic Personality Inventory에 포함된 쿡-메들리 적대감 척도Cook-Medley Hostility Scale였다. 연구자들은 이를 통해 각

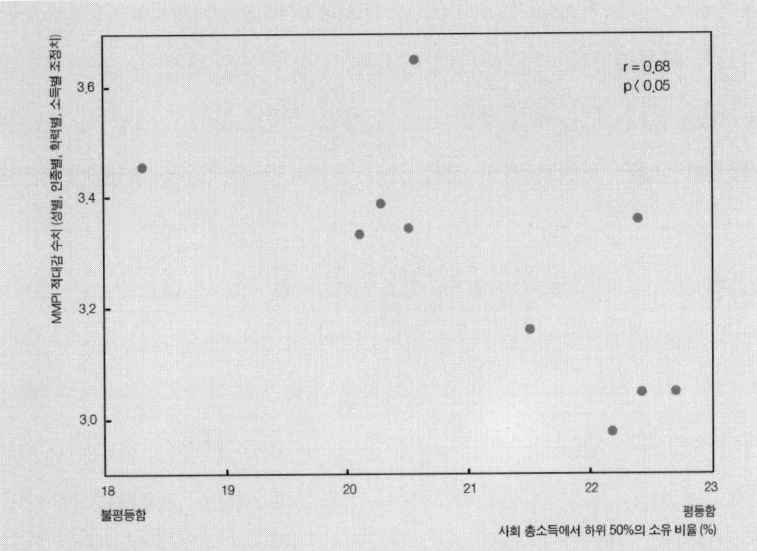

그림2-6 소득 불평등과 적대감 수준의 관계

미국 10개 도시(무작위 추출)의 평균 적대감 수준은 사회 총소득에서 빈민들의 소득이 차지하는 비율이 큰 도시들(오른편)일수록 낮게 나타났다.

자료: R. B. Williams, J. Feaganes, and J. C. Barefoot, "Hostility and Death Rates in 10 U.S. Cities," *Psychosomatic Medicine* 1995; 57(1): 94, 그리고 개인적인 대화.

도시의 평균 적대감 점수를 계산했다. 윌리엄스가 내게 보여 준 이 자료들에서 나는 〈그림 2-6〉과 같이 평균 적대감 수치와 소득 불평등의 연관관계($r = 0.68$, $p < 0.05$)를 확인할 수 있었다.

또 케네디와 가와치는 "멸시와 흑인 사망률"Disrespect and Black Mortality 이라는 제목의 연구 논문에서, 미국의 50개 주 가운데 소득 불평등 정도가 높은 주일수록 인종적 편견이 심한 경향이 있다고 지적했다(Kennedy and Kawachi 1997). 덧붙여 다른 연구들도 빈부 격차가 심한 사회에서는 사람들의 정치적 참여도도 낮고, 남성을 기준으로 본 여성의 지위도 상당히 낮다는 사실을 보여 주고 있다(Blau and Kahn 1992; Kawachi et al. 1999). 소득 격차와 여성과 인종에 대한 심각한 차별은 공통점을 가진다. 그것들이 인종 차별, 젠더 차별, 계급 차별 가운데 어떤 차별로 분류되든 간에, 차별은 자신보다 낮은 지위와 약한 집단 위에 군림하면서 이들을 착취하고자 하는 태도와 관련이 있기 때문이다(이에 대해서는 7장에서 자세히 언급하겠다).

최근 들어 다양한 연구들이, 평등한 사회일수록 더 많은 사람이 투표에 참여한다는 사실을 증명하고 있다. 이런 경향은 단지 국가적 수준에서만 나타나는 것은 아니다. 더 좁은 지역을 대상으로 한 연구들에서도 불평등과 투표율의 관계가 확인되고 있다(Mahler 2002; Blakely, Kennedy, and Kawachi 2001). 이는 불평등한 사회에서 공동체 생활에 참여하려는 의지가 낮아지는 현상과 관련이 있을 것이다. 또한 이는 불평등 때문에 '그들'과 '우리'의 차별이 증가하게 되면, 정부(국가)에 대한 불신도 커지게 된다는 더 광범위한 경향을 말해 주고 있을지도 모른다.

요약

여기에 소개한 모든 연구 자료들은 현대 사회에서 소득 격차가 심해질수록 사회적 삶의 질도 낮아진다는 주장을 매우 확실하게 뒷받침해 주고 있다. 우리는 1, 2차 세계대전 당시의 영국, 그리고 스웨덴, 일본, 미국의 상황적 증거들뿐만 아니라, 공동체 생활의 참여도에 대한 미국과 이탈리아의 횡단면 연구, 미국의 종단면 연구, 미국 도시들의 적대감 수치에 대한 자료들, 사망률에 대한 국내외적 비교 자료, 그리고 여성과 소수민족에 대한 차별처럼 신뢰 수준에 대한 다양한 통계적 근거를 갖고 있다. 이 장에서 사용한 자료들은 거의 미국에서 나온 자료들이었다. 미국에서는 인구 주택 총조사가 광범위하게 이뤄져 믿을 만한 자료를 수집할 수 있을 뿐만 아니라, 소득 분배의 특성들을 분석할 수 있는 뛰어난 연구자들이 많이 있다. 하지만 이런 결과가 단지 미국에서만 유효한 것은 아니다. 이 장의 연구 결과가 보편적이라는 사실을 보여 주는 증거는 많다. 특히 살인율과 강력 범죄, 신뢰에 대해서는 더욱 그렇다.

오직 하나의 연구만이 우리의 주장을 부분적으로 반박했을 뿐이다. 존 린치John Lynch와 그의 동료들은 유럽 국가들을 살펴보았을 때 불평등 수준과 결사체적 삶 사이에는 아무런 관계가 없었다고 주장했다(Lynch et al. 2001). 그러나 이는 그들의 연구가 경제적 과도기를 겪고 있는 동유럽의 상황을 고려하지 않았다는 점을 보여 줄 뿐이다. 동유럽 국가들은 공산주의가 붕괴한 이후 급격한 사회경제적 와해를 경험하고 있었고, 독립적인 시민적 결사체나 자발적 부문, 공동체 생활에 대한 전통도 거의 없었다. 따라서 이들 국가를 질서 정연한 서유럽과 비교했을 때, 불평등 수준과 관계없이 사회적 자본이 빈약했다는 것은 그리 놀라운 일이 아니다.

신뢰, 공동체 생활의 참여, 살인, 적대감은 겉보기에는 따로 떨어져 있는 변수처럼 보이지만 서로 완전히 동떨어져 있지 않다. 이들은 모두 사회적 관계의 질이라는 근원적인 변수를 측정하는 다양한 척도들이기 때문이다. 이 척도들이 모두 불평등과 연결되어 있다는 사실은 소득 격차의 크기에 따라 사회적 관계의 질이 총체적으로 변할 수 있다는 점을 말해 준다. 다시 말해 살인율이 높은 지역은 구성원들 사이에서 적대감이 높고, 신뢰도는 낮으며, 공동체 생활의 참여도 역시 낮은 지역일 것이라고 쉽게 예상할 수 있다. 따라서 살인을 단순히, 예측할 수 없는 돌출 행동으로 취급해서는 안 된다. 살인은 (가장 친절하고 수용적인 관계에서부터 가장 적대적이고 폭력적인 관계로 이어지는) 사회적 관계의 연속선상에 놓인 한 극단일 뿐이다. 사회적 관계의 균형점이나 구심점은 사회마다 다르다. 따라서 그 사회의 특성에 따라 사회적 관계의 전반적인 질은 부드럽고 친밀한 방향으로 쏠리거나 반대로 반사회적이고 폭력적인 방향으로 쏠릴 수 있다.

사람들이 집에서든 직장에서든 길거리에서든 서로 더 친밀하게 대하거나, 반대로 더 폭력적으로 대한다는 것은 무엇을 의미할까? 건강에 관한 연구들은 한 사회에서 나타나는 다양한 사회적 관계들이 한 방향으로 쏠려 있을 때 이를 어떻게 해석하는 것이 올바른지 잘 보여 준다. 32개 사회를 대상으로 건강을 위협하는 위험 요소를 조사한 제프리 로즈Geoffrey Rose의 연구를 자세히 보자(Rose 1992). 로즈는 알코올 중독을 앓고 있고, 뚱뚱하며, 고혈압이 있거나, 노년기에 인지 장애를 겪는 사람들의 비율이 어느 정도인지를 조사했다. 그는 이 비율이 각 사회의 평균 음주량, 신장 대비 몸무게의 평균 비율, 평균 혈압 수치와 비례한다는 사실을 발견했다. 다시 말해 어떤 사회가 다른 사회보다 알코올 중독자가 많은 이유는, 그 사회의 나머지 구성원들은 술을 별로 안 마시는데 유독 일부 구성원들이 술을 많이 마시기 때문이 아니라는 것이다. 연구 결과는 그 반대였다. 알코올 중독자가 많은 사회에서는 어김없이 구성원 대부분이 32개 사회의 전체 평균 음주량보다 술을 더 많이 마셨다. 따라서 그 반대의 경로로 즉, 각 사회의 평균 음주량을 통해서도 그 사회에 알코올 중독자가 얼마나 많을지를 정확하게 예측할 수 있었다. 또한 어떤 사회에서 고혈압 환자의 비율이 높으면 그 사회의 모든 사람이 다른 사회의 구성원들보다 혈압이 높았다. 이렇듯 건강에 영향을 미치는 위험 요소를 조사하면서 로즈는 건강 문제가 단지 개인의 문제만은 아니라는 점을 발견했다. 건강이 안 좋은 사람들의 행동은 그 사회의 나머지 구성원들을 포함해서 사회 전체의 특성을 단적으로 반영하고 있었다.

사회적 관계의 질을 나타내는 척도에서도 이와 비슷한 경향이 나타날 수 있다. 불평등한 사회에서는 모든 사람들이 갈등적인 인간관계를 더 많이 맺게 된다. 따라서 이런 사회는 살인율만 높게 나타나는 것이 아니다. 불평등한 사회에서는 강력 범죄도 자주 일어나며, 신뢰도도 낮고, 공동체 생활에 참여하는 정도도 낮다. 따라서 우리는 각 현상을 별개로 보기보다는, 한 사회의 사회적 관계의 특성을 보여 주는 연속체로 봐야 한다. 불평등은 가장 친화적인 극단에서 가장 갈등적인 극단까지 사회적 관계의 분포 전체를 변화시킨다. 따라서 분석 가능한 자료들에 비추어 말하자면, 불평등한 사회에서 생활하는 사람들은 이방인을 덜 도와주고, 하급 종업원을 덜 배려하며, 학교 운동장에서나 가정에서 더 자주 싸우고, 취약 계층들에게 더 많은 편견을 가지고 있을 것이다.

사회적 관계의 질과 소득 불평등의 정도에 **왜** 이런 연관관계가 생기는지, 나아가 인과관계는 어떤 방향으로 성립하는지는 5장과 6장에서 다루겠다.

여기서 지적한 것들은 현대 사회의 삶의 질을 향상시키는 데 매우 핵심적인 부분이다. 사회적 관계의 성격이 어떤지에 따라 실질적인 삶의 질이 크게 달라질 수 있다. 따라서 만약 앞의 사례들이 주장하는 바처럼 소득 불평등에 따라 사회적 관계가 달라진다면, 이는 사회적 삶과 심리사회적 행복을 증진시키기 위해 소득 불평등 수준을 낮추는 공공 정책을 사용할 수도 있다는 흥미로운 대안을 제시해 준다.

    소득 불평등 수준에 따라 사회적 관계의 질과 심리사회적 행복감이 어떻게 변화하게 되는지 설명하기 위해, 우리는 먼저 인간이 어떻게 사회적 환경과 소통하고 있으며 사회적 환경의 어떤 측면이 인간에게 스트레스를 주는지를 파악해야 한다. 1장에서 언급했듯이 보건 연구들은 이에 대한 통찰을 제공해 줄 수 있다. 왜냐하면 스트레스를 일으키는 심리사회적 위험 요인들이 건강에 그만큼 강력한 영향력을 행사하고 있기 때문이다. 이에 3장에서는 건강을 악화시키는 심리사회적 위험 요인들이 무엇인지 짚어 보려 한다. 그리고 이어서 4장에서는 소득 불평등이 어떻게 건강을 훼손하는지를 살펴볼 것이다.

3
불안과 불안정
타인의 시선

 2장에서는 불평등한 사회에 사는 사람들이 더 폭력적이고 서로 불신하며 공동체 생활에도 별로 참여하지 않는다는 사실을 살펴보았다. 이 장에서는 불평등이 개별 인간에게 어떻게 이런 영향을 미치는지를 이해하기 위한 기초를 다지고자 한다. 본격적인 분석은 5장과 6장에서 이뤄지겠지만, 왜 평등한 사회에서는 사람들이 평균적으로 더 건강한지를 논할 4장을 이해하기 위해서라도 기본적인 이해가 필요할 듯하다. 이 장의 핵심은 불평등이 어떻게 사회적 관계와 건강 모두에 악영향을 끼치는지를 파악하는 것이다. 따라서 3장에서는 우선 사회적 환경에 민감하게 반응하는 인간의 기본적인 특성들을 짚어 보고, 이런 민감성을 통해 사회가 어떻게 개별 인간에게 생물학적인 영향을 미치는지 살펴보고자 한다.

 1장에서 우리는 선진국을 포함해 여러 국가에서 발견되는 '건강 불평등'의 현황에 대해 다루었다. 이를 통해 가난하고 학력이 낮은 사람들의 평균 기대 수명이 사회적 피라미드의 상부에 있는 사람들보다 짧게는 2년에서 길게는 15년이나 짧다는 사실을 확인했다. 또한 건강 격차가 단지 가난한 사람들과 그렇지 않은 사람들 사이에서만 나타나는 것이 아니라, 사회적 위계 서열의 하층으로 내려갈수록 수명이 더욱 짧아지는 연속적인 추이를 갖는다는 사실도 알게 됐다.

그러나 이런 문제를 자각했다고 해서 곧바로 정부 차원의 대책을 모색하는 국가는 거의 없다. 사회적 위계의 하층에서 나타나는 높은 사망률을 줄이기 위한 정책을 마련한 정부는 놀랍게도 거의 없었다. 런던의 화이트홀Whitehall 공무원을 대상으로 한 연구에서 말단 공무원의 사망률이 같은 연령대의 고급 공무원과 비교해서 세 배 정도 높게 나타났다. 만약 화이트홀 공무원들이 독극물에 노출되어 사망했다면, 위험물질이 제거될 때까지 해당 관청 건물들을 곧바로 폐쇄했을 것이다. 그러나 이들의 죽음은 보이지 않는 사회적 작용에 의한 것이었기 때문에 독극물 노출 사건에서나 있을 법한 신속한 대응은 찾아볼 수 없었다. 사회적 독성은 실제로 화학적 독성보다 더 위협적일 수 있다. 하지만 그만큼 관심을 끌지는 못한다. 사회 구조를 변화시키는 일은 오염된 건물을 폐쇄하기보다 훨씬 어렵기 때문이다.

여기서 재미있는 가정을 하나 해 보자. 만약 건강과 질병에 대한 사회적 추이가 반대 방향으로 뒤바뀐다면, 즉 상위 계층으로 올라갈수록 건강이 나빠진다면 사람들은 어떤 반응을 보일까? 어떤 면에서는 이게 공평하다고 생각하는 사람이 있을지도 모르겠다. 실제로 하위 계층은 빨리 죽을 뿐만 아니라 사는 동안에도 열악한 삶의 질로 고통받는다. 그렇기에 만약 상위 계층의 수명이 더 짧다면, 이는 그들이 높은 질의 삶을 누린 대가로 생각할 수도 있을지 모른다. 아무튼 건강 불평등이 반대 방향으로 발생한다면, 아마도 산업 역군인 유능한 지도자들의 수명이 평균 5년에서 10년까지 단축되었을 때 발생하게 될 손실을 우리 경제가 감당할 수 있을 것인가 따위의 연구들이 엄청나게 쏟아져 나올지도 모를 일이다.

일차적으로 계층 간의 건강 격차는 의료 서비스를 이용하는 정도가 달라서 생긴 것은 아니다. 의료 서비스가 무료인 영국에서는 오히려 빈곤층이 부유층보다 의료 서비스를 더 많이 이용하고 있다. 따라서 문제의 핵심은 가난한 사람들이 치료를 받지 못하고 있다는 점이 아니라, 왜 가난한 사람들이 더 많은 질병에 더 자주 걸리는가이다. 실제로 보면 계층에 따라 의료 서비스를 이용하는 정도의 차이는 그 이전에 이미 각 계층이 심장병이나 암에 걸리게 되거나, 거리에서 다치게 될 확률의 차이보다도 작다. 물론 일단 어떤 질병에 걸리면 계급에 따라 생존율이 달라질 수는 있다(Leon and Wilkinson 1989). 하지만 생존율의 차이보다 어떤 계급이 그런 질병에 더 잘 걸리게 되는지의 차이가 건강 불평등에서 더 커다란 비중을 차지하고 있다. 의료 서비스를 군 의무대로 비유해 보면, 이를 더 잘 이해할 수 있다. 군 의무대가 전쟁 사상자들을 치료하는 것은 매우 중요하다. 하지만 어떤 전쟁에서 사상자 수가 많거나 적은 이유를 파악하기 위해서 군 의무대의 의료 수준을 조사해야 하는 것은 아니다. 그보다는 전쟁 자체의 성격을 파악해야 한다. 여기서 사상자 수를 결정하는 전쟁의 성격이란, 한 사회의 전반적인 건강 수준을 결정하는 사회경제적 생활의 특성을 말한다. 물론 그렇다고 군 의무대의 활동에 해당하는 사후적 의료 서비스가 전혀 의미 없다는 말은 아니다. 질병을 양산하는 사회경제적 요인들과 비교했을 때, 그 효과가 부차적이라는 것이다. 보건경제연구소는 잉글랜드와 웨일스의 행정 구역을 대상으로 각 지역의 실업률에 따라 주민 1인당 처방약의 양이 어떻게 달라지는지를 조사했다(The Office of Health Economics

1992; 1993). 그 결과, 실업률이 높은 행정 구역일수록 의약 처방률이 높은 경향이 두드러지게 나타났다(r = 0.8). 의료 서비스가 건강 수준을 결정한다기보다 사회경제적 삶의 특성인 실업률이 의료 체계가 부담해야 할 질병의 양을 결정했던 것이다.

약 25년 전 건강의 사회적 편차에 관심을 두게 되었을 때, 나는 다른 연구자들과 마찬가지로 서로 다른 직업군에 속하는 사람들 사이에 건강 격차가 생기는 이유는 이들이 누리는 물질적 생활수준이 다르기 때문이라고 믿었다. 따라서 연구자 대부분은 물질적 생활수준의 어떤 요인 때문에 어떤 질병이 발생하는지를 파악하는 데 관심을 두었다. 그러나 몇 년에 걸친 연구 끝에 다음과 같이 놀라운 사실이 밝혀지기 시작했다. 바로 물질적 요인만이 아니라 **심리사회적** 요인들이 이환율[1]이나 사망률mortality의 격차를 매우 정확히 설명해 주었던 것이다. 자기통제력의 부족, 우울증, 절망감, 적대감, 신뢰의 부족, 사회적 지지의 부족, 취약한 사회적 관계, 커다란 스트레스를 받았던 경험, 가정 불화, 업무 스트레스, 노동 강도에 미치지 못하는 사회적·물질적 대가, 근친의 사별, 비혼과 이혼 상태, 고용·주거 불안정 모두가 건강에 문제를 일으키고 있었다.

대체로 우리는 이런 심리적 상태가 개인의 성격이나 외부 환경의 우연한 차이 때문에 생기는 결과라고 생각했기 때문에, 사회 구조나 사회적 지위가 심리적 상태에 영향을 미칠 것이라고는 예측하지 못했다. 물론 모든 인간은 자신만의 독특한 심리가 있다. 그러나 인간의 심리 상태는 사회적 환경에 따라 변하는 사회적으로 구성된 산물이며 인간 모두는 자신을 둘

---

[1] 이환율(morbidity)은 일정 기간에 특정 인구 집단에서 특정한 병에 걸린 환자의 비율을 말한다.

러싼 환경, 사회의 공통적인 관념, 그리고 자신의 감성적·심리적 생활에 영향을 미치는 사회 구조로부터 결코 자유롭지 못하다. 이것이 최근 들어 학계가 **심리적** psychological이라는 표현보다 **심리사회적** psychosocial이라는 개념을 더 자주 사용하게 된 배경이기도 하다. 건강에 영향을 미치는 개인의 감정상태는 사실 사회적으로 유형화되며, 개별적인 우연보다는 사회적 맥락에 따라 달라질 수 있다. 심리사회적이라는 표현은 이런 점을 아주 잘 드러내고 있다.

연구의 초점이 개인의 심리적 상태에서, 심리적 상태의 사회적 유형화로 옮겨간 것은, 건강과 건강 불평등에 대한 연구들이 수천 명에서 수만 명의 사람으로부터 집합적인 자료를 수집할 수 있게 된 덕분이기도 하다. 따라서 학문적 관심은 자연스럽게 개별적 차이보다는 전체적인 양태를 파악하는 쪽으로 바뀌게 되었다. 그러나 사실 사회의 전체적인 양태는 개별 인간이 사회적 환경에 얼마나 민감하게 반응하는지에 대해서도 많은 것을 설명해 준다. 예를 들어, 중년의 스트레스 호르몬 수치가 그 사람의 출생 당시의 몸무게와 관련이 있다는 사실을 알게 되었을 때, 혹은 2장에서 살펴보았듯이 한 사회의 폭력 수준과 사회적 관계의 질이 불평등 정도에 따라 달라진다는 사실을 발견했을 때, 우리는 사회적 환경이 개별 인간에게 어떻게 영향을 미칠 수 있는지 짐작할 수 있게 된다. 이는 수많은 사람을 비교한 자료에서 충분한 근거들을 발견하기 전까지는 쉽게 파악할 수 없는 점들이었다.

사회적 환경과 개별 인간 사이의 어떤 관계들은 너무나 명백해 보인다. 만약 당신이 무일푼에, 곧 일자리를 잃을지도 모르며, 빚을 지고 있다고 해 보자. 그렇다면 당신은 매우 불안해할 것이고, 자신의 처지를 비관하게 될 것이다. 스트레스의 원인은 분명하다. 이런 경우 굳이 심리사회적 위험의 '사회적 유형화'social patterning를 말하는 것이 괜히 어려운 말을 만들어 내는 것처럼 보일지도 모른다. 그러나 이처럼 원인이 명백한 경우에서조차 이런 원인이 물질적인지 아니면 심리적인지를 파악하기란 쉽지 않다. 고용 불안정은 외부적이고 물질적인 요인처럼 보인다. 그러나 사실 고용 불안정은 고용 상태 자체가 아니라 고용 상태가 불안한 데에서 오는 심리적 근심을 통해 건강을 악화시킨다. 부채 문제도 마찬가지다. 어떤 요인이 물질적인 요인이고 어떤 요인이 심리사회적인 요인인지를 구분하려면 다음과 같은 질문을 던져 보자. 그 요인이 의식적·무의식적 인식이나 인지적 과정을 통해서 건강을 악화시키는가? 아니면 반대로 그 요인을 인식하거나 인지하는지의 여부와는 상관없이 건강에 바로 영향을 미치는가? 예를 들어 대기 오염, 감염성 미생물, 비타민 부족과 같은 문제들은 전혀 의식하지 않은 상태에서도 건강을 해칠 수 있다. 따라서 이런 요소들은 건강을 직접적으로 악화시키는 물질적 요인으로 봐야 한다. 하지만 고용 불안정이나 주거 불안정은 오직 우리가 고용 상태와 주거 상태 때문에 불안을 느낄 때에만 건강에 영향을 미친다. 우리가 눈으로 충분히 확인할 수 있는 구체적인 상황들 때문에 적대감이나 우울함을 느끼거나 자신을 통제하지 못하게 될 수도 있지만, 건강을 악화시키는 원인이 이런 상황들로 말미암아 생기는 우리의 **감정**이라면, 비록 이에 대한 해결책이 물질적이라고 하더라도 이런 요인들은 심리사회적 요인으로 분류되어야 한다. 그럼에도 다음과 같은 점이 중요하다. 즉, 심리사회적 스트레스의 요인들을 제거하기 위해서는 대체로 물리적인 환경의 변화가 필요하다는 것이다. 심리사회적 요인들은 그것들이 어떤 경로로 건강에 영향을 미치는지에 따라서 분류되었을 뿐이며, 외부의 물리적 상황과 무관하지 않기 때문이다. 사람들의 사고, 감정, 근심, 불안이 현실과 완전히 분리된 가상 세계에서만 우리는 외부의 상황과 심리사회적 요인들을 분리해서 생각할 수 있다. 그러나 우리가 생활하는 현실 세계는 현실과 감정이 분리된 세계가 아니므로, 우리의 심리사회적 상태는 물질적 상태를 반영한다. 특정한 물질적 상태에 반응하는 인간의 심리적 상태가 불행, 우울, 불안정, 분노, 불안 가운데 어떤 형태를 띠든 간에 물질적 상태는 그런 스트레스를 만들어 낸 근본적인 원인이다.

인간의 정신 상태에는 분명히 개인별로 다르다. 하지만 개인의 정신 상태는 외부 세계와 동떨어져 있지 않다. 오히려 정신은 세계에 대한 우리의 인식이며, 세계에서 우리 자신의 위치를 깨닫기 위한 노력의 산물이다. 건강에 대한 심리사회적 영향력을 강조하다 보면 현실을 간과한다는 비판을 자주 듣게 된다. 문제는 현실 세계에서 생활하는 인간들의 경험이며, 그런 경험을 바꾸는 가장 손쉬운 방법은 실제 현실을 바꾸는 일이라는 것이다. 그러나 현실에서 무엇을 바꿀지를 판단하려면, 사람들이 세계를 자신의 주관에 따라 어떻게 구성하고 경험하는지를 먼저 파악해야만 한다. 심리사회적인 요인들이 중요한 이유는 바로 이 때문이다. 스트레스 때문에 건강이 나빠지는 생물학적 경로는 사회적 환경이 인간의 삶에 영향을 미치는 중요한 경로 가운데 하나다. 건강 상태는 이제, 우리가 입으로 무엇을 먹고 코로 무엇을 들이마시는지, 혹은 몸을 어떻게 사용하는지에 따라서만 달라지는 것이 아니다. 건강 상태는 삶에 대한 우리의 주관적인 경험과 감정에 따라서 좌우되는 심리사회적인 문제이기도 한 것이다.

사회경제적 요인들이 건강에 미치는 영향을 이해하려는 연구들은 대체로 건강 불평등의 기초가 되는 건강의 사회적 유형에 대한 논의에서 시작한다. 건강 불평등은 건강이 사회경제적 요인에 따라 얼마나 민감하게 변하는지를 여실히 보여 준다. 우리의 연구과제도 다음 두 부분으로 구성되어 있다. 첫 번째 과제는 사회적 지위의 어떤 측면이 건강을 악화시키는지를 더욱 세분화해서 밝히는 것이다. 두 번째 과제는 사회적 지위가 어떤 경로로 우리의 생태와 질병 발생률에 영향을 미치는지를 구체적으로 추적하는 것이다. 두 번째 과제는 8장에서 논의할 것인데, 거기서는 주로 만성 스트레스 때문에 생기는 생물학적 증상들을 다루겠다. 첫 번째 연구 과제를 다루는 이 장에서는 건강을 악화시키는 심리사회적 위험 요소로 가장 많이 부각되고 있는 세 가지 요인들을 살펴볼 것이다. 낮은 사회적 지위 때문에 생기는 효과, 강한 친분관계에 결합되기보다는 사회적으로 소외된 상태, 그리고 어렸을 때 감정적·사회적 발달이 이후 건강 수준에 미치는 효과가 바로 이 세 가지 범주다.

다시 강조하건대, 심리사회적 영향력에 주목한다는 말이 열악한 물질적 수준이 건강에 미치는 직접적인 효과를 무시한다는 의미는 아니다. 보잘것없는 식사, 대기 오염, 흡연 그리고 열악한 주거 환경은 분명히 건강을 심각하게 해친다. 그러나 우리는 이를 단순하게 생각해서는 안 된다. 예를 들어, 열악한 주거 자체 때문에 암이나 심장병에 걸렸다고 무턱대고 단정할 수는 없다. 마찬가지로 낮은 임금이나 실업과 같은 경제적 요인들은 우리가 예상하는 바처럼 건강을 직접적으로 악화시키지 않을 수도 있다. 사실 이런 요소들은 임금이 적고 직업이 없어서 사회적으로 조롱받고 멸시당하고 있다는 느낌, 혹은 분노를 느끼거나 무시를 당해서 수치스러운 느낌처럼 심리사회적 스트레스를 중간 경로로 해서 건강을 간접적으로 악화시킨다.

　최근 들어서는 흡연, 음주, 운동 부족 등의 요인이 건강을 심각하게 악화시키기 시작했다. 하지만 우리는 여기에서 왜 가난한 사람들이 더 담배를 자주 피우며, 왜 여가가 있을 때도 운동하기 어려운지 생각해 봐야 한다. 그 이면에는 강력한 심리사회적 원인이 숨어 있다. 우리는 자신을 위로하거나 다독이기 위해 더 많은 버팀목이 필요할 때가 언제이며, 술을 많이 마시게 되고, 먹는 것으로 스트레스를 풀기 시작하며, 끊었던 담배를 다시 피우는 시기가 언제인지를 잘 알고 있다. 건강을 위해서 해야 할 일과 하지 말아야 할 일들을 가리고 지켜나가는 것은 종종 극기에 가까운 결단이 필요하다. 그리고 건강을 지키기 위한 이런 결단은 우리가 만족스럽고 여유로운 생활을 영위하고 있을 때 더 잘 발휘될 수 있다. 기분이 침체되어 술이나 담배처럼 위로를 주는 대체물이 필요할 때 이런 결단을 내리기란 쉽지 않다.

　앞으로 더 자세히 살펴보겠지만, 건강을 해치는 심리사회적 요인들은 대부분 사회적 환경에서 비롯된 것이다. 현대인들은 자신을 둘러싼 사회적 환경 때문에 스트레스를 받는다. 예를 들어, 자신의 일을 통제할 만한 권력과 자원이 없을 때, 어떤 일 때문에 열등감이나 적대감을 느끼고 우울해질 때, 자신을 지지해 주는 친구가 없을 때, 우리의 건강은 쉽게 나빠진다. 그러나 이런 경험이 중요한 이유는 그것이 개인에게 스트레스를 주는 심리사회적 요인들이기 때문만은 아니다. 심리사회적 요인들은 왜 인류가 물질적 성공을 거두었으면서도 삶의 질이 그만큼 개선되지 않는지 이해하는 실마리를 제공한다. 그것은 우리가 사회적 경험을 하거나 사회적 관계를 맺는 데에서 물질적 차원만이 아니라 심리적 차원도 매우 중요하기 때문이다.

우리가 심리사회적 요인에 관심을 두기 시작한 이유는 스트레스가 건강을 악화시키기 **때문**이었다. 하지만 불안, 우울, 지지의 결핍, 모멸감은 건강을 악화시키는 것을 떠나서 그 자체로 인간이 느끼는 주관적인 고통이다. 기름진 음식을 많이 먹으면 당장은 입이 즐거울 수 있다. 하지만 우리는 그것이 건강에 안 좋다는 것을 알기 때문에 피하려고 한다. 심리사회적 요인은 어떤가. 스트레스는 그것이 건강에 미치는 객관적 파장을 고려하지 않더라도 그 자체로 이미 충분히 고통스러운 주관적 경험이다. 당신이 우울증에 빠져 있는 상황을 상상해 보자. 우울증이 심장병을 유발한다고 누군가 충고해 주지 않아도, 당신은 우울한 감정에 눌려 있는 것 자체가 너무나 비참하기 때문에 얼른 그 감정에서 벗어나기를 바랄 것이다.

상대적 박탈감처럼 심리사회적 요인들 때문에 생긴 여러 현상은 서로 긴밀하게 연결되면서 다양한 사회 문제를 일으키기도 한다. 이런 사회 문제들에는 폭력, 인종적·계층적 편견, 알코올과 기타 약물에 대한 의존, 10대 임신, 학령기 아동들의 낮은 학업 성취도, 아동기의 행동적 문제 등 헤아릴 수 없이 많은 문제가 포함되어 있다.

건강을 직접적으로 해치는 '물질적' 요인을 알았다고 해서 현대 사회가 가진 사회적 불안의 뿌리를 파악한 것은 아니다. 물질적 요인들만으로는 인간의 심리사회적 행복을 향상시킬 수 없다. 사실 물질적 요인들이 건강에 미치는 중요하고 직접적인 효과들은 이미 많이 파악되었다. 게다가 이들 가운데 상당 부분은 단지 경제 성장이 주는 혜택을 사회 구석구석까지 분배한다면 대부분 해결이 가능하다.

그렇다면 이제 다음 절에서는 건강에 가장 강력하게 영향을 미치는 세

가지 심리사회적 요인들을 차례로 살펴보기로 하겠다. 낮은 사회적 지위, 약한 사회적 친분관계, 어린 시절에 겪게 되는 감정적 고통이 그것이다.

사회적 지위

첫 번째 범주는 사회의 위계질서에서 한 인간이 갖는 사회적 지위와 위치에 관한 것이다. 사이먼 찰스워스Simon Charlesworth는 인간에게 지대한 영향을 미치는 사회적 지위에 대해 다음과 같이 말했다(Simon Charlesworth 2000).

> 노동 계급이 밀집된 지역에 살게 되면, 우리는 생활 전반을 관통하고 있는 어떤 강력한 힘과 대면할 수밖에 없다. 그런 힘으로 말미암아 어떤 사람이 도둑질을 하든 폭력적으로 변하든, 약물 중독에 빠지든 정신병에 걸리든, 말수가 적어지든 절망감에 빠져 쓰러지든, 아니면 가장 일반적인 반응으로 (술과 약물에 찌들어) 자신의 문제들을 잠시 잊고 도망치게 하든 그 겉모습은 상관없다. 분명히 노동 속에는 우리 사회 노동자들에게 뿌리 깊은 영향을 미치고, 공포와 불안정과 환멸을 느끼게 하는 무언가가 있다(Simon Charlesworth 2000, 196).

이것은 영국 미들랜드의 한 산업 지대 마을에서 낮은 사회적 지위가 어떤 힘을 갖는지를 묘사한 것에 불과할 수도 있다. 하지만 이런 묘사는 미국을 비롯한 다른 국가들과 여러 도시 빈민 지역에도 잘 들어맞는다.

지금까지 연구자들은 빈곤 지역 사망률이 부유한 지역보다 두 배에서 네 배나 높은 이유가 무엇인지를 말해 줄 물질적 원인을 찾는 데만 열을 올렸지 위와 같은 힘을 인식하는 데는 둔감했다. 그들은 심리사회적 원인이 중요하다는 생각은 미처 하지 못했다. 건강에 영향을 미치는 심리사회적 요인들을 지적하는 연구가 점차 늘어나고는 있지만, 여전히 그들은 사회적 지위가 물질적 조건보다 훨씬 더 중요할 수 있다는 점을 자각하지 못하고 있다. 그리고 여전히 인류학자 마샬 살린스Marshall Sahlins의 다음과 같은 언급이 의미하는 바가 무엇인지 깨닫는 사람은 많지 않다. "빈곤은 단지 재화의 양이 적다는 사실만을 말하지 않는다. 빈곤은 수단과 목적의 관계도 아니다. 무엇보다도 빈곤은 사람과 사람 사이의 관계에 관한 것이다. 빈곤은 사회적 지위다. …… 지금까지 인류의 문명이 사람들을 계급을 통해 부당하게 구별해 왔던 것과 마찬가지로 빈곤 또한 …… 인류의 문명과 함께 점차 발달하고 있다"(Sahlins 1974, 34).

만약 가난한 지역에 사는 사람들의 건강이 나쁜 이유가 전적으로 그곳의 물질적 생활수준이 낮기 때문이라고 가정해 보자. 그렇다면 모든 국가와 지역에서 건강 수준과 물질적 생활수준의 명백한 연관관계를 발견할 수 있어야 한다. 물론 매우 가난한 개발도상국들에서는 이런 추세를 발견할 수 있다. 다시 말해 깨끗한 물이나 다양한 영양소처럼 기본적인 재화를 충분히 공급받기 어려운 국가들에서는 생활수준을 높이는 것만으로도 건강 상태를 눈에 띄게 개선할 수 있다. 그러나 국가가 점차 부유해지고 대부분의 사람이 필수재를 갖게 되면서, 1인당 국내총생산과 같은 평균 생활수준과 건강 수준의 관계는 점차 약해졌다. 〈그림 3-1〉에서와 같이 평균 소득이나 1인당 GDP(X축)와 기대 수명(Y축)의 관계는 가난한 국가들에서 매우 강하게 나타났다. 그러나 경제 발전과 함께 사회가 부를 축적하게 됨에 따라 곡선은 점차 완만해졌다. 그리고 어떤 지점에 이르면 생활수

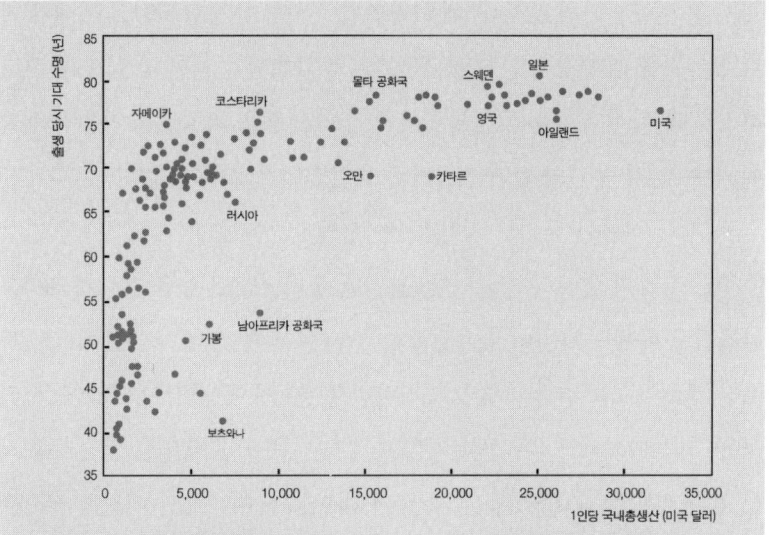

그림3-1 부국과 빈국에서의 기대 수명과 생활수준의 관계

각국의 생활수준은 각국의 국내총생산을 1999년 기준 미국 달러로 물가를 고려해 환산한 것이다. 이 도표를 보면, 가난한 국가에서는 생활수준이 향상되면 기대 수명도 크게 개선되지만 부유한 국가에서는 생활수준의 차이가 기대 수명에 거의 영향을 주지 않는다는 사실을 알 수 있다.

준이 아무리 증가하더라도 건강 수준은 더 이상 올라가지 않았다. 우리는 가장 부유한 국가들에서는 1인당 GDP와 평균 기대 수명 사이에 어떤 연관관계도 발견할 수 없었다. 오히려 미국과 같이 가장 부유한 국가의 평균 기대 수명은 다른 선진국들보다 낮게 나타났다. 심지어 (물가 차이를 조정한 후에도) GDP 수준이 미국의 절반에 해당하는 그리스보다 미국의 평균 기대 수명이 낮았다. 1998년 세계 25개국의 실태를 조사한 세계보건기구의 자료에 따르면, 국가의 부富와 건강 사이에는 어떤 유의미한 관계도 없었다. 오히려 둘 사이의 경향은 예상했던 바와는 약간 반대로 나타나기도 했다(r = −0.107). 경제적 부국에 속하는 30개국을 조사한 연구에서도 상관관계는 전혀 발견되지 않았다. 매우 가난한 국가들이 포함되었을 때에야 비로소 부유할 때 건강 수준이 높다는 정표의 관계를 발견할 수 있었다. 따라서 미국과 같이 부유한 국가들에서 건강에 영향을 미치는 요인을 파악할 때, 부와 건강 사이의 관계는 올바른 출발점이라고 볼 수 없다.

이처럼 부유한 국가들 **사이에서는** 생활수준이 높아진다고 해서 건강 수준도 따라서 높아지지 않았다. 하지만 흥미롭게도 부유한 국가 **내부를** 관찰했을 때에는 가설이 맞아떨어졌다. 다시 말해 한 국가 내부에서는 부유한 계층일수록 건강이 좋았고 가난한 계층일수록 건강이 나빴다. 선진국들 사이에서는 더 부유한 국가라고 해서 전체 인구의 평균 건강 수준이 더 높다고 말할 수 없었지만, 각 국가 내부를 들여다보면 여전히 건강은 생활수준에 따라 차이가 있었던 것이다. 즉 부유한 국가 **내부에서는** 소득과 건강에 긴밀한 연관이 있지만, 부유한 국가들 **사이에서는** 소득과 건강에 긴밀한 연관이 없다. 이 사실은 무엇을 의미하는가? 가장 그럴듯한 해석은 절대적 소득 수준과 상대적 소득 수준의 차이에서 찾을 수 있다. 국제적 비교에서 비교의 대상이 된 생활수준은 절대적 소득 수준이었다. 반면 각 국가 내부에서 문제가 되는 생활수준은 상대적 소득 수준, 다시 말해 한 개인이 사회의 다른 구성원들과 비교하면서 인지하게 되는 사회적 지위와 위치다. 이를 통해 건강에 더 강력한 영향을 미치는 생활수준은 절대적 소득 수준이 아니라 상대적 소득 수준이라는 사실을 다시 한번 확인할 수 있었다.

미국의 50개 주를 조사해 봐도, 국제적인 자료들을 분석했을 때와 매우 비슷한 결과를 얻을 수 있다. 〈그림 3-2〉에서처럼 미국 각 주의 평균 소

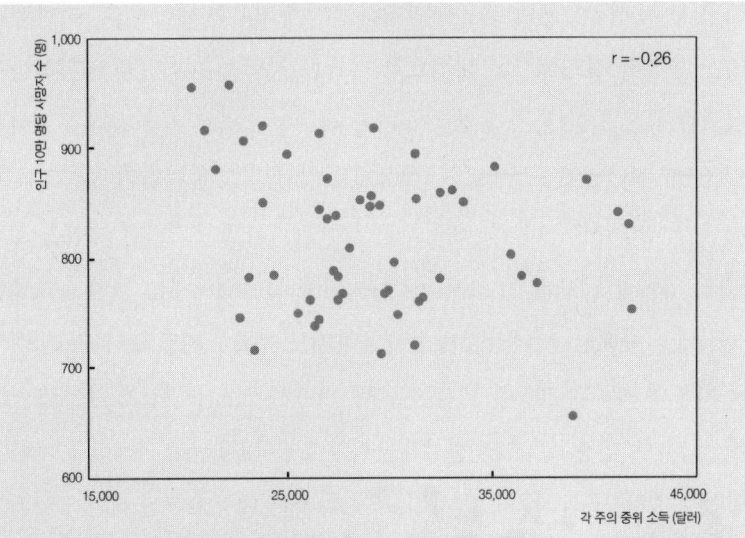

그림3-2 사망률과 중위 소득의 관계 (대상: 미국 50개 주)

이 도표를 보면, 1인당 소득이 높은 주에서 사망률이 다소 낮은 경향이 있다. 하지만 이러한 관계는 통계적으로 유의미한 정도는 아니다. 소득분포 변수를 통제하자 이런 경향은 완전히 사라지고 말았다.

자료: R. G. Wilkinson, "Health Inequality: Relative or Absolute Standards?" *British Medical Journal* 314 (1997): 591-595. BMJ Publishing Group의 허가하에 사용.

득에는 엄청난 차이가 존재한다. 어떤 지역은 다른 주들보다 거의 두 배가량 잘산다. 그러나 절대적 소득 수준의 격차는 사망률과 별로 관련이 없었다. 각 주의 소득 불평등 정도를 통제하고 나면, 도표에 나타난 평균 소득과 사망률 사이에 있었던 매우 약한 상관관계마저도 완전히 사라져 버렸다. 이와 반대로 각 주 **내부의** 상대적 소득 불평등과 사망률 사이에는 강한 연관관계가 존재했다. 이에 대해서는 다음 장에서 자세히 설명하도록 하겠다.

이렇듯 한 사회 내부에서 생활수준과 건강 수준 사이의 관계를 파악하려면, 먼저 생활수준이 무엇을 의미하는지를 명확히 해야 한다. 여기서 우리는 부유한 사회에서 상대적으로 가난한 사람들은 어떻게 생활하는지 살펴볼 필요가 있다. 소득 계층에 따른 내구성 소비재 소유 실태를 조사한 영국 정부의 자료를 살펴보면, 놀랍게도 상당히 많은 사람이―심지어 전체 인구 중 최하위 20%에 해당하는 사람들조차도―다양한 재화를 갖고 있다. 영국을 예로 들어 보자. 영국은 비록 서유럽에서는 가장 불평등한 사회에 속하지만, 미국만큼은 불평등하지도 부유하지도 않다. 우리가 영국 가구의 최하위 20%를 조사했을 때(〈표 3-1〉), 조사 대상자 가운데 80%가 컬러TV, 냉장고, VCR, 전자레인지와 같은 내구성 소비재들을 가지고 있었다. 이때 구식 자가용을 가지고 있고, 작은 냉동고나 오래된 휴대전화를 가진 빈곤층의 건강이 나쁜 이유를 구식 제품들이 건강을 직접적으로 해치기 때문이라고 말할 수는 없을 것이다. 그 이유는 낮은 물질적 수준에 덧씌워진 사회적 낙인 때문이다. 2류의 재화들은 "당신의 인생은 B급이야"라고 말해 준다. 그렇지 않다고 강변하는 사람들은 상대적 빈곤과 낮은 사회적 지위가 가져다주는 고통을 아직 이해하지 못한 것이다.

건강 불평등이 나머지 인구 집단과 구분되는 빈곤층이나 최하위 20%의 집단에만 문제인 것이 아니라는 점도 잊지 말아야 한다. 건강 수준의 격차는 사회 계층 전체를 가로지르며 연속적으로 나타나기 때문이다. 사회적 지위의 중요성을 나타내는 두 번째 강력한 증거는 원숭이 사회 내부의 사회적 지위 격차의 생리적 영향에 대한 연구에서 찾아볼 수 있다. 인간 사회에서는 소득이나 부와 같은 물질적 수준의 차이와 사회적 지위, 권력, 특권과 같은 사회적 수준의 차이를 뚜렷하게 구분할 수 없다. 사회적

표3-1 최하위 20%와 최상위 20%의 내구성 소비재 소유 비율 (대상: 영국, 2002)

품목	최하위 20% 집단	최상위 20% 집단
컬러TV	98	99
냉장고	94	97
세탁기	93	98
중앙난방	89	97
전화	87	98
VCR	87	96
전자렌지	83	90
CD 플레이어	71	95
휴대폰	67	93
자가용이나 밴	59	94
빨래건조기	50	68
개인용 컴퓨터	40	80
디지털TV	26	37
식기세척기	17	59
위성방송 수신기	13	16
케이블TV	11	12

자료: Department for Work and Pensions, *Households Below Average Income* 2001/2, Office for National Statistics (London, 2003).

지위가 낮은 사람들은 어김없이 가난하고 지위가 높은 사람들은 항상 부자다. 그래서 부와 빈곤은 지위를 가늠하는 중요한 기준이다. 심지어 성직자 같은 직업도 지난 세기 동안 다른 사람들에 비해 소득이 급격히 추락하면서 사회적 지위가 떨어질 수밖에 없었다.

하지만 강력한 지배 서열을 가진 유인원을 대상으로 한 실험에서는 이 둘을 구별하는 것이 가능하다. 캐롤 쉬블리Carol Shively는 짧은꼬리원숭이들의 사회적 지위가 이들에게 어떤 생리적 효과를 일으키는지를 알아보고자 했다. 이를 위해 그녀는 모든 서열의 원숭이들이 같은 물질적 조건을 갖도록 환경을 조작했다(Shively and Clarkson 1994). 우선 쉬빌리는 여러 집단에서 지위가 높은 원숭이들만을 뽑아서 한 우리로 이동시켰다. 따라서 어떤 원숭이들은 높은 지위를 잃고 종속적이 되었다. 같은 방식으로 각 집단에서 지위가 낮은 원숭이들을 한 곳에 모았고, 그 속에서도 새로운 권력자가 생겨났다. 그녀는 물질적 조건을 같게 유지하기 위해 서로 다른 서열을 갖게 된 원숭이들에게 똑같은 음식을 주었다. 이렇게 사회적 지위와 물질적 조건을 조작한 상태에서 원숭이들의 생리적 변화를 측정했다.

인간 사회를 예측하기 위해 동물 연구를 지나치게 많이 끌어들일 필요는 없지만, 쉬빌리 연구가 발견한, 사회적 지위가 낮은 원숭이가 겪는 여러 생리적 현상들은 인간 사회에서도 중요하게 다루어져야 한다. 이는 인간 사회에서 낮은 사회적 지위가 가져올 수 있는 효과들과 유사하기 때문이다. 예를 들어, 동맥경화증이 빠르게 증가하는 현상, 고밀도 지방단백이 감소하고 저밀도 지방단백이 증가하면서 혈관에 콜레스테롤이 축적되는 현상,[2] 복부 비만과 고혈압의 전조인 인슐린 저항성의 증가 현상이 그것이다. 위계 서열이 낮아진 원숭이들은 새로운 집단에서 지냈던 21개월 동안 죽상동맥경화증[3]에 걸릴 확률이 다섯 배나 높아졌다. 실험적 조건에서는 이 결과를 다른 방식으로 설명할 수 있는 물질적 격차가 전혀 없었기

---

[2] **저밀도 지방단백**(LDL: low density blood fats)은 지방 함량이 높고 단백질 함량이 낮은 지방단백질로 조직에 콜레스테롤을 운반하는 역할을 한다. 이는 동맥 혈관에 콜레스테롤을 축적시키기 때문에 나쁜 지방단백으로 불린다. 반면 지방 함량이 낮고 단백질 함량이 높은 **고밀도 지방단백**(HDL: high density blood fats)은 간으로 콜레스테롤을 운반해 분해하고 혈중 콜레스테롤 수치를 낮춘다. 따라서 고지혈증과 동맥경화증을 예방에 도움을 줄 수 있다.

[3] **죽상동맥경화증**(atherosclerosis)이란 동맥 혈관 내부에 지방과 콜레스테롤로 이루어진 죽종이 생기는 병을 말한다. 죽종이 생긴 동맥은 혈관의 지름이 작아져서 혈류가 감소하게 된다. 이런 증상이 계속 진행되면 동맥이 막힐 수도 있다.

때문에, 이 결과는 오로지 사회적 지위의 차이 때문에 생긴 변화였다.

서열이 낮아진 짧은꼬리원숭이가 스트레스로 건강이 나빠졌다는 사실은 거의 의심할 여지가 없다. 낮은 서열의 원숭이들은 자신보다 몸집이 크고 강한 개체들로부터 멀리 떨어져서 눈에 띄지 않기 위해 항상 조심해야 하는 겁 많고 체구가 작은 개체들이었다. 이들은 공격받지 않기 위해 순종적이고 유순하게 행동해야 한다. 그럼에도 이들은 서열이 높은 동물들보다 더 자주 물어 뜯기곤 한다. 로버트 새폴스키Robert Sapolsky는 야생 개코원숭이를 대상으로 주요 스트레스 호르몬인 코르티솔Cortisol의 기본 수치를 측정했다. 그는 이 연구를 통해 서열이 높은 동물보다 낮은 동물이 코르티솔을 더 많이 분비하고 있으며, 따라서 이들이 더 높은 스트레스에 시달린다는 사실을 확인했다(Sapolsky 1993). 또한 서열이 낮은 동물들은 저밀도 지방단백이 많아서 심장질환에 걸릴 위험이 컸고, 만성 스트레스 때문에 면역 기능도 약한 것으로 나타났다. 마가레타 크리스텐슨Margareta Kristenson은 스웨덴의 린셰핑Linköping과 리투아니아의 빌뉴스Vilnius 지역에서 생활하는 남성들의 코르티솔 수치가 사회적 지위에 따라 확연히 달라진다는 사실을 발견했다(Kristenson et al. 1998). 원래 그는 왜 관상동맥성 심장질환이 린셰핑보다 빌뉴스 시민에게서 네 배나 많이 발생하는지를 알아내기 위해 코르티솔 수치를 조사했다. 하지만 그 과정에서 코르티솔 수치만이 아니라 다른 위험인자들도 비슷한 격차를 보인다는 사실을 발견했다. 또한 자신이 찾아낸 코르티솔 수치의 차이는 단지 두 도시 사이의 건강 격차만을 설명해 주는 것이 아니라, 한 도시 내부에서 사회적 계급에 따른 건강 격차를 설명하는 데도 매우 중요한 변수라는 결론을 내리게 되었다.

동물 연구의 결과를 인간에게 결부시키는 것이 못 미더운 사람도 있을 것이다. 그러나 인간 사회에서 사회적 지위에 따른 생리적 격차가 인간 이외의 영장류에서도 똑같이 나타나는 현상임을 알게 되었을 때, 특히 그것이 실험적 조작을 통해 식단과 물리적 조건을 같게 한 후에 얻은 결과라는 것까지 고려했을 때, 이런 연구 결과를 애써 무시하는 것은 어리석은 짓이다. 물론 동물의 서열 체계와 인간의 사회적 계층에는 많은 차이가 있다. 하지만 기본적으로 이 둘은, 심리학자 폴 길버트Paul Gilbert의 지적처럼, 모두 희소 자원에 접근하는 권리를 얻기 위해 힘을 사용하는 사회적 지배 체계다(Gilbert 1992). 따라서 힘이 센 개체가 가장 부자일 수밖에 없다.

인간이 자신의 일에 결정권을 갖지 못하는 상태도 건강을 위협하는 주요 요인이자 건강 불평등의 원인이다. 다른 수많은 요인을 통제한 이후에 자기통제력만을 조사한 연구 결과를 보면, 통제력이 낮은 사람들은 그렇지 않은 사람보다 사망률이 높았다(Bosma et al. 1998; Hemingway, Kuper, and Marmot 2002). 만약 당신이 자신의 작업에 대한 결정권을 행사하지 못하고 있다면, 이는 아마도 다른 누군가가 당신에게 무엇을 해야 하는지 지시하고 있기 때문일 것이다. 심지어 겉으로는 생산 라인의 속도와 같은 기계의 움직임이 당신의 작업을 통제하고 있는 것처럼 보일지라도, 최종적으로는 그 생산 라인을 빨리 순환시키고 있는 어떤 사람이 존재한다. 우리는 하늘을 날거나 벽을 통과하는 것처럼, 인간이 할 수 없는 자연적인 한계를 두고 자기통제력의 한계라고 말하진 않는다. 그러나 누군가가 자신의 권력과 권위를 이용해서 어떤 행위를 하지 못하게 할 때 자기통제력을 잃었다고 느끼게 된다. 따라서 본질적으로 자기통제력은 사회적인 개념이다. 이것은 얼마나 상급자의 명령과 권위에 복종해야 하는지에 따라 달라지며, 따라서 강한 자기통제력은 사회적 관계에서의 자율성을 의미한다. 한 인간이 자신의 일에 어느 정도 통제력을 가질 수 있는지는 그 사람의 사회적 지위에 따라 달라진다. 자신의 일에 대해 통제력이 낮은 사람들은 다른 사람과의 관계가 나빠지기 쉽고, 스트레스도 받기 쉽다(Williams et al. 1997).

서로 다른 사회를 비교할 때, 생활수준을 건강 수준과 곧바로 연결하게 되면 심각한 오류를 범할 수 있다. 선진국에서도 빈곤은 건강에 영향을 미치는 중요한 요인이다. 하지만 낮은 물질적 생활수준이 건강을 직접 해치기 때문은 아니다. 1996년 미국에서 흑인 남성의 평균 소득은 2만 6,522달러였으나, 기대 수명은 66.1년에 머물러 있었다. 그러나 (물가를 조정했을 때) 코스타리카 남성의 평균 소득은 6,410달러에 불과했지만, 평균 수명은 75년이나 되었다. 미국 흑인 남성들은 코스타리카 남성들보다 실질 소득이 네 배나 높았지만, 수명은 9년이나 **짧았다**. 미국 흑인의 건강이 더 나쁜 이유는 이들의 물질적 수준이 절대적으로 낮아서가 아니었던 것이다. 이보다는 교육적 차별, 인종주의, 그리고 빈곤 지역에 살면서 느끼는 상대적 박탈감 등, 빈곤이 가져오는 심리사회적 효과가 건강을 해치기 때문이었다.

미국 내 히스패닉의 건강 상태도 비슷하다. 히스패닉은 대부분 빈곤층으로, 가난한 국가에서 이주한 사람이 많아 아프리카계 미국인들보다 학력도 낮다. 그럼에도 이들은 미국 내 비히스패닉계와 견줄 만한 높은 건강 수준을 기록하고 있었다. 이들의 건강 수준은 사회적 지위가 낮은 집단이 건강 수준도 낮다는 확고부동한 경향에 반하고 있어 '히스패닉의 역설'Hispanic Paradox이라고도 불렸다. 물론 이는 흔치 않은 사례다. 하지만 적어도 이런 역설은 물질적 생활수준이 낮고 저학력이라고 해서 반드시 건강 수준이 나쁜 것은 아니라는 점을 말해 준다. 히스패닉의 역설이 존재할 수 있었던 이유는, 그들이 주로 자신들만의 거주 지역에 모여 살면서 좀 더 넓은 지역 공동체와는 구분된 언어를 사용해 왔기 때문이다. 이를 통해 히스패닉은 자신들이 다른 집단들보다 사회적 지위가 낮기 때문에 경험할 수도 있었던 열등감을 어느 정도 피할 수 있었다. 이들은 가난한 미국인으로 존재하기 이전에, 미국이라는 커다란 사회 안에 있는 또 하나의 작은 사회에 살고 있었다. 건강 관련 연구자들에게 잘 알려진 또 다른 사례는 로세토^{Roseto}라고 불리는 미국 펜실베이니아 주의 이탈리아인 사회다(Bruhn and Wolf 1979). 로세토 주민들이 이탈리아어를 사용했던 시기에, 이들의 식단이나 생활 습관이 별로 좋지 않았음에도 이들의 건강 수준은 주변의 도시들과 비교했을 때 월등하게 높았다. 그러나 로세토의 후세대들이 점차 영어를 사용하게 되고 로세토가 미국 사회에 완전히 편입되면서부터, 건강 상태는 점차 악화되었다(Egolf et al. 1992).

로세토 사례를 연구했던 학자들은 초기 로세토 주민들의 건강 수준이 월등히 높았던 이유를 공동체의 강한 결속에서 찾는다. "로세토에서는 부자와 가난한 사람을 옷차림과 행동만으로 분간해 내는 것이 극히 어려웠다. 주택이나 자가용과 같은 살림살이들은 매우 단출했고 신기하게도 비슷했다. …… 로세토에서는 '이웃에게 거들먹거리며 허세를 부리는' 분위기는 발견할 수 없었다. …… 이탈리아인들 사이에서 동료애는 가난한 사람들을 향한 과시나 거리감을 미리 차단했다"(Buhn and Wolf 1979). 이들의 공동체에는 빈곤층이 가난을 체감하게 하는 물질적 불평등이나 사회적 지위의 분열이 매우 적었다. 여기서 알 수 있는 것은, 빈곤이 건강을 악화시키는 이유는 가난한 사람들이 낮은 사회적 지위 때문에 심리적으로 고통을 받기 때문이라는 것이다.

만약 빈곤이 건강에 미치는 효과가 빈곤한 사람의 물질적 조건이 열악하기 때문에 생기는 직접적인 생리적 효과뿐이라고 해 보자. 이런 가정은, 그렇다면 왜 열악한 조건에서 생활하는 어떤 사람들의 건강은 생각보다 별로 나쁘지 않은지를 제대로 설명해 주지 못한다. 만약 질병이 오염된 공기를 마시고 보잘것없는 식사를 하며 기준에 못 미치는 주거지에서 생활하기 때문에 발생한다면, 열악한 생활환경이 미치는 영향에서 벗어나는 것은 거의 불가능하다. 하지만 만약 그것이 낮은 사회적 지위의 결과라고 한다면, 그때는 이런 악영향들을 줄일 수 있는 방편을 모색할 수 있다. 이런 악영향들은 공동체적 결속력이 강한지 약한지에 따라서, 구성원들 사이의 동질감이 있는지 없는지에 따라서, 자신이 비교하고자 하는 대상이 누구인지에 따라서, 그리고 우리가 스스로 가난한 미국인으로 여기는지 아니면 부유한 멕시코인으로 여기는지에 따라서, 혹은 우리가 놓여 있는 상황을 어떻게 해석하는지에 따라서, 충분히 희석될 수 있다. 물론 물질적 수준과 사회적 지위는 서로 밀접하게 연결되어 있으며, 실제로 물질적 생활수준이 낮은 사람들은 사회적 지위도 낮은 경우가 많다. 따라서 물질적 생활수준은 다를 수 있지만, 사회적 지위의 차이를 최소화하려고 노력했던 히스패닉이나 이탈리아 공동체 사례는 건강 수준이 물리적 수준보다 사회적 지위에 의해서 좌우된다는 원칙을 보여 주는 보기 드문 예로 봐야 할 것이다.

친화적 인간관계

건강 상태를 좌우하는 두 번째 심리사회적 위험 요소는 친분관계다. 친구의 숫자, 신뢰하는 사람의 수, 공동체 생활의 참여 여부와 같은 사회적 연고를 측정한 다양한 연구들은, 이들 가운데 어떤 척도를 사용하든 간에 높은 사회적 친분관계가 건강에 매우 이로운 영향을 미친다는 사실을 발견해 냈다.

친분관계가 건강에 얼마나 큰 영향을 미치는지에 관한 연구들은 1970년대 후반부터 활발히 이루어졌다(Berkman and Syme 1979; Cassel 1976). 1988년 짐 하우스Jim House와 다른 연구자들은 친분관계에 대한 다섯 개의 연구 사례들을 검토하면서, 사회적으로 소외된 사람들이 사망률도 높다는 사실을 밝혀냈다(House et al. 1988). 〈그림 3-3〉과 같이 연구 사례마다 분석 결과는 조금씩 달랐지만, 각 사례의 평균을 계산해 보면 사회적 소외 계층 사이에서 건강에 대한 위험이 배가倍加되는 추세가 높았다.

사회적 친분관계가 중요하다고 주장하는 연구들은 혼동을 피하기 위해 보통 소득이나 교육과 같은 다른 요인들이 건강에 미치는 효과를 통제했다. 이 연구들의 목적은 질병에 걸리면 사회적 친분관계를 쌓기가 어렵다는 뻔한 사실을 밝히는 게 아니었다. 이들은 빈약한 사회적 친분관계가 건강을 해친다는 주장을 증명하고자 했다. 이를 명확히 하기 위해서 연구 초기부터 질병이 있는 사람들을 분석 대상에서 제외했다. 활발한 사회적 관계를 맺고 있는 건강한 사람일수록 나중에 질병에 걸리거나 빨리 사망할 가능성이 더 낮다는 것을 확인하고자 했던 것이다.

몇몇 연구들은 사람들로부터 따뜻한 지지를 받는 사람들은 그렇지 않

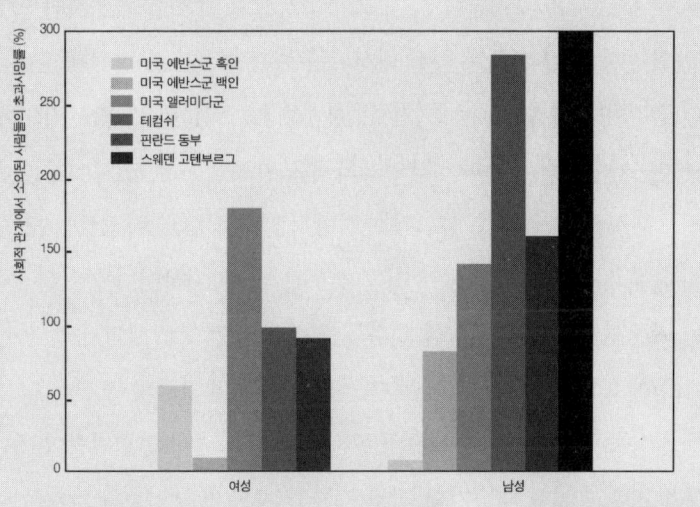

그림3-3 건강에 이로운 사회적 유대감

이 도표는 5개 지역의 연구에서 나온 자료를 이용한 것으로, 친밀한 사회적 관계가 건강에 얼마나 이로운지를 보여주고 있다. 이 도표는 친분관계가 별로 없는 사람들의 사망률이 친분관계가 많은 사람의 사망률을 초과하는 정도를 백분율로 표시한 것이다. 비록 어떤 연구에서는 사망률의 차이가 작게 나타나기도 했지만, 일반적으로 소외된 사람들의 사망률은 그렇지 않은 사람들보다 100~200%가 더 높았다.

자료: J. S. House, K. R. Landis, and D. Umberson, "Social Relationships and Healthe," *Science* 214 (1988): 540-545.

은 경우보다 심근경색을 앓은 후에도 생존할 확률이 세 배나 높게 나타났다고 지적하고 있다(Berkman 1995). 그러나 모집단을 관찰하는 것만으로는 친분관계가 중요하다는 사실을 뒷받침할 근거를 충분히 얻을 수 없다. 집단을 관찰하는 정도를 넘어서 친분관계와 건강의 관계를 증명할 만한 가장 주목할 만한 근거는 아마도 셸던 코헨Sheldon Cohen 등이 수행한 실험일 것이다(Cohen et al. 1997). 코헨은 18세에서 55세 사이의 건강한 자원자 276명에게 다섯 종류의 감기 바이러스가 들어 있는 콧물을 투여했다. 이와 함께 그들은 실험 대상자들이 지닌 사회적 연결망의 범위를 조사했다. 배우자, 부모, 직장 동료, 이웃, 모임의 구성원 등이 이들이 조사한 연결망의 범위였다. 코헨은 모든 실험 대상자를 똑같은 정도로 병원균에 노출시키면서 누가 (콧물이 흐르는 것처럼 일반적인 증상으로 확인할 수 있는) 감기에 걸리는지, 그리고 감염자와 비감염자의 친분관계에는 어떤 차이가 있는지 밝히고자 했다. 놀랍게도 사회적 연결망이 넓은 사람과 비교했을 때, 연결망이 좁은 사람들이 감기에 걸리는 경우가 네 배 이상이나 높았다. 이 연구는 기존의 연구들이 관찰한 결과들을 다시 한번 확인시켜 주었다. 코헨은 실험에 앞서서 바이러스에 대항할 수 있는 항체의 수준과 같은 다른 변인들을 통제했다. 물론, 후속 연구에서 코헨은 사회적 연결망만이 아니라 부분적으로는 실험 대상자의 면역 기능의 차이가 감염률의 차이로 나타났을 수도 있다는 점을 언급하기도 했다(Cohen, Doyle, and Skoner 1999).

사망률, 심근경색을 앓은 후의 생존율, 그리고 병원균에 대한 저항력의 차이처럼 다양한 측면의 연구 사례들은 더 나은 사회적 친분관계를 가진 사람들이 건강할 가능성이 크다는 확실한 근거를 제공한다. 또한 사회적 연결망이 건강에 이로운 영향을 미친다는 사실을 재검토하고 재검증하는 연구도 수없이 많다(Berkman and Kawachi 2000; Seeman 2000; Stansfeld 1999).

이를 확증하기라도 하려는 것처럼 **취약한** 인간관계와 **불운한** 결혼 생활이 건강을 해친다는 증거들도 계속 발표되고 있다. 비혼이나 이혼한 사람들이 기혼보다 건강이 나쁘다는 사실을 보여 주는 다년간에 걸친 증거 자료들과, 불행한 결혼 생활이 건강을 해친다는 연구 결과도 이제는 쉽게 찾아볼 수 있게 되었다(Kiecolt-Glaser et al. 1997; 1998; Seeman 2000).

생애 초기에 경험하는 스트레스

현대 사회에서 건강을 좌우하는 세 번째 심리사회적 요인은 어린 시절의 정서적 발달이다. 생애 초기가 중요하다는 인식은 출생 이전과 출생 이후 두 단계로 나누어 이루어졌다. 데이비드 바커David Barker에 따르면, 출생 당시의 몸무게는 중년기나 노년기를 비롯해서 전체 생애에 걸쳐서 그 사람이 걸릴 수 있는 질병을 예고한다(Barker 1998; 1999). 태어날 때 저체중이었던 사람은 생애 후기에 심장질환, 뇌졸중, 고혈압과 같은 질병으로 고생할 가능성이 더 컸다. 연구 초기에만 해도 바커는 태어날 때 몸무게가 적은 이유나 생애 후기에 질병에 걸리게 되는 이유는 임신 중에 산모의 영양 상태가 부실했기 때문일 것으로 추측했다. 그리고 신생아가 출생 이후에 겪게 되는 경험들은 출생 이전의 경험들보다는 아동의 발달에 별 영향을 주지 않을 것이라고 예상했다. 반면 다른 연구자들은 출생 당시의 저체중은 생애 후기의 건강에 영향을 주는 다양한 사회경제적 요인 중 하나일 뿐이라고 반박하기도 했다. 사회경제적 박탈은 출생 당시만이 아니라 전체 생애에 걸쳐서 계속되기 때문에 출생 당시의 상태가 가장 중요한 변수는 아니라는 것이다. 만약 우리가 감당할 수 없을 정도로 불합리한 처우를 계속해서 받게 된다면, 우리는 출생 당시 몸무게와는 상관없이 쉽게 질병에 감염될 정도로 몸이 약해질 수 있다. 물론 장기적인 코호트 연구[4]들을

---

[4] **코호트 연구**(cohort studies)는 질병이 발생하기 전에 특정 질병을 일으킬 것으로 예상되는 코호트(동일한 통계 인자를 가진 집단)를 장기적으로 관찰해 그런 위험 요소가 과연 그 결과를 일으키는지를 보는 전향적 연구다.

보면, 전체 생애에 걸쳐서 연속적인 불이익을 겪게 되면 생애 후기에 병에 걸리기 쉽다는 주장은 어느 정도 타당해 보인다(Bartley et al. 1994). 하지만 바커의 주장처럼 출생 당시의 몸무게가 생애 후기의 발병률에 미치는 독립적인 효과 또한 매우 강력하다. 단, 임신 기간 중 산모의 영양 상태 요인은, 바커의 예상과는 달리 신생아의 몸무게와는 관련이 없는 것으로 밝혀졌다. 약 700명의 산모를 대상으로 한 연구를 보면, 신생아의 몸무게는 산모가 임신 기간에 섭취한 다량 영양소[탄수화물, 단백질, 지방 등—옮긴이]의 양과는 별로 관련이 없었다. 이 연구에서 상관관계가 인정된 것은 임신 초기에 비타민 C를 많이 섭취하는 것이 아이의 건강에 이롭다는 것뿐이었다. 그러나 그 효과마저도 너무 미약해서 연구자들은 "임상적인 의의가 의심스럽다"라고 밝혔다(Mathews, Yudkin, and Neil 1999). 물론 영양 수준이 낮은 국가들에서는 산모의 영양 상태가 좋지 않아서 신생아의 몸무게가 적은 경우가 많다. 그러나 전반적으로 영양 수준이 비교적 높은 선진국에서는 출생 당시에 아이의 몸무게가 평균에서 미달하게 된 이유로 산모의 불충분한 영양을 꼽을 수는 없다(위의 연구에서 700명의 산모는 남부 잉글랜드의 백인 여성을 모집단으로 하고 있다).

선진국에서 신생아의 몸무게에 차이가 나는 이유를 설명해 주는 변인은 산모의 영양 상태가 아니라 임신 기간에 산모가 받은 스트레스였다. 미주리 주의 2,378명의 어머니를 추적한 한 연구에 따르면, 몸무게가 적은 신생아를 낳은 어머니들은 임신 기간에 스트레스에 시달렸던 경우가 많았다(Sable and Wilkinson 2000). 동물들이 임신 기간에 스트레스를 받으면 새끼를 적게 낳는다는 사례도 있다(Drago, Di Leo, and Giardina 1999). 아직은 산모의 스트레스가 신생아의 몸무게에 영향을 미치는 메커니즘이 완전히 파악된 것은 아니다. 예를 들어, 불안을 느끼는 산모는 자궁 내 혈액 순환이 원활하지 않을 가능성이 크기 때문에 신생아의 몸무게가 줄어들 수도 있다(Teixeira, Fisk, and Gloves 1998). 그러나 산모의 스트레스가 아이의 건강에 영향을 미치는 가장 강력한 경로는 코르티솔과 같은 스트레스 호르몬의 수치인 것으로 보인다. 필립스D.I.W. Phillips는 성년기의 혈압과 코르티솔의 기본 수치가 출생 당시 몸무게와 상당히 밀접한 관련이 있다는 사실을 확인했다(Phillips et al. 2000; Phillips and Barker 1999). 임신 중에 스트레스를 받았던 산모는 코르티솔 수치가 높았는데, 이때 태아도 코르티솔 수치가 매우 높게 나타났다. 이 연구는 신생아는 태어나기 전부터 어머니의 스트레스에 민감하게 반응한다는 사실을 보여 준다(Gitau et al. 1998).

어머니의 스트레스는 아이의 건강뿐 아니라 행동 발달에도 영향을 미친다. 7,500명의 아동을 조사한 한 연구는, 산모의 스트레스가 세 살 된 아동의 행동 양태를 예고해 준다는 분석 결과를 발표했다. 임신 중에 불안감을 느꼈던 산모의 아이들의 경우 다른 아이들보다 정서적·행동적 장애가 더 많이 나타났다(O'Connor et al. 2002). 이런 경향은 동물들 사이에서도 광범위하게 발견된다(Braastad 1998). 인간에게 나타나는 특징이 동물에게도 발견된다는 것은, 스트레스가 행동 발달에 장애를 일으킨다는 사실을 밝히기 위해 동물 실험을 인용할 수도 있다는 뜻이 된다. 한 동물 실험에서는 어미 쥐의 불안이 새끼 쥐의 행동 장애를 일으킨다는 사실이 증명되었다. 이때 실험쥐에게 불안을 억제하는 약을 투여하면 "출산 이전의 스트레스의 효과는 완전히 중화되었다"(Drago et al. 1999).

태아기에 산모가 받는 스트레스는 갓난아기나 초기 아동기에 자녀가 받는 스트레스와 연속선상에 있다. 심리학자들은 아주 오래전부터 인간의 사회적·정서적 발달에 출생 전후의 경험이 매우 중요하다고 주장해 왔다. 더 나아가 심리적 발달이 장기적으로도 건강에 영향을 미친다는 사실을 보여 주는 연구도 많다. 이런 연구들은 기존의 심리학적 논의를 생물학적인 차원까지 끌어올린다. 실제로 취약한 애착 관계, 가정 불화, 부모의 상실은 아동의 심리적 발달만이 아니라 신체의 건강에도 지속적인 영향을 미친다.

어린 시절에 받은 스트레스가 장기적으로 건강에 어떤 영향을 미치는지를 분석했던 연구들은 곧 두 가지 어려움에 직면했다. 첫 번째는 이런 효과를 발견하려면 오랜 기간에 걸쳐 사람들을 추적·연구해야 한다는 점이었고, 두 번째는 가정생활과 인간관계는 매우 사적인 영역이라서 믿을 만한 자료를 구하기가 쉽지 않다는 점이었다. 초기 인간관계에 대한 신뢰할 만한 자료가 부족했기 때문에 연구자들은 부모의 사별·이혼·별거와 같이 결정적인 단서를 포착할 수 있는 사건들이 성년기의 건강에 미치는 영향만을 조사할 수 있었다. 그래야만 이론의 여지가 없는 확실한 근거들을 확보할 수 있고, 가족관계에 문제가 있었을 것이라고 확신할 수 있기 때문이었다.

스웨덴의 한 연구는 어린 시절의 경험에 대한 4,216명의 진술을 분석했다. 이 연구에 따르면 아버지의 사회적 계급을 제외하고는 아동기에 가정 불화를 경험했는지가 면접 대상자의 질병 발생률에 가장 큰 영향력을 미치는 것으로 나타났다(Lundberg 1993). 덧붙여 '결손 가정'에서 자란 경험도 전체 생애에 걸친 질병 발생률에 독립적으로 효과를 미치고 있었다. "경제적 여건보다 사회적 여건들이 생애 후기에 질병을 유발하는 두드러진 요인이 되고 있었던 것이다"(Lundberg 1993, 1051). 가정에서 양육되는 동안에 '가정 불화'에 시달렸다고 응답한 사람들은 그렇지 않은 사람들보다 사망률이 50%나 높게 나타났다. 1946년에 출생한 사람들을 대상으로 한 어떤 연구에서는 부모가 이혼하거나 별거하거나 사망했던 사람들은 성인이 되어서도 건강 상태가 좋지 않았다. 또한 성범죄나 강력 범죄를 저지르거나 자신의 자녀와도 원만한 관계를 갖지 못하는 경우가 많았다. 덧붙여 더 어린 시기에 가정 불화를 경험할수록 이런 경향은 더욱 두드러졌다(Wadsworth 1984; Wadsworth et al. 1990).

여러 연구를 통해 우리는 한 인간의 건강 수준이 성인기에 스스로 획득한 사회적 계급과는 별개로 부모에게 물려받은 사회적 계급에 의해서도 영향을 받는다는 사실을 알 수 있다(Blane et al. 1996; Gunnell et al. 2003; Davey Smith et al. 1998). 어떤 연구는 생애 초기의 불행이 건강을 나쁘게 만드는 이유를 파헤치기 위해 성인기의 심리를 측정했다. 이 연구에 따르면, 무엇보다도 생애 초기에 불행했던 경험이 이후에 "비호의적인 성격 유형과 부정적인 대처 방식"을 만들기 때문에 건강에 악영향을 미치고 있었다(Bosma, van de Mheen, and Mackenbach 1999, 85). 특히 어린 시절이 불행했던 사람들에게는 외적 통제 소재[5]와 신경과민증이 특징적으로 나타났으며, 어떤 문제에 부딪혔을 때 이에 적극적으로 대처하고자 하는 태도도 부족했다. 이 연구는 다음과 같이 결론짓고 있다. "이 분석 결과는 아동기의 열악한 사회경제적 조건이 이후의 삶에 미치는 악영향을 조사할 때에 심

---

[5] **외적 통제 소재**(external locus of control)는 자신의 성공과 실패 원인을 파악할 때 그 원인을 자기의 통제권 밖인 외부로 돌리는 경향을 일컫는다.

리적 메커니즘도 살펴볼 필요가 있다는 사실을 부각시키고 있다."

물론 아동의 신체적 발달 수준인 신장과 다리 길이에 따라 성인기의 건강 수준이 달라질 수도 있다. 따라서 아동기의 심리적 조건보다 물질적 조건이 더 중요하다고 주장하는 연구자들도 있다. 심지어 이들은 부유한 국가에서도 아동들의 성장 수준은 영양 섭취에 따라 달라질 수 있다고 주장한다. 그러나 이와는 반대로 아동의 성장 발달은 아동기의 심리사회적 조건에 의해서 좌우된다는 증거가 속속 발표되고 있다. 실제로 대부분의 사회복지사들이 정서적·신체적 학대가 발달 장애를 불러온다고 본다. 심리사회적 스트레스가 성장 호르몬을 억제하기 때문에 정서적 고통이 성장에 악영향을 미친다는 것이다. 이런 메커니즘을 밝혀낸 연구들도 상당히 많다(Albanese et al. 1994; Dykman et al. 2001). 몽고메리S. M. Montgomery와 그 동료들은 1958년에 출생한 1만 7,000명에게서 수집한 자료를 이용해 7세 아동의 느린 성장 발달은 가정 불화와 관련이 있다는 결과를 발표했다(Montgomery et al. 1997). 이와 비슷하게 2차 세계대전 직후 독일의 고아원에서 생활하는 아동들의 성장 발달 수준을 조사한 한 연구는, 담당 사감의 성격이 고아원의 음식보다 아동들의 성장 발달에 더 큰 영향을 미친다는 사실을 보여 준다(Widdowson 1951). 그들은 연구 중간에 사감을 바꾸는 실험을 통해 엄격한 사감보다는 감성이 풍부한 사감과 함께 지낼 때 실제로 아동의 성장 발달이 더 활발했다는 사실을 밝혀냈다.

아동기의 성장 발달 수준은 아동기 이후의 심리사회적 격차에 영향을 미치기도 한다. 어린 시절에 겪었던 심리사회적 스트레스 때문에 성장 발육이 더뎠던 사람들은 계층이 상승할 가능성도 낮았으며(Montgomery et al. 1996) 나중에 고혈압으로 고생할 가능성도 높았다(Montgomery, Berney, and Blane 2000). 또한 어릴 때 스트레스를 많이 받았던 사람들은 나이가 들수록 혈압이 더 빠르게 상승하는 경향이 있었다. 아동기의 높은 혈압은 성인 고혈압의 전조였던 것이다(Wadsworth 1991).

타인의 눈에 비친 우리

지금까지 살펴본 낮은 사회적 지위, 빈약한 친분관계, 어린 시절의 불안정한 정서 발달이라는 세 가지 심리사회적 위험 요소는 부유한 국가에서 건강을 악화시키는 가장 강력한 요인들이다. 부유한 국가에서는 하류층의 사망률이 상류층보다 두 배에서 세 배가량 높으며, 친구가 별로 없고 사회적 네트워크가 허술한 사람들의 사망률이 친밀한 인간관계를 가진 사람들보다 두 배에서 세 배가량 높다. 생애 초기의 스트레스가 전체 생애의 건강에 미치는 효과도 무시할 수 없을 것이다.

그러나 이런 위험 요소들에 주목해야 하는 것은 여기에 노출된 사람들이 그렇지 않은 사람들보다 사망률이 현격하게 높을 뿐 아니라, 이런 위험 요소들에 노출된 사람들의 수가 예상보다 꽤 많기 때문이다. 직장에서 유독성 화학 물질에 노출되거나 핵 방사능에 노출된 사람들은 다른 사람들보다 특정한 질병에 걸릴 가능성이 매우 클 것이다. 하지만 매일 독극물에 노출되는 사람들은 극소수에 불과하다. 만약 전체 인구의 건강에 영향을 미치는 주요 요인을 파악하는 것이 우리의 목적이라면, 우리는 독극물에 노출된 경우처럼 특수한 사례만이 아니라 일상적인 요인들에 더 주의를 기울여야 한다. 이런 의미에서 심리사회적 요인들은 매우 의미가 크다.

적대감, 우울증, 무력감, 불안, 그리고 존중감의 결핍처럼 세 가지 심리사회적 위험 요소 때문에 생기는 심리 상태들은 우리의 생리적 건강을 피폐하게 만든다. 이는 정신생물학적 분석을 통해 분명하게 드러난다. 예를 들어, '사회적 지위 호르몬'으로 불리는 세로토닌[6]은 우울증과 밀접한 관련이 있다. 우울증에 걸리거나 사회적 지위가 낮은 개체는 공통적으로 세로토닌의 수치가 매우 낮았고, 서열이 높은 원숭이들은 세로토닌의 수치가 높았다. 덧붙여 위계 서열이 낮은 동물에게 세로토닌을 투여했을 때, 더욱 쉽게 높은 서열로 올라가는 현상도 포착되었다(Raleigh et al. 1991). 현재 시판되는 항우울제는 세로토닌 수치를 높이는 선택성 세로토닌 재흡수 억제제다. 크래머P. Kramer는 사회적 지위와 마찬가지로 세로토닌도 안정감을 증진시키며, 불안·우울·자기 비하와 같은 감정을 억제하는 역할을 담당한다고 밝혔다(Kramer 1993; Verkes et al. 1998). 세로토닌은 친분관

---

[6] **행복 호르몬 세로토닌(serotonin)**은 수면, 꿈, 열망, 식욕을 조절하는 신경 전달 물질로 세로토닌이 증가하면 기분이 느긋해지고 마음이 편안해진다. 반면 세로토닌의 수치가 낮아지면 우울증이나 불안에 휩싸이며 화를 잘 내고 충동적이고 공격적인 행동을 하기 쉽다. 이에 윌킨슨은 낮은 사회적 지위를 포함한 사회심리적 위험 요소들이 세로토닌의 수치를 낮추기 때문에, 위험 요소에 노출된 남성의 경우 폭력적인 행동을 하기 쉽고 여성은 우울증에 시달리게 된다고 지적하고 있다(7장 참고). 이 점에서 세로토닌은 '사회적 지위 호르몬'이라 부를 수 있는데, 일부 학자들은 알코올이 이 수치를 증가시키기 때문에, 알코올 중독자들이 낮은 세로토닌 수치를 올리려는 전략으로 술을 마시는 것이라고 주장하기도 한다. 이런 정신생물학적 해석들은 낮은 지위, 외로움, 스트레스와 같은 심리사회적 요인들이 알코올이나 약물 중독 등의 생리적 문제들과 연관되어 있다는 사실을 보여 준다. 프로작(Prozac), 졸로프트(Zoloft), 팍실(Paxil), 루복스(Luvox), 셀렉사(Celexa), 렉사프로(Lexapro)와 같은 항우울제들은 세로토닌이 신경 말단으로 재흡수되는 것을 막는 작용을 한다. 이는 세로토닌을 체내에 붙들어 놓아 우울증을 완화하는 방식이다.

계와도 관련이 있는데, 짧은꼬리원숭이 사회에서 세로토닌의 수치가 높은 원숭이들은 사회성이 좋고 친화적인 행동 양태를 보였다(Mehlman et al. 1995; Higley et al. 1996). 도파민[7]도 세로토닌과 비슷한 정신생물학적 근거를 제공한다(Morgan et al. 2002). 짧은꼬리원숭이들을 격리시키면 도파민의 기능이 저하된다. 이때 격리되었던 원숭이들을 다시 무리 속에 넣으면, 그곳에서 높은 서열을 차지하게 된 개체들은 도파민 기능이 급격하게 증가한다. 반면 무리에 들어가서 종속적인 지위에 놓이게 된 개체들은 더는 혼자 격리되어 있지 않은데도 도파민이 전혀 증가하지 않았다. 또한 서열이 낮은 원숭이들은 (뇌에서 도파민이 자극하는 부분과 비슷한 부분에 작용하는) 코카인을 주었을 때 이를 더 많이 섭취하려고 했고, 따라서 더욱 쉽게 중독에 빠졌다.

이런 연구에서 흥미로운 점은 위와 같은 위험 요소들이 매우 '사회적'이라는 점이다. 낮은 사회적 지위, 빈약한 친분관계, 어린 시절의 불안정한 정서 발달 등이 건강에 미치는 영향을 살펴보면, 결국 사회적 관계의 질이 건강에 영향을 미친다는 사실을 말해 주고 있다.

심리사회적 위험 요소가 신체의 건강과 사망률에 영향을 미치는 생물

---

[7] **사랑 호르몬 도파민(dopamine)**은 뇌의 신경세포에서 분비되는 신경 전달 물질로 행복감과 만족감 같은 쾌감을 느끼거나 타인에게 사랑과 호감을 느낄 때 분비된다. 반대로 도파민이 부족하면 결단력이 떨어지고, 몸이 무기력해지며, 극단적인 경우 파킨슨병을 일으키도 한다. 술, 담배, 마약, 본드, 초콜릿이 쾌감을 주는 이유는 도파민 분비를 촉진하기 때문이다. 따라서 이를 과다 복용하여 우리 인체가 과도한 도파민 분비에 적응하게 되면, 중독 물질을 흡수하지 않았을 때 인체는 견디지 못하고 이 물질들을 갈망하게 된다. 같은 맥락에서 낮은 서열의 짧은 꼬리 원숭이들이 코카인에 쉽게 중독되는 이유는 마약을 통해서 부족한 도파민을 끌어올리고자 하는 자기 생존 전략이라고 할 수 있다.

학적 경로는, (8장에서 살펴보겠지만) 이런 위험 요소가 만성 스트레스를 일으키는 정도에 달려 있다. 가장 중요한 심리사회적 위험 요인은 스트레스의 가장 중요한 원천이다. 그동안 심리사회적 위험 요인에 대한 역학적 연구들이 이룬 성과는, 다름 아니라 현대 사회에서 만성 스트레스를 일으키는 가장 강력한 원인을 밝혀낸 것이다. 이 사실이야말로 현대 사회에서 사회적 환경의 문제점을 이해하는 핵심 열쇠이기 때문에 반드시 기억해 두어야 한다.

만약 만성 스트레스의 세 가지 주요 원인을 조금만 더 들여다본다면, 모두 같은 뿌리에서 나온 것임을 깨닫게 될 것이다. 그것은 바로 사회적 불안이다. 생애 초기부터 시작된 정서적 불안은 낮은 사회적 지위가 가져오는 불안과 연결되어 있다. 어린 시절의 스트레스와 낮은 사회적 지위 때문에 생긴 스트레스는 비슷한 생물학적·행동적·심리적 결과를 가져온다. 낮은 사회적 지위와 어린 시절에 받았던 스트레스는 모두 코르티솔[8]의 기본 수치를 높이며 불안정, 부적응에 대한 공포, 열등감, 실패에 대한 두려움처럼 비슷한 어휘로 표현되곤 한다. 뿐만 아니라 어린 시절의 불안정은

---

[8] **스트레스 호르몬 코르티솔(Cortisol)**은 스트레스를 받을 때 고통을 억제하고 병적인 염증을 예방함으로써 우리의 몸을 일시적으로 보호하는 역할을 한다. 따라서, 혈액 내 코르티솔 수치가 높다는 것은 몸이 스트레스에 많이 노출이 되어 있다는 증거이기도 하다. 코르티솔은 스트레스 상황이 끝나기 전까지 스트레스에 노출된 우리 몸을 지켜주다가, 휴식을 취하면 농도가 떨어지면서 질병 유발 인자가 활동하게 한다. 그래서 열심히 집중해서 일을 할 때는 아무렇지도 않다가 쉬려고 긴장을 푸는 순간 몸의 여기저기가 아프기 시작하는 것이다. 하지만 걱정이나 질병으로 신체적·정신적 스트레스가 오랫동안 지속되어 코르티솔 과다 분비 상태가 장기간 계속되면, 늘 긴장한 상태가 되어 집중력이 떨어지고 신경도 예민해진다. 특히 심각한 우울증 환자의 경우 코르티솔 농도가 매우 높은 것으로 나타났다. 또한 코르티솔에 장기적으로 노출되면 우울증이 유발될 수 있다고 한다.

낮은 사회적 지위가 가져오는 불안정을 악화시키며, 낮은 사회적 지위는 개별 인간을 불안정한 상태에 더 취약하게 만든다. 실제로 통계 자료를 보면, 상대적으로 사회적 지위가 높은 가정에서 태어난 아동들은 출생 당시에 몸무게가 작거나 초기 아동기에 스트레스를 경험하더라도 건강이 나빠지는 경우가 상대적으로 적었다. 이는 어린 시절의 불안정과 낮은 사회적 지위 사이에서 상호 작용이 일어난다는 사실을 보여 준다(Frase 1984; Teranishi, Nakagawa, and Marmot 2001; Jefferis, Power, and Hertzman 2002).

친분관계의 효과도 이런 논의와 일맥상통한다. 친한 친구들과 함께 있을 때 사람들은 기분이 좋아진다. 우정이 긍정적인 피드백을 제공하기 때문이다. 친구들은 나와 함께 하고 싶어 한다. 친구들은 나와의 동행을 즐기며, 내가 재미있고 너그러우며 유머 있고 매력적이거나, 아무튼 멋있다고 생각한다. 그러나 내가 친구들에게 거부당하는 느낌을 받는다면, 만약 "왜 저 친구들은 나를 초대하지 않았을까?" "왜 아무도 내 곁에 앉거나 말을 붙이지 않을까?"라고 질문할 수밖에 없는 상황이라면, 다른 사람들이 나를 진심으로 좋아하는지 의심하게 되고 자신감을 완전히 잃고 말 것이다. 또한 평범하거나 지루하며, 눈치도 없고 멍청하거나, 너무 뚱뚱하거나, 어쨌든 별볼일없는 사람은 아닌지 안절부절못할 것이다. 자기 불신과 불안감이 활개를 치게 되는 것이다. 그러니 만약 실직이라도 하거나 주변 사람들이 업신여기는 일을 하고 있다면, 당신은 말할 것도 없이 엄청난 두려움을 느끼게 될 것이다.

세 가지 심리사회적 요인들은 만성 불안을 일으키는 사회적 원인의 집결체. 불안감은 인간이 타인의 시선을 통해서 자신을 인식하고 경험하기 때문에 생긴다. 그 핵심에는 인간이 타인의 시선을 통해서 평가하는 성찰적 존재이며 사회적 동물이라는 의미가 들어 있다. 우리는 다른 사람이 우리에게 어떻게 반응하는지 살피며, 타인은 우리가 자신을 인식하고 경험하게 하는 거울이 된다.

　우리는 타인이 우리를 어떻게 평가하는지 알아내고자 끊임없이 주변을 관찰한다. 이런 행위는 인간의 사회적 행동과 상호 작용을 이끄는 핵심 동인이 되어 왔다. 우리는 타인이 우리에게 적대감을 느끼지 않도록 조심해야 하며, 그들의 이해와 신뢰, 협력을 구하려고 간청하거나, 어떤 말에 놀라거나 당황하고 기뻐하고 혼란스러워하는지 눈치를 살핀다. 타인의 반응을 점검하는 것은 유전적으로 타고난 행위가 아니라 학습된 문화에 의존하는 존재가 되기 위한 전제 조건이다. 우리는 타인의 눈으로 자신을 이해함으로써 스스로 성장하고 사회화된다. 모국어를 비롯해 우리가 배우는 것들은 대부분 독학을 통해서 습득되는데, 이런 학습 과정은 다른 사람을 따라 하거나, 그들의 반응을 통해 자신이 잘했는지 잘 못했는지 알게 되면서 이루어진다. 타인은 우리를 평가하고 판단한다. 그들은 우리를 좋아할 수도 싫어할 수도 있고, 용납하거나 거부할 수도 있으며, 우리를 믿을 수도 믿지 않을 수도, 존중할 수도 무시할 수도 있다. 따라서 우리에 대한 타인의 반응을 세심하게 관찰하는 것은 우리의 안정과 안전, 사회화와 학습에서 가장 본질적인 부분이다. 때문에 우리는 이를 우리에 대한 타인의 반응이라고 여기기보다는 마치 자기 자신에 대한 자신의 경험인 것처럼 느끼기도 한다. 다른 사람들의 눈에 부끄러운 행동을 했을 때 우리는 그것 때문에 자신을 미워하며, 다른 사람이 보기에 칭찬받을 만하고 가치 있으며 높이 평가받을 만한 일을 했을 때 우리는 성취감을 더욱 크게 느끼게 된다.

인간 모두에게 필요한 것은 바로 존중받고 있다는 느낌이다. 이 점은 무척이나 중요하다. 아담 스미스Adam Smith는 이를 '존중에의 추구'pursuit of regard라고 불렀다. 현대 사회에서 사람들은—가족이나 또래 집단처럼 작은 집단에서든, 아니면 모든 사람들에게 사랑을 받는 유명인의 경우처럼 더 많은 타인에게든—존경과 사랑을 받고 싶어 한다. 일상적인 차원에서 말하면, 그것은 우리가 한 일이 좋은 평가를 받을 때 느낄 수 있는 즐거움 같은 것이다. 사람들이 당신이 만든 음식을 맛있게 먹고, 당신의 농담에 즐겁게 웃거나, 당신의 도움이나 조언, 그리고 감정적인 지지를 고마워할 때 느끼는 기쁨처럼 말이다. 이 모든 경우에서 볼 수 있듯이, 우리는 우리 자신을 타인의 욕구들과 결부해서 자신을 이해한다.

타인에게 가치 있는 사람이 되고자 하는 인간의 욕구는 신비롭거나 영적인 영역처럼 여겨질지도 모른다. 그러나 이런 욕구는 근본적으로는 안정에 대한 욕구와 관련이 있다. 그것은 선사시대에 인류가 집단 내에서 구성원으로 인정받는 방식이기도 했다. 타인이 유용하다고 평가하는 일을 하는 것으로 집단 내에서 자신의 입지를 지킬 수 있었던 것이다. 그것은 이득을 함께 나누고, 추방당하거나 희생당할 위험에서 벗어나서, 자신을 집단의 일원으로 계속 남아 있게 해 주는 보험과도 같았다.

이에 역학적 연구들은—평범하거나 미련하거나 못생겼거나 열등하게 보일지도 모른다는 걱정들을 포함해서—자신이 타인에게 어떻게 보일지 걱정하는 태도가 현대 사회에서 만성 스트레스를 일으키는 가장 결정적인 요인이라고 지적한다. 사람들은 무엇보다도 친구가 있는지 없는지, 타인과 비교했을 때 자신의 사회적 지위가 어느 정도인지를 근심한다. 그리고 이런 근심은 어린 시절에 겪었던 경험에 의해서도 깊은 영향을 받는다. 현대 사회에서 생활수준이 점점 나아지면서 기본적인 물리적 욕구들은 거의 충족되었다. 또한 대부분의 사람이 안전한 잠자리를 마련할 수 있게 되었으며, 미래의 식량에 대한 걱정도 많이 감소했다. 그러나 개인주의와 지리적·사회적 이동량이 증가하면서, 우리가 타인에게 어떻게 보일지에 대한 걱정도 엄청나게 증가했다. 한때 인간은 일평생을 꽤 안정적이고 좁은 공동체에서 살았다. 하지만 이제는 매일 새로운 사람들과 마주치면서 생활해야 한다. 단지 지난 10년에 걸친 조사에서도 젊은이들 가운데 자신의 외모에 불만을 갖고 타인이 자신을 어떻게 볼지를 고민하는 사람의 비율이 매우 증가한 것으로 나타났다.

인간은 타인의 시선을 통해 자신을 경험하고 자각하는 성찰성reflexibility을 가지고 있다. 이는 고프만Erving Goffman에서 부르디외Pierre Bourdieu, 하이데거Martin Heidegger에서 파농Frantz Fanon에 이르는 위대한 사회사상가들이 관심을 가졌던 주제이기도 하다. 인간의 성찰성은 사상가들이 사회적인 것the social이 어떻게 개별 인간에게 영향을 미치는지를 설명하기 위해 언급해 왔던 특성이다. 그러나 이런 성찰성은 심리사회적인 것the phychosocial이 인간의 피부 아래로 침투해 건강에 영향을 미치는 통로이기도 하다.

이처럼 심리사회적 위험 요소들에 대한 역학적 연구가 주장하는 바는 저명한 사회학자들의 견해와도 무리 없이 연결된다. 그것은 두 가지 관점의 통합이라는 중요한 의미가 있다. 하나는 객관적인 심리사회적 측정법을 사용하는 스트레스 연구이며, 다른 하나는 생물학적 척도나 건강 지수를 고려하지 않는 사회적 조직과 의미의 관점이다. 이는 우리의 해석이 타당하다는 확신을 하게 해 준 일종의 삼각측량법9이었다.

사회적 감정

심리학자 토마스 셰프Thomas Scheff는 수치심을 사회적 감정이라고 말한다(Scheff, Retzinger, and Ryan 1989). 그에 따르면, "여러 선행 연구가 주장하듯이 수치심은 타인과의 관계 속에서 자신을 끊임없이 감시하면서 형성하게 되는 가장 중요한 사회적 감정이다"(Scheff 1990, 79). 당혹감, 홍조紅潮로도 표현되는 수치심에 대해 다윈은 "어떤 형태로 표현되든 간에 상대방의 의견, 특히 상대방의 무시에 대한 민감한 반응"이라고 말하기도 했다(Darwin 1872; Scheff 1990에서 재인용).

셰프는 수치심이라는 용어를 우리가 알고 있는 것보다 폭넓게 사용했다. 그는 우리가 "자존감이 낮거나, 어리석고, 우둔하며, 우스꽝스럽고, 무력하고, 결점이 많고, 무능하며, 서투르고, 공격받기 쉽고, 약하며, 불안정하고, 무기력하다고 말할 때, 사실 우리는 보통 수치심을 느끼고 있는 것"이라고 지적했다(Scheff, Retzinger, and Ryan 1989, 181). 이런 감정은 대부분 열등감이나 자존심과 결부되어 있다. 셰프가 수치심을 '복종-감정 체계'deference-emotion system의 일부라고 주장한 이유도 여기에 있다(Scheff 1988). 이와 비슷한 맥락에서 길버트와 맥과이어M.T. McGuire는 "수치심은

---

9 **삼각측량법**(triangulation)은 한 삼각형에서 위치를 모르는 한 점의 위치를 알아내기 위해서 위치가 알려진 나머지 두 각의 크기와 그 사이 변의 길이를 측정해서 꼭짓점의 위치를 추정하는 방식을 말한다. 하지만 이는 서로 다른 관점들이나 상이한 영역의 견해들을 통합해서 결론을 도출해 내는 연구 방법을 일컫는 말로 사용되기도 한다. 윌킨슨은 상이한 사회과학과 자연과학의 연구 결과들이 결국 '인간이 인간 외부의 심리사회적 요인들에 지대한 영향을 받는다'는 동일한 사실을 지적하고 있다고 말하면서, 삼각측량법을 비유로 들고 있다.

거의 언제나 지위의 상실 ······ 평가절하되거나 망신당하거나 강등되거나 치욕과 연결되어 있다"라고 설명했다(Gilbert and McGuire 1998, 111). 또한 길버트는 "특히 사회적 계급이나 지위, 사회적 배제나 거부와 같은 위협적인 정보를 처리하는 과정에서" 수치심을 느끼게 된다고 강조했다(Gilbert 1998, 17).

셰프가 수치심을 사회적 감정이라고 말한 이유는, 수치심 때문에 사람들이 권위에 복종하고 순응하게 된다고 보았기 때문이다(Scheff, Retzinger and Ryan 1989). 그는 순응에 대한 압력을 논하면서 솔로몬 애쉬Solomon Asch의 실험을 언급했다(Asch 1952). 애쉬는 스크린에 투사된 두 개의 직선 중에 어떤 것이 세 번째 직선과 길이가 같은지를 탁자에 앉아 있는 사람들에게 개별적으로 묻는 실험을 했다. 이때 실험 대상자 중 한 사람을 제외한 모든 사람들은 연구자와 사전에 모의한 들러리들이었다. 이들은 오답을 말하도록 지시를 받았다. 이 실험의 요지는 다른 사람들이 모두 똑같은—잘못된—의견을 말한다면, 진짜 실험 대상자는 자신의 순서가 돌아왔을 때 어떤 대답을 선택할지를 관찰하는 것이었다. 이런 실험이 수많은 실험 대상자들에게 반복적으로 실행된 이후에, 애쉬는 많은 사람들이 다른 사람들과 다른 대답을 하기보다는 전체 집단의 의견에 따르는 경향이 있음을 발견했다. 이 실험이 끝난 이후에 실험 대상자들에게 왜 그런 대답을 했는지를 물었더니, 그들은 다른 사람이 자신을 멍청하거나 "똑바로 보지 못하는" 사람으로 여길까 봐 두려웠다고 털어놓았다. 그러나 흥미롭게도 이렇게 순응한 사람들의 일부는 자신이 어떤 집단 압력에 순응했다는 사실을 여전히 깨닫지 못하고 있었다.

또한 셰프는 수치심이 권위에 복종하게 하는 역할을 한다는 주장을 하면서 밀그램 stanley milgram 의 실험 사례10를 인용하기도 했다. 실험 대상자들에게는 단순한 '학습 실험'으로 소개된 이 실험은, 교사 역할을 맡은 실험 대상자들로 하여금 시험 결과가 좋지 않은 학생들에게 매우 고통스럽고 생명을 위협할 수 있는 전기 충격을 가하게 했다(Milgram 1974). 실험 대상자들은 옆방에서 그들의 '학생들'이 비명을 지르고 절규하는 소리를 들었음에도, 단지 상급자가 계속 전기 충격을 가하라고 지시했다는 이유만으로 학생들이 오답을 말할 때마다 계속해서 전기 충격을 주었다. 밀그램의 실험은 사람들이 어떻게 2차 세계대전 당시 나치 독일의 집단수용소에서 일어난 학살에 자발적으로 가담하거나 수용소를 직접 운영할 수 있었

---

10 **밀그램의 복종 실험**은 히틀러의 대량 학살에 대한 전범재판이 열릴 때 예일 대학의 밀그램 박사가 '얼마나 많은 사람이 권력자의 명령에 따라 다른 사람들을 해칠 수 있는지'를 밝히기 위해 수행한 실험이다. 실험과정은 다음과 같다. 밀그램은 교사 역할을 맡은 실험 대상자(실제 실험 대상자)에게 또 다른 실험 대상자인 학생들(가짜 실험 대상자)이 미리 암기했어야 할 단어들을 불러주도록 했다. 그리고는 학생이 오답을 말할 때마다 그들에게 점점 더 강한 전기 충격를 주도록 지시했다. 밀그램은 실험 대상자들에게는 이 실험을 '체벌이 학습에 미치는 효과'를 알아보는 실험이라고 속였다. 실험이 시작되기 전에 교사 역할을 하는 실험 대상자들은 실제로 고통스러운 전기 충격을 직접 받아 보았다. 연구자는 학생 실험 대상자들은 이보다 더 강한 전기 충격을 받는다고 그들에게 설명해 주기도 했다(물론 전기 충격은 가짜였고, 가짜 실험 대상자인 학생들은 진짜 실험 대상자인 교사가 전기 충격 버튼을 누를 때, 그 강도에 따라 가짜로 고통스러워하는 연기를 하도록 지시받았다). 실험이 시작되자 학생은 일부러 몇 개의 실수를 범했고, 교사는 그때마다 그들에게 전기 충격을 주어야 했다. 전기 충격의 강도가 증가함에 따라 학생은 소리를 지르며 더욱 고통스러워했고 결국에는 전혀 말도 하지 못하는 상태에 이르기도 했다. 학생이 고통을 호소하자 피험자들은 이따금 실험 진행을 거부하기도 했지만, 연구자가 옆에서 모든 책임을 자신이 진다고 말하자 계속 그 지시에 따랐다. 실험 결과는 충격적이었는데, 모든 실험 대상자들은 110V 또는 220V의 전압에만 감전되어도 치명상을 입는 전기 충격을 300V 이상까지 가했다. 심지어 실험 대상자 중 65%(26명/40명)는 450V 이상의 전기 충격을 학생들에게 가하기도 했다.

는지를 해명하기 위해 1950년대에 최초로 시행된 실험이었다.

수치심은 사회적 평가에 대한 두려움이라고도 하는 '사회적 불안'social anxiety과 밀접하게 관련되어 있다. 사회적 불안에 대한 논저들은 소심함, 사회적 평가에 대한 두려움, 당혹감, 부정적인 평가를 받을 것에 대한 두려움, 사회적 평가 장애, 행동 억제, 실패에 대한 공포, 인정을 받기 위한 행동, 자의식 정서, 대인 관계 능력 부족, 자기표현 장애, 열등감과 열등감 콤플렉스처럼 더욱 다양한 심리학적 개념들을 사용한다. 위와 같은 심리 상태들은 서로 다른 증상처럼 보이지만, 모두 타인이 나를 어떻게 보는지에 대한 근심과 관련이 있다. 이런 근심들은 자신이 타인에게 어떤 평가를 받는지 확인하고 싶어 하는, 사회적 인간의 끊임없는 욕구에서 비롯된 것이다.

앨런 쇼어Allan Schore는 수치심이 애착과도 관련이 있다고 주장한다 (Schore 1998). 수치심이라는 반응은 부모와 영아의 애착 관계가 활발하게 이루어졌던 생애 첫해가 지나고, 첫해의 마지막 무렵에 시작되는 뇌 전두엽의 성장과 동시에 발달한다. 생애 첫해 동안 부모는 충분한 배려와 눈맞추기를 통해 영아에게 애착을 표현하곤 한다. 그러나 아이가 애착에 익숙해지기 시작한 바로 그 무렵부터, 부모는 이제 가끔씩 자녀를 교육한다는 목적으로 어떤 행동들을 용인하지 않고 불만을 표현하면서 아이의 행동을 고치거나 제약하려 한다. 이제 과거에는 애착 관계에 있었던 사람이 자신을 '혐오'하게 되었다는 또 다른 감정으로 대체되는 것이다. 루이스 H. B. Lewis가 수치심을 '애착 감정'이라고 불렀던 것도 이런 이유 때문이다 (Lewis 1980).

앞에서 살펴본 복종에 관한 연구들이 암시하듯이, 수치심은 인간의 타고난 본성이다. 수치심은 지배 체계를 유지하는 데 핵심적인 역할을 해 왔다. 지배 체계에서 지배는 반드시 복종과 짝을 이루어야만 갈등을 피할 수 있다. 이와 관련해서 길버트와 맥과이어는 다음과 같이 주장했다.

> 수치심을 나타내는 신호들(예컨대, 고개 숙이기, 시선 피하기, 숨기)은 보통 갈등을 줄이거나 피하기 위해 고안된, 복종적이고 비위를 맞추는 표현이다. 수치심은 굴종이나 눈치를 보는 행동과 관련이 있다. 때문에 그것은 위험을 최소화하려는 전략으로도 볼 수 있다. 수치심은 부끄러워하지 않고 굴하지 않는 행동을 계속했을 때 상대방으로부터 치명적인 공격과 거부를 당할지도 모르는 상황에서 인간이 선택하는 복종의 전략이다(Gilbert and McGuire 1998, 102).

리어리M. R. Leary와 코월스키R. M. Kowlaski는 다음과 같이 말했다.

> 우리는 사회적 불안이 사회에서 거부당하거나 배제당하지 않고 통합되기 위한 메커니즘으로 진화해 왔다는 견해에 동의한다. …… 사회적 불안에 대한 진화론적 설명 가운데 가장 간명한 주장은, 그것이 상호 의존적인 집단이나 인간관계 속에서 한 인간이 공동체를 강화하거나 유지하기 위한 전략으로 발전해 왔다고 보는 입장이다(Leary and Kowalski 1995, 27).

사회적 불안은 자신을 상대와 비교하는 과정, 열등하게 취급당할지도 모른다는 공포, 타인과의 불만족스러운 관계를 겪으면서 생겨난다. 트로워P. Trower 등은 "사회적으로 불안한 사람들은 그들 자신을 치열한 서열 체계 속에서 아주 보잘것없는 존재로 동일시하며, 자신의 지위를 잃거나 거부당하는 위험을 최소화하기 위해 복종이나 다른 '퇴행성 회피'reverted escape 행동을 보인다"라고 말했다(Trower, Gilbert and Sherling 1990, 39). 다소 기계론적인 개념이기는 하지만 리어리와 코월스키의 '자존감의 사회

계기판 이론'11은 자존감, 사회적 불안, 그리고 거부에 대해 설명해 준다.

> 자존감 시스템은 '사회계기판'처럼 작동한다. 이 시스템은 개별 인간이 사회적으로 인정받지 못하거나 거부당하는지를 알아보기 위해서 다른 인간의 행동과 사회적 환경(특히 타인의 반응)을 살핀다. 만약 자존감 시스템이 그 사람이 거부당했다는 단초를 감지하게 되면, 이 시스템은 부정적인 신호를 보내 그 사람에게 경각심을 심어 주고 타인 앞에서 자신의 입지를 교정하는 행동을 하게 만든다. 자존감 시스템은 사회적 배제의 가능성을 최소화하기 위한 메커니즘으로 진화한 것이다(Leary and Kowalski 1995, 113).

하지만 수치심이 항상 갈등을 피하거나 소심한 행동으로만 이어지는 것은 아니다. 수치심을 담담하게 받아들이거나 자신이 열등하다고 인정하기보다는, 타인에게서 오는 치욕에 저항하거나 맞설 수도 있다. 현실에 타협하기보다는 치욕, 경멸, 체면 손상에 분노하거나 폭력적으로 대응할 수 있다. 종종 폭력은 상대방이 우리를 인식하는 방식을 그대로 받아들이기보다는 자존심이 상하는 것을 피하고 상대방의 평가를 거부하거나 상대가 우리를 존중하게 하려는 방법으로 사용되었다. 폭력의 역할에 대해서는 5장에서 더욱 자세히 논하게 될 것이다.

사회적 불안은 친분관계와 건강의 관계를 말할 때도 매우 중요하다. 리어리와 코월스키는 사회적 불안과 사회적 친분관계에 대한 수많은 연

---

11 **사회계기판 이론(Sociometer Theory)**은 마치 자동차의 연료 계기판을 보고 연료의 양을 알 수 있듯이 자존감을 통하여 사회적 관계에서 성공 여부를 감지할 수 있게 된다는 주장이다. 다시 말해 사람들은 보통 사회적 관계가 성공적일 때 자존감이 높아지고, 그렇지 않을 때는 자존감이 낮아진다. 따라서 사람들은 자신이 경험하는 자기 존중의 정도를 통해서 자신이 사회적 관계에서 성공했는지를 확인할 수 있다는 것이다.

구를 검토하면서 다음과 같이 말했다. "사회적으로 불안감을 느끼는 사람들은 친분관계를 피하는 경향이 있다"(Leary and Kowalski 1995, 157). 간단히 말해, 당신은 사람들이 당신을 좋아하고 스스로 매력적이라는 자신감이 있을 때 더욱 쉽게 주도적으로 행동하거나 친구를 사귈 수 있다. 실증적 연구들은 불안감이 많은 사람은 친구들과 연락하지 않거나, 일상적인 대화도 별로 나누지 않고, 대화를 주도하는 일도 적다는 사실을 보여 준다. "사회적 불안에 시달리는 사람들은 타인과의 교류가 부정적으로 끝나고 말 것이라고 믿는다. 따라서 가급적이면 타인과 대화를 짧게 하거나, 빠른 속도로 말하며, 상대방과 눈을 마주치는 것을 꺼린다"(Leary and Kowalski 1995, 158). 리어리와 코월스키는 비사회적인 행동들은 사회적 불안 때문에 생긴 회피의 한 형태라고 말한다. 그러나 사회적으로 불안한 사람들조차도 사실은 친구를 사귀기를 바라고 있다. 이들은 결코 사회적 접촉에 대한 욕망이 낮은 사람들이 아니다. 다만 이를 두려워하는 것이다. 많은 사례는 그들도 사회적 교류에 더 많이 동참하길 소망하고 있다는 사실을 보여 주고 있다.

결론

우리는 이제 사회적 불안, 수치심, 우울, 폭력이라는 감정들이 모두 사회적 비교에서 생기는 감정이라는 사실을 알게 되었다. 이런 감정들은 스스로 매력이 없다거나 남보다 열등하다거나 실패했다거나 거부당했다고 느낄 때, 여기에 자기 나름대로 대응하면서 갖게 되는 감정이다. 사회적 지위는—그것이 긍지와 자존감을 높이든, 아니면 반대로 가치를 낮추거나 열등감을 느끼게 하든 간에—상대방이 우리를 보는 방식에 직접적인 영향을 미친다. 친분관계도 마찬가지다. 친분관계는 우리가 상대방에게 거부당했거나 받아들여졌거나, 존중받았거나 그렇지 않거나, 매력적으로 보였거나 그렇지 않거나, 혹은 타인에게 인정받았거나 거부당했다고 느끼는 데 영향을 미친다. 마지막으로 어린 시절에 겪었던 불안정은 사람들이 아동기 이후에 경험하게 되는 사회적 불안에 더욱 취약하게 만들며, 평생에 걸쳐서 우리의 행동과 심리사회적 반응을 좌우한다.

낮은 사회적 지위, 열악한 친분관계, 어린 시절의 불행은 모두 코르티솔의 기본 수치를 높이고, 스트레스 요인에 적절하게 대응하지 못하게 만든다. 우리는 역학적 연구들을 통해 왜 이런 요인들이 현대 사회에서 만성 스트레스를 일으키는 근본 원인인지 알 수 있었다. 이와 같은 스트레스 요인으로 고통을 받는 사람들은 사실 전체 생애에 걸쳐서 이런 위험 요소에 계속 노출된 경우가 많았다. 특히 인구의 상당수가 이런 심리사회적 위험 요소에 영향을 받고 있다는 점은 정말로 심각한 문제라고 할 수 있다.

이처럼 스트레스를 일으키는 심리사회적 요인들은 인간이 사회적 환경에 얼마나 민감하게 반응하는지를 새삼 인식하게 해 준다. 이런 사실을 명확히 인식해야만 사회적 환경의 어떤 차원들이 중요한지도 깨달을 수 있다. 심리사회적 요인을 간과한다는 것은 마치 어떤 사람이 공기 속에 있는 물질 때문에 알레르기가 일어난다는 사실은 알지만, 원인이 되는 물질이 무엇인지는 정확히 모르는 상태와 같다. 알레르기를 일으키는 원인을 모른다면 꽃가루나 고양이털, 진드기와 같은 수많은 이물질 중에서 도대체 무엇을 피해야 한단 말인가? 따라서 우리가 사회적 환경에 알레르기를 일으키고 있다는 사실뿐만 아니라, 우리가 사회적 환경의 어떤 측면에 알레르기를 일으키고 있는지, 그리고 이에 얼마나 민감하게 반응하는지를 파악하는 것은 매우 중요하다. 그래야만 비로소 사회 구조의 어떤 측면을 개선해서 알레르기 문제를 완화해야 할지를 고민할 수 있기 때문이다.

대부분의 사회 문제는 개인적 관점과 구조적 관점 양쪽에서 모두 해석이 가능하다. 우리는 어떤 성격을 가진 사람들이 실직하기 쉽고, 범죄 행위에 가담하며, 약물 중독이나 우울증에 빠지기 쉬운지 말할 수 있다. 우리는 개인차를 부각시키면서 사람들의 과거, 아동기의 경험, 학창 시절, 직업 경력, 그리고 사회적 관계를 파헤치며 문제의 해답을 찾을 수도 있다. 하지만 개인의 성격 차이만으로는 왜 어떤 사회에서는 실업률이 20%인데 어떤 사회에서는 2%에 불과하고, 왜 어떤 사회에서는 10만 명당 살인자가 두 명을 밑도는데 어떤 사회에서는 그 열 배를 웃도는지는 설명할 수 없을 것이다.

사회에 따라 취약 계층의 비율이 높거나 낮은 이유를 파악하려면, 어떤 사회의 거시적인 경제적·사회적 구조가 왜 다른 사회보다 더 많은 사람에게 피해를 주는지를 반드시 짚어 봐야 한다. 실업률이 2%든 20%든, 살인율이 높든 낮든, 약물 문제가 흔하든 드물든, 이런 상황에서 고통받는 사람들은 결국 언제나 하위 2%에서 20%에 속하는 취약 계층이다. 만약, 인간이 본능적으로 사회적 환경에 얼마나 민감하게 반응하는지를 깨닫게 된다면, 어떤 사회 구조가 이런 상황을 변화시킬 수 있을지 생각해 보는 수준까지 우리의 시야가 확장될 수 있을 것이다.

4
건강과 불평등
수명은 짧고 스트레스는 많은 삶

불평등의 측정과 사회적 지위의 분포

우리는 2장에서 부자와 빈민의 소득 불평등이 적은 사회가 신뢰나 폭력의 수준, 공동체 생활의 참여도로 표현될 수 있는 사회적 관계의 질이 더 높다는 사실을 확인했다. 그리고 3장에서는 사회적 관계의 질과 사회적 지위가 건강에 가장 큰 영향을 미치는 요인들이라는 점도 알 수 있었다. 이는 건강은 불평등한 사회에서 더 쉽게 나빠진다는 점을 의미한다. 즉 건강은 낮은 사회적 지위, 그리고 불평등이 심한 사회에서 나타나는 커다란 상대적 불평등의 압박에 의해서만이 아니라, 불평등한 사회의 특징인 사회적 관계의 형편없는 질 때문에 손상될 수 있다. 이 장에서는 불평등한 사회에서 평균 건강 수준이나 기대 수명이 실제로 더 낮게 나타나는지 확인해 보겠다. 2장, 3장, 4장은 서로 조금씩 다른 측면에서 건강 불평등의 문제들을 다루고 있다. 따라서 이런 논의도 일종의 삼각측량법이라고 할 수 있겠다.

사회 구성원들의 소득 격차는 그 사회가 얼마나 평등한지를 알아보기 위한 척도로 활용되어 왔다. 소득 격차를 측정하면 사회 구성원들이 극빈층과 극부유층으로 극명하게 나뉘어 있는지, 아니면 대부분의 사람이 소득 분포 곡선의 중앙에 안정적으로 분포되어 있는지를 가늠할 수 있다. 소득 불평등의 정도를 측정하기 위해 사용하는 방법은 매우 다양하다. 먼저 어떤 사람들은 한 사회의 전체 소득에서 하위 50%가 벌어들이는 소득의 비율을 측정한다. 이 측정법에 따르면 한 사회의 하위 50%는 보통 사회 전체 소득의 20%를 벌어들이는 반면, 상위 50%는 나머지 80%를 차지하고 있는 것으로 나타난다. 한 사회에서 상위 20%가 가지고 있는 소득이 하위 20%가 가지고 있는 소득보다 몇 배나 큰지를 측정해서 소득 불평등의 정도를 가늠하기도 한다. 또한 모든 사람의 소득을 평등하게 만들려면 부유층에서 빈곤층으로 소득이 어느 정도 옮겨가야 하는지를 가지고 소득 불평등의 정도를 살펴볼 수도 있다. 이 방법은 로빈후드 지수 Robin Hood Index라고 불리는데, 이는 의미상 매우 적절한 명칭이다. 하지만 가장 흔하게 사용되어 온 측정법은 지니계수일 것이다. 지니계수는 단순히 상·하위의 극단만 비교하는 것이 아니라 전체 인구의 불평등 정도를 측정하는 방식이다. 지니계수는 모든 사람의 소득이 똑같고 완벽하게 평등한 상태인 0에서부터 한 사람이 총소득 모두를 차지하는 완벽하게 불평등한 상태인 1까지의 숫자로 표시된다. 대부분의 사회에서 지니계수는 0.3에서 0.4 근처에 분포한다. 불평등을 측정하는 방법은 이렇게 천차만별이지만 다행히도 이들은 모두 긴밀한 상관관계를 지닌다. 따라서 건강과 불평등의 관계를 분석하는 연구들이 서로 다른 측정법을 사용하고 있다 해도, 연구 결과에서는 아주 미미한 차이만 있을 뿐이다(Kawachi and Kennedy 1997).

불평등이 건강에 미치는 효과는 미국이나, 그보다는 다소 약하긴 하지만 영국에서 매우 강하게 나타난다. 앞에서 살펴보았듯이, 미국은 다른 어떤 나라들보다 부유하며, 1인당 지출되는 의료비도 어마어마하다. 하지만 미국의 기대 수명은 전 세계 국가들 가운데 약 25위 정도에 불과하며, 선진국만 비교했을 때에도 미국의 기대 수명은 가장 낮다. 왜 미국인들의 건강 수준이 제일 나쁜지를 말해 주는 가장 설득력 있는 이유는, 바로 미국이 선진국 가운데 가장 불평등이 심하다는 점이다. 영국의 사례도 마찬가지다. 20세기 마지막 4반세기 동안 영국에서 소득 격차가 증가하면서 영국인들의 기대 수명도 급격히 추락했다.

여러 사회에서 건강과 소득 불평등의 관계를 살펴볼 때 염두에 두어야 할 사항은 부유한 국가 사이의 건강 격차는 '절대적인' 소득 수준과 더는 관련이 없다는 점이다. 1장에서 언급했듯이 질병 구조가 변화하면서 한때 풍요의 상징이었던 비만은 지금과 같은 풍요로운 사회에서는 가난한 사람들에게 주로 나타나고 있다. 이제는 부유한 국가들에서 절대적 빈곤 때문에 굶어 죽는 사람들을 찾기 어려워졌다. 이와 동시에 소득에서 중요한 기준은 상대적인 소득 수준이 되었다. 부유한 국가들이나 미국의 50개 주를 비교한 자료를 보면, 다른 지역보다 절대적 소득 수준이 낮다고 해서 지역 주민들의 기대 수명이 다른 지역보다 반드시 낮은 것은 아니었다. 절대적 소득 수준이 두 배나 차이 나는 지역이라도 기대 수명에는 별반 차이가 없는 경우도 있었다(Wilkinson 1997; Marmot and Wilkinson 2001). 하지만 상대적 소득 수준의 격차가 큰 지역에 사는 주민들의 기대 수명은 매우 낮게 나타났다. 절대적 빈곤의 영향력이 줄어들면서 상대적 박탈이 건강에 미치는 효과가 수면 위로 부상한 것이다.

처음 이런 현상을 발견한 이후에, 나는 시간에 따라 건강 수준이 어떻게 변하는지를 추적하는 논문을 두 차례 발표했다. 이 논문들을 통해 주장하고자 했던 바는, 시간이 흐르면서 절대적인 소득 수준이 건강 상태에 영향을 미치는 정도는 점차 줄어들고, 상대적 소득 수준이 건강에 미치는 효과는 점점 증가한다는 점이었다. 1976년 대만의 행정 구역을 대상으로 한 연구에서는 각 지역의 사망률이 1인당 GNP와 연관되어 있었다. 그러나 그 후 20년 동안 대만 경제는 급속히 성장했고, 이에 따라 소득 수준도 급격히 높아졌다. 1995년 연구에 따르면 사망률과 GNP의 관계가 약화되고 다른 관계가 이를 대체했다. '소득 수준'이 가장 높은 지역에서 사망률이 낮게 나타나던 과거의 경향은 사라지고, 대신 '소득 격차'가 가장 큰 지역에서 사망률이 가장 높게 나타나기 시작했다(Chian 1999). 스페인의 17개 지역을 대상으로 사망률 동향을 조사한 연구에서도 이와 비슷한 분석 결과가 나왔다(Regidor et al. 2003).

사회역학 분야의 연구자들은 소득 불평등에 따라 건강 수준이 달라진다는 사실이 마치 건강에 대한 완전히 새로운 관점이라도 되는 것처럼 평가하고 있다. 그러나 이는 사회 계급에 따라 건강 수준이 달라진다는 상식을 조금 더 진전시킨 논의일 뿐이다. 사회 계급은 절대적이지 않다. 사람은 타인과의 관계 속에서 자신의 사회적 위치를 상대적으로 인식한다. 사회 계급이나 지위가 건강에 어떤 영향을 미치는지 파악하려면 이 점을 먼저 이해해야 한다.

그런 다음에야 계급들 사이의 격차가 작은 사회일수록 건강 수준의 격차도 작다는 말이 무슨 뜻인지 해석할 수 있다. 다시 말해 평등한 사회에서는 각 사회 계급의 사망률의 **절대적인** 차이도 줄어든다. 소득 격차가 작다는 것은 그 사회의 서열 체계가 덜 위계적이며, 사회 계급의 분화 정도도 매우 약하다는 사실을 뜻한다. 그 결과 건강 불평등에 따른 불필요한 죽음도 줄일 수 있으며, 사회의 평균 수명도 높일 수 있다.

한 국가의 행정 구역들을 대상으로 한 분석뿐만 아니라, 20개 사례를 훌쩍 넘는 국가별 데이터 세트[1]를 기반으로 할 때도 결과는 마찬가지였다. 실제로 전체 국민 사이의 소득 격차가 작은 국가일수록 사망률도 낮은 것으로 나타났다. 오직 서너 개의 데이터 세트에서만 불평등이 건강에 아무런 영향도 미치지 않는다는 분석 결과가 도출되었을 뿐이다. 특히 한 사회의 소득 불평등은 단지 특정한 위험에 노출되어 있는 취약 집단의 건강만을 악화시키는 것이 아니었다. 소득 불평등은 전체 사회의 구성원 모두에게 영향을 미친다. 그것이 우리 모두가 소득 불평등과 건강의 관계에 주목해야 하는 이유이다.

미국 및 다른 부유한 국가들의 불평등과 건강

소득 분배와 건강이 밀접하게 연관되어 있다는 사실은 미국 내 지역들을 분석하면 가장 명확하게 확인할 수 있다. 미국 50개 주를 사례로 한 수많은 연구를 보면, 소득 불평등이 심하면 연령 보정 사망률[2]도 높게 나타

---

[1] 데이터 세트(data set)는 자료를 처리할 때 한 단위로 취급되는 일련의 목록을 말한다.
[2] 연령 보정 사망률은 연령에 따라 달라지는 사망률을 균등하게 조정한 사망률을 말한다.

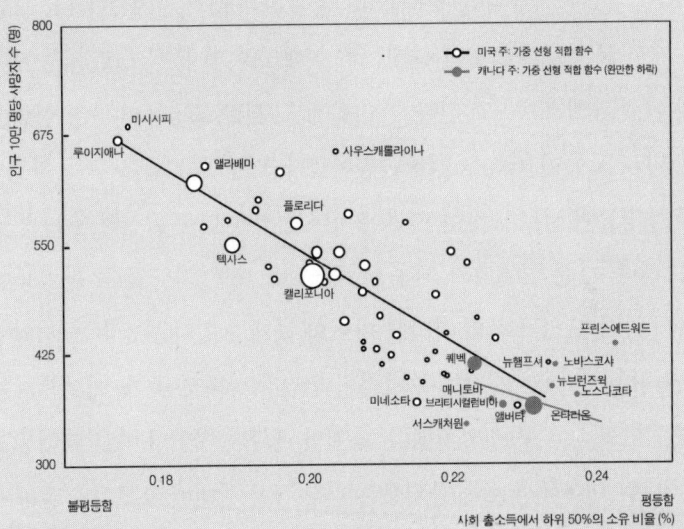

그림4-1 사망률과 소득 불평등의 관계 (대상: 미국과 캐나다 각 주, 25~64세 남성)

사망률은 미국과 캐나다의 소득 격차가 적은 주에서 더 낮게 나타났다. 여기서 사용된 소득 분배의 측정법은 하위 50%의 소득이 사회의 총소득에서 차지하는 비율이다. 대개의 경우 캐나다의 주는 미국의 주보다 평등주의적이다. 따라서 도표에서 캐나다의 주들은 공평한 분배와 낮은 사망률을 나타내는 우측 하단에 몰려 있다.

자료: N. A. Ross, M. C. Wolfson, J. R. Dunn, J. M. Berthelot, G. A. Kaplan, And J. W. Lynch, "Relation Between Income Inequality and Mortality in Canada and In the United States: Gross Sectional Assessment Using Census Data and Vital Statistics," *British Medical Journal* 320 (2000): 898-920. British Medical Journal의 허가하에 사용.

났다(Kennedy, Kawachi and Prothrow-Stith 1996; Kaplan et al. 1996). 앞에서 소득 불평등과 살인율의 관계를 보여 주었던 도표처럼(〈그림 2-4〉), 낸시 로스Nancy Ross와 동료들(Ross and colleagues 2000)의 논문에서 인용한 〈그림 4-1〉은 미국만이 아니라 캐나다의 몇몇 주를 포함하고 있다. 이 도표에는 가장 부유한 주보다 가장 평등한 주에서 건강 수준이 더 높은 경향이 뚜렷하게 나타난다. 어떤 주가 다른 주보다 평균 소득이 두 배나 높다 하더라도, 그것은 사망률을 낮추는 데 별로 효과를 미치지 못한다. 모든 연령대에서 불평등과 건강의 관계는 확실해 보이며 특히 근로 가능 연령대에서 이런 관계가 두드러진다. 흥미롭게도, 건강 불평등이 가장 심한 인구층도 바로 노동이 가능한 청장년층이었다. 이런 자료들은 소득 불평등과 건강 불평등이 서로 밀접한 연관이 있다는 점을 더욱 확신하게 해 주었다.

그러나 이 분석 결과가 처음 발표되었을 때만 해도 소득 불평등이 캐나다의 주와 도시들 간의 사망률 차이와 관계가 있다는 징후는 거의 없었다. 캐나다는 미국보다 평등주의적이며 건강 상태도 좋아, 대부분의 지역이 분포도의 끝 부분에 위치했다. 하지만 캐나다 지역만 따로 떼어놓고 보면, 캐나다 내부에서 소득 불평등은 건강 격차에 대해 아무것도 말해 주지 못하는 것처럼 보였다. 하지만 최근 들어, 겉보기에 이례적이었던 캐나다의 사례를 설명할 수 있는 단초를 찾게 되었다. 소득 불평등의 정도를 계산할 때, 총소득에서 세금 감면이나 복지 혜택을 제외한 **시장** 소득의 분배만을 고려하면 이런 난제가 해결되었던 것이다. 시장 소득을 기준으로 했을 때, 캐나다에서도 시장 소득 불평등이 큰 지역이 건강 수준이 낮았다 (Sanmartin et al. 2003). 캐나다 서스캐쳐원 주의 지역보건위원회 자료를 이용한 한 연구도 사망률이 분명 시장 소득의 불평등과 정프의 관계가 있다는 사실을 증명했다(Veenstra 2002).

불평등의 효과는 미국의 도시들에서도 뚜렷해 보인다. 린치와 그의 동료들은 사망률이 평균 소득이나 각 도시의 소득 불평등과 어떤 관계에 있는지 파악하고자 미국 282개 대도시를 대상으로 한 자료들을 분석했다 (Lynch et al. 1998). 〈그림 4-2〉는 그 연구 결과로 기둥의 높이가 사망률의

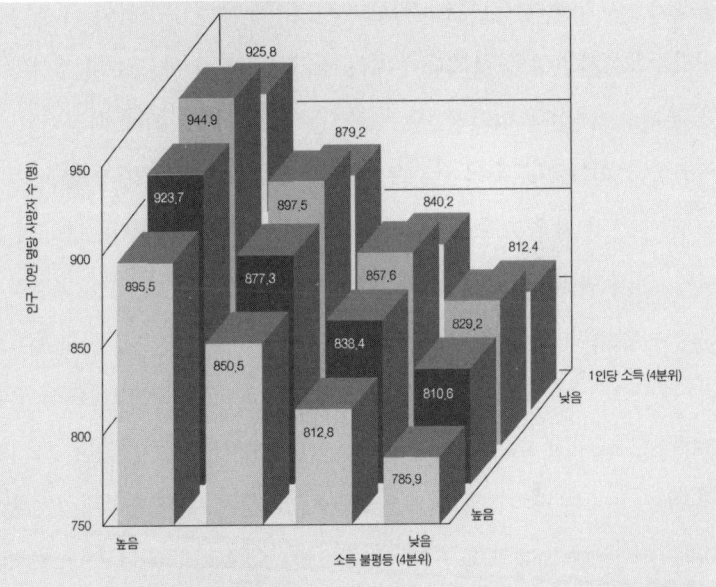

그림4-2 소득 불평등과 사망률의 관계 (대상: 미국 282개 대도시)

이 도표는 미국 282개 도시들을 (앞줄을 따라서는) 각각 소득 불평등의 정도에 따라, 그리고 (앞뒤 쪽으로는) 평균 소득에 따라 배치한 표이다. 이는 마치 불평등한 사회에서 평등한 사회로 옮겨오듯이 가로축 왼쪽 열에서 오른쪽 열로 가는 동안 사망률이 얼마나 하락하는지를 보여 준다.

자료: J. Lynch, G. A. Kaplan, et al. "Income Inequality and Mortality in Metropolitan Areas of the United States," *American Journal of Public Health* 88 (1998): 1074-1080. American Public Health Association 허가하에 다시 그림.

크기를 뜻한다. 282개 도시들은 평균 소득 수준이 얼마인지에 따라, 오른쪽 앞뒤로 뻗어 있는 네 개의 줄에 배치되었다. 각 줄에는 조사 대상 도시의 4분의 1인 70개 도시가 묶여 있다. 기둥의 맨 앞줄은 가장 부유한 70개 도시의 사망률을 보여 주며, 맨 뒷줄은 제일 가난한 70개 도시의 사망률을 보여 준다. 도시들을 비교해 보면, 가장 가난한 도시들(맨 뒷줄)이 사망률이 높은 경향이 있다. 하지만 정말로 놀랄 만한 점은 가장 불평등한 도시들(왼쪽 기둥들)이 평등한 도시들(오른쪽 기둥들)보다 사망률이 더 높다는 점이다. 각 도시는 소득 불평등에 따라서 가로축을 중심으로 네 개의 집단으로 분류되어 있다. 여기서 가장 불평등한 사회는 왼쪽에 배치되고, 가장 평등한 사회는 가로축의 오른쪽에 배치된다. 사망률이 가장 높은 기둥(왼쪽 뒤)과 가장 낮은 기둥(오른쪽 앞)의 차이는 1995년에 폐암, 당뇨병, 거리 사망, 인체 면역 결핍 바이러스HIV 감염, 자살, 살인으로 인한 생명의 손실분과 동일했다. 소득 불평등과 사망률의 관계는 미국의 도시들만이 아니라 텍사스 주(Franzini, Ribble, and Spears 2001)나 노스캐롤라이나 주(Brodish, Massing, and Tyroler 200)의 카운티에서도 발견되었다. 하지만 우편 번호가 같은 지역들과 센서스 트랙3을 대상으로 한 분석에서는 혼선된 결과가 나왔다(Fang et al. 1999; Gorey 1994; Soobader and LeClere 1999). 불평등과 사망률의 관계는 좁은 지역을 기준으로 측정할 때에는 잘 나타나지 않기 때문이다. 소득 불평등과 사망률의 관계는 국가, 주, 그리고 도시처럼 큰 지역을 기준으로 할 때 가장 뚜렷하게 나타난다. 카운티를 비교 대상으로 했을 때는 이런 경향이 다소 약화되며, 센서스 트랙과 같이 더 좁은 지역을 단위로 했을 때에는 어떤 관계도 발견할 수 없는 경우가 많다. 그 이유에 대해서는 뒤에 다시 말할 것이다.

    낸시 로스와 짐 던Jim Dunn은 미국과 캐나다 외에도 서로 비교할 만한

---

3 **센서스 트랙**(census track)은 주, 도시, 카운티와 같은 행정적 구분과 달리 인구조사(census)를 통해 지리적·경계·사회문화적 특성을 반영한 지역 구분을 말한다. 센서스 트랙의 인구 규모는 보통 3,000명에서 6,000명 사이며, 평균 인구 수는 4,000명 정도다.

자료가 있는 미국, 영국, 스웨덴, 캐나다, 오스트레일리아의 528개 도시들을 조사했다. 〈그림 4-3〉처럼 상대적으로 불평등한 사회에서 사망률이 높게 나타나는 경향이 두드러져 보인다. 이런 관계는 건강 수준이 가장 낮고 불평등이 가장 심한 미국의 도시들로부터, 스웨덴과 오스트레일리아처럼 건강 수준이 가장 높고 가장 평등한 도시들에 이르기까지 모든 도시에 걸쳐 매우 일관되게 나타났다. 오스트레일리아의 도시들은 전반적으로 소득 불평등의 수준이 낮다. 덕분에 매우 낮은 사망률을 기록하고 있다. 그러나 앞에서 언급한 캐나다의 사례와 비슷하게 불평등이라는 변수만으로 오스트레일리아 내부의 어떤 도시들이 다른 도시들보다 건강 수준이 높은 이유를 설명할 수는 없었다. 하지만 영국 도시들에서와 마찬가지로 미국 도시들은 그들만 따로 떼어서 살펴봐도 불평등 수준에 따라 사망률 수준이 순차적으로 달라졌다.4 이 연구와는 다른 방법과 자료를 가지고 진행된 두 건의 연구에서도, 영국의 370개 행정 구역에서 소득 불평

---

4 캐나다와 오스트레일리아의 몇몇 도시에서는 소득 불평등과 사망률의 관계가 발견되지 않거나 역의 관계를 보인다. 그 이유는 총소득이, 실제로 시민들이 시장에서 경험하는 혹독한 소득 격차이자 건강에 가장 지대한 영향을 미치는 시장 소득(임금·금융소득)과는 다소 차이가 있기 때문이다. 캐나다와 오스트레일리아는 원칙적으로 시장자본주의 경쟁체제를 따르기 때문에 시장 소득 격차가 크게 벌어지기도 한다. 하지만 이와 함께 복지 국가를 표방하고 있기 때문에 시장 소득 격차를 사회적 안전망을 통해 부분적으로 보완하기도 한다. 이 때문에 총소득 불평등과 시장 소득 불평등에 차이가 발생하는 도시들이 발견되는 것이다. 반면 스웨덴의 경우는 이런 이례적인 사례가 포착되지 않는다. 그 이유는 강력한 사회 민주주의 복지 국가를 지향하는 스웨덴은 복지 급여뿐 아니라 시장에서의 임금 협상을 통해서 적극적이고 일차적인 소득 분배를 달성하는 것을 목표로 하고 있기 때문이다. 따라서 시장 소득 불평등과 총소득 불평등의 경향이 유사하며 둘의 격차는 다른 복지 자본주의 국가들보다 작게 나타난다. 이는 복지 정책이 미약해서 역설적으로 총소득 불평등과 시장 소득 불평등에 일관성이 유지되고 있는 미국의 사례와 비교했을 때 현상은 같지만 그 내용은 본질적으로 다르다.

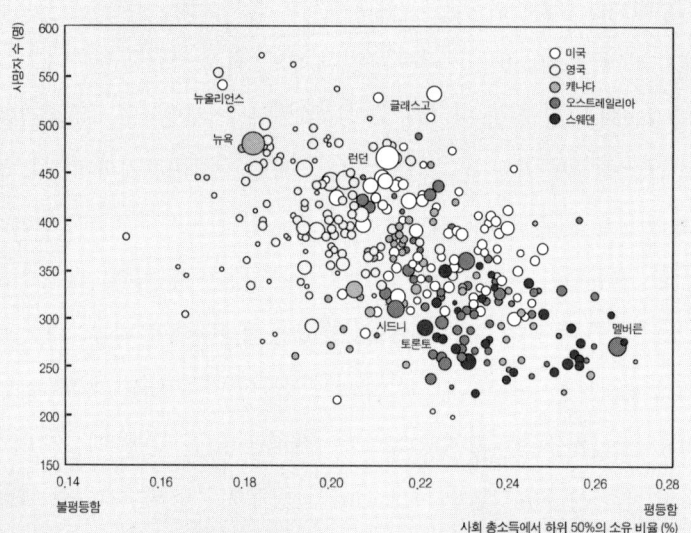

그림4-3 소득 불평등과 사망률의 관계 (대상: 5개 국가 528개 도시, 노동 가능 연령대 남성)

이 도표는 소득 격차가 작은 도시에서 사망률이 낮은 경향이 있음을 보여준다. 여기서 사용된 소득 분배의 측정법은 하위 50%의 소득이 사회의 총소득에서 차지하는 비율이었다. 따라서 가로축 오른쪽에 있는 도시들이 상대적으로 평등한 사회이다. 가장 불평등한 사회의 극단에는 미국 뉴올리언스가 있고, 그 반대의 극단에는 오스트레일리아 멜버른이 있다.

자료: N. Ross, D. Dorling, J. R. Dunn, G. Hendricksson, J. Glover, and J. Lynch, "Metropolitan Income Inequality and Working Age Mortality: A Five Country Analysis Using Comparable Data," *Journal of Urban Health*. 낸시 로스가 제공한 자료를 이용해 그림.

등과 사망률의 연관관계가 드러났다(Ben-Shlomo, White, and Marmot 1996; Stanistreet, Scott-Samuel, and Bellis 1999).

덧붙여 서구의 시장 민주주의 사회에서는 불평등이 비만에도 영향을 미치는 것으로 나타났으며(Pickett et al. 근간) 이탈리아의 20개 지역을 대상으로 한 최근 연구에서도 소득 불평등 수준과 평균 기대 수명에는 긴밀한 관계가 있었다(de Vogli et al. 2004).

개발도상국

부자 나라와 가난한 나라의 자료를 분석한 연구들은 특히 영아 사망률에 조사의 초점을 맞추었다. 로버트 월드만Robert Waldmann은 1인당 GNP를 통제하고 나면 불평등이 심한 나라일수록 영아 사망률이 높다는 결과를 발표했다(Waldmann 1992). 그는 1970년경 70개국에서 수집한 세계은행의 자료를 이용해서 이런 사실을 밝혀냈다. 헤일즈S. Hales와 그 동료들은 부국과 빈국의 최신 자료를 가지고 이 결론을 다시 검증했다(Hales et al. 1999). 〈그림 4-4〉는 이들의 연구에서 재인용한 것이다. 이 그림은 경제 발전 수준에 상관없이 평등한 나라일수록 영아 사망률이 낮아지는 경향을 보여 준다. 이 도표를 보면 우리가 상상할 수 있듯이 가난한 나라에서는 1인당 GNP가 증가할수록 영아 사망률도 빠르게 내려간다. 그러나 부유한 사회에서는 GNP가 증가해도 영아 사망률의 변화는 완만하다. 이미 어느 수준 이상으로 잘사는 국가들에서는 경제 성장 수준이 조금 더 높아졌다고 해서 영아 사망률이 크게 변하지 않는다.

로저스G. B. Rodgers의 연구는 불평등과 건강에 관한 연구들 중 가장 초기에 이뤄졌다. 이 연구에서 그는 부국과 빈국을 포함한 모든 국가에서 불평등과 사망률이 연관되어 있다는 사실을 발견했다(Rodgers 1979).

남아메리카의 여러 국가에서 1인당 GDP 수준을 통제하고 불평등과

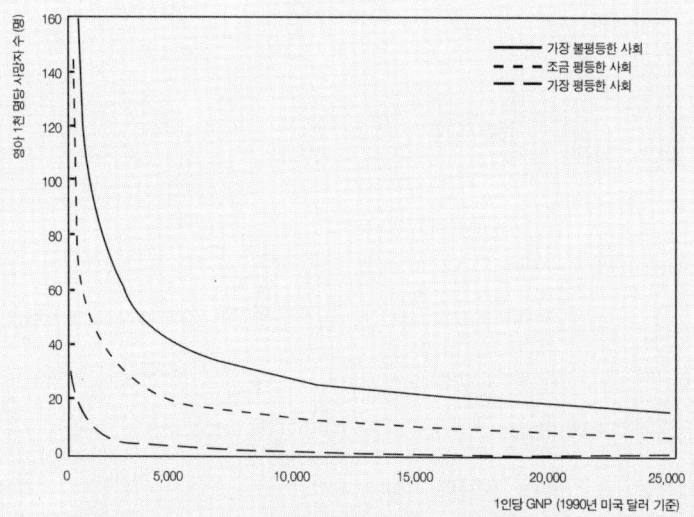

그림4-4 국내 영아 사망률, 1인당 국민총생산, 그리고 소득 분배의 관계

이 도표는 가난한 국가와 부유한 국가 모두에서 수집한 전국적 자료를 기반으로 한 것이다. 이 도표는 가난한 국가의 경제가 성장할수록 영아 사망률이 급격하게 떨어지는 경향을 보여 준다. 하지만 경제 성장이 계속되면 사망률의 급락 추이는 서서히 완화된다. 최상위의 곡선에서 볼 수 있듯이, 가장 불평등한 사회의 영아 사망률은 경제 성장 수준이 어느 정도이든 다른 국가보다도 영아 사망률이 높은 경향이 있다. 중간 곡선은 이보다 조금 평등한 사회의 영아 사망률을, 가장 아래 곡선은 가장 평등한 사회의 영아 사망률을 나타낸다.

자료: S. Hales, P. Howden-Chapman, C. Salmond, A. Woodward, and J. Mackenbach, "National Infant Mortality Rates in Relation to Gross National Product and Distribution of Income," *Lancet* 354 (1999): 2,047. Elsevier의 허가하에 다시 그림.

영아 사망률의 관계만을 조사한 연구도 있다(Casas and Dachs 1998). 칠레에서 수집한 자료를 분석한 결과, 상대적으로 소득불평등이 심한 지역에 사는 사람들이 자신의 건강이 더 나쁘다고 느끼고 있었다(Subramanina et al. 2002). 브라질의 연방구에서 학령기 아동의 치아를 조사한 연구에서는 이가 썩거나 빠지는 경우가 소득불평등이 큰 지역의 아이들에게서 더 흔하게 나타났다(Pattussi et al. 2001).

공산주의 그리고 탈공산주의로의 전환

공산주의 국가들의 사례는 불평등과 건강의 연관관계에 대한 매우 흥미로운 시각을 제공한다. 한때 상당수의 공산주의 국가들은 그들이 이룩한 높은 건강 수준으로 주목을 받았다. 그러나 이런 성공은 1989년 공산주의 체제가 몰락하기 이전부터 조금씩 빛이 바래기 시작했다. 공산주의 국가들에서 도대체 무슨 일들이 일어났던 것일까? 우리는 이를 밝혀냄으로써 공산주의 국가들이 경험했던 변화의 상당 부분을 이해할 수 있게 될 것이다.

노벨경제학상 수상자 아마티야 센Amartya Sen은 1977년에 1인당 GNP가 3,000달러 이하인 100여 개 국가의 사료를 세계은행을 통해 수집했다(Sen 1981). 그는 1960년에 각 국가의 기대 수명이 80세에서 어느 정도 모자랐는지, 그리고 1977년에 그 간극은 어느 정도로 줄었는지 추적했다. 기대 수명이 시간에 따라 개선된 정도를 살펴보고자 했던 것이다. 센은 공산주의 정부가 정권을 잡았던 10개국 가운데 9개국이 기대 수명의 개선에서 최상위 25%에 들었다는 사실을 발견했다. 1인당 GNP가 1,000달러 미만인 20개의 최빈국만을 대상으로 했을 때도 마찬가지였다. 20개 국가 가운데 건강 수준이 최고로 높았던 8개 국가가 모두 공산주의 국가들이었다. 센은 이 연구에서 다음과 같이 말했다. "의심할 것도 없이 특정한 지표들에서 공산주의 국가들은 타의 추종을 불허한다"(Sen 1981, 294). 센의 연구에서 공산주의 국가 다음으로 성과가 좋은 집단은 "대만, 대한민국, 홍콩, 싱가포르처럼 고도성장을 거듭한 초기 자본주의 국가들"(Sen 1981, 294)이었다. 흥미롭게도, 이후에 발간된 세계은행 보고서는 이들 초기 자본주의 국가에서 1960년대부터 1980년대 사이에 임금 격차가 모두 줄어들었다는 사실을 언급하고 있다(World Bank 1993). 이런 점에서 센의 다음 주장은 주목할 만하다. 공산주의 국가와 초기 자본주의 국가는 겉보기에 "정치 체계와 경제 전략이 상당히 다르다." 하지만 소득 불평등을 개선하고 빈곤을 줄이려는 노력을 기준으로 보았을 때, 이 국가들은 "많은 공통점을 가지고 있다"(Sen 1981, 311). 센은 소득 분배나 빈곤율의 감소가 건강 수준을 높이는 효과에 주목했던 것이다. 또한 그는 스리랑카가 소득 분배 없이 경제 성장만으로 현재의 건강 수준에 이르려면, 스리랑카의 1인당 GNP가 현 GNP의 20배는 되어야 했을 것이라고 예측했다.

1960년대 후반까지만 해도, 중동부 유럽의 공산주의 국가들의 평균 기대 수명은 이들보다 훨씬 잘사는 몇몇 서유럽 국가들보다도 높았다. 기대 수명에서 동독은 서독을 저만치 추월해 있었고, 헝가리나 불가리아 같은 나라들도 기대 수명이 상당히 높았다. 공산주의 국가들의 기대 수명이 높게 나타난 이유는 이 국가들이 매우 평등했기 때문이다. 아담 스위프트 Adam Swfit는 동유럽 사회의 계급 체계에 공산주의 이데올로기가 미친 영향을 다음과 같이 서술하고 있다.

> 육체노동에 대한 이데올로기적인 찬미는 …… 동유럽의 [사회적] 계층 체계의 두드러진 특성이다. 이런 특징은 지금도 유효하다. 사회의 공식적 이데올로기 안에 스며들

어 있는 마르크스주의는 …… 육체노동이 어떤 노동보다도 높은 대우를 받게 만들었다. 이때 비육체노동은 열등한 취급을 받는다. 이 사회에서 이루어지는 육체노동에 대한 찬양은 서유럽과는 완전히 다른 독특한 위신 체계로 구현되었다. 많은 연구에서, 동유럽에서 육체노동과 비육체노동을 구분하는 위신 체계가 다른 나라의 일반적 유형과 다르다는 점을 지적한다. 광부, 청소부, 여성, 비숙련 건설 노동자들은 국제적인 평균 수치를 훨씬 웃도는 대우를 받고 있다. 반대로 정부 각료, 회계사, 사무직 노동자, 변호사들은 국제적 평균보다 상당히 낮은 취급을 받았다(Swift 1995, 274).

만약 (구할 수 없는) 자료들에 접근할 수 있었다면, 1960년대 후반까지 동유럽의 건강 수준이 높았던 이유는 사회적 지위의 격차가 완만했기 때문이었다는 사실을 발견할 수 있었을 것이다. 하지만 1970년대부터 기대 수명은 더 이상 개선되지 않았다. 1970년대 이후 서유럽에서는 건강 수준이 괄목할 만큼 개선된 반면, 같은 시기에 동유럽의 거의 모든 공산주의 국가들에서 수명이 감소했다(Hertzman, Kelly, and Bobak 1996). 그리고 1980년대 후반에 이르면 서유럽 국가들의 기대 수명은 어떤 동유럽 국가들보다도 높은 수치를 기록하게 된다.

무엇이 변했기 때문일까? 왜 상당수의 동유럽 국가들이 1960년대 후반까지는 서유럽 국가들을 앞지르다가 그 뒤로 성장을 멈추었을까? 어째서 이들은 1980년대 이후부터는 서유럽 국가들의 꽁무니를 쫓아다니는 신세로 전락한 것일까? 이에 대한 해답은 매우 흥미롭고 우리의 주장과도 맞아떨어진다. 1960년대 후반, 동유럽 사회에 시장화 바람이 거세게 불어 닥치면서 개인에게 경제적 인센티브를 주는 제도가 도입되었다. 다음 두 연구는 동유럽의 건강 수준이 나빠진 이유가 바로 이런 사회학적 변화 때문이라는 사실을 보여 준다. 첫째, 클라이드 헤르츠만Clyde Hertzman은 대기 오염이나 의료 기술과 같은 물리적 요인으로는 동유럽의 평균 수명이 후퇴한 이유를 설명할 수 없었다고 말했다(Hertzman 1996). 둘째, 가장 충격적인 것은 기혼자와 비혼자의 건강 추세에 뚜렷한 차이가 있다는 점이다. 일반적으로도 비혼자들은 기혼자들에 비해 수명이 짧다. 그러나 1970년대부터 1980년대에 이르는 기간에 동유럽에서 사망률 추세가 역전되기 시작했던 이유는 무엇보다도 비혼자들의 건강이 특히 나빠졌기 때문이었다. 이 기간에 비혼자와 기혼자의 건강 격차는 급격하게 확대되었다(Hajdu, Mckee, and Bojan 1995; Watson 1996). 사실 기혼자들의 평균 수명은 이 기간에도 거의 변하지 않았다. 동유럽에서 전체 평균 수명을 떨어뜨린 요인은 비혼자들이었던 것이다.

미하일 고르바초프Mikhail Gorbachev의 연설은 당시의 상황을 가장 잘 묘사하고 있는 것으로 보인다. 그가 소련 대통령으로 취임했을 때, 그리고 집권 후반기에 이르렀을 때조차도 그는 소련 체제가 개혁될 수 있다고 믿었다. 1987년 1월 27일 『가디언』*The Guardian*에는 고르바초프가 소비에트 공산당 중앙위원회에서 했던 연설이 실렸다(87/02/02).

> [고르바초프는—옮긴이] 사회적 도덕적 헌신을 일신하자고 당에 강력히 호소했다. 그는 "경제에, 그리고 사회적·정신적인 영역에 심각한 영향을 미치는" 문제를 언급하면서, 당을 다음과 같이 비판했다. "권위주의적인 평가와 의견이 확고부동한 진리가 되면서 …… 활발한 토론과 창조적인 사상들은 사라졌고 …… 지난 경제 개발 5개년 계획들의 사회적 목표들이 희석되었으며 사회적인 문제에 대한 사람들의 관심이 줄어들고 있다. …… 과거 몇 년 동안 나타난 부패로 말미암아 사회의 사기는 꺾여 버렸다. 이는 우리 인민들의 특징이었던 고귀한 도덕적 가치를 침식시키고 있다. …… 사회 문제에 대한 관심은 점차 자취를 감추었고, 무관심과 냉소주의가 팽배해졌다.

어떤 일이 있어도 삶의 궁극적인 목표는 결혼 생활의 행복이자 이득이라고 생각하는 계층이 증가하고 있다. 이들 가운데 상당수는 젊은이들이다. 이들의 냉소적인 태도는 점차 공격적인 행태를 띠기 시작했다. 냉소주의가 그들의 심성을 오염시켰고 소비주의의 물결을 몰고 왔다. 알코올, 약물 남용, 그리고 범죄가 증가하는 이유는 사회적 도덕관이 쇠퇴했기 때문이다. 위법, 왜곡된 보도, 뇌물 수수, 사대주의와 아첨은 사회의 도덕적 기풍을 악화시키고 있다. 인민에 대한, 인민의 생활과 노동에 대한, 그리고 사회적 복지에 대한 진정한 관심은 정치적 유희들—각종 상장과 직함, 포상의 대량 유포—로 대체되었다.

우리는 동유럽이 위와 같은 상황에 직면한 이유를 공공성과 사회적 자본이 쇠퇴했기 때문으로 생각한다. 이것은 소비에트 연방이 동유럽 각국에 자본주의적 경제 개혁을 강제한 결과일지도 모른다. 이렇게 생각하는 이유는 단지 동유럽의 사회적 쇠퇴와 경제 개혁의 시기가 시간적으로 일치하고 있기 때문만은 아니다. 알바니아의 독특한 사례도 이런 가설을 뒷받침한다. 동유럽 국가 가운데 1970년대부터 1980년대 기간에 평균 기대수명이 꾸준히 증가했던 나라는 오직 알바니아뿐이었다. 알바니아는 소비에트 연방의 '수정주의'보다는 중국의 모택동주의를 추종했다. 따라서 동유럽에서 유일하게 개인별 경제 인센티브 제도를 도입하지 않았다. 물론 아마 지금은 이런 가설을 완벽하게 검증하기는 어려울 것이다.

사람들은 이 기간에 동유럽에서 발생했던 사회의 '원자화'나 '사회적 삶의 사사화私事化'에 대해서 언급했다(Tarkowska and Tarkowski 1991). 이때는 공산주의 국가들이 이상주의적 좌표를 상실하고, 관료들은 사회에 관심을 기울이지 않은 채 자기의 이익만 추구하면서 소비에트 지배 체제의 하수인으로 전락한 시기였다. 그 당시 폭력과 알코올 소비도 급격히 증

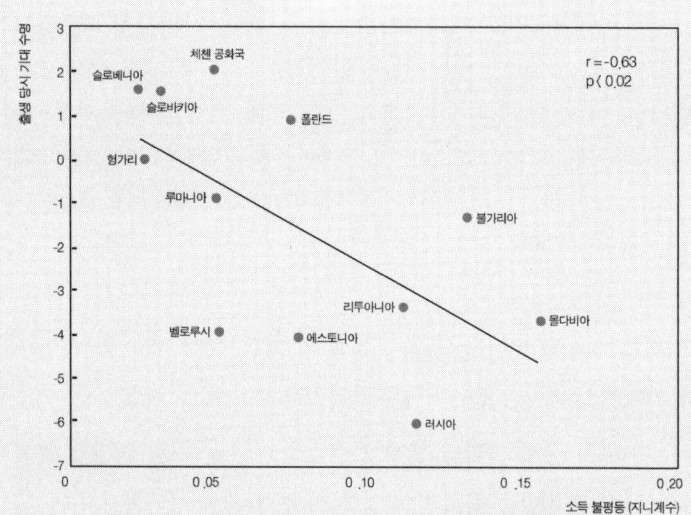

그림4-5 소득 분배와 기대 수명의 변화 (대상: 중동부 유럽 국가, 1989~1995년)

1989년 이후 경제적 붕괴가 지속되면서, 중동부 유럽의 탈공산주의 국가 내부에서의 소득 격차가 심각하게 벌어지기 시작했다. 이 도표는 기대 수명의 변화(보통 단축)가 1989~1995년 사이의 소득 격차의 증가와 어떤 관련이 있는지를 보여 준다. 오른쪽 아래에 위치한 국가에서는 불평등이 심각해지고 기대 수명이 급격히 단축됐다.

자료: M. Marmot and M. Bobak, "International Comparator and Poverty and Health in Europe," *British Medical Journal* 321 (2000): 1,124-28. British Medical Journal 허가하에 재인용.

가했는데, 이는 이 국가들의 사회 조직이 퇴행하고 있다는 경고의 신호를 보내는 것 같았다.

    1980년대부터 1990년대에 걸쳐 동유럽 정권들은 대중적인 저항의 파고에 부딪혀 붕괴했고, 고르바초프의 개혁도 실패로 돌아갔다. 동유럽 국가들은 시장 경제 체제로의 뼈아픈 전환을 받아들일 수밖에 없었다. 이 기간에 지속적으로 나타났던 경제적·사회적·정치적 공황은 끔찍한 결과를 낳았다. 사망률은 치솟았고 기대 수명은 급격히 떨어졌다. 당시 급격히 심해진 소득 불평등은 사회적 붕괴, 폭리의 추구와 실업률의 폭증이 얼마나 심각했는지 잘 보여 준다. 1993년 동유럽 국가들의 사망률은 이 국가들의 소득 불평등과 관련이 있어 보인다(Davey Smith and Egger 1996). 〈그림 4-5〉에서 확인할 수 있듯이, 1989년에서 1995년 사이에 기대 수명의 추이는 같은 시기 소득 분배의 추이와 상당히 밀접한 관련(r=−0.63)이 있었다(Marmot and Bobak 2000). 확실히 불평등이 증가할수록 기대 수명도 점차 줄어들었던 것이다.

이런 추이는 러시아 연방에서도 비슷하게 나타난다. 1990년에서 1994년까지 러시아 연방 88개 지역의 기대 수명 추이를 분석한 결과에 따르면, 절대 빈곤율이 제일 높은 지역뿐만 아니라 소득 불평등이 가장 심한 지역에서도 사망률이 급격히 증가했다(Walberg et al. 1998). 이 연구의 저자들은 이 시기에 기대 수명이 감소했던 가장 결정적인 이유는 사회 통합이 쇠퇴하고 소득 불평등이 증가했기 때문이라고 지적했다. 그리고 다음과 같이 결론을 내렸다. "이 연구 결과는 건강, 불평등, 사회 통합 사이에 복잡한 연관관계가 있다는 주장을 지지한다"(Walberg et al. 1998, 317).

난제와 변칙들

지금까지 소득 불평등이 심화되면 사망률이 높아진다는 사실을 다양한 사례를 들어 살펴보았다. 하지만 이런 경향에 반하는 자료도 간혹 있

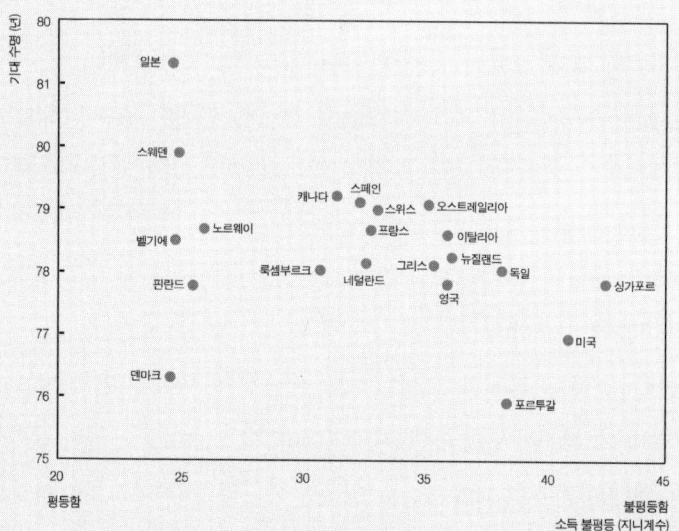

그림4-6 기대 수명과 소득 불평등 (대상: 가장 부유한 국가 21개국)

부유한 국가에서 불평등이 급격하게 심화하면서, 한때 존재했다가 사라졌던 소득 분배와 기대 수명의 관계가 다시 등장했다. 불평등한 국가(오른쪽)일수록 기대 수명이 더 짧은 경향이 있다. 1인당 GNP라는 변수를 통제하고 인구 규모에 따라 가중치를 부여했을 때, 상관계수는 r=-0.86으로 매우 높다.

자료: R. de Vogli, R. Mistry, R. Snesotto, and G. A. Cornia, "Income Inequality and Life Expectancy: Evidence from Italy," *Journal of Epidemiology and Community Health* (2004). 로버트 드 보글리가 제공한 자료를 이용해 그림.

다. 심지어 부유한 선진국들에서도 소득 불평등과 기대 수명에는 아무런 관계가 없다는 결론을 내린 연구들도 있다. 나와 동료 연구자들은 선진국의 사례를 통해 처음으로 건강과 불평등이 연관이 있다는 사실을 깨닫게 되었다. 때문에 이에 반하는 연구 결과를 보았을 때 무척 당혹스러웠다. 1992년에 나는 선진국의 세 가지 데이터 세트를 이용한 연구에서 기대 수명과 소득 불평등 사이에는 분명한 연관관계가 있다는 결과를 얻었다

(Wilkinson 1992). 다른 연구자들도 부유한 국가에서 기대 수명과 소득 불평등의 관계를 증명해 왔다(Le Grand 1987; Wennemo 1993). 어떤 경우에는 그 연관관계가 너무나 강력해서 오히려 그런 자료를 예외로 분류해야 했을 정도다(Wennemo 1993; Wilkinson 1994). 사실 내 연구를 포함한 위의 연구들은 모두 1970년대부터 1980년대까지의 자료를 사용한 분석이다. 하지만 그 이후 부유한 국가들을 대상으로 한 국제적 분석들은 영아 사망률을 제외하고는 기대 수명과 소득 불평등의 관계가 전반적으로 사라졌다고 말하고 있다. 특히 사망률과 소득 불평등의 연관성은 노인층에서는 점차 약화되었으며 오히려 간혹 기존의 연구 결과와는 반대 방향으로 나타나기도 했다(Lobmayer and Wilkinson 2000). 하지만 최근 들어 부유한 국가들에서 소득 불평등과 기대 수명의 관계가 다시 확인되고 점차 부각되기 시작했다. <그림 4-6>은 로베르토 드 보글리Roberto de Vogli와 그 동료들이 21세기에 수집한 자료를 분석한 논문에서 인용한 도표다(Vogli et al. 2004).

왜 기대 수명과 소득 불평등의 상관관계가 일정 기간 자취를 감추었다가 다시 나타나게 되었을까? 그 정확한 이유는 아직 알 수 없다. 소득 불평등이 심할수록 영아 사망률이 높아지는 경향은 어떤 기간에도 절대 변하지 않았다. 하지만 대부분의 사례들에서 노인층의 사망률은 소득 불평등이 심해졌다고 해서 쉽게 높아지지 않았다. 이곳에 일일이 나열하기 어려운 다양한 증거들은 노인층의 사망률이 청년층에서 발견할 수 있는 양상과는 반대로 움직인다는 사실을 보여 주고 있다. 노인층의 사망률이 전체 사회의 소득 불평등에 영향을 받지 않는 이유는 여러 차원에서 해석해 볼 수 있다. 먼저 이 시기에 많은 나라에서 연금 제도가 자리를 잡았다는 점이다. 따라서 상대적 빈곤이 노인층에서 어린 아동들이 있는 가정으로 옮겨가기 시작했다(Kangas and Palme 1998). 1980년대에서 1990년대 초반까지 노인층은 어찌 보면 사망률이 증가하게 되는 소득 불평등의 피해자가 아니라 수혜자에 속했던 것이다. 또 다른 해석은 당시에 혈압과 콜레스테롤 수치를 제어할 수 있는 의약품이 보급되기 시작했다는 점이다. 노인층의 사망률은 역사상 최초로 의료 기술에 의해 엄청나게 개선되었을 가능성이 크다. 만약 다른 나라들보다 특정한 나라에서 의료 기술이 먼저 도입되었다면, 소득 불평등과 같이 언뜻 봐서는 잘 알 수 없는 요인의 효과는 의료 기술에 가려져 잘 드러나지 않았을 것이다. 마지막으로 최근 선진국에서 사망 원인 가운데 가장 높은 비율을 차지하는 퇴행성 질환은 스트레스가 심하게 누적되면서 발생하는 병으로 알려져 있다. 따라서 퇴행성 질환으로 말미암은 노인층의 사망률은 최근의 소득 불평등 수준보다 과거에 누적된 소득 불평등의 수준을 반영한다. 이와 반대로 영아 사망률은 현재의 소득 불평등에 따라 쉽게 변화한다. 영아의 건강 수준이 동시대의 상황에 더 민감하기 때문이다. 그러나 소득 불평등이 건강에 미치는 충격이 왜 일시적으로 사라졌는지를 해석하는 것은 그리 중요하지 않은 것으로 보인다. 더 중요한 점은 1970년대에서 1980년대에 발견되었던 소득 불평등과 건강 수준의 상관관계가 (〈그림 4-6〉에서처럼) 최근의 자료들에서 다시 발견되기 시작했다는 것이다.

최근 들어 소득 불평등과 건강 지표들의 연관관계를 밝힌 실증적인 연구가 많이 발표되고 있다. 소득 불평등과 건강 지표들의 관계는 100분의 1이나 1,000분의 1의 빈도로 나타나는 우연한 현상이라고 치부하기에는 통계적으로 매우 일관성이 있다. 우리는 이 둘의 관계를 확증하는 결과를 수없이 봐 왔다. 그중 일부를 나열해 보면, 미국의 50개 주와 282개 거대

도시, 5개 선진국의 528개 도시, 영국과 캐나다의 도시, 러시아의 지역들, 칠레의 지방행정 구역들, 브라질, 대만, 이탈리아의 지역들을 조사한 연구에서도 건강과 불평등의 관계를 확인할 수 있었다. 국제적 자료를 분석한 경우에는 부국과 빈국에서 영아 사망률의 격차가 여러 번 발표되었다. 기대 수명과 연령 변수를 보정한 사망률을 기준으로 했을 때에도 마찬가지였다. 건강과 불평등의 관계는 서유럽 국가들이나 21개 선진국뿐만 아니라 동유럽 국가들에서 수집한 자료들에서도 모두 확인되었다.

우리가 앞에서 논했던 몇몇 연구들은 나라, 또는 지역에 따른 편차를 나타내는 횡단면적 관계보다는 시간에 따른 종단면적 변화에 주목하고 있다. 1990년에서 1994년까지 러시아의 여러 지역에서 나타난 사망률의 변화는 각 시기의 불평등의 정도와 연관되어 있었다(Walberg et al. 1998). 이보다 인상적인 시계열 연구는 〈그림 4-5〉에 잘 정리되어 있다. 이는 1989년부터 1995년 사이에 동유럽에서 소득 불평등과 기대 수명의 변화가 서로 어떤 관계가 있는지를 분석한 것이다(Marmot and Bobak 2000). 나는 유럽연합을 대상으로 1975년부터 1985년까지 10년에 걸쳐 **상대적** 빈곤과 사망률의 추이를 분석했고(〈그림 4-7〉참고), 이 둘 사이에 긴밀한 연관 관계가 있다는 사실을 발견했다(Wilkinson 1992). 그러나 미국에서 소득 불평등과 사망률의 변화 사이에 뚜렷한 상관관계는 발견할 수 없었다(Blakely et al. 2000). 하지만 적어도 불평등이 심한 주에서 사망률이 무척 느리게 개선된다는 사실은 확인할 수 있었다(Kaplan et al. 1996). 소득 불평등과 사망률은 계속 변화하고 있으며 나라마다 서로 다른 속도로 변화하고 있다는 사실을 전제하자. 여기에서 시계열적 변화와 국가별 변화 속도 사이에 일정한 상관성이 존재한다면, 나라 또는 지역에 따른 편차를 나타

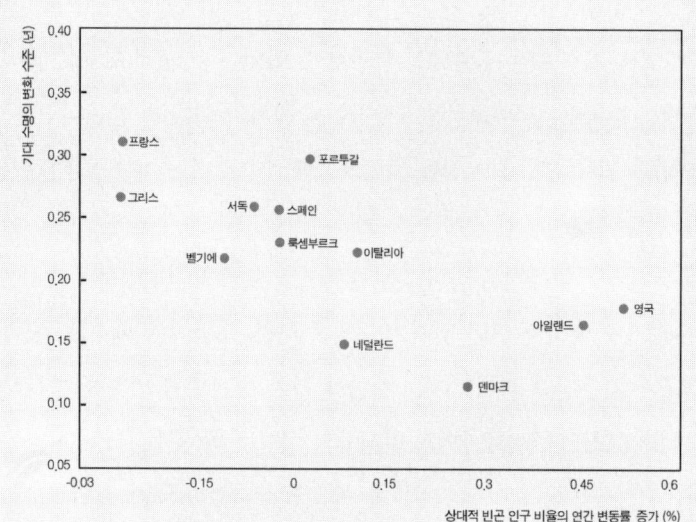

그림4-7 기대 수명의 변화와 상대적 빈곤의 추이의 관계 (대상: 12개 유럽 국가)

유럽연합 회원국 가운데 상대적 빈곤이 감소한 국가에서 기대 수명이 빠르게 증가했다(시계열 자료의 변화 때문에, 포르투갈의 수치는 조사 기간(1975~1985년)의 후반부에 해당하는 자료만을 사용했다).

자료: M. O'Higgins and S. P. Jenkins, "Poverty in the EC," R. Teekens and B. M. S. van Praag eds., Analysing Poverty in the European Community (Luxembourg: EUROSTAT, 1990).

내는 횡단면적 관계는 오직 긴 시간의 지평 위에 나타난다.

물론 과학은 관찰할 수 있는 반증이나 확증에만 기반을 두고 있는 것은 아닙니다. 과학에서 가장 중요한 부분은 지금까지 관찰된 적이 없었던 사실들을 정확하게 예측해 낼 수 있는 새로운 이론이다. 불평등과 건강이 서로 관련이 있다는 가설이 처음 제기된 이후부터, 지금까지 수행된 모든 연구들은 이 가설을 검증하기 위한 실험들이었다. 미국 50개 주를 대상으로 한 자료들은 그 이전에 이미 실행되었던 몇몇 국제적인 분석과는 상당히 다른 맥락에서 소득 불평등과 사망률이 서로 관련이 있다는 가설을 증명하기 위해 수집되었다. 영국 지방 행정 지역의 자료를 사용한 연구들도 이 가설을 검증하기 위해서 수행된 것이었다. 사실 나는 영국 지방 행정 자료를 분석한 이 연구들이 올바른 방식의 실험인지를 판정해달라는 부탁을 받았다. 두 경우 모두 소득 불평등과 건강의 연관관계를 검증하는 데 성공했다.

소득 분배와 건강이 관계가 있다면 틀림없이 두 변수를 연결하는 메커니즘이 있을 것이다. 우리는 여기서 소득 불평등이 심해지면 사회적 관계의 질이 나빠진다는 2장의 내용과 사회적 관계의 질이 나빠지면 건강이 악화된다는 3장의 내용을 다시 한번 떠올릴 필요가 있다. 이런 논의들은 소득 불평등과 건강의 관계를 성공적으로 부연해 주기 때문이다. 이를 논리적으로 연결해 보면, 사회적 관계의 질이 소득 불평등과 건강을 잇는 연결 고리라는 사실을 알 수 있다. 소득 불평등과 건강의 관계가 처음 주목받았을 때만 해도, 소득 불평등이 사회적 관계의 질에도 강력한 영향을 미친다는 사실은 보건 관련 연구자들에게는 잘 알려지지 않았다. 물론 불평등이 폭력을 부른다는 다소 가벼운 연구들이 진행된 적은 있다. 하지만 이 연구들의 대부분은 범죄학 학술지에 발표되었다. 따라서 당시 건강과 불평등에 대해서 고민하고 있던 보건 관련 연구자들에게 사회적 관계의 질은 생소한 영역이었다. 나는 1996년에 주로 상황적 증거들을 제시하면서 평등주의적인 사회가 사회적으로 더 통합적이라는 견해를 피력했다. 하지만 이 주장이 통계적으로 검증된 것은 가와치와 그 동료들이 미국의 50개 주에서 소득 불평등과 신뢰 수준이 어떤 관계가 있는지를 분석한 때부터이다(Kawachi et al. 1997). 이 연구는 소득 불평등이 심하면 신뢰 수준이 낮아지는 매우 강력한 경향(r=0.7)을 밝혀냈다. 이 연구는 소득 불평등이 사회적 환경의 질을 변화시키고, 이를 매개로 사망률에 영향을 미친다는 인과적 경로를 통계적으로 뒷받침해 주었다(소득 불평등과 신뢰 수준의 관계에 대한 측정 결과는 〈그림 2-1〉 참고). 다시 말해 소득 불평등이 건강을 악화시키는 경로는 거의 모두 사회적 관계의 질을 연결 고리로 해서 이루어진다.

사람들의 신뢰 수준만이 아니라 사회적 환경을 나타내는 다른 지표들도 사회적 관계의 질이 소득 불평등과 건강을 잇는 변수라는 사실을 보여준다. 한 사회의 불신이 어느 정도인지를 나타내는 지표 대신에 살인율을 사회적 환경의 질을 나타내는 지표로 사용하더라도 결과는 같았다(Wilkinson, Kawachi, and Kennedy 1998). 우리는 불평등한 사회에서 폭력 수준이 높게 나타나고, 폭력 수준이 높은 사회에서 다른 비폭력적인 원인으로 인한 사망률도 높게 나타난다는 사실을 증명하고자 했다. 폭력 수준이 높은 사회에서 폭력으로 인한 사망률도 높다는 순환 논법을 피하기 위해, 사망률을 측정할 때 폭력으로 인한 사망은 계산에 넣지 않았다. 이 연구에서도 가설은 적중했다. 불평등 때문에 폭력 수준이 높아진 사회적 환경에서는 다른 요인에 의한 사망률도 높게 나타났다(Wilkionson et al. 1998). 나는 로브마이어Peter Lobmayer와 함께 한 미발표 연구에서도 이와 같은 분석을 다시 시도해 보았다. 그 연구에서도 동일한 결과를 얻을 수 있었다. 우리는 잉글랜드의 카운티들에서도 물질적 빈곤에 따른 상대적 박탈감 때문에 사회가 붕괴하고, 이런 사회적 붕괴가 사망률을 높이는 메커니즘을 발견할 수 있었다.

윌슨M. Wilson과 댈리M. Daly는 미국 50개 주에서 살인율이 높아지면 다른 원인으로 인한 사망률도 높아진다(r=0.7)는 사실을 발견했다(Wilson and Daly 1997). 시카고의 77개 동네를 대상으로 했을 때에는 이 둘 사이에 더 강한 관계(r=0.9)가 발견되기도 했다. 변수들 사이의 관계를 조사하다 보면, 어떤 지역 단위에서는 변수들 사이의 관계가 발견되지만 다른 수준에서는 잘 발견되지 않는 일이 종종 있다. 하지만 이 둘의 관계는 동네 수준에서나 주州 수준에나 모두 긴밀한 것으로 나타났다. 이 사실은 우리의 연구가 인과적 진실에 매우 가깝다는 확신을 하게 해 주었다. 살인율과 불평등의 밀접한 관계를 보여 주는 2장의 사례들은 서로 다른 사회들 사이에서(혹은 미국의 주 사이에서), 불평등의 작은 차이가 사회적·행동적 영향을 미친다는 강력한 증거가 될 수 있다.

만약 이들의 관계가 단지 우연일 뿐이었다면, 우리는 인과적 경로를 발견할 수 없었을 것이다. 또한 만약 불평등과 사망률이 다른 잠재적 요소에 영향을 받아서 겉보기에 연관이 있는 것처럼 비친 것이었다면, 우리는 이들 사이를 연결하는 적절한 인과적 메커니즘을 발견할 수 없었을 것이다. 이런 메커니즘의 발견은 사회 환경이 건강에 영향을 미치는 강력한 과정을 다루는 데 있어 신뢰의 근거가 된다. 이 관계가 정확히 어떻게 작동하는지, 그리고 어떻게/왜 사회적 지배와 불평등이 사회성을 손상시키는지는 5장과 6장에서 자세히 설명하도록 하겠다. 우리는 친화적인 관계가 건강을 보호하며 낮은 사회적 지위는 건강에 해롭다는 것, 그리고 불평등한 사회일수록 덜 친화적이라는 것을 잘 알고 있기 때문에 불평등이 건강에 나쁜 영향을 미친다는 이야기는 그리 놀라운 것이 아니다.

이 장의 나머지 부분에서는 다소 기술적인 논쟁들을 다룬다. 그러니 그냥 지나쳐도 무방하다.

불평등이 측정된 지역의 규모가 미치는 효과

몇 년 전 세계적인 의학 잡지 『뉴잉글랜드 저널 오브 메디슨』*New England Journal of Medicine*에 한 유명한 논문이 실렸다. 이 논문에 따르면, 거의 대부분의 연령대에서 뉴욕 할렘의 사망률이 세계 최빈국에 속하는 방글라데시 농촌 지역의 사망률보다 높았다(McCord and Freeman 1990). 할렘에서 태어난 한 소년이 65세까지 살아 있을 확률이 방글라데시보다도 낮다는 말이다. 어떤 이들은 할렘의 사망률이 높은 가장 중요한 원인으로 약물이나 폭력을 꼽을지도 모른다. 실제로 그것 때문에 사망하는 비율이 높은 것도 사실이지만 가장 결정적인 원인은 심장병이었다. 서로 다른 상황에서 심장병으로 죽은 것처럼 보여도, 이들이 같은 병에 걸리게 된 데에는 공통적인 뿌리가 있음을 보여 준다.

사람들은 불평등이 사회적 비교를 하게 만들기 때문에 건강을 악화시키며 중요한 사회적 비교의 대상이 이웃이라고 생각한다. 이런 잘못된 추측은 수많은 연구자들이 좁은 지역의 불평등만을 관찰하도록 만들었다. 당연하게도 할렘에서 사망률이 높은 이유는 할렘 **내부의** 불평등 때문이 아니다. 할렘 주민들이 자신의 사회적 지위와 계급이 낮다는 사실을 깨닫고, 상대적 박탈감을 느끼게 되는 통로는 이웃과의 비교가 아니라 다른 지역과의 비교를 통해서다. 자신의 계급을 인식하게 하는 사회적 비교는 필연적으로 계급 간의 비교일 수밖에 없다. 이는 불평등의 정도를 측정하는 지역의 크기를 정할 때 꼭 염두에 두어야 할 사항이다. 불평등을 측정하는 지역 단위는 빈곤층과 부유층의 사회적 계층화를 반영할 수 있을 정도로 충분히 커야 한다. 계급을 드러내는 사회적 비교는 규모가 작고 사회적으로 동질적인 인근 지역 **안에서는** 뚜렷하게 나타나지 않으며, 사회 계급 사이에 이질성이 있어야 가능하다.

다양한 규모의 지역에서 자료를 수집한 미국의 연구들을 보면 매우 흥미로운 양상을 발견할 수 있다. 소득 불평등과 건강의 관계는 소득 불평등을 주나 도시처럼 큰 지역을 단위로 측정했을 때 가장 강하게 나타난다. 이때 소득 불평등이 심한 주나 도시일수록 평균적인 건강 수준이 낮았다. 반면 앞에서도 살펴보았듯이, 소득 수준이 다른 지역보다 높다고 해서 건강 수준도 반드시 높은 것은 아니었다. 하지만 센서스 트랙이나 우편 번호가 같은 지역처럼 좁은 지역을 관찰했을 때 결과는 완전히 반대로 나왔다. 작은 지역 단위 내부에서 발생하는 소득 불평등은 건강과 거의 관계가 없었으며, 오히려 지역 간 평균 소득의 차이가 밀접한 관계를 보였다. 카운티처럼 중간 크기의 지역 단위에서 발견한 유형은 위 두 경우의 중간에 해당했다. 건강 수준이 소득 수준에 따라 달라지는 것과 소득 격차에 따라 달라지는 것이 모두 중간 정도의 수준으로 이뤄졌다. 정리해 보면, 큰 규모에서 작은 규모로 분석 단위를 옮겨오면서, 지역 내부의 소득 불평등은 점차 덜 중요해지고 지역 간 평균 소득 수준의 차이가 점점 중요해진다.

이런 사실은 우리에게 무엇을 말해 주는가? 할렘의 사례를 생각해 보자. 할렘 내부의 소득 불평등은 이 지역이 다른 지역에 비해 가난하다는 사실을 보여 주지 못한다. 그러나 할렘의 평균 소득을 미국의 다른 지역과 비교해 본다면, 우리는 곧바로 미국 사회 전체보다 할렘이 상대적으로 가난하다는 것을 깨닫게 될 것이다. 따라서 다른 지역과 할렘의 소득 수준을 비교했을 때에야 할렘 주민들의 건강 수준이 다른 지역보다 왜 그렇게 나쁜지 이해할 수 있다. 그러나 할렘 주민들끼리의 소득 격차만을 비교해서는 이들의 건강이 왜 다른 지역의 주민들보다 나쁜지 설명할 수 없다.

사회적 지위는 그 나라 전체의 틀 내에서 결정되며, 국가 수준의 소득 불평등을 보면, 건강에 영향을 미치는 사회적 분열의 정도를 알 수 있다. 부유한 사람은 부유한 사람들끼리, 가난한 사람은 가난한 사람들끼리 모여 사는 경향이 있기 때문에 관찰하는 지역의 규모가 작아질수록 같은 계급의 사람들만 관찰하게 되는 것이다. 대부분의 도시에는 부유층이 사는 지역과 빈민층이 사는 지역이 따로 있다. 따라서 한동네에 사는 사람들 사이의 소득 불평등보다는, 이 지역들의 평균 소득 간 차이가 그들의 사회적 지위를 나타내는 지표로 더 가치가 있다.

우리가 큰 지역을 작은 단위들로 쪼갤수록 큰 지역 내 소득 불평등의 일부는, 더 작은 하위 지역 사이의 평균 소득의 차이로 전환된다. 단적으로 말해서, 거대한 지역은 가장 작은 단위, 가구^{household}로 쪼개질 수 있다. 이때 가장 넓은 지역에서 가구들 사이의 소득 불평등은 개별 가구의 평균 소득의 차이로 전환된다. 따라서 어떤 규모의 지역을 선택해 자료를 수집하는가에 따라 작은 지역 간의 소득 차이를 더 큰 지역 내 소득 불평등으로 간주할 수도 있고, 그 반대가 될 수도 있다.

이런 사실을 이처럼 자세하게 설명한 이유는 건강 수준의 격차를 가장 크게 유발하는 요인이 절대소득인지 아니면 소득 불평등인지를 파악하려는 연구논문들이 수없이 발표되고 있기 때문이다. 일반적으로 이 논문들은 풍부한 분석 사례를 제공하는 작은 단위의 자료들을 수집했다. 그리고 그들은 건강이 이런 지역들 내의 불평등과 밀접히 연관되어 있는지 아니면 이 지역들 사이의 평균 소득 차이와 연관되어 있는지를 비교했다. 그리곤 그들은, 놀랍도록 순진하게도, 지역 간 소득 차이는 부유한 지역과 가난한 지역 간의 상대적 차이에서 나타나는 효과가 아니라, **절대** 소득(건강에 직접적인 영향을 미치는 물질적 조건인) 정도에 따른 차이라고 단언했다. 그들은 소득 차이가 각 지역과 이보다 큰 사회 사이에서 나타나는 상대적 빈곤의 차이가 될 수 있다는 점을 간과함으로써, 작은 지역들의 평균 수입에서 나타나는 차이가 더 큰 지역들 내에서는 소득 불평등으로 전환될 수 있다는 점을 파악하지 못했다. 만약 좀 더 큰 지역을 선택했다면, 한때 절대적 생활수준의 결과로 간주되었던 것들이 신기하게도 불평등의 결과로 탈바꿈하게 되었을 것이다! 선진국을 대상으로 한 연구에서 평균 임금이나 1인당 GNP의 차이가 전체 주(州)나 국가들의 건강 수준과 별로 관계가 없는 것으로 드러났다는 사실은, 절대 소득이 건강을 결정하는 그리 중요한 요인이 아님을 보여 준다.

따라서 좁은 지역을 단위로 했을 때 얻었던 연구 결과들을 얼렁뚱땅 해석하며 넘기지 않고, 자료를 수집할 때 각 자료에서 불평등을 측정했던 지역 단위가 무엇이었는지를 고려해야 더 광범위한 지역에서 나타나는 소득 불평등과 사망률의 관계를 예측할 수 있다(Wilkinson 1997b). 더 광범위한 지역을 단위로 불평등을 측정했을 때, 불평등과 건강의 관계가 더 두드러지게 나타나기 때문이다. 이런 경향은 사망률만이 아니라 불평등과 살인율의 관계를 연구한 메타 분석에서도 (비록 명백히 설명되진 않았지만) 동일하게 나타났다(Hsieh and Pugh 1993). 이와 같은 유사성은 불평등과 건강의 관계, 그리고 불평등과 폭력의 관계가 실제로 같은 뿌리를 가지고 있으며, 비슷한 사회적 과정을 동반할 것이라는 우리의 가설에 신뢰를 더해 주었다.

소득의 상대적 격차가 문제다

〈그림 4-1〉은 미국이나 캐나다를 대상으로 불평등과 건강의 관계를 표시한 그림이다. 어떤 사람들은 그림에 나타난 각 주의 소득 격차가 사망률에 치명적인 타격을 가하기에는 너무 작다고 생각할지도 모른다. 수평축에 기록된 불평등의 측정치는 해당 지역의 총소득 가운데 하위 50%가 차지하는 소득의 비율이다. 가장 불평등이 심한 미국의 주에서는 총소득 중 하위 50%가 차지하는 소득이 18%였고, 캐나다의 가장 평등한 주에서는 24%였다. 이 6%의 차이는 사망률에 심각한 충격을 가하기에는 너무 작아 보인다. 어떻게 해서 전체 인구 가운데 하위 50%가 가진 소득 비율이 다른 지역보다 6% 정도 적거나 많다는 이유만으로 건강에 이렇게 커다란 충격을 줄 수 있단 말인가?

만약 문제가 되는 소득 불평등의 격차를 절대 소득의 차원에서 생각한다면 이런 의심은 타당해 보인다. 하지만 건강에 영향을 미치는 소득 격차는 절대 소득이 아니라 상대 소득이다. 〈그림 4-1〉에서 나타났던 6%의 차이를 상대 소득의 관점에서 관찰해 보도록 하자. 〈표 4-1〉처럼 소득 불평등의 수준이 서로 다른 두 사회가 있다고 치자. 한 사회는 전체 인구 중 하위 50%가 소유한 소득이 총소득의 18%밖에 되지 않는 불평등한 사회이다. 그리고 다른 한 사회는 하위 50%가 총소득의 24%를 소유하고 있는 더 평등한 사회이다. 바꾸어 말하면 각 사회에서 상위 50%는 해당 사회의 총소득 중 각각 82%와 76%를 차지하고 있다. 논리적인 주장을 위해 다음과 같은 계산을 해 보자. 만약 각 사회의 하위 50%가 자신의 지위를 상위 50%와의 관계 속에서 상대적으로 인식한다고 하자. 그러면 불평등한 사

표4-1 상위 50%와 하위 50%가 차지하는 총소득의 양에 대한 사례
(대상: 상대적으로 불평등한 사회와 평등한 사회)

	하위 50%가 차지하는 총소득의 비율 (A)	상위 50%가 차지하는 총소득의 비율 (B)	A/B (B에 대한 A의 비율)
더 불공평한 사회	18%	82%	22%
더 공평한 사회	24%	76%	32%

회의 경우 하위 50%가 감지하는 소득은 상위 50%의 소득의 22%(=18/82)가 될 것이다. 마찬가지로, 공평한 사회에서 하위 50%가 감지하는 소득은 상위 50%인 사람들이 가진 소득의 32%(=24/76)에 해당한다. 즉 불평등한 사회에서 가난한 50%의 사람들은 사회적 비교 대상이 되는 상류층 소득의 22%만을 가져갈 뿐이다. 한편 공평한 사회에서 하위 50%는 상위계층 소득의 32%를 가져간다. 상대적인 맥락에서 보면, 더 평등한 사회에서 살아가는 하위 50%는 불평등한 사회에서 사는 하위 50%의 사람들보다 평균적으로 거의 45%(=32/22)나 더 잘사는 것처럼 느낄 수 있다.

만약 사회에서 자신의 소득이나 지위를 판단하는 기준이 전체 인구의 상위 50%에 의해 상대적으로 정해진다고 해 보자. 이때 평등한 사회에서 하위 50%에 해당하는 사람들의 평균 임금과 불평등한 사회의 하위 50%를 비교했을 때 그들의 차이가 45%나 벌어지게 된다. 다시 말해 절대 소득의 할당 비율 격차는 6%로 매우 작지만, 이를 상대 소득 개념으로 변환한다면 그 격차는 45%로 벌어진다. 만약 하위 50%가 얻는 소득의 격차가 18%에서 26%까지 벌어져 있는 〈그림 4-3〉을 가지고 이와 같은 계산을 한다고 치자. 그렇다면 두 사회에서 하위 50%의 상대 소득의 격차는 60%

4장 · 건강과 불평등 155

로 벌어지게 된다. 절대 소득의 격차는 건강에 충격을 주기에는 너무 작은 격차로 보인다. 하지만 이를 전체 인구의 하위 50%가 갖게 되는 '상대' 소득의 격차로 바꾸어 계산해 보면 그 차이는 엄청나다. 이런 논리는 건강 불평등을 절대 소득이나 생활수준이 아니라 상대 소득이나 불평등의 맥락에서 연구할 필요가 있다는 추가적인 근거이기도 하다.

다른 해석들

사람들은 상대적으로 평등한 국가가 건강 수준이 높은 경향에 대해서 나름의 해석들을 내놓는다. 예를 들어, 어떤 이들은 한 사회의 소득 불평등은 그 사회의 인종 차별이나 교육 수준의 격차 때문에 나타나며, 이것이 건강 수준을 떨어뜨리는 요인이라고 주장한다. 그러나 이런 설명은 적어도 두 가지 한계를 가진다. 첫째, 이 가설은 한 인종으로 이루어진 사회나 인종 차별과 소득 격차가 일치하지 않는 나머지 사례들에서 왜 구성원들끼리 건강 격차가 벌어지는지를 설명하지 못한다. 둘째, 인과적 과정을 기준으로 했을 때에도 이 가설은 허술하다. 이 가설은 불평등이 어떻게 건강 격차를 만들어 내는지에 대한 대답은 주지 못한 채, 다시 인종 차별이나 학력이 어떻게 건강 수준을 낮추는지에 대한 또 다른 질문만을 더해 줄 뿐이다.

하지만 우리가 주목할 만한 견해도 있다. 이는 첫 번째 가설과 달리 어느 정도 설득력도 있고, 더 많은 사례에 적용할 수 있다. 만약 부자보다는 가난한 사람이 작은 소득 증가에도 민감하게 반응해, 소득이 조금이나마 늘어나면 빈민의 사망률이 더 빨리 떨어진다, 다시 말해 일정한 소득이 부자보다는 빈민의 건강에 영향을 쉽게 미친다고 가정해 보자. 이런 경우, 부자에게서 빈민에게로 소득을 재분배해 전체 사회의 평균 건강 수준을 더욱 효율적으로 개선할 수 있을 것이다. 이것이 내가 초기에 평등한 사회에서 건강 수준이 높게 나타날 가능성에 관심을 두게 된 이유이기도 했다 (Wilkinson 1986, 1992). 나는 임금 소득과 사망률의 변화에 대한 연구를 통해 일정 수준의 소득 변화가 부자보다 빈민들의 건강에 얼마나 더 유의미한 차이를 발생시키는지를 보이고자 했다. 실제 부자의 건강은 일정 수준의 소득 변화에 별로 민감하게 반응하지 **않는다**. 반면 빈민들에게는 작은 돈도 매우 커다란 의미를 갖는다. 따라서 이들의 건강은—우리가 예상했듯이—부자의 경우보다 작은 소득 변화에도 더 민감하게 반응했다 (Wilkinson 1986).

이것이 내가 소득 불평등과 기대 수명의 관계를 살펴보기 위해서 국제적 자료들을 분석하기 시작한 이유였다. 하지만 얼마 지나지 않아서 나는 빈민의 소득을 조금 끌어올리는 소득 재분배만으로 사회의 전반적인 사망률과 건강 수준의 불평등을 해소하지 못한다는 사실을 깨닫게 되었다. 내 연구는 소득 재분배 가설을 증명하려는 목적에서 시작했지만 결국 다른 방향으로 나아갔다. 그런데도 최근에 이 연구 분야에 진입한 신진 연구자들은 마치 새로운 가설을 발견하기라도 했다는 듯이 이미 기각된 가설을 주장하고 있다. 이들은 한 사회의 건강 수준은 부자인 사람들보다 가난한 사람들의 소득에 더 민감하게 반응하며, 따라서 더 평등한 사회에서 건강 수준이 높게 나타나는 이유는 빈민들의 건강이 다른 사회보다 좋기 때문이라고 말한다!(Gravelle 1998).

여기서 논란이 되는 지점은 다음과 같다. 평등한 사회는 단순히 전체 인구 구성비에서 빈민층의 비율이 상대적으로 낮기 때문에 더 건강한 것일까(인구 구성비 효과: compositional effect), 아니면 어떤 소득 계층이라도 그들이 더 평등한 사회에서 생활하게 된다면 이들 모두가 건강 수준이 좋아지게 되는 것일까?(맥락 효과: contextual effect) 이 질문은 다음과 같이 바꿀 수 있다. 만약 가난한 사람들만이 아니라 모든 구성원의 소득 변화가 각자의 건강에 미치는 맥락 효과를 계산해 넣는다고 하자. 그렇다면 불평등의 맥락 효과는 인구 구성비 효과만을 고려했을 때보다 어느 정도나 다르게 나올까? 주로 미국의 주나 카운티를 대상으로 한 연구들은 소득 불평등과 건강의 연관관계가 단지 빈민층의 수가 감소하거나 증가했기 때문인지, 아니면 불평등이 전체 구성원의 건강에 미치는 전반적인 맥락 효과가 존재하는지를 분석해 왔다. 그리고 대부분의 연구는 맥락 효과가 매우 크다는 사실을 발견했다(Kennedy et al. 1998; Subramanian, Blakely, and Kawachi 2003; Soobader and Le Clere 1999; Subramanian and Kawachi 2004). 물론 앞에서 살펴보았듯이, 불평등을 측정하는 지역 단위가 작아질수록 불평등의 격차도 줄어들기 때문에 카운티는 불평등의 총체적인 효과를 제대로 설명하기에는 범위가 너무 작다. 그러므로 카운티를 대상으로 한 분석들은 위와 같은 연구문제를 다루기에는 적절하지 못하다. 그래서 카운티 수준의 연구들이 서로 다른 결과를 냈던 것이다(Mellor and Milyo 2002; Subramanian, Blakely, Kawachi 2003).

맥락 효과를 주제로 한 가장 훌륭한 연구는 캐나다 통계청의 부청장으로 있는 통계학자 마이클 울프슨Michael Wolfson의 연구가 아닐까 싶다. 먼

그림4-8 가구 소득의 분포와 각 소득 수준에 따른 상대적 사망위험률 (대상: 미국)

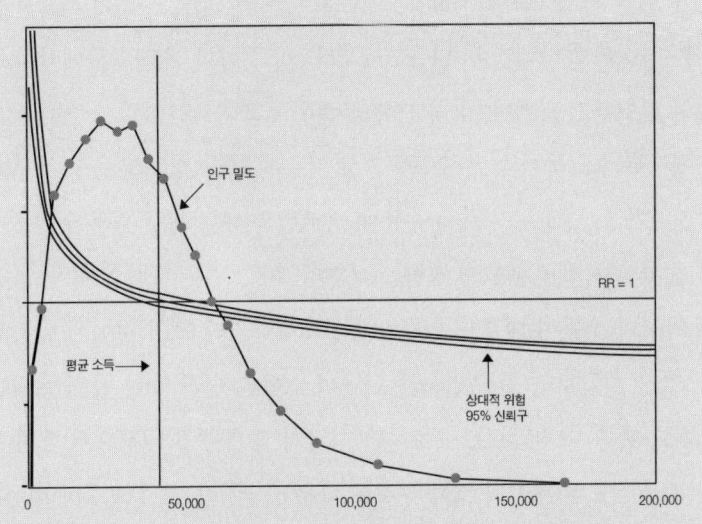

이 도표에서 알파벳 L자를 그리는 상대적 사망위험률 곡선은 가구 소득이 높아질수록 사망률이 점점 낮아지는 경향을 잘 보여주고 있다. 또한 뒤집어진 종의 형태를 하고 있는 미국 가구 소득의 분포도를 통해 우리는 소득에 따라 사망의 위험이 어떻게 분포되어 있는지도 알 수 있다.

자료: Wolfson, G. Kaplan, J. Lynch, N. Ross, and E. Backlund, "The Relationship Between Income Inequality and Mortality: An Empirical Demonstration," *British Medical Journal* 319 (1999): 953-955, British Medical Journal Publishing Group의 허가하에 사용.

저 울프슨은 미국 사회 전체 수준에서 개인 소득과 건강의 관계를 확인하기 위해 '전국 사망률 종단 조사'National Longitudinal Mortality Study를 사용했다. 이 종단 조사는 미국 인구의 대표 표본으로부터 760만 명을 추출해 이들을 10년에 걸쳐 매해 추적하며 자료를 수집한 것이다. 이 자료를 통해 〈그림 4-8〉처럼 왼쪽에서 오른쪽으로 가면서 곡선이 아래로 휘어지는 사망률 그래프가 도출되었다. 이는 연령 변수를 조정했을 때, 각 소득 수준에 따라 구성원들의 평균 사망률이 어떻게 달라지는지를 표시한 것이다. 이를 보면 저소득층에서 고소득층으로 갈수록 소득 수준이 사망률에 미치는 영향이 완만해진다. 다음으로 그는 미국 사회 전체 수준에서 소득 분배의 정도를 조사했다. 소득 분배 곡선은 〈그림 4-8〉처럼 소득이 낮은 왼쪽에서부터 소득이 높은 오른쪽으로 갈수록 해당 소득의 인구 분포가 높아지다가 어느 정도의 소득 수준에 이르렀을 때는 해당 소득의 인구 분포가 줄어드는 정규 분포의 경향을 보였다. 이 그림을 보면 1990년 당시 개별 가구의 소득이 대부분 연간 2만 달러에서 5만 달러 정도에 밀집해 있다. 물론 평균보다 훨씬 잘사는 가구의 소득은 연간 10만 달러 이상에 이르기도 했다. 마지막으로 울프슨은 미국의 50개 주를 대상으로 각 주의 소득 분배 정도와 개인의 소득 수준에 따른 사망률을 조사한 후에 이를 〈그림 4-8〉의 전체 평균 그래프와 비교했다.

분석 결과는 성별이나 연령별로 조금씩 달랐는데, 인구 구성비 효과만으로는 설명할 수 없었다. 불평등한 주에 빈민층이 많아서 건강 수준이 미국의 전체 평균보다 낮아지는 현상은 불평등과 건강의 관계를 3분의 1밖에 설명하지 못했다. 소득 불평등과 건강의 관계를 설명해 주는 나머지 3분의 2는 건강에 미치는 불평등의 맥락 효과였다. 다시 말해 어떤 수준의 소득을 가진 사람이라도 그 사람이 더 불평등한 사회에서 생활한다면 평등한 사회에 사는, 자신과 비슷한 소득 수준을 가진 사람보다 사망률이 높게 나타났던 것이다. 〈그림 4-8〉은 그 이유를 잘 보여 준다. 소득 수준에 따른 사망률을 나타내는 곡선에서 극소수 빈민들만이 소득의 미세한 증감에도 사망률이 급격하게 변하는 왼쪽의 가파른 곡선 부분에 분포해 있다. 대부분의 사람들은—그러니까 약 2만 5,000달러 이상의 소득을 얻고 있는 구성원들은—소득 변화에 따라 사망률이 매우 완만하게 감소하는 곡선 부분에 밀집해 있다. 따라서 각 주의 평균 사망률에 가장 큰 영향을 미치는 부분은 바로 그래프에서 넓은 면적을 차지하고 있는 완만한 곡선 부분이다. 울프슨의 연구는 불평등을 미국의 주라는 상대적으로 광범위한 지역을 대상으로 측정했고, 따라서 불평등의 효과를 손실 없이 정확히 포함시킬 수 있었다. 하지만 울프슨의 연구가 탁월한 이유는 이것만이 아니다. 그가 분석한 자료는 많은 수의 사례를 바탕으로 하고 있고, 어떤 분석보다 훨씬 치밀하게 설계되어 있기 때문이기도 하다. 덧붙여 그의 해석은 다른 분석 방법을 이용한 연구들을 통해서도 지지받고 있다 (Subramanian, Blakely and Kawachi 2003).

이처럼 불평등과 건강의 관계는 인구 구성비 효과로 대충 해명할 수 있는 것이 아니며, 인구 구성비 효과와 맥락 효과가 뚜렷하게 구분될 수 있다는 믿음 역시 오해이다. 개인 소득이나 절대 빈곤이 건강에 미치는 직접적인 물질적 효과와 불평등이나 상대적 박탈감이 건강에 미치는 **사회적** 효과가 확연히 다르다고 믿는 연구자들은 위 두 효과를 분리하려고 시도하기도 한다. 기존의 연구들은 사람들이 소비하는 물질적 재화나 서비스의 양과 질이 건강에 영향을 미치는 가장 중요하고 직접적인 요인이라고 믿었다. 이들은 사회의 맥락이나 다른 지역의 구성원들의 생활수준이 사람의 심리나 건강에 영향을 미칠 수 있다는 점은 고려하지 않았다. 하지만 3장에서 건강에 영향을 미치는 심리사회적 요인을 알아보았듯이, 소득이 건강에 영향을 미치는 이유를 소득 수준 자체에서만 찾을 수 없다. 우리가 사회적 위계질서 내에서 타인과 자신의 소득을 비교하면서 자신의 사회적 위치를 가늠한다는 사실이 중요하다. 이 장의 논의는 불평등이, 빈민층만이 아니라 자신의 소득을 타인과 비교하는 모든 인간의 건강에 영향을 미칠 수 있다는 사실을 다시 한번 강조하고 있다.

그렇지만 우리가 불평등이 건강에 미치는 효과를 온전하게 파악하고자 한다면, 개별 소득의 수준이 건강에 미칠 수 있는 효과를 지나치게 통제하는 것도 분명 과잉 통제일 것이다. 개인 소득 수준의 차이들이 모여서 불평등이 발생하기 때문에 이를 경시한다면 맥락 효과의 중요한 구성 요소를 간과하는 결과를 낳는다. 하지만 빈곤과 건강의 관계를 분석한 기존의 연구들은 빈민층의 개별 소득 수준이 건강에 미치는 영향에만 배타적으로 주목했다. 이들은 다른 사회 계층의 소득 수준이나 사회 계층 간 소득 수준의 차이는 크게 고려하지 않았다. 이는 사회 계층이 다른 계층과 아무런 관련도 없이 형성될 수 있다고 믿는 것과 같다. 마치 빈민층이 부유층 없이 존재할 수 있다는 듯 말이다. 이는 오래된 질문 하나를 떠오르게 한다. "시종 없는 주인이 과연 존재할 수 있단 말인가?"

다음 논의로 넘어가기 전에 마지막으로 불평등의 효과에 대한 또 다른 해석인 신유물론에 대해 간단히 살펴보기로 하자. 존 린치는 '신유물론' neomaterialims 가설의 핵심적인 주창자이다(Lynch et al. 2000; Marmot and Wilkinson 2001). 그는 물질적 수준이 건강에 일차적이고 직접적인 영향을 미친다는 유물론적 관점을 현대 사회에 맞게 개선하기 위해서 신유물론이라는 용어를 고안해 냈다. 린치는 19세기에는 깨끗한 물, 하수도, 음식, 쉼터와 같은 재화만이 필수재에 포함되었다면, 이제 과거에는 사치재로 분류되었던 자가용이나 개인 컴퓨터와 같은 재화들도 인간의 생존에 반드시 필요한 필수재가 되었다고 말한다. 따라서 오늘날 자가용이나 컴퓨터의 소유 여부는 음식처럼 인간의 생존에 물리적으로 영향을 미치고 있는 것이지, 심리적 비교의 대상은 아니라는 주장이다.

하지만 이 같은 제안은 실제 경험이 아니라 두려움에서 비롯된 것 같다. 신유물론의 지지자들은 심리사회적 요소를 중요한 위치에 둘 경우 정치인들이 이를 핑계로 상대적으로 재정이 많이 드는 물질적인 빈곤 척결을 등한시할 수도 있다는 두려움을 갖고 있는 듯하다. 심리사회적 요인을 강조하다 보면 빈곤의 부작용을 빈민의 사회적 관계를 개선하거나 빈민의 건강한 심리를 회복하는 노력을 통해 충분히 개선될 수 있다는 잘못된 믿음을 갖게 할 수 있다는 것이다. 이는 정치인들이 물질적 자원에 대한 직접적인 분배와 재분배를 교묘하게 피할 수 있게 하는 근거가 될 수 있다. 이런 이유 때문에 신유물론자들은 심리사회적 요인을 강조하는 방식을 경계한다. 그러나 우리가 2장에서 살펴보았듯이, 사회적 관계의 질은 소득 불평등의 격차에 따라 강력한 영향을 받는다. 따라서 사회적 관계를 중시한다는 말이 결코 빈곤의 물질적 측면을 간과한다는 뜻은 아니다. 오히려 사회적 관계는 불평등과 소득 격차가 심화되면서 나타나는 주요한 부작용이다. 때문에 심리사회적 요인은 빈곤과 소득 불평등을 척결해야 한다는 주장을 지지하는 '추가적' 근거가 되었으면 되었지 결코 반론이 아니다.

이 외에도 신유물론적 접근은 몇 가지 치명적인 한계를 가지고 있다. 우선 이들은 부유한 국가들에서 건강이 절대 소득보다 상대 소득과 관련이 있다는 근거들을 제멋대로 해석하고 있다. 그들의 가설은 신유물론적 요소로 제시되었던 소비재를 소유했을 때 실제로 건강 상태가 뚜렷하게 좋아졌다거나, 아니면 그 소비재들이 불평등과 건강을 매개한다는 어떤 증거도 제공해 주지 못한다. 자동차나 개인용 컴퓨터와 같은 신유물론적 물품들은 그것이 우리의 건강을 보호해 주는 만큼 우리의 건강을 해치기도 한다. 특히 자동차는 인간이 좀처럼 걷거나 활동하지 않는 정적인 생활 습관에 안주하도록 만들었고, 교통사고나 대기 오염, 소음 공해와 같은 복합적인 부작용을 낳았다.

불평등은 빈곤 지역의 교육적·물리적 하부 구조를 악화시킨다. 때문에 일부 신유물론의 진영에서는 불평등이 초래하는 심리적인 요인보다는 불평등 때문에 생기는 물질적으로 열악한 하부 구조가 빈민의 건강 상태를 악화시킨다고 주장하기도 한다. 이들의 주장은 가난한 지방의 행정 당국은 학교나 편의 시설에 충분한 재정을 투자할 만큼 조세 기반이 건실하지 못하다는 사실에서 착안한 듯하다. 특히 미국의 지방 과세율의 차이가 그 좋은 예다. 하지만 이 사례는 어디까지나 일부 사회의 이야기일 뿐이다. 교육이 중앙 재정으로 충당되는 국가들에서는 지역의 빈부차에 따른 지방 재정의 편차가 크지 않다. 또한 영국에서는 노동당이 대부분의 주요 도시의 지방위원회에서 정치적 지배력을 행사하고 있다. 따라서 어떤 경우에는 보수당이 집권하고 있고 지방위원의 자녀 대부분이 사립학교에 다니는 도시보다는 노동당이 집권하고 있는 가난한 농촌 지역에서 학생 1인당 교육 재정의 규모가 더 클 때도 있다. 영국에서만이 아니다. 심지어 미국에서도 불평등으로 인해 부촌과 빈촌이 분리되고, 이에 따른 빈곤 지역의 열악한 재정 구조가 건강을 악화시킨다는 주장이 별로 설득력이 없을 때가 많다. 빈곤한 지역의 하부 구조가 더 열악한 것은 틀림없지만 불평등이 건강에 미치는 영향은 거주 지역의 분리나 재정 격차와 같은 물질적 요인과는 별로 상관이 없다. 280개 미국 도시에서 빈곤층과 부유층 사이의 거주 지역 분리가 건강에 미치는 영향을 분석한 연구가 있다. 이를 보면, 빈부의 지역적 격리가 심한 도시들에서 건강 수준이 나쁘게 나타나기는 했다. 그러나 거주 지역의 분리는 불평등 효과의 지극히 일부만을 설명해 주었으며, 그것은 부가적이고 분리된 효과였다(Lobmayer and Wilkinson 2002).

또한 소득 불평등과 건강에 대한 문헌들을 인용하고 있는 최근의 신유물론적 분석들은 다음의 지점들을 간과하고 있기 때문에 해괴하고 묘하게 뒤섞인 결론에 이르기도 한다(Lynch et al. 2004). 기존의 연구 문헌들은 분명히 광범위한 지역과 협소한 지역에서 수집한 자료를 구분해야 한다는 점을 지적하고 있다. 또한 폭력과 불평등에 관한 기존의 연구들을 검토한 분석들에서도 좁은 지역을 단위로 조사하면 폭력과 불평등의 연관관계가 약화된다는 결과가 일관되게 도출되었다(Hsieh and Pugh 1993). 그럼에도 신유물론의 연구들은 지역의 크기를 좀처럼 고려하지 않고 있다. 덧붙여 그들이 인용한 대다수 연구 논문들은 소득 불평등과 건강의 명백한 연관관계를 보여 주고 있지만, 이들은 그 사실을 언급하지 않는다. 이들의 분석은 자신의 주장을 강조하기 위해 불평등과 건강의 관계를 연구하면서 중요한 많은 변수를 모두 통제했다. 통제된 변수들에는 불평등과 건강을 잇는 경로 변수가 포함되어 있었다. 경로 변수는 누락시켜야 할 것이 아니라 불평등이 건강에 영향을 미치는 인과적 경로를 알기 위해 반드시 확인해야 할 변수들이다. 이처럼 과잉 통제된 변수들이 있는가 하면, 반대로 간혹 혼재 변수들이 통제되지 않고 임의로 사용되기도 했다. 신유물론의 분석들에서 통제한 변수에는 빈곤, 소득, 의료, 복지 이전welfare transfer, 여성의 노동 참여도, 문맹률, 알코올 소비율, 학력, 결혼 여부, 흡연, 가구 크기, 인종, 도시화 정도, 거주지의 지역적 분리, 실업, 비만, 사회적 자본,

인구 밀도, 식단, 범죄, 물리적 활동, 고혈압 등이 있었다.

만약 한 사회가 얼마나 불평등하고 위계적인가가 아니라 경제 성장의 효과를 확인하고자 했다면, 경제 성장과 관련될 가능성이 있는 변수들을 함부로 통제해서는 안 된다. 소득, 자가용, 여타 내구성 소비재의 소유 정도, 식단, 중앙난방, 농업이 아닌 제조업에 종사하는 인구의 비율, 주거의 크기, 도시화 정도, 인구 밀도, 학력과 같은 변수들은 경제 성장과 밀접한 관련이 있는 변수들이다. 이들을 통제한다고 해 보자. 예를 들어, 자가용의 소유 정도를 통제해 버린다면 단지 경제 성장 결과의 일부를 제거하는 실수만 범하는 것이 아니다. 자가용을 사용하면서 생기는 모든 후속적 경제 발전의 효과들도 통계적으로 관찰할 수 없게 될 것이다.

사회적 위계질서와 불평등이 문제가 되는 이유는 사회적 계층화가 경제 성장 다음으로 한 사회의 성격을 결정하는 본질적인 요인이기 때문이다. 물론 그 효과는 잘 파악되지 못하고 있지만 사회 계층화는 사회 계급에 의해 유형화되는 것이며 전체 사회 구조와 사회적 행위와 관계가 있다. 예를 들어, 3장에서 언급했듯이 토크빌은 그의 저서 『미국의 민주주의』에서 '조건의 평등'이 사회 전반에 미치는 중요한 영향력에 주목했다. 토크빌은 "이 **1차적 사실**이 사회적 작용에 미치는 엄청난 파급력을 쉽게 인지할 수 있었다"라고 회고하고 있다. 그는 "그것은 여론에 독특한 방향을 제시하고, 법제도에 주목할 만한 전환을 가져왔으며, 지배자들에게는 새로운 좌우명을, 피지배자들에게는 특정한 습관을 형성하게 해 주었다. …… 그것의 지배력은 정부뿐 아니라 시민사회로까지 확대되어 있었다. 그것은 여론을 형성하고, 정서를 불러일으키며, 풍습을 길러내고, 심지어 그것이 직접 만들지 않은 것들조차도 무엇이든 수정한다"라고 말한다.

마찬가지로 우리가 소득 불평등을 사회적 계급 분화의 정도를 가리키는 지표라고 생각하고 그것이 건강에 미치는 효과를 알고자 한다면, 계급 분화의 어떤 효과를 또 다른 효과로 통제하는 것은 분명히 잘못된 일이다. 통제 변수로 제거한 요인들이 불평등과 건강에 동시에 연관되어 있는 변수들이라면, 통제 변수들은 불평등과 건강의 통계적 관계의 강도를 크게 약화시킬 것이다. 예를 들어 극빈 지역에서 건강 악화의 문제가 더 심각하게 나타나는 것처럼, 어떤 사회 문제들은 불평등이 심해지고 그에 따라 상대적 박탈감이 증폭되었을 때 증가하는 경향이 있기 때문에, 불평등과 연관된 변수는 아주 많을 수 있다. 그러나 신유물론적 분석의 저자들은 불평등과 간접적으로 연결된 빈곤과 같은 변수들을 통제한 후에 불평등과 건강에 대한 기존의 연구 사례를 다음과 같이 평가하는 오류를 범했다. 이들은 불평등과 건강의 관계에 대한 국가 간 연구 사례들 중 17개는 그 연관관계를 확인하기에 부적절했으며, 8개의 연구는 이 연관관계를 전혀 지지하지 않고, 나머지 4개는 애매한 결과를 냈다고 주장했다. 하지만 우리가 그들이 통제한 변수를 포함해서 다시 분석했을 때, 18개의 연구에서 불평등과 건강 사이의 명백한 관계를 발견할 수 있었다. 오직 4개의 사례에서만 이런 관계를 확인할 수 없었고, 7개의 사례에서 애매한 결과를 얻었다. 다시 말해 결과가 불명확한 연구들을 제외했을 때, 국가 간 연구의 80%가 불평등과 건강의 연관관계를 매우 확실히 말해 주고 있었다. 거대 도시나 주처럼 상대적으로 큰 지역을 대상으로 한 연구들에서는 불평등과 건강의 연관관계가 더 확실했다. 심지어 큰 지역의 사례 연구에서는 신유물론자들이 설계한 통제 변수들을 다 적용한 이후에도 불평등과 건강의 관계가 유의미하게 나타났다.

세 가지 요점

불평등이 건강에 미치는 효과를 생각할 때 세 가지를 염두에 두어야 한다. 첫 번째, 불평등과 건강의 관계가 갖는 정책적 함의는 그 인과적 경로가 어떻게 작동하는가에 대한 논의에 영향을 받지 않는다. 건강 문제에 있어서 소득의 물질적 격차를 중시하든 심리사회적 요인을 중시하든 정책 입안자가 지향해야 할 정책의 방향은 동일하다. 그 메커니즘이 어떤 것이든 상관없이 궁극적으로는 평등한 소득 분배를 통해서 건강 상태를 개선해야 한다는 것이 정책의 일관된 방향이어야 한다. 두 번째 요점은 사회적 환경과 심리사회적 경로에 대한 강조는 기본적으로 부유한 선진국들에서만 유효한 의미를 지닌다는 점을 인식할 필요가 있다는 것이다. 가난한 국가들에서 건강은 절대적 생활수준이나 소비 정도에 아직도 분명히 커다란 영향을 받으며 그 영향력은 해당 국가가 가난할수록 더욱 커질 것이다. 마지막으로, 소득 불평등을 감소시켜 건강을 개선하는 노력이 오로지 현실 사회의 불평등을 유토피아적이고 완벽한 평등 상태로 바꾸어야만 가능한 것은 아니라는 점이다. 불평등의 아주 작은 변화로도 건강 수준이 크게 달라질 수 있다. 우리는 이를 증명하기 위해 현재 존재하고 있는 국가나 지역 내부의 미세한 소득 격차가 각 사회의 건강 수준을 얼마나 크게 변화시키는지에 주목했다.

5
폭력과 불평등
지위, 치욕, 존중

　서론인 1장을 제외하면, 2장부터 4장까지는 불평등이 인간의 사회적 관계의 질과 건강에 어떤 영향을 미치는지를 개괄하는 데 중점을 두었다. 이 책의 나머지 부분은 이를 좀 더 자세히 해석하는 데 할애될 것이다. 이번 장의 주제는 지극히 사회적인 존재인 우리 인간이 사회와 만나거나 사회적 관계를 맺을 때 겪는 어려움에 관한 것이다. 당신에게 타인은 지지나 위안을 주고 자아실현을 돕는 존재인가, 아니면 계속 경계해야 하는 긴장과 불안의 온상인가? 불평등이 심해지고 사회적 삶이 더 각박해지면 타인에 대한 경계심과 불안이 늘어나게 된다. 이때 사회적 관계의 질을 측정한 수치들은 이를 어떤 식으로 설명해 줄 수 있을까? 우리가 불평등과 사회적 관계의 질 사이의 관계를 이해하게 되면, 불평등과 건강도 비슷한 맥락으로 이해할 수 있게 될 것이다. 이런 사실은 다음 논의에서 점점 명백해질 것이다.

　불평등의 척도인 소득 격차는 한 사회에서 계급 격차가 얼마나 심한지를 가늠하게 해 준다. 소득 불평등은 한 사회의 사회적 거리감, 권력 격차,

사회 구조가 얼마나 위계적인지, 그 사회의 사람들이 사회적 우열에 따라 얼마나 심하게 계급화되어 있는지를 보여 주는 명백하고도 간단한 지표이다. 다음에 이어질 두 장에서는 개별 인간의 사회적 지위와 계급이 그들이 타인과 맺게 되는 관계나 자기 자신에 대한 인식에 어떤 영향을 미치면서 심리사회적 효과를 발생시키는지 살펴보고자 한다.

우선 이 장에서는 소득 격차가 큰 사회에서 폭력이 많이 나타나는 이유를 살펴볼 것이다. 우리는 2장에서 폭력과 불평등의 관계에 대한 자료들을 통해 불평등의 수준에 따라 심리사회적·행동적 결과도 달라진다는 사실을 이미 확인했다. 이제 우리는 폭력과 불평등의 관계가 구체적으로 어떤 방식으로 작용하는지를 논의할 것이다. 폭력과 불평등의 관계는 불평등이 사회에 미치는 광범위한 충격을 이해할 수 있는 가장 적절한 사례이다. 이 장의 논의에서는 폭력이 불평등 때문에 생기는 취약한 사회적 관계의 극단적 형태라는 점을 분명히 드러낼 것이다.

왜 폭력은 불평등과 관계가 있을까?

2장에서도 말했듯이 소득 격차가 큰 사회에서 폭력이 비일비재하게 일어난다. 이를 증명하는 논문들은 현재까지 적어도 50편이 넘는다. 이 둘의 관계는 국제적으로 서로 다른 사회를 비교할 때, 그리고 한 사회 안의 좀 더 작은 지역을 살펴볼 때 모두 유효하다. 1993년까지만 살펴보더라도, 소득 불평등과 폭력의 관계에 대한 메타 분석에 쓸 수 있을 만한 결정적인 자료들을 제공하는 논문이 34편이나 되었다(Hsieh and Pugh 1993). 연구 논문들은 거의 모두 불평등과 폭력의 관계가 매우 분명하다는 결론을 내리고 있었다. 이 메타 분석은 소득 불평등과 폭력의 상관관계에 대한 37개 사례를 대상으로 하는데, 그중에 하나를 제외한 나머지 모두가 불평등이 높으면 폭력 수준도 높아지는 정$^+$의 관계를 나타내고 있었다.

불평등과 폭력의 관계를 말할 때, 그것이 단지 부자와 가난한 사람들 사이에서 일어나는 폭력 사건을 말하는 것은 아니다. 물론 혁명적 상황에서는 부자와 빈민 사이에 폭력이 발생할 가능성이 크지만, 일상적인 폭력은 가난한 사람들 사이에서 더욱 빈번하게 발생한다. 대부분의 도시에서 가장 위험한 지역은 빈곤 지역이다. 폭력에 관한 통계를 비롯해 다른 사회적 관계의 질을 측정해 봤을 때도 극빈 지역에서 그 수치가 가장 나쁘게 나온다. 스태포드$^{M.\ Stafford}$와 그 동료들은 사람들 사이의 불신처럼 사회적 상호 작용의 형태를 측정할 수 있는 다양한 척도를 사용해 빈곤 지역의 사회적 관계가 매우 형편없다는 사실을 밝혀냈다(Stafford et al. 2003). 어떤 연구자들은 이런 문제의 책임을 빈민들에게 돌리는 꼴이 될까 봐, 이 같은 사실을 언급하기조차 꺼린다. 그러나 낮은 사회적 지위가 가져온 이런 결과를 덮어둔다고 문제가 해결되는 것은 아니다. 이 사실을 직시하지 않는다면 결국에는 사회적 지위가 그 희생자인 빈민들에게 미치는 위력을 충분히 이해하지 못하게 될 것이며, 오히려 희생자를 오해하거나 비난하게 될 위험이 크다.

이 외에도 불평등과 폭력의 관계를 모호하게 만드는 정치적 장애물이 하나 더 있다. 바로 부자들이 가난한 사람들에게 지속적으로 가하는 제도적 폭력과, 사람들 사이에서 일어나는 직접적인 폭력을 하나로 취급해서 폭력이 가난한 사람들 사이에서 더 흔하다는 사실을 부인하려는 시도다. 물론 불평등은, 대체로 그 정의상, 빈민들의 희생으로 부자들이 이익을 챙기는 제도적 폭력을 말한다. 이에 간디Mohandas K. Gandhi는 빈곤을 가장 악질적인 폭력이라고 불렀다. 그러나 여기서 중요한 점은 사람들 사이에서 공공연하게 자행되는 직접적인 폭력과 불평등이라는 제도적 폭력 사이의 관계를 이해하는 것이다. 이 둘을 하나로 합치는 게 [부자와 가난한 사람들 가운데 어느 쪽이 더 문제인지—옮긴이] 따질 때는 좀 더 공평해 보일 수는 있지만, 그러다 보면 직접적 폭력과 제도적 폭력이 어떤 식으로 관계를 맺고 있는지를 구체적으로 파악할 수 없게 된다. 만약 이 둘을 구분하지 않는다는 정치적 원칙을 고수한다면, 한쪽의 폭력이 다른 쪽 폭력에 대한 대응책으로 발생하게 되었다는 사실도 결코 발견할 수 없게 될 것이다.

불평등이 개인과 사회 전체에 미치는 영향을 이해하기 위해서는 그것이 어떻게 사회에 대한 인간의 민감성에 영향을 주는지 살펴봐야 한다. 만약 불평등이 단지 빈민과 부자 사이의 반목과 폭력만을 증가시킨다고 한다면, 이런 관계는 이미 우리가 알고 있기 때문에 별다른 분석이 필요 없을 것이다. 하지만 불평등이 심화되었을 때 가난한 사람들 사이에서의 폭력까지 증가한다면, 그 이유는 훨씬 복잡하고 중요한 부분이다.

소득 격차가 커질수록 폭력이 증가한다고 주장하는 연구들은 많지만 왜 그런 현상이 일어나는지에 대한 연구는 그리 많지 않다. 폭력에 대한 문헌들을 검토해 보면, 폭력이 일어나는 가장 큰 이유는 자신이 무시당하고 있으며 체면이 깎일 위험이 있다고 느꼈기 때문이었다. 이에 대해서는 다른 글에 설명한 적이 있기 때문에(Wilkinson, Kawachi and Kennedy 1998), 여기에서는 간단히 요약만 하고 넘어가겠다.

폭력이 발생하는 이유를 연구한 가장 중요한 학자는 아마도 제임스 길리건James Gilligan일 것이다. 그는 현재 하버드대학교의 폭력연구센터Center for the Study of Violence 소장으로 있다. 하지만 그를 단순히 '학계의 권위자'로만 부르는 것은 적절하지 않다. 길리건은 교도소에서 정신과 의사로 25년 동안 일하면서 거의 매일 폭력적인 사람들을 만났고 그들과 대화했다. 따라서 그는 현장과 상당히 친숙하며 경험에 기반을 둔 지식을 가지고 있다. 길리건은 두 권의 저서를 통해 존중의 상실이 얼마나 중요한 문제인지를 일관성 있게 강조했다(Gilligan 2001; 1995).

> 내가 만난 교도소 수감자들은 "왜 다른 사람을 공격했는가?"라고 질문하면 언제나 "나를 무시했기 때문"이거나 아니면 "내가 찾아가는 것을 멸시했기 때문"이라고 했다. "멸시"라는 단어는 어휘상으로나 도덕적 가치상으로나 상습적으로 폭력을 저지르는 사람들에게 매우 중요한 단어였다. 그들은 이를 속으로 이렇게 말했다 "그가 날 쪽 줬어(he dis'ed me)"(Gilligan 1996, 106).

> 내가 지금까지 본 심각한 폭력 행위 중에서 모욕감, 굴욕감, 경멸감에서 출발하지 않은 경우는 단 한 번도 없다. 모든 폭력 행위는 '체면 손상'을 막거나 회복하기 위한 시도였다. 그 시도가 상대를 죽일 정도로 심각했는지는 상관이 없다. 우리는 그들이 위험하다고 오해하고 있기 때문에, 그들이 자긍심이나 존엄성, 자존심 없이 살기보다 차라리 상대방을 죽이거나 불구로 만들거나 아니면 자살을 하거나 자해를 하는 편이 낫다고 말할 때 이를 문자 그대로 받아들이지 못한다. 그러나 그들은 정말 문자 그대로 불명예보다는 차라리 죽음을 택하고 싶어 하는 것이다(Gilligan 1996, 110).

이는 길리건이 어떤 점들보다도 시급히 알리고자 했던 내용이다. 그러나 이것은 교도소 정신과 의사나 학자만의 소견은 아닐 것이다. 직접 폭력과 연루된 사람들이 묘사한 폭력의 실체도 이와 비슷하다. 미국의 나단 맥콜Nathan McCall이나 스코틀랜드의 지미 보일Jimmy Boyle과 같은 사람들이 쓴 자서전도 존중의 중요성을 강조하고 있다.

맥콜은 미국의 거리에서 자행되는 폭력에 대해 서술하면서 다음과 같이 말했다.

내가 기억하는 한, 흑인들은 존중의 문제에 극도로 민감하다. 백인들은 너무나 오랫동안 흑인들을 노골적으로 멸시해 왔다. 그래서 흑인들은 자기에게 남은 한 오라기의 자존심이라도 어떻게든 지키려고 한다. 내가 거리에서 목격했던 가장 잔인한 싸움은 겉보기에는 지극히 하찮은 일에서 시작되었다. …… 그러나 그 밑바닥에 깔린 갈등은 항상 존중에 관한 것이었다. "이런, 왜 저 사람의 머리를 몽둥이로 때린 거야?"라고 그 사람에게 묻는다면, 그는 이렇게 대답할지도 모른다.
"저놈이 날 무시하잖아!"
이걸로 설명은 충분하다. 그 사내가 그를 어떻게 무시했는지를 구구절절 늘어놓을 필요는 없다. 만약 한 사내가 멸시를 당해 폭력을 행사했다면, 그는 그저 자신이 해야 할 일을 했을 뿐이라고 이해하고 넘어가면 되는 것이다.

이것은 지금도 변함이 없다. 요즘 젊은 친구들은 이를 '쪽팔림'dissin이라 부른다.

그들은 자신을 쪽팔리게 만들었다고 다른 흑인들을 죽일 수 있다. 그들은 백인에게는 손도 대지 못하겠지만, 조금이라도 자신을 얕본다고 느끼면 같은 형제인 흑인들을 죽일 수 있다. 얄궂은 점은, 백인들은 내심이거나 노골적으로 끊임없이 흑인들을 멸시해 왔고 우리는 이런 멸시를 참아 왔다는 것이다. 대부분의 흑인은 백인들에게 대항하는 것이 같은 흑인들에게 대드는 것보다 훨씬 어렵다는 사실을 알고 있다. 마치 흑인들은 이렇게 말하는 것 같았다. "백인들이 나를 쪽팔리게 하는 건 어쩔 수 없지만, 흑인들이 그러는 건 막을 수 있다고"(McCall 1994, 52).

보일은 한때 스코틀랜드에서 가장 난폭한 인물로 악명이 높았던 사람이다. 그는 존중보다는 지위와 인정에 대해서 언급하고 있지만, 그가 말하는 요지는 위와 동일하다.

> 더 말할 것도 없이, 맑은 정신에 혼자 남아 현실을 똑바로 바라보게 될 때면 나는 내 자신을 증오했다. …… 그것은 정말 뼛속까지 스며드는 상실감이었다. …… 그러나 …… 친구들과 함께 있을 때는 기분이 좋아졌다. 지난밤 혼자서 한 패거리들을 깔아뭉개고 나서, 나는 어떤 의미에서는 내 존재를 증명해 보인 것 같았다. 나는 그들과 싸울 수 있다는 충분한 자신감을 얻었다. 그렇게 인정을 받고 명성을 얻고자 하는 욕망에 굶주려 있었다. 내가 16지구의 거물들 옆에 있는 것은 일종의 인센티브로 작용했다. 내 마음은 그들에게 인정을 받고 싶다는 욕망으로 꿈틀거렸다(Boyle 1977, 79).

계속 읽다 보면 보일은 근본적인 자기성찰의 시기에 대해서도 묘사하고 있다. "내 인생에서 처음으로 나는 폭력에 대해, 그리고 지위를 획득하는 또 다른 방식들에 대해서 매우 깊이 성찰해야만 했다"(Boyle 1977, 240).

지위와 존중은 사회가 불평등할 때 더 큰 문제가 된다. 소득 격차가 커질수록, 더 많은 하층민이 재산, 직장, 집, 자가용 등 사회적 지위의 상징이자 타인의 존경을 받을 수 있는 재화로부터 멀어지게 된다. 또한 이들은 이것들을 못 가졌기 때문에 사람들이 자신을 깔보고 열등하게 취급한다고 느끼면서 타인의 행동에 극도로 예민하게 반응한다. 그럴수록 사람들은 자신의 자존심과 존엄성을 방어하기 위한 싸움에 뛰어들게 된다.

보일과 맥콜의 진술은 길리건의 논의와 일치한다. 세 사례 모두 낮은 지위와 치욕이 어떻게 폭력을 불러일으키는지를 보여 준다. 하층민들은 자신이 변변찮고 열등한 인간으로 취급되는 것에 맞서기 위해서 싸움에 휘말린다. 존중받기 위한 투쟁은 인간으로서, 그리고 사회적 존재로서 인정을 받기 위한 투쟁이며 폭력은 지배의 표현이다.

　길리건은 자신이 열등해 보일지도 모른다는 죄수들의 불안감이 사실 문맹과 같이 개인의 약점으로 스스로 갖게 되는 심한 수치심과 연관이 있다고 말한다. 사람들은 보잘것없는 지위나 열등함이 마치 불명예라고 쓰인 명찰을 가슴에 달고 있는 것처럼 쉽게 눈에 띌 것으로 생각한다. 때문에 그저 자신보다 아주 약간 우월한 사람이 그를 쳐다보기만 해도 이를 모두 힐난하는 눈총으로 느낄 가능성이 크다. 자신의 몸 전체에 각인된 열등함을 금세 들키기라도 한 것처럼 말이다. 이런 감정은 너무도 강렬하다. 따라서 자신을 인정해 주기를 바라기보다 즉각적으로 느끼게 되는 고통에서 빨리 탈출하기 위해 자신을 겉으로 드러내지 않고 숨어버리고 싶을지도 모른다. 심지어 중산층들도 종종 수치심을 느낀 경험이 있다고 토로하곤 한다. 그들은 아주 사소한 실수 때문에 당혹감을 느낄 때면 그 상황에서 벗어나기 위해 "쥐구멍에라도 들어갔으면" 좋겠다고 말하곤 한다. 자신보다 돈이 많고 학력도 높으며 사회적 노하우가 많은 사람을 만나게 되면, 우리는 마치 사회 구조 전체가 우리를 열등하거나 가치가 없는 사람으로 추락시키려고 음모를 꾸미고 있다는 듯이 심한 수치심을 느낀다.

　불평등이라는 제도적 폭력과 거리에서 발생하는 공공연한 폭력 사이의 경험적인 연관성은 사이먼 찰스워스가 잉글랜드 중부의 산업 도시인 로더럼Rotherham에 사는 한 청년을 인터뷰한 내용에서 확인할 수 있다(찰스워스와의 개인적인 대화).

　　일단 이 인근을 벗어나면, 우리는 좆 되는 거야. 다들 우리를 흘기며 우리가 파키스탄에서 온 것처럼 취급한단 말이야. 그놈들은 우릴 보고 촌놈이라고 깔볼 수도 있어. …… 왜 우리 옆으로 이사 온 놈들이 하필 저놈들이지? 이러는 것 같아. 그 녀석들은 먹물 좀 먹은 학생이고 딱 중산층이거든. 난 그들이 날 째려보는 걸 안다고, 그래서 이렇게 생각해. '젠장, 난 니네들이 날 꼴아보는 게 싫어!' 그러니까 그들은 지들이 하는 일은 만날 옳대. 못 알아들었을 것 같아서 다시 말하는데, 그러니까 말이야, 당신도 알잖아, 그들이 진짜 뭘 했는지 까발려보지 않는 이상 기본적으로 그들이 하는 일은 모두 옳다고 생각한다고. 그들은 지들끼리만 어울리지. …… 그런데 꼭 (뭐가) 잘 못되면, 법을 어긴 건 그들이 아니라 우리라는 거야. 그들이 우리를 그렇게 만든다고. 그들이 꼴아보는 꼴이 화를 돋우지. 존심을 지키려면 그럴 수밖에 없어. 그들은 그만한 힘을 가지고 있거든. 항상 우리가 그들을 공격했다고 하지. (그들이) 우리를 공격한 게 아니라. 그런데 그들이 우리한테 더 폭력적이라는 걸 알아야 해. 그래, 그들을 모조리 짓밟아 주고 싶어. 내 말 무슨 뜻인지 알아들어?

이 이야기는 원래 별 의도가 없어 보이는 언행이라도 그것을 지위가 다른 사람이 했을 때 어떻게 폭력을 자극하는 것으로 비칠 수 있는지를 잘 보여 준다. 직접적인 폭력을 부추기는 제도적 폭력이란, 알고 보면 사람들이 계급적으로 우월한 위치에서 자신을 깔보는 것처럼 보인다는 느낌일 뿐이었다. 하지만 이는 어떤 이들에게는 사회적 존립을 위협하는 강력한 폭력으로 인식되고 있었다. 열등한 존재로 취급당한다는 느낌은 참기 어려운 고통과 분노를 자아낸다. 분노는 사실 너무나 하찮은 원인처럼 보일 수도 있지만, 우리는 아주 평범한 사회적 상호 작용에서도, 그러니까 집에서 친구와 저녁을 먹을 때에도, 그런 위험에 빠질 수 있다는 걸 잘 알고 있다. 그래서 상대방의 열등감을 건드리지 않기 위해 항상 조심한다. 너무 조심스러운 나머지, 만약 누군가가 자발적으로 자기 **자신의** 옷, 집, 자동차, 지적 능력이나 다른 어떤 것들을 낮추는 말을 한다고 해도, 듣는 사람은 이 말에 동조하기보다는 말한 사람의 장점을 강조하면서 말해 주거나 그 결점을 보완할 만한 강점들을 짚어 주는 것이 예의이다.

로더럼에 사는 청년과 학생의 사례처럼, 폭력은 사회적 지위가 크게 차이가 없는 사람들 사이에서 더 자주 발생한다. 이들은 지금은 매우 다른 운명의 길을 걷고 있겠지만, 처음에는 소득 수준이 비슷한 한 동네에서 같은 학교에 다녔을 것이다. 그렇다면 폭력이 부자와 빈민 사이가 아니라 기본적으로 빈민들 사이에 집중되는 이유는 어떻게 설명할 수 있을까?

불평등의 결과에 대한 연구를 처음 시작했을 때, 나는 사회적 비교와 상대적 박탈감에 대한 심리학·사회학 논문들을 접하고 매우 당황했다. 이 연구들에서 조사 대상으로 삼은 것은 사회적 지위가 더 높거나 낮은 사람들이 아니라 거의 비슷한 지위의 사람들이었다. 마치 사람들이 자신의 위 아래에 존재하는 더 커다란 불평등을 인식하지 못하기라도 한다는 듯이 말이다. 로버트 새폴스키의 『한 영장류의 회고록』*A Primate's Memoir*(2001)을 읽었을 때에야 비로소 이에 대한 명료한 대답을 얻을 수 있었다. 그가 관찰한 개코원숭이 사회에서는 갈등 상황이 지배 서열이 비슷한 이웃들 사이에서 주로 발생하는 경향이 있었다. 서열 순위가 4위인 원숭이는 3위이거나 5위인 원숭이와 충돌한다. 이와 비슷하게 서열이 17위인 개체는 16이나 18위인 동물들과 싸울 것이다. 그것은 자신과 서열 차이가 큰 동물과 싸우는 것은 별 이득이 없기 때문이다. 싸우지 않아도 결론은 뻔하다. 서열이 낮은 개체가 자신보다 서열이 훨씬 높은 개체와 싸우는 것은 쓸데없이 목숨을 건 위험한 짓일 뿐이다. 따라서 갈등은 거의 동등한 개체들 사이에 주로 일어난다. 상대적 지위가 완벽하게 고정되어 있지 않아서 서열이 바뀔 수 있는 여지가 있는 쪽은 비슷한 지위의 동물들 사이뿐이기 때문이다.

인간의 경우, 동급의 개체란 친구를 의미할 수 있다. 우리 모두는 사람들이 자신과 동급으로 여겼던 누군가가 거만해지거나 잘난 척을 했을 때 그 사람에 대해서 이런 식으로 말하는 것을 한 번쯤은 들었을 것이다. "걔는 자기가 뭐라도 되는 줄 아나 봐? 우리보다 잘난 건 하나도 없는데." 이때 우정은 금세 분노로 돌변한다. 왜냐하면 타인이 자신이 우월하다고 주장하게 되면, 이는 우리가 그들보다 열등하다는 말이 되기 때문이다. 우리는 겉보기에 비슷한 사람들 사이에서 평등을 깨는 사람을 싫어한다.

갈등은 주로 사회적 지위가 낮은 사람들 사이에서 빈번하게 나타난다. 왜냐하면 이들은, 맥콜의 표현을 빌리자면, "남아 있는 …… 한 가닥의 자존감"이라도 부여잡거나 유지하고자 하는 욕구가 가장 강하기 때문이다. 존엄을 향한 투쟁이 제일 치열한 집단은 사회의 나머지 구성원들로부터 존엄성과 자신감에 상처를 입거나 사회에서 비난을 가장 심하게 받는 사람들이다. 앞에서 인용한 맥콜의 진술은 갈등 상황이―적어도 인종적 맥락에서는―거의 흑인들에게 집중적으로 발생한다는 점을 강조한다. 그는 흑인들이 주로 백인들의 멸시를 참아 왔다는 사실을 언급한 후에 다음과 같이 말했다. "마치 흑인들은 이렇게 말하는 것 같았다. '백인들이 나를 쪽팔리게 하는 건 어쩔 수 없지만, 흑인들이 그러는 건 막을 수 있다고'"(McCall 1994, 52).

낮은 사회적 지위와 자기 존중감

낮은 사회적 지위는 종종 자기 존중감에 상처를 입힌다. 우리는, 낮은 사회적 지위, 상대적인 가난, 업신여김 등이 자기 존중감에 상처를 줄 것이라고 쉽게 예상할 수 있다. 그러나 니콜라스 엘머Nicholas Elmer의 누적 조사를 살펴보면, 위 조건들이 자기 존중감에 영향을 미친다는 증거는 발견되지 않았다(Elmer 2001). 그는 계층에 따라 자기 존중감이 달라지는 경향은 없었다고 결론을 내렸다. 오히려 엘머는 아프리카계 미국인들이 백인 미국인들보다 조금 높은 자기 존중감을 가지고 있다고 기록하고 있다. 그의 연구에 따르면, 인종주의자들이나 폭력과 연루되어 있는 사람들은 다른 사람들보다 자기 존중감이 오히려 더 높았다. 그의 주장은 상식과 상당히 다르다. 또한 폭력과 불평등의 연관에 대한 우리의 논의와도 배치된다.

대개 폭력적인 사람, 인종주의자, 인종적 소수자처럼 사회적 지위가 낮은 사람들은 자신이 무시당한 것 같아서 괴로워하는 경우가 많다. 이런 경향을 보고, 우리는 이들의 자기 존중감이 그리 높지 않을 것이라고 쉽게 예상할 수 있다. 하지만 상류층들은 하류층들이 굴욕감을 느끼는 이유가 사회적 계층화 때문이라고 생각하지 않는다. 하류층들이 지나치게 예민하게 굴면서 걸핏하면 무시당했다고 불평하는 것뿐이라고 비난한다. 사회적 지위가 낮은 사람들이 열등한 대접을 받는다고 느끼는 이유는, 실제로 그들이 무시를 당해서라기보다 그들이 잘못된 태도를 보이고 있기 때문이라는 것이다. 이런 관점은 문제의 원인을 굴욕감을 느끼는 차별적인 사회 구조가 아니라 차별을 받은 개인의 잘못으로 돌려버린다.

하지만 우리가 낮은 사회적 지위에 더해진 사회적 낙인이 열등감을 부추긴다는 사실을 받아들인다면, 낮은 사회적 지위가 사람들의 자기 존중감을 훼손하지 않는다는 엘머의 연구는 어디에서 잘못된 것일까? 왜 자기 존중감의 측정 수치는 우리가 예상하는 결과를 보여 주지 못했을까?

이 질문에 답하려면 엘머의 연구 과정을 좀 더 자세히 살펴볼 필요가 있다. 자기 존중감을 측정할 때 가장 널리 사용되는 설문은 로젠버그 자기 존중감 척도Rosenberg Self-Esteem Scale이다. 엘머의 연구에서 응답자들은 다음 10개 항목에 답했다.

1. 대체로 나 자신에게 만족한다.
2. 가끔 내가 전혀 좋은 사람이 아니라고 생각한다.
3. 나는 장점이 많다고 생각한다.
4. 나는 대부분의 사람과 마찬가지로 못하는 일이 있다.
5. 나는 자부할 만한 점이 별로 없다고 느낀다.
6. 나는 가끔 확실히 쓸모없는 인간이라고 느낀다.
7. 나는 적어도 다른 사람들과 비슷하게 가치 있는 사람이라고 느낀다.
8. 나 자신을 더 존중했으면 좋겠다.
9. 어찌 되었든 나는 실패자라고 느끼는 경향이 있다.
10. 나 자신에 대해 긍정적인 태도를 가지고 있다.

이런 질문들은 개인적인 차원에서 자기 존중감을 살펴보는 데는 유용할 수 있다. 하지만 이런 질문들로는 차별적인 사회 구조가 자기 존중감에 어떠한 영향을 미치는지는 포착할 수 없다. 사회적 지위가 낮은 사람들은 생활 속에서 자신의 존엄성을 끊임없이 위협하는 도전들과 만나게 된다. 어떤 이들은 자신을 짓밟는 거의 전투와 같은 상황에 부딪힐 수도 있다. 따라서 이들은 무엇인가에 대항하며 계속해서 자신을 방어해야 한다고 믿는다. 이런 맥락에서 보자면, 이들은 자신에 대해 회의하고 약점을 충분히 드러내면서 위와 같은 질문들에 응답하진 않을 것이다. 하지만 로젠버그 자기 존중감 척도는 이런 사회적 측면을 제대로 포착하지 못하고 있다.

길리건은 유난히 난폭했던 수감자와의 대화를 아래와 같이 기술했다.

> 나는 이 사람을 둘러싼 [폭력과 처벌의] 악순환을 깨기 위해, 마지막으로 그에게 물었다. "모든 것을 희생할 수 있을 만큼 당신이 그토록 절박하게 원하는 게 뭐죠?" 그는 …… 침착하면서도 확신에 찬 말투로, 너무나도 일관되고, 심지어 감동적인 연설문처럼 이렇게 대답했다. "자긍심. 존엄성. 자존감." 그리고 전보다 더 명료한 어조로 말을 이어갔다. "이걸 얻을 수만 있다면 난 여기 독방 구역에 있는 놈들을 모조리 죽여 버릴 수도 있어! 만약 누가 날 무시하고, 재수 없는 놈이라 부르고 비웃는다면, 내 인생은 아무짝에도 쓸모가 없는 거지. 만약 목숨을 걸 만한 무언가가 없다면 인생은 아무런 가치가 없어. 당신에게 자부심이 없다면, 아무것도 없는 거야. 그건 당신이 가진 전부거든! 나도 그런 자부심을 가지고 있어." 그는 다른 수감자들이 그에게서 자부심을 빼앗으려 한다고 설명했다. "나는 멍청이가 아니거든. 겁쟁이도 아니고. 그러니 그놈을 없애는 것 말고 내가 할 수 없는 일이라곤 없는 거야"(Gilligan 1996, 106).

로젠버그 자기 존중감 척도를 가지고 이 남자에게 설문을 했다고 치자. 7번 문항에서 그는 자신을 "적어도 다른 사람들과 같은 수준에서 가치 있는 사람"이라고 생각하지 않는다고 대답했을까? "자신을 더 존중했으면 좋았을 것"이라는 질문과 자기 자신을 긍정적으로 생각하는지에 대한 질문에 그는 어떤 대답을 했을까? 그는 다소 격앙된 어조로 자신이 다른 사람만큼 괜찮은 사람이라고 주장했을 것이다. 심지어 자신의 자기 존중감에는 아무런 문제가 없다고 주장할지도 모른다. 그가 말했던 것처럼 그들에게는 자부심이 있다. 하지만 문제는 다른 사람들이 그의 자부심을 빼앗으려 한다는 점이다.

우리가 이와 같은 역학을 더 섬세히 고려한다면, 폭력을 행사하는 사람들이 왜 로젠버그 자기 존중감 척도에서 점수가 높게 나타나는지 이해할 수 있다. 그들은 자신을 끌어내리는 지속적인 공격에 맞서서 자기 자신을 입증해야 하는 삶을 산다. 만약 그들에게, **다른 사람들**이 자신의 장점을 무시한다고 생각하는지, **다른 사람들**이 자신을 쓸모없는 인간인 것**처럼** 취급하는지, '다른 사람들'이 자신을 자부심을 가질 만한 구석이 하나도 없는 열등한 사람인 것**처럼** 대하는지를 묻는다고 해 보자. 그렇다면 우리는 예상했던 것과 훨씬 가까운 결과를 얻을 수 있었을 것이다.

엘머의 연구를 살펴보면, 자기 존중감이 의외로 높게 나타났던 사람들은 낮은 사회적 지위 때문에 생긴 열등감으로부터 자신을 보호해야 했던 사람들(아프리카계 미국인, 폭력적인 사람들, 인종주의자)이었다. 아프리카계 미국인들은 로젠버그 자기 존중감 측정치가 낮은 경우가 드물었다. 왜냐하면 그들은 인종적 편견에서 자신을 보호해야 할 필요성을 절감하고 있었기 때문이다. 다행히 흑인 사회 내부에는 존중의 문화가 존재하고 있기도 했다. 나단 맥콜이 지적했듯이, 흑인들은 너무나 오랫동안 백인들의 멸시를 받았기 때문에 남아 있는 일말의 자존심이라도 지키고 싶어 한다(McCall 1994). 폭력적인 사람들은 자신이 열등하다는 치욕을 받아들이지 않겠다고 결심한 집단이다. 이들은 무시당하는 것을 참지 않고 다른 사람들이 그들을 존중하도록 만들기 위해 언제라도 폭력을 휘두를 준비가 되어 있다. 자기 존중감이 기대 이상으로 높게 나타난 또 다른 집단은 인종주의자들이었다. 이들은 대부분 자기보다 아래라고 생각되는 인종을 차별함으로써 자신의 사회적 지위를 되찾으려는 지위가 낮은 백인들이었다. 그들은 다른 사람들을 열등하게 만들면서 우월감을 회복한다. 요컨대, 위에서 언급한 각 집단은 그들에 대한 사회의 부정적인 평가에 저항할 필요성을 느끼기 때문에 자기 존중감 척도에서 수치가 높은 대답을 골랐다.

우리는 자기 존중감을 조사한 엘머의 연구를 통해서, 한 개인의 가치,

자존심, 우월함과 열등함, 존엄성, 존중, 자부심, 체면 손상, 부끄러움, 치욕, 창피함의 문제는 우리가 생각하고 있는 수준보다 훨씬 중요하다는— 어떤 면에서는 처절한 전쟁터라는—사실을 깨달았다. 자부심과 자존심은 너무나 중요하다. 따라서 열등함에 대한 사회적 규정에 수동적으로 굴복하기보다는 이에 맞서야 했다. 때로 그것은 단순히 심리적인 방어로 그칠 수 있다. 하지만 어떤 때는 사회적 공격을 막아내기 위해서 직접적이고 물리적인 폭력을 행사하기도 한다. 심지어 직접적으로 폭력을 휘두를 가능성이 매우 적은 사람들조차도 자신을 향한 모욕으로부터 스스로를 방어하기 위해 어떤 방법이든 선택할 것이다. 아마도 자신에게 모욕을 준 사람이 얼마나 거들먹거리는 멍청이인가를 폭로하는 방법이 될 수도 있다. 이런 연구에서 우리가 얻을 수 있는 사실은 자기 존중감이 매우 중요하기 때문에 사람들이 이를 심리적으로나 물리적으로 방어하려 한다는 사실만은 아니다. 자기 존중감은 존엄, 인격적 가치, 열등함과 우월함, 사회적 지위와 지배라는 중요한 문제들과도 불가분의 관계에 있다. 결국 "당신에게 자부심이 없다면, 아무것도 없는 것이다."

폭력과 수치심

폭력과 '불평등'의 관계를 다룬 심리학적 연구는 매우 적다. 그러나 폭력과 '수치심'의 관계를 다룬 연구는 꽤 많아서 아직 부족한 불평등 연구의 간극을 메워 준다. 거칠게 말하면, 불평등이 곧 수치심이기 때문이다. 길버트와 맥과이어는 어떻게 "수치심이 분노와 …… 공격성으로 바뀌는지"를 묘사하고 있다(Gilbert and McGuire 1998, 23). 그들은 다음과 같이 말했다. "수치심을 분노로 감추는 행위는 종종 남성이 폭력을 휘두르는 전형적인 이유인 '체면치레'에서 찾아볼 수 있다"(Gilbert and McGuire 1998, 8). 토마스 셰프도 수치심과 분노의 유사성에 주목하면서 이렇게 서술했다. "적대심이란, 어리석고 쓸데없는 행동, 무능하다는 느낌과 모욕감, 그리고 모욕을 막아낼 힘이 부족해서 느끼는 굴욕감을 물리치기 위한 전략이다"(Scheff, Retzinger and Ryan 1989, 188). 셰프의 개념을 빌리자면, "수치-분노의 악순환"은 "방어감정체계"에 대한 논의의 핵심이다(Scheff 1988, 183). "수치심이 커지면 자존감이 손상되는 것을 막기 위해 분노와 적대심도 커지게 된다"(Scheff 1988, 188). 분노는 자신을 향한 공격 때문에 수치심을 느끼게 되었을 때, 자신을 보호하기 위해 사용하는 대처 방법이다. 폭력, 경멸, 그리고 사회적 지위가 갖는 연관관계에 대해서 다음과 같이 말하는 연구도 있다. "자부심과 수치심을 느끼는 수준은 한 인간이 받는 존중이 어느 정도인지에 달렸다. 자부심은 상대방에게 존중받을 때 생기며('존경'), 수치심은 존중이 부족할 때 발생한다('경멸')"(Scheff, Retzinger and Ryan 1989, 184).

몇몇 심리학자나 심리분석가는 폭력이 "인정받지 못한다는 수치심" unacknowledged shame 때문에 발생한다고 주장해 왔다(Scheff 1990; Lewis 1980). 물론 어떤 사람들은 치욕스러운 상황에서 화를 내거나 폭력적으로 반응하기보다 자신의 행동을 부끄러운 것으로 인정하면서 주눅이 들 수도 있다. 마치 원숭이 무리에서 서열이 낮은 개체가 그런 것처럼, 스스로를 부끄러워하면서 "순종적이고 유순한 행동"을 보일 수도 있다. 그러나 무시당했거나 멸시를 당했다고 느꼈을 때, 이와는 반대로 폭력을 행사한 다고 해서 그것을 자신의 치부를 인정하는 데 '실패'한 행동이라고 비판할 수는 없다. 그것은 결국 사람들에게 열등감이라는 불명예를 무조건 받아 들여야 한다고 주장하는 것과 똑같다. 이런 주장은 계급적 지배와 피지배 라는 근본적인 불의를 인식하지 못한 채 폭력을 분석하는 실수를 저지르 고 있다.

겉보기에 소심함과 폭력은 매우 다르게 보이지만 이들은 사회적 지위에 대한 도전과 위협에 반응하는 두 가지 대응 방식일 뿐이다. 자신보다 지위가 높은 사람들 앞에서 종종 주눅이 들거나 소심해지는 이유는 사회적 평가에 대한 두려움 때문이다. 흥미롭게도 중국어와 일본어에서 수줍음과 수치심은 같은 글자를 사용한다.[1] 영어에서도 **염려**anxiety, **고통**anguish, **분노**anger는 모두 같은 어원을 갖는다.[2]

---

[1] 윌킨슨이 언급한 글자는 한자 恥(치)인 듯하다. 恥는 마음속으로 생각하여(心), 얼굴이 붉어진다(耳)는 의미로 '부끄러워하다', '욕보이다'라는 뜻을 가지고 있다. 恥는 치욕(恥辱)과 수치(羞恥)에 모두 사용되는 글자이며, 일본어에서 부끄러움을 나타내는 단어인 恥ずかしい(はずかしい·하즈까시이)에도 동일하게 사용된다.

[2] angst, anguish, anger, anxiety, ache은 라틴어의 'angina', 그리고 그보다 이전에는 인도-유럽어의 'angh'에서 유래했다. 이는 관상동맥 부전에 의해 되풀이되는 발작인 협심증(angina perctoris)의 어원이기도 하다. angina는 단순히 육체적인 질식이 아닌 공포와 파멸의 느낌을 담고 있는데, 윌킨슨이 이 책의 뒷부분에서도 지적하고 있듯이 협심증과 같은 심장질환은 심리사회적인 스트레스가 원인인 경우가 많다. 따라서 1768년 런던의 내과의사 윌리엄 헤버든이 분노, 근심, 걱정의 어원인 angina를 차용해 협심증이라는 용어를 만들어 낸 것은 매우 적절해 보인다.

사회적 지위에 대한 심리적 민감성의 생물학적 지표

사회적 지위에 인간이 심리적으로 얼마나 민감한지를 보여 주는 몇 가지 생물학적 지표가 있다. '백의고혈압'white coat hypertension도 한 가지 예이다. 이것은 흰 가운을 입은 의사가 환자의 혈압을 직접 측정할 경우, 기계로 측정하거나 간호사처럼 서열이 상대적으로 낮은 사람이 측정할 때보다 수치가 높게 나타나는 현상을 말한다. 의사 앞에서 환자들이 더욱 긴장하게 되는 이유는 의사가 일반적으로 환자들보다 지위가 높기 때문이다. 어떤 실험은 자신과 지위가 비슷하거나 낮은 사람에게 면접을 받을 때보다, 지위가 높은 사람 앞에서 면접을 받을 때 혈압이나 심장 박동이 빨라진다는 사실을 발견했다(Long et al. 1982). 다른 여러 심리학적 실험도 우리가 어떤 상호작용에서든 처음 몇 분 안에 상대방의 사회적 지위를 알아채는 본능이 강하다는 사실을 지적한다(Fisek and Ofshe 1970; Kalma 1991). 에머슨R. W. Emerson이 말한 대로, "개별 인간은 인류의 방대한 서열 체계에서 자신이 차지하는 정확한 등급을 눈동자에 새겨놓고 있다. 그리고 상대의 이런 표식을 읽어 내도록 계속적으로 배운다"(Emerson 1883).

심리사회적 요인은 스트레스를 일으키면서 건강에 최종적으로 영향을 미친다. 스트레스는 우리가 '투쟁-도주 반응'[3]을 하도록 한다. 이 반응

---

[3] **투쟁-도주 반응**(fight or flight response) 인류는 위험에 직면하면 맞서 싸우든지 도망치든지 둘 중 하나를 선택하며 위험에 대처하도록 진화했다. 인간의 신체는 위험을 감지하는 순간 아드레날린을 분비하는데, 이로 인해 심장 박동과 호흡이 빨라지고 혈압이 올라가며, 공포와 긴장을 느낀다. 이처럼 우리의 육체는 싸우거나 도망치는 데 적합하도록 근육과 신체의 주요 기관을 준비시키는데, 이런 뇌와 자율 신경계의 작용을 투쟁-도주 반응이라 부른다.

은 꽤 오랫동안 진화되어 왔기 때문에 대부분의 포유류에게 매우 비슷하게 나타난다. 싸우거나 도망칠 필요가 있는 스트레스 상황에서는 몸의 에너지가 근력을 발휘하기 위해 동원된다. 이와 함께 수많은 다른 변화들도 일어난다. 투쟁-도주 반응에 대해서는 8장에서 개략적으로 설명하도록 하겠다. 그중에는 혈액을 응고시키는 물질인 피브리노겐fibrinogen의 수치가 높아지는 변화도 있다. 이는 상처가 날 경우를 대비해 출혈이 빨리 멈출 수 있도록 하기 위한 변화다. 어떤 동물이 누군가에게 공격을 받아 상처를 입으면, 상처가 빨리 아물 수 있도록 피브리노겐 수치가 증가하는 것은 분명 합리적이다. 개코원숭이, 침팬지, 짧은꼬리원숭이처럼 사회적 위계질서를 형성하고 있는 영장류들 사이에서는 서열이 낮은 개체가 서열이 높은 개체에게 공격받을 가능성이 매우 크다. 지위가 낮은 동물들은 대체로 자주 공격을 받으며, 상처나 물린 자국들도 많다. 흥미롭게도 런던 정부 청사에서 일하는 공무원들을 대상으로 수행한 제2차 화이트홀 연구 Whitehall II study를 살펴보았을 때도, 남녀를 불문하고 인간의 사회적 지위에 따라서 피브리노겐 수치가 달라진다는 사실을 확인할 수 있다(Brunner et al. 1996). 다시 말해, 직급이 낮을수록 혈액이 빨리 응고되는 경향이 인간에게도 나타났던 것이다. 이는 마치 상사가 자신을 직접 공격하는 데에서 오는 스트레스로부터 몸을 보호하기 위해 직급이 낮은 사람들의 몸이 반응하고 있는 것처럼 보일 정도였다.

이때 하급자가 상급자 때문에 실제로 몸에 상처를 입게 되었다면, 높은 피브리노겐 수치는 과도한 출혈을 막아 주었을 것이다. 하지만 불필요한 혈액 응고는 관상동맥을 막아 심장병의 위험을 증가시킨다. 이 때문에 말단 공무원들은 고급 공무원들에 비해 관상동맥 심장질환으로 사망할 위험이 네 배나 높게 나타났다. 물론 피브리노겐 수치의 차이는 관상동맥 심장질환을 일으키는 여러 요인 가운데 하나일 뿐이다. 하지만 관상동맥 심장질환을 예방하기 위해서 선진국의 노인들에게 혈액 농도를 낮추는 약물이 널리 처방되고 있는 것처럼 혈액 응고는 관상동맥 질환과 매우 밀접한 관련이 있다. 이런 약물이 급속도로 확산되고 있는 현실은 현대 사회가 얼마나 장기적인 스트레스에 시달리고 있는지를 짐작하게 해 준다. 하루에 한 알씩 복용하면 혈액의 농도를 묽게 해서 심장질환을 급격히 줄여 준다는 아스피린이 인기가 있는 이유도, 결국은 얼마나 많은 현대인이 혈액이 응고되는 스트레스 상황에 노출되어 있는지를 상징적으로 보여 준다. 마치 서로가 서로에게 위협이 되고 충분한 사회적 지지가 부족한 환경에서 우리가 살고 있다는 듯 말이다.

업무나 경제적 어려움은 스트레스를 일으킨다. 이런 사회적 스트레스가 심장혈관에 일으키는 반응을 비교한 한 연구는 다음과 같이 결론을 내린다. "다른 사람과의 관계 속에서 생기는 갈등이나 긴장은 우리의 정서적 안정에 지속적이고 우선적인 영향을 미친다. 따라서 사회적 관계는 인간이 스트레스를 받는 가장 중요한 사안이다"(Lasser et al. 1994, 69). 사회적 지위 격차가 혈압이나 혈액 응고에 미치는 영향은 어떻게 사회적 지위가 우리의 피부 아래로 침투하는지를 보여 주는 하나의 사례다. 사회적 위협 때문에 생긴 스트레스가 어떤 생물학적 증상을 일으키는지는 여러 차례 지적되었다. 예를 들어, 어떤 실험은 실험 대상자들에게 스트레스를 받을 만한 수학 문제를 풀도록 하고, 스트레스 호르몬인 코르티솔 수치를 측정했다. 이 실험에 따르면 처음에는 코르티솔 수치는 크게 증가하지 않았다. 하지만 문제 풀이의 결과를 공개해서 다른 사람들의 점수와 비교하게 되자 실험 대상자들의 코르티솔 수치가 현저하게 증가했다(Pruessner, Hellhammer and Kirschbaum 1999). 심지어 네 살짜리 어린 아이들도 이런 비교에 수치심을 느끼며 코르티솔 수치가 변화하는 것으로 밝혀졌다 (Lewis and Rasmsay 2002).

우리는 앞에서 소심함과 수줍음이 비록 폭력과 전혀 연관이 없는 것처럼 보일지라도 사회적 지위에 반응하는 또 다른 방식이라는 점을 지적했다. 우울증도 그 논의의 일부가 될 수 있다. 왜 인간들은 자신을 무기력하게 만드는 상황에 취약하며, 심각한 우울증에 빠지게 될까? 우울증은 그저 진화론적 실수일 뿐일까? 아니면 겉보기에는 이처럼 역기능적인 상태도 어떤 기능을 지니고 있는 것일까? 이에 폴 길버트는 우울증은 종속 반응의 진화론적 유물이라고 설득력 있게 주장한다(Gilbert 1992). 만약 인간에게 종속적 지위를 받아들이는 능력이 없다면, 지배-복종의 위계질서는 끊임없이 갈등만을 낳게 될 것이다. 서열이 낮은 동물이 위험하고 패배할 것이 뻔한 싸움을 피하기 위해서는 자신의 신체적 열등함을 인정해야 한다. 그리고 자신이 별 볼일 없는 존재라는 사실을 끊임없이 드러내야 한다. 의기소침한 사람들은 자신을 보잘 것 없고 그리 위협적이지 않은 사람이라고 비하하는 특징이 있다. 만약 이런 사고방식이 결코 이길 수 없는 분쟁을 피하는 데 도움이 된다면, 이런 특징은 이들의 생존 전략이 될 수도 있다.

동물의 내분비계를 연구한 학자들은, 종종 우울증과 관련이 있는 세로토닌을 '사회적 지위 호르몬'이라고 불렀다. 우울증을 치료하기 위해 사용되는 항우울제도 뇌에서 세로토닌의 수치를 높이는 세로토닌 재흡수 억제제다. 이런 사실은 우울증이 낮은 사회적 지위와 연관이 있다는 길버트의 해석을 더욱 설득력 있게 만든다. 서열이 높은 원숭이들은 세로토닌의 수치가 높다. 또한 세로토닌의 수치를 인위적으로 높였을 때 사회적 지위가 높아질 가능성도 커진다(Raleigh et al. 1991; Kramer 1993). 사회적으로 열등한 집단으로 분류되는 것을 거부하는 난폭한 사람들이 비폭력적인 집단보다 세로토닌 수치가 높게 나타났다는 증거도 있다(Moffitt et al. 1998).

임상심리학자인 길버트는 우울증을 일으키는 패배감, 무시당한 느낌, 좌절감, 상실감 등을 언제 느끼게 되는지 목록을 만들었다. 패배감이나 경쟁에 실패했다는 느낌은 직접적인 사회 갈등에 연루되었을 때만 받게 되는 것이 아니다. 해결하기 어려운 가정사에서부터 직장에서 승진에 실패했던 경험에 이르기까지 매우 광범위한 가치평가의 영역에서 이런 느낌을 받을 수 있다. 우울한 사람들은 "자신의 상대적 지위를 매우 낮게 평가하며, …… 다른 사람이나 '권력자'에게는 높게 나타날 것 같은 매력, 재능, 역량, 호감이 자신에게는 없다고" 평가한다. 길버트가 언급했듯이 낮은 자존감은 사회적 비교를 통해 형성된다. 우울증은 "자기도 모르게 자신이 열등하다고 느끼는 자기인식이다"(Gilbert and Goss 1996, 25). 그것은 리어리와 코월스키의 진술과도 일맥상통한다. "사회적 불안과 함께 오는 감정이 바로 우울증이다"(Leary and Kowalski 1995, 137).

폭력은 여성보다는 남성에게서 더 빈번하게 나타난다. 또한 남성은 여성보다 자신의 지위에 더 관심을 갖는 경향이 있는데, 그 이유는 많은 여성이 권력, 높은 지위, 부를 가진 남성을 성적으로 더욱 매력적인 배우자로 평가하기 때문이기도 하다. 지위가 낮은 남성들은 돈과 지위를 가진 남성을 좋아하는 여성들이 자신을 무시하고 있다며 분개한다. 그러나 8장에서 자세히 묘사하겠지만 남성들, 특히 젊은 남성들 사이에서 폭력을 일으킬 수 있는 환경에 여성들이 처해 있을 때에는 좀 다른 현상이 나타난다.

극빈 지역의 젊은 남성들 사이에서는 폭력 사건 발생률이 매우 높다. 하지만 여성들의 경우에는 10대 임신이나 우울증이 많이 나타난다. 10대 임신은 폭력과 마찬가지로 불평등에 민감하게 반응한 결과다(Picket and Wilkinson, 근간). 이처럼 폭력은 남성들에게 일반적이고, 여성들에게는 우울증이 더 흔하다. 그 이유는 아마도 위계 서열이 있는 동물 사회에서 사회적 지위가 암컷들보다 수컷들의 생식 능력에 더 중요한 의미를 부여해 왔기 때문일 것이다. 지배하는 위치에 있는 수컷은 서열이 낮은 수컷들이 종족 번식을 못 하도록 기회를 뺏으려 한다. 하지만 지위가 낮은 암컷들은 이런 과정에서 소외되지 않는다. 서열이 낮은 수컷들은 자손 번식을 위해서 자기보다 우월한 개체에게 결투를 신청해야 한다. 그러나 서열이 낮은 암컷에게 최고의 생존 전략은 자신의 낮은 지위를 순순히 받아들이고 어떤 위험을 가지고 올지도 모르는 도전을 피하면서 새끼를 낳는 일이다.

사망 원인을 국제적으로 비교했을 때, 놀랍게도 불평등이 심한 나라일수록 사망 원인에서 자살이 차지하는 비율이 더 낮게 나타났다(McIsaac and Wilkinson 1997; Ng and Bond 2002). 자살과 폭력은 반대 방향으로 움직이는 경향이 있는 것처럼 보인다. 사회적 갈등이 많은 공격적인 사회에서 무슨 일이 잘못되었을 때, 사람들은 자신이 아니라 상대방을 비난한다. 그러나 사회질서가 안정되어 있고 도덕적 권위가 높은 사회에서는 사람들은 자기 자신을 탓한다. 사회적 위계질서가 뚜렷한 사회일수록 사람들은 사회적 지위가 낮기 때문에 갖게 되는 수치심으로부터 자존심을 지키기 위해 더욱 방어적인 자세를 취한다. 자살이 사망 원인이 되는 비율은 미국의 어느 지역들보다 뉴욕의 할렘에서 더 낮게 나타났다(McCord and Freeman 1990). 뒤르켐 Emile Durkheim 이 지적했듯이, 어떤 종류의 자살은 자신이 가족이나 직장 동료를 실망시켰다는 수치심처럼 사회적 관계의 압력이 심해서 발생한다. 하지만 어떤 자살은 실업이나 사회적 관계의 결핍처럼 사회적 관계로부터 소외되면서 발생한다.[4] 이 중 어떤 유형의 자살이 지배적인지는 나라마다 다를 것이다. 하지만 대부분의 나라에서 (그리고 국제적으로 비교해 봐도) 아마 첫 번째 유형의 자살이 두 번째 유형보다 더 많이 일어나고 있는 듯하다.

---

[4] **뒤르켐의 자살 연구**는 개인적 행동으로 보이는 자살행위가 사회적 세계의 영향을 받고 있다는 점을 드러내는 연구다. 그는 사회적 특성과 연결시켜 자살을 다음과 같이 네 가지 유형으로 분류했다. 첫째, 이기적 자살은 사회적 통합 수준이 낮고 개인이 고립되어 있을 때 주로 나타난다(예: 독신 생활자의 자살). 반면 이타적 자살은 개인에 대한 사회적 결속이 과도하게 강하고 사회의 가치가 개인의 가치보다 클 때 일어난다(예: 순교). 셋째, 아노미적 자살은 사회가 급속도로 변하면서 안정적인 사회 규제가 부족할 때 나타난다(예: 경제 불황이나 가정 불화로 인한 자살). 마지막으로 숙명론적 자살은 개인이 사회에 의해 과도하게 규제를 당해 운명이나 사회 앞에 무력감(예: 수험생의 자살)을 느끼게 될 때 발생한다.

6
협력이냐 갈등이냐
불평등이 이 문제를 결정한다

　5장에서 살펴본 폭력과 불평등의 관계가 말해 주듯이, 나의 지위가 낮다고 생각하거나 상대적 박탈감을 느끼는 이유는 낡은 자동차나 누추한 집이 불편해서가 아니다. 열등한 물건을 사용해 근근이 버텨야만 한다는 것 자체가 바로 당신에게 사회적 낙인을 씌우기 때문이다. 질 낮은 물건의 사용은 다른 사람들과 당신을 비교해 당신의 '가치'에 등급을 매긴다. 이류의 물건은 그것을 사용하는 사람이 이류 인생을 사는 이류의 사람임을 의미한다. 중요한 점은 사람들이 소유한 것들이 사회에서 어떻게 비교되느냐이다. 가난한 사회에서 자동차는 아무리 낡았더라도 가치 있고 부러움을 살 만한 재산이다. 하지만 부유한 사회에서 낡은 자동차는 빨리 팔아치우고 싶은 물건일 뿐이다.

　이런 사실은 18세기 말 영국에서도 마찬가지였다. 현대 경제학의 '아버지'로 불리는 아담 스미스는 가난이 부끄러움과 관련되어 있다는 사실을 알고 있었다. 어떤 순간에 부끄러움을 느끼는지는 한 사회에서 용인될 수 있는 최소한의 생활수준이 어디까지인지를 보여 준다는 것이다.

필수품이란 생계를 유지하기 위해 반드시 필요한 물건만을 뜻하진 않는다. 필수품은 한 사회의 관습상, 아무리 지위가 낮더라도 품행이 단정한 사람이라면 반드시 가지고 있어야 하고, 그것이 없으면 꼴불견이 되는 그런 물건을 말한다. 날품팔이로 살아가는 노동자라도 양식이 있는 사람이라면 아마포 셔츠를 입지 않고 사람들 앞에 나타나는 것을 부끄러워할 것이다(Smith 1759, 383).

정치적 스펙트럼상에서 아담 스미스와 정반대에 있는 마르크스^{Karl Marx}와 엥겔스^{Friedrich Engels}도 상대성과 사회적 비교의 중요성을 이해하고 있었다.

집은 클 수도 있고 작을 수도 있다. 만약 다른 집들도 똑같이 작다면 이 집은 주거에 대한 모든 사회적 요구를 만족시켜 줄 것이다. 하지만 작은 집 옆에 궁전이 하나 들어선다면 이 집은 초라한 오두막으로 전락하게 될 것이고 …… 집주인은 점점 불만으로 가득 차 자신의 집을 비좁고 갑갑하게 느끼게 될 것이다(Marx and Engels 1848, 268).

이런 견해들은 살린스의 주장(3장에 인용)에 힘을 실어 준다. 그는 빈곤을 단지 재화의 많고 적음, 수단과 목표의 관계로만 분석하려 하지 않고, 사람과 사람의 관계, 사회적 지위, 그리고 '부당한 계급 구분'의 차원에서 해석하려고 했다(Sahlins 1974, 37). 아담 스미스나 마르크스와 엥겔스가 살았던 시대는 절대적 빈곤에 시달리는 사람도 많았고, 기본적인 필수재의 부족으로 많은 사람이 고통받았던 시절이다. 만약 그 당시에도 '삶의 조건을 개선'할 때 재화의 절대적인 양과 질뿐만 아니라 사람들 사이의 물질적 차이와 **사회적인** 의미 역시 중요했다면, 오늘날 훨씬 부유한 나라들에서 빈곤의 사회적·상대적 차원은 분명 더욱 중요할 것이다.

빈곤의 사회적 차원을 인식한 유럽연합에서는, 빈곤을 절대적인 기준이 아니라 국내 평균 소득의 절반 이하(또는 중위 소득의 60%)의 생활수준으로 정의하고 있다. 하지만 몇몇 선진국에서는 여전히 다른 사람들의 소득 수준과 관계없이 정해지는 절대적 빈곤선을 사용하고 있다. 생활수준을 계산할 때 상대적 빈곤선을 사용하는지 절대적 빈곤선을 사용하는지는 커다란 차이가 있다.[1] 우리가 4장 〈표 4-1〉에서 살펴보았듯이, 절대적인 수준에서 보면 한 사회에서 하위 50% 사람들이 전체 소득의 18%를 소유하든, 24%를 소유하든 그 차이(6%)는 별로 크지 않다. 그러나 상대적인 수준에서 보면 그 차이는 엄청나게 벌어진다. 만약 소득 차이를 하위 50%의 사람들과 상위 50% 사람들의 상대적 소득 차이로 계산한다면, 하위 50%

---

[1] **절대적 빈곤과 상대적 빈곤** 빈곤이란 흔히 '생활하는 데 필요한 자원이 결핍되거나 부족한 상태'를 말하며, 그런 상태에 처한 사람을 빈민이라고 한다. '빈곤선'이란 빈곤이라는 상태를 지표화해서 한 사회에서의 빈자와 비(非)빈자를 나누는 기준을 말한다. 빈곤에 대한 이런 정의는 보통 '절대적 빈곤'과 '상대적 빈곤'으로 나누어지며, 이에 따라 빈곤선 역시 절대적 빈곤선과 상대적 빈곤선으로 나누어진다. 대체로 최저생계비보다 소득이 낮은 경우를 절대적 빈곤 상태라고 한다. 하지만, 어느 나라에서나 최저생계비 자체는 매우 낮게 설정되어 있다. 즉 빈곤선이 낮아야 공식적으로 가난한 사람의 숫자를 줄일 수 있으니 국가의 입장에서 보면 당연한 일이라 할 수 있다. 실제로 2004년 한국의 최저생계비는 4인 가족 기준으로 약 106만 원이었는데, 이는 도시근로자 가구 평균소득의 약 32%에 불과했다. 이런 현실은 절대적 빈곤선이 얼마나 현실과 동떨어져 있는지를 잘 보여 준다.
이에 따라 절대적 빈곤 대신 상대적 빈곤에 더욱 주목해야 한다는 주장이 제기되었으며, 이는 타운젠드(Peter Townsend)를 필두로 1960년대 이후 본격화되었다. 타운젠드는 1962년 "어떤 개인과 가족의 자원이 그들이 살고 있는 사회의 평균적 개인 또는 가족이 지배하고 있는 자원에 현저히 미달할 경우를 빈곤하다고 보아야 한다"고 주장하며, 빈곤의 상대적 척도로서 평균소득을 제시했다. 그러나 평균값은 극소수의 부자들로 인해 과장되는 경향이 있어, 대부분의 학자들은 소득 중간값의 2분의 1을 상대적 빈곤선으로 설정한다.
대체로 상대적 빈곤선은 절대적 빈곤선보다 훨씬 높은데, 대부분의 나라에서 상대적 빈곤선은 절대적 빈곤선보다 약 1.5배 높게 나타난다(이강국, 『가난에 빠진 세계』, 책세상, 2007 참조).

가 갖는 소득이 18%인지 24%인지에 따라 가난한 사람들이 부유한 사람들과 비교하면서 느끼는 상대적 생활수준에는 45%나 차이가 나게 된다.

존중받고 싶은 욕구

불평등한 사회에서 폭력이 흔하게 발생(5장)하는 이유는 인간이 사회적 지위에 민감하기 때문이다. 이는 불평등한 사회일수록 사회적 관계가 피폐해진다는 사실(2장)과, 인간이 다른 사람들이 자신을 어떻게 평가하는지에 매우 예민하다는 사실(3장)과도 관련이 있다. 여기서는 왜 불평등한 사회에서 사회적 관계가 피폐해지는지를 좀 더 구체적으로 살펴보려 한다.

살인은 사회적 관계의 다양한 모습 가운데 가장 극단적인 형태이다. 하지만 2장에서도 살펴보았듯이, 높은 살인율은 그 사회의 사회적 관계의 질이 전반적으로 공격적이라는 점을 말해 준다. 다음의 인용문은 사이먼 찰스워스가 로더럼의 25세 청년을 인터뷰한 내용이다. 이는 광산과 제철 산업이 몰락해 고용률이 급격히 떨어지면서, 어떻게 로더럼에서 사회적 관계의 질이 악화되었는지를 잘 묘사하고 있다.

> 자, 이걸 좀 봐. 여기 상황은 갈수록 엉망이 되고 있어. 로더럼 상황은 정말 개 같아. 지랄 맞을 정도로 개 같단 말이야. 온종일 사람들이 나만 쳐다보는 거야. 그 사람들은 일도 안 해. 일을 해서 몸이 힘든 건 별문제도 아니지. 우릴 괴롭히지는 않으니까. …… 아니, 세상에 방문만 열고 나가면 자기를 꼴아보는 사람들이 가득한 마을에서 누가 살고 싶겠어? 요즘 우리 집 앞 길가에 시에라 승용차를 주차해 놓는 젊은 놈이

하나 있는데, 그 자식은 항상 내게서 눈을 떼지 않는 거야. 하루는 이 자식이 기분이 나빴는지 날 붙잡아 세우더라고. 그래서 나도 대꾸했지. 도대체 뭐가 문제냐고……. 이 어린 녀석들이 …… 못된 짓만 골라서 하며 거리를 쏘다녀. 그게 그 녀석들이 하는 일의 전부라고. 로더럼에는 이제 그 녀석들을 만족시킬 만한 건덕지가 없거든. 그래서 하는 일이라곤 우리를 공격하는 일뿐이야. 순진한 우리 같은 사람들이 고생이라구. 그러니까 강하게 단련해서 언제라도 맞붙어 싸울 준비를 해야 해. 왜냐고? 우리가 직접 완력을 써야만 이 더러운 새끼들이 놀라서 인정해 주니까. 그러니까 내 말은 당신에게 힘이 센 친구가 있다는 사실을 놈들이 안다고 생각해 봐. X가 유명한 건 그 녀석이 무지하게 힘이 세기 때문이야. 정말 그뿐이라니까. 그 녀석들은 시비를 걸 때는 당연히 약한 놈을 골라서 희생양으로 삼거든. 힘센 X가 우리 친구라는 걸 안다면 이야기가 달라지겠지. 정말 개 같은 상황이야(Charlesworth 2000, 207).

어떤 의미에서 가난한 젊은이들이 '사람을 노려보는 것'은 자신의 지위를 방어하는 방식이기도 하다. 이는 다른 사람들에게 자신을 존중해야 하고 무시해서는 안 된다는 뜻을 강력히 표명하는 것이다.

하지만 가난한 사람들만이 지위와 '존중'을 얻기 위해 분투하는 것은 아니다. 『도덕감정론』 The Theory of the Moral Sentiments에서 아담 스미스는 "존경"을 받고자 하는 욕구는 경제활동의 주요 원동력이며, 사람들은 사회적 지위를 얻기 위해 부를 축적한다고 말했다. 그는 이렇게 묻는다.

탐욕과 야망, 부와 권력, 남들보다 뛰어나고 싶다는 갈망은 왜 생겨나는 것일까? 단지 생존에 필요한 물건들을 얻기 위해서 필요할까? 사실 가난한 노동자의 월급으로도 생존은 할 수 있다. …… 그럼에도 우리가 그 [가난한 노동자의] 처지를 혐오하는 이유는 무엇일까? 지체 높은 가문의 교육받은 사람들이 노동자들처럼 …… 별 볼일 없는 식사를 하고 …… 남루한 옷 입기를 죽기보다도 싫어하는 이유는 무엇일까? 자기 위장(胃腸)은 남들보다 특별하며, 오두막이 아니라 궁전에서 자야 잠이 잘 온다고 생각하는 것일까? …… 계층을 막론하고 모든 사람에게서 발견되는 경쟁심은 어디에서 비롯된 것일까? 인간이 자신의 처지를 개선하려고 삶의 거대한 목표를 세우는 것은 …… 결국 어떤 이득이 있을까? 남들이 자신을 알아보고 주목을 받고, 호감이나 애정 어린 관심을 받는 것 …… 부유한 사람은 자신의 부를 자랑스러워한다. …… 반대로 가난한 사람은 자신의 가난을 부끄러워한다(Smith 1759, 50).

『명품 열풍』Luxury Fever(1999)의 저자 로버트 프랭크Robert Frank와 『과소비하는 미국인』The Overspent American(1998)의 저자 줄리엣 쇼어Juliet Shore는 사회적 지위에 대한 관심이 소비를 부추긴다는 설득력 있는 분석을 내놓았다. 이들은 물질적 소비의 수준이 사람들의 사회적 지위를 나타내기 때문에 소비를 더욱 부채질한다고 주장한다. 쇼어는 1980년대와 1990년대 미국에서 소득 격차가 확대되면서, 사람들이 바라는 희망 소득이 빠르게 상승했다고 지적한다. 1980년대 중반부터 1990년대 중반에 수집한 자료들을 보면 사람들이 자신이 원하는 삶을 영위하기 위해 필요하다고 생각하는 '희망 소득'이 두 배로 뛰었다. 그 결과 사람들은 덜 저축하고 소득의 많은 부분을 소비했으며, 쉽게 빚을 지기도 했다. 이 모든 현상은 소득 불평등과 사회적 비교가 심해지면서 소비에 대한 압력이 증가한 결과다. 확실히 광고주들은 소비를 부추기기 위해 사회적 비교 심리를 이용한다.

프랭크(Frank 1999)가 잘 요약하고 있듯이, 최근의 연구들은 소득에 대한 만족감이 절대적인 소득 수준이 아니라 다른 사람과 비교해서 자신의 소득이 어느 수준인가에 달려 있으며, 소득 불평등이 작을수록 사람들이 느끼는 행복감도 커진다는 사실을 보여 준다. 19세기 철학자 존 스튜어트 밀J. S. Mill이 언급했듯이 "사람들은 부자가 되기를 바라는 것이 아니라, 다른 사람들보다 부유해지기를 소망할 뿐이다"(Pugou 1932, Ⅰ.Ⅷ.3에서 재인용).

사회적 거리 두기: 계급을 공고하게 하는 전략

지배-종속의 위계질서 안에서 발생하는 가장 비열한 상황은 사람들이 자기보다 지위가 낮은 사람에게 우월함을 과시함으로써 자신의 지위를 유지하는 일이다. 서열을 유지하고 극대화하기 위한 전략이야말로 서열 행위의 핵심이다. 버나드 쇼Bernard Shaw는 『지적인 여성을 위한 사회주의와 자본주의 입문』The Intelligent Woman's Guide to Socialism and Capitalism에서 이를 생생하게 묘사했다.

> 벽돌집에 사는 그 여자(즉, 중산층 여성)는 자기보다 못하다고 생각되는 수많은 사람을 무례하게 대함으로써 자신의 사회적 지위를 유지한다. 물론 가끔은 사회라는 낭떠러지에 돌출된, 자신의 작은 손잡이에 매달려 있는 극소수 사람들에게 약간의 친절을 베풀기도 한다. 소득 불평등은 인간 사회로부터 드넓고 안전하며 비옥한 평원을 빼앗았고, 사람들을 낭떠러지 끝으로 내몰았다. 때문에 사람들은 필사적으로 그녀의 발끝에 매달려야 하고, 그 여자는 마음대로 사람들을 발로 차서 낭떠러지 밑으로 떨어뜨릴 수 있게 된 것이다(Shaw 1928, 418).

이 부분과 함께, 버나드 쇼가 같은 쪽에서 제시한 대안적 전략도 살펴봐야 한다.

> 속물적인 우리 사회에서 '난잡함'(promiscuity)이라는 단어만큼 악의적이고 끔찍한 뜻을 내포하고 있는 단어는 없다. 하지만 만약 당신이 성적 문란이라는 이 단어의 제한된 용례를 넘어설 수 있다면…… 사회적 난잡함은 오히려 바람직한 태도의 비결이라는 사실을 깨닫게 될 것이다(Shaw 1928, 418).

속물근성은 사회적 지위를 과시하거나 높이기 위한 방법 가운데 하나다. 그것은 우리가 사회적으로 열등하다고 생각하는 사람들보다 자기 자신이 더 낫다고 주장하기 위해 차별점을 만들어 내고 이를 활용하는 전략이다. 이전 세대만 해도 계급은 돈을 얼마나 소유하고 있는지에 따라 구분되지 않았다. 사회적 거리는 여타의 문화적 측면들을 통해 만들어지고 유지됐다. 서열 체계에서 살아가는 동물들이 신체적으로 우월하다는 점을 상대방에게 과시하는 것과 마찬가지로, 인간은 자신의 우월성을 드러내기 위해 상징적이고 문화적인 방법들을 고안해 왔다. 부르디외는 『구별 짓기: 문화와 취향의 사회학』Distinction: A Social Critique of the Judgement of Taste(1984)에서 일련의 조사를 통해 사람들이 자신의 사회적 지위를 타인과 구별 짓기 위해 문화, 취향, 선택, 심미적 선호라는 다양한 영역을 활용하고 있음을 보여 주었다. 일반적으로 상류층이 좋아하는 음악, 영화, 예술, 책은 단순히 가격만 비싼 것이 아니라 쉽게 감상할 수 없는 것들이다. 대체로 비용에서나 내용에서나 쉽지 않고 접근하기 어려우며 배타적이다. 사회적 상류층과 비교했을 때, 하류층 사람들은 더 분명하고 감정적이며 덜 세련된 것을 선호하는 것처럼 보인다. 심미적 취향은 인간 내면의 미적 감수성을 반영하는 것으로 여겨지기 때문에, 취향의 차이는 서로 다른 사회 집단 사이에 '본질적인 차이'가 있는 것처럼 보이게 한다. 사회적 지위가 높은 사람들은 자신이 섬세하고 지적인 사람으로 보이기 위해 더욱 세련되고 심미적인 감수성을 드러내고 싶어 한다. 그래야 사람들이 자신을 본래부터 고상한 사람으로 평가할 것이기 때문이다. 이처럼 상류층의 '고급' 취향이 사회적으로 구성될 때, 사회의 밑바닥에 있는 하류층의 심미적 취향은 고급 취향의 반대 개념을 제공해 주기 위해 '싸구려' 취향으로 전락해야 했다.

이런 과정은 매우 강력하기 때문에 낮은 계급에 속한 사람들이 당당하게 살고 싶다면 중간 계층이 많은 곳에서 어울리는 일은 아예 피하는 게 낫다. 이에 대해 찰스워스는 다음과 같이 쓰고 있다.

> 노동자들의 삶이란, …… 노동자를 부정적으로 특징짓는 상징적 위계에 적응하며 살아가는 과정이다. …… 그들은 지배적인 문화의 제도와 양식이 가진 정당성을 끊임없이 거부해야 한다. …… 노동자들이 사는 공간에는 강자의 영역에서 작동하는 (문화적) 가격 형성의 법칙이 작동하지 않는다. …… 따라서 로더럼의 공간, 특히 노동자들이 여가를 보내는 체육관, 나이트클럽, 선술집과 같은 공간은 지배 질서로부터 보호된 시장이다. 이곳에서만큼은 이 지역에 사는 사람들의 존재와 능력이 높게 평가받을 수 있다. 그들의 사회적 특성들은 결함투성이가 아니라 자산으로 평가되기도 한다. 이런 공간에서 그들은 매력적이고 유쾌하며 재미있는 사람이 될 수 있다. …… 이렇듯 노동자들은 그들의 몸짓과 말투가 무시당하는 상징적이고 문화적인 상품들이 거래되는 단일 시장에 맞서, 자신의 존재감을 높일 수 있는 공간을 만들며 살아간다 (Charlesworth 2000, 220-221).

다시 말해 가난하지만 유식하고 유쾌하며 관대하게 보이고 싶다면, 자신을 무식하고 투박하고 눈치 없는 사람으로 만드는 부유하고 학벌 좋은 사람들과 어울리지 않는 것이 좋다. 부자들 앞에서 주눅이 들지 않으려면 행동이나 옷차림에서 드러나는 차이를 줄여야 한다. 그러나 빈민 출신의 디자인 전공학생이 말하는 것처럼 그것은 생각보다 어렵다.

> 할 수 있는 건 아무것도 없어. 뭘 할 수 있겠어? 옷이라고 근사하게 입을 수 있겠어? 우리가 나름대로 멋진 옷을 입고 나타나면 그 녀석들은 더 많은 돈을 들여 치장할 거야. 120파운드짜리 복고풍 운동화를, 우리가 엄두도 못 내는 바로 그 가게에서 사겠지. 또 우리가 근사하게 옷을 입고 나타날라치면 그들은 돈을 얼마든지 들여서 어떻게든 우리를 기죽이려고 할 거야. 우리가 겨우 깎아서 새 외투를 싸게 하나 샀다고 해

보자고. 그들은 이 돈의 딱 두 배짜리 더 멋진 옷을 사서 입을걸(Charlesworth et al. 2004, 57).

집단밀집효과

'집단밀집효과'group density effect를 살펴보면, 우리가 다른 사람에게 어떻게 보이는가에 대한 주관적 경험에 이런 과정들이 얼마나 크게 영향을 미치는지 알 수 있다. 데이비드 핼펀David Halpern의 연구에 따르면 (어떤 인종적·종교적·직업적 소수자든지 간에) 사회적 소수자들은 자신과 같은 사람들이 **적은** 지역에 살 때 정신건강이 나빠진다. 이 연구는 어떤 소수자 집단이 각 지역에서 차지하는 인구 비율과 그 소수자 집단에 속한 사람들의 건강이 어떤 관계가 있는지를 살펴본 것이다. 핼펀은 특히 정신질환에 대한 연구들을 검토하면서 다음과 같이 언급했다.

> 종합해 볼 때, …… 이 연구 결과는 집단밀집효과를 뒷받침하는 강력한 증거가 될 수 있다. …… 특히 사례의 범위가 넓고 결과에도 일관성이 있기 때문에 주목할 만하다. 집단밀집효과는 같은 종교, 같은 직종, 같은 민족들끼리 뭉치는 현상에서도 관찰할 수 있었다. …… 이런 사례들을 통해, 같은 집단에 속하는 사람들이 많은 곳에 살면 정신적 문제에 빠질 위험을 줄이는 데 도움이 된다는 사실을 하나의 일반 법칙으로 제시할 수 있게 되었다(Halpern 1993, 605).

이 연구에서 흥미로운 점은 연구 대상이었던 소수자들이 대부분 가난한 지역에서 평생을 살아야 하는 취약 계층이었다는 점이다. 물론, 주류 사회의 부유한 동네에서 지내면서 같은 소수자 집단의 다른 구성원들보다 금전적으로나 교육적으로 더 윤택한 생활을 하는 몇 안 되는 소수자들도 있었다. 상식적으로 생각한다면 이들이 열악한 지역에서 생활하는 같은 소수자 집단의 구성원들보다 신체적으로나 정신적으로 더 건강해야 할 것이다. 하지만 많은 연구에서 볼 수 있듯이, 이들은 소수자들이 밀집된 빈곤 지역에서 생활하는 다른 구성원들보다 건강이 나빴다. 높은 수준의 소득, 교육, 사회적 지위가 가져다주는 건강상의 이점은 좀 더 강력한 무언가에 의해 상쇄되고 있었던 것이다.

집단밀집효과에 대한 초기 연구들(1939년까지 거슬러 올라갈 수 있다)은 모두 정신건강에 관한 것이었으며, 핼펀의 연구가 출간된 이후에도 이와 관련된 몇몇 연구서들이 추가로 발간되었다(예를 들어, Boydell et al. 2001). 그리고 이제 수많은 연구를 통해 집단밀집효과가 사망률에서도 나타난다는 사실이 밝혀졌다. 프란지니L. Franzini와 스피어스W. Spears는 텍사스 지역에서 서로 다른 인종 집단들이 심장병으로 사망하는 비율을 조사했다(Franzini and Spears 2003). 분석 결과에 따르면, 대체로 흑인과 히스패닉이 심장병으로 사망하는 비율이 백인보다 높았다. 하지만 자신과 같은 인종이 모여 사는 지역에 사는 사람은 그렇지 않은 사람들보다 좀 더 오래 사는 것으로 나타났다. 사망률의 집단밀집효과는 뉴욕시에서도 발견되었으며(Fang et al. 1998), 임신 결과에서도 나타났다(Pickett et al. 2005). 교육 수준과 결혼 여부를 통제했을 때, 부유한 지역에 사는 흑인 여성들은 가난한 흑인 여성들보다 임신 기간이 길었고, 아기의 몸무게도 더 많이 나갔다. 하지만 이런 결과는 거주 지역에 흑인 인구가 다수인 경우에만 그랬다. 백인이 압도적으로 많은 동네에서 살 정도로 부유한 흑인 여성의 경우, 임신에 대한 조사 결과는 반대였다. 소수자라는 사실이 부유함의 이점을 상쇄해 버렸고, 그 결과 가임 연령과 영아의 몸무게에 부정적인 영향을 미쳤던 것이다. 물론 이런 해석에 동의하지 않는 몇몇 연구도 있다(Karlsen, Nazroo, and Stephenson 2002). 하지만 (북미 도시에 사는 유럽 이민자 집단에 대한 연구들을 포함해서) 지금까지 축적된 사례들은 결정적이지는 않더라도 여전히 집단밀집효과를 강하게 뒷받침한다.

이 연구들은 중요한데, 그 이유는 인간의 물질적 풍요와 심리사회적 상태(예를 들어, 낙인찍힌 소수민족 집단의 일원으로 주목받는 것이 가져오는 감정)가 반대로 움직일 때 어떤 일이 일어나는지를 보여 주는 몇 안 되는 연구들이기 때문이다. 특히, 이 연구들은 물질적으로 풍요롭지 않은 상황에 사회적 모욕이 덧씌워지는 일반적인 유형을 연구하지 않았다. 그 대신 경제적으로 **유복함**에도 불구하고 [소수민족 출신—옮긴이] 사람들이 왜 자신과 같은 소수민족 밀집지역(천대받는 소수민족의 지위를 끊임없이 환기시킬 우려가 있는)에 살게 되는지를 관찰했다. 집단밀집효과의 증거들은 사회적 낙인과 거리를 깊이 인식하게 되는 환경에서는 물질적인 부유함이 주는 긍정적 효과마저 사라진다는 사실을 보여 준다. 물론 같은 집단 출신의 사람들이 드문 지역에 살 때 건강이 더 안 좋아지는 이유는, 개인의 사회적 관계망이 줄어들었기 때문일 수 있다. 하지만 그것이 근본적인 이유는 아니다. 그것은 전체 사회에 만연해 있는 사회적 구별 짓기와 불평등이 인간의 건강을 어떻게 악화시키는지를 보여 주는 또 다른 경로일 뿐이다.

퍼트남의 『혼자 볼링하기』에서 발췌한 〈그림 6-1〉은 이와 비슷한 현상을 보여 주는 흥미로운 도표다. 미국 50개 주의 자료를 정리한 도표에 따르면, 주민들이 공동체 생활에 참여하는 정도가 낮은 지역들—퍼트남

그림6-1 사회적 자본 및 빈곤층과 부유층의 사회 참여

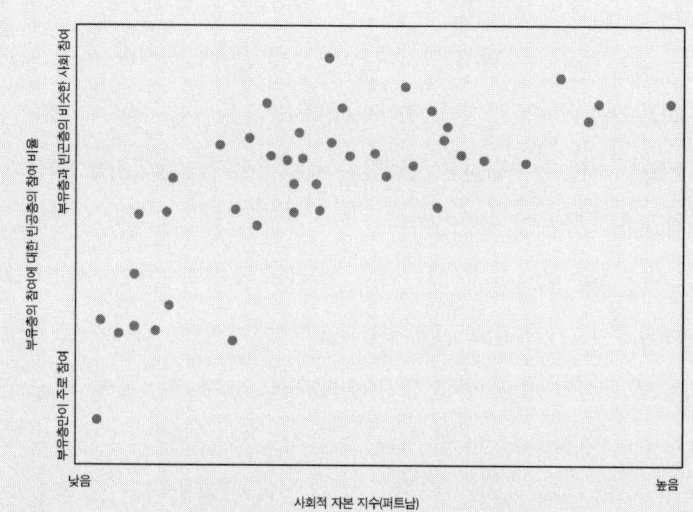

사회적 자본은 공동체 생활에 대한 참여의 척도가 된다. 이 도표는 미국에서 사회적 자본이 가장 낮은 주(왼쪽)에 사는 가난한 사람들은 공동체에 거의 참여하지 않고 있으며, 이 지역의 공적 모임과 결사체 활동은 주로 부유한 사람들의 몫이라는 사실을 보여 준다. 반면 오른쪽 위편에 있는 주는 사회 참여의 수준이 높고 부유층과 빈곤층의 사회 참여도가 균형을 이루고 있다.

자료: R. D. Putnam, *Bowling Alone: The Collapse and Revival of American Community* (New York: Simon & Schuster, 2000), 361, Fig. 93. Simon & Schuster Adult Publishing Group의 허가하에 사용.

에 따르면 소득 불평등이 큰 지역들—에 사는 가난한 사람들은 부자들보다 공동체 참여에 소극적이었다. 사회적 자본이 적은 지역일수록 부유한 사람들이 자발적 결사체에서 주도적인 역할을 하게 되는 것이다. 시민적 활력이 충만하고 더욱 평등한 지역과 비교했을 때, 사회적 자본이 적은 지역에서는 자발적인 단체나 결사체의 선출직을 중산층이 차지하는 경우가 훨씬 많았다. 소득 격차가 크고 가난한 사람들이 불리한 지역일수록 사회

적 편견이 뚜렷하다. 따라서 가난한 사람들은 자발적 결사체의 요직들이 자신을 위한 자리가 아니며, 그런 모임에 참여했다가는 바보가 되거나 환영받지 못할 것이라고 고민할 가능성이 크다. 사회적 편견이 강하다는 사실은, 가난한 사람들이 선거에 후보자로 나선다 해도 선출되기 어렵다는 뜻이기도 하다.

인간은 타인의 시선을 통해 자신을 경험한다. 내가 너무 뚱뚱하고 지루하거나, 촌스럽고 우둔해 보이는 것은 아닐까 근심하면서 사회적 공간에서 살아간다. 따라서 사회적 지위가 낮거나 사회적으로 천대받는 소수자 집단에 속한다는 사실이 이런 근심을 더욱 증폭시키리라는 것도 짐작할 수 있다. 사람들은 곧잘 자신이 속한 집단에서 따돌림을 당했다거나 무시당했다고 느끼며 고통스러워한다. 스스로 가치 없다고 느낄 때 자존감은 사라져 버린다.

지배의 관계 대 친화의 관계

우리는 2장에서 사회적 지위의 격차가 큰 사회일수록 사람들 사이의 관계는 덜 친화적이라는 점을 경험적 증거를 통해 살펴보았다. 하지만, 사회적 지위와 친화적 인간 관계frendship는 다른 측면에서도 밀접히 연결되어 있다. 즉 사회적 지위와 친화적 관계는 모두 건강에 커다란 영향을 미치는 요인이라는 점에서 그러하다. 3장에서 살펴보았듯이 친화적 관계는 건강에 좋은 영향을 미치는 반면, 낮은 사회적 지위는 건강에 나쁜 영향을 미친다. 그렇다면 왜 친화적 관계와 사회적 지위는, 비록 전혀 다른 결과를 낳기는 하지만, 이렇듯 긴밀히 연관되어 있을까? 이 두 요소는 사회에 정반대의 영향을 미치지만, 또한 두 요소 모두 개인의 건강에 강력한 위력을 행사한다는 사실은 우연일 뿐일까?

정답은 위계 체계와 친화적 관계가 완전히 다른 두 개의 변수가 아니라는 것이다. 이들은 마치 동전의 양면처럼 사회적 관계가 취하는 두 가지 방식일 뿐이다. 사회적 지위, 위계질서 또는 동물들이 먹이를 먹는 순서는 권력과 강압을 기준으로 정해진다. 이런 위계 체계는 근본적으로, 타인의 욕구와는 상관없이 희소 자원에 접근할 수 있는 특권을 얻는 것과 관계가 있다. 반대로 친화적 관계는 사회적인 의무, 호혜, 나눔 그리고 서로의 욕구를 인정하는 태도를 기반으로 한다. 선물이 우정의 징표가 되는 것은 이 때문이다. 선물은 주는 사람과 받는 사람이 필수재를 얻기 위해 서로 경쟁하지 않겠다는 뜻이다. 이처럼, 인간은 두 가지 대조적인 방식으로 사회적 관계를 맺는다. 하나는 힘을 기준으로 관계를 맺는 방식이며, 이 경우에 누가 무엇을 갖게 될지는 누가 가장 힘이 센지에 따라 결정된다. 다른 하나는 타인의 필요를 인정하고 서로 희소 자원을 둘러싼 경쟁을 삼가며 친구처럼 함께 생활하는 방식이다. 동물의 세계에서 가장 명확하게 확인할 수 있듯이 불평등은 본질적으로 권력관계의 표현이며, 구성원들의 서열은 희소 자원에 접근할 수 있는 권력에 따라 매겨진다.

친화적 관계와 사회적 지배에 기반을 둔 관계 사이에서 나타나는 차이는 매우 중요하다. 이 두 관계는 만성적인 스트레스와 건강을 연구할 때에 중요한 함의를 지닌다. 그 이유는 갈등은 다른 종種들 사이보다 같은 종 내부의 관계에서 일어날 가능성이 더 크기 때문이다. 어떤 종의 구성원에게 최악의 경쟁자는 대체로 같은 종 내의 다른 구성원들이다. 다른 종들은 같은 재화를 두고 경쟁하는 일이 별로 없다. 하지만 같은 종의 구성원들은 대체로 비슷한 욕구가 있으며 비슷한 것을 원한다. 리처드 알렉산더R. Alexander가 언급했듯이, 개별 생물체가 직면해야 하는 '자연의 일차적인 천적'(Alexander 1987, 274)은 같은 종의 구성원들이다. 지금까지 모든 종이 직면해 왔던 가장 근본적인 문제는 같은 종 내에서 희소 자원을 둘러싼 경쟁을 조율하는 것이었다. 이때 서열과 텃세를 형성하는 것은 경쟁을 줄이는 일반적 방법이었다. 서열은 희소 자원을 분배할 때 그 결과를 미리 정하기 때문에, 먹이나 짝을 둘러싸고 매번 싸우지 않도록 하며 수많은 갈등을 피할 수 있게 해 준다. 이런 방식을 통해 상처를 입기 전에 미리 물러날 수 있는 것이다. 텃세도 마찬가지다. 동물들은 자신의 영역을 지키기 위해 영역의 경계에서 정기적으로 힘을 과시하는 수고를 감수해야 하긴 하지만, 어쨌든 텃세는 먹이, 잠자리, 짝을 둘러싸고 싸워야 하는 상황을 피하게 해 준다.

다른 동물과 마찬가지로 인류에게도 가장 강력한 잠재적 경쟁자는 바로 같은 인간이다. 우리는 모두 같은 욕구를 느끼기 때문에 음식, 주거, 일자리, 성적 배우자, 몸에 걸치는 옷에 이르기까지 모든 종류의 자원을 두고 서로 경쟁한다. 하지만 인간은 동시에 서로에게 지원, 협력, 위안, 교훈, 사랑을 주는 최고의 지지자이기도 하다. 따라서 타인은 최고의 지지자가 되거나 무시무시한 경쟁자가 될 가능성을 동시에 가지고 있다. 우리가 서로에게 최고가 될 것인지 아니면 최악이 될 것인지는 그 관계의 성격에 달려 있다. 우리는 가장 강한 사람이 가장 좋은 것을 차지한다는 원칙에 따라 필수재를 두고 경쟁할 수도 있고, 반대로 경쟁자가 아니라 친구가 되어 함께 필수재를 공유하자고 합의할 수도 있다. 하지만 이것은 개인적인 문제만이 아니다. 그것은 사회마다 다르다. 즉 불평등이 심한 사회일수록 사회적 관계의 성격은 권력과 지위에 따라 결정되며, 사회적 상호 작용은 점점 더 권력, 지배, 복종의 논리에 잠식된다.

반대로 평등은 친화적 관계, 호혜, 나눔의 원료다. 플라톤과 아리스토텔레스는 모두 불평등과 친화적 관계가 양립할 수 없다고 말했다. 플라톤은 "'평등이 동료애를 낳는다'는 옛말은 얼마나 정확한가! 정말 맞는 말이고 진실이다"라고 말했다(Plato 1970, 229). 아리스토텔레스도 불평등이 동료애로 이어지기가 얼마나 어려운가에 『윤리학』의 많은 부분을 할애했다. 그는 최고의 동료애는 평등 위에서만 이뤄질 수 있다고 믿었다. 엄청난 빈부 격차가 존재하는 상황에서 동료애를 유지하기가 어렵다는 사실은 누구도 부인하지 못할 것이다. 물질적 수준의 차이가 사회적 거리감을 가져오며, 사회적 관계를 어렵게 하는 우월감과 열등감을 생산해 내기 때문이다. 그래서 서로 비슷한 처지의 사람들이 친구가 되고, 같은 계급—출신 계급이 다르다 해도 학력이나 직업을 통해 획득한 계급이 같은—끼리 결혼하게 된다.

사회적 지위 격차는 커다란 사회적 거리감을 만들어 내기에, 우리는 사회적 지위의 격차와 사회적 거리감을 마치 동의어처럼 사용하곤 한다. 사회적 지위의 격차를 뛰어넘어 친구를 사귀는 일은 별로 없기 때문에, 케임브리지 척도Cambridge Scale를 만든 연구팀은 친밀한 관계가 맺어지는 양상에 기초해 다양한 직업들을 위계적으로 분류했다(Prandy 1990). 그들은 모집단에서 무작위 추출한 사람들에게 그의 직업과 친한 친구 여섯 명의 직업이 무엇인지 물었다. 그러자, 어떤 직업을 가진 사람들끼리 친구가 되는지 알 수 있었다. 이때 친구 관계가 많이 만들어지는 직업들을 비슷한 사회적 지위로 분류했고, 친구 관계가 별로 없는 직업들은 사회적 거리가 멀다고 간주했다. 케임브리지 척도가 전제한 가정에 대해서는 논란의 여지가 있지만, 분명한 사실은 사회적 지위의 격차와 사회적 거리감 사이에는 긴밀한 관계가 있다는 점이다.

끼리끼리 친구가 된다는 말은 사회적 지위가 다른 사람들 사이의 관계가 얼마나 불편한지를 잘 보여 준다. 불평등과 우정이 공존하기 어려운 현상은 소득 불평등과 사회적 관계의 질(신뢰, 폭력, 공동체 활동에 대한 참여 등)이 서로 반비례하는 이유이기도 하다. 그러나 이것은 이야기의 일부에 불과하다.

우리가 누군가와 친구가 되거나 원수가 되는 데에는 매우 깊은 심리적 뿌리가 있다. 예로부터 선물을 교환하고 식량을 공유하는 행위는 인간의 사회적 삶에서 매우 중요한 부분이었다. 심지어 우리는 지금도 음식을 나누어 함께 먹고 마시며 식사에 친구들을 초대한다. 이는 식량을 나누는 것이 여전히 강력한 사회적 몸짓으로 남아 있기 때문이다. 그것은 필수재를 두고 서로 경쟁하지 않겠다는 상징적 언약이다. 실제로 상당수의 진화심리학자들은 선물을 받으면 이후에 보답을 해야 한다고 느끼는 부채의식이 인류에게 보편적으로 나타난다고 주장한다(Buss 1999). 사회적 의무를 호혜적인 방식으로 주고받는 것은 사회생활의 기저에서 개인 간에 사회계약으로 작용한다. 선물을 받는 것은 사회적 관계를 받아들인다는 의미지만, 이를 거부하는—혹은 그에 대한 값을 지불하는—행위는 사회적 관계를 거절하는 것이며, 어떤 사회에서는 선전포고와도 같은 것이다.

우리에게 깊이 스며들어 있는 부채의식과 호혜주의는 종교적 의식의 밑바닥에 깔린 관념이기도 했다. 제물은 원래 신과 선물을 교환하는 방식이다. 인간은 좋은 사냥감이나 그와 유사한 제물을 바치면서 신에게 그 보답을 구하거나, 풍성한 수확에 보답하고자 신에게 선물을 바쳤다. 또 다른 예로, 부채의식은 뇌물이 효력을 발휘하게 한다. 비싼 선물이나 풍성한 접대를 받으면 부채감이 생기는데, 선물이나 접대를 받는 사람은 비록 주는 사람의 방식이 부정하더라도 호의를 보이지 않을 수 없기 때문이다.

사회적 관계와 물질적 관계는 항상 밀접하게 연관되어 있다. 전쟁에서 사람들은 적군의 물건을 일방적으로 약탈한다. 그리고 두 사람이 결혼을 하거나 함께 살기 시작할 때처럼 가까운 사회적 관계를 맺게 된 사람들은 종종 재산을 합치고 물질적 자원을 공유한다. 한 사회가 핵가족 사회인지 아니면 대가족 사회인지를 가늠하려면 얼마나 먼 친척들에게까지 자원을 내어 줄 수 있는지를 보면 된다. 우리가 사람을 사귀는 방식의 핵심에는 희소한 자원에 접근하기 위한 경쟁을 어떻게 다룰 것인가라는 문제가 놓여 있다. 경쟁과 협력은 물질적 관계임과 동시에 사회적 관계이다. 사회적 관계와 물질적 관계는 서로가 서로를 규정한다. 인간 이외의 영장류들도 마찬가지다. 과거에 어떤 개체가 자신의 털을 골라주었다면, 그 개체가 곤경에 처했을 때 그를 도와줘야 할 사회적 의무가 생긴다.

이런 증거들은 왜 불평등이 심해지면 사회적 지배관계도 심해지며, 불평등이 약화되면 지배관계도 약화되는지를 보여 준다. 무리에서 가장 힘이 센 동물이 다른 동물보다 먼저 배를 채우는 것이든, 가난한 사람들이 기아에 허덕이고 있을 때 부자들이 고가의 사치품으로 치장을 하는 것이든 그 함의는 같다. 즉 이것은 자원을 공유하거나 서로 주고받는 것이 아니라, 모든 사람들이 자신만을 위해 살아가고, 약자는 음식이 남았을 때에만 겨우 먹을 수 있게 되는 불평등한 상태를 말한다.

하지만 불평등과 지배는 하층 계급에게 물질적 곤궁만을 의미한 것은 아니다. 지배-복종체제인 원시사회에서 지배 계층은 자신의 물리적 힘과 공격성에 걸맞은 존경, 두려움, 복종심을 하층 계급에게 가르쳤다. 피지배 계층은 지배 계층을 두려워해야만 했던 것이다. 서열은 배우자와 식량, 잠 잘 수 있는 안락한 공간 등 모든 것에 접근할 수 있는 권리를 부여한다. 따라서 그 자체가 자원이기도 했다. 게다가 서열이 높다는 것은 신뢰와 존경의 상징일 뿐만 아니라, 건강한 체력, 우월성, 바람직한 인물상—배우자로서만이 아니라 동맹자로서의 바람직한 인물상—의 상징이기도 했다.

선물 교환과 '투쟁'

불평등과 사회적 관계는 선물의 인류학이나 영장류의 위계질서에 대해서 논할 때만이 아니라, 토머스 홉스와 같은 철학자의 정치사상에서도 근본적인 논제였다. 그는 17세기에 영국 내전에 대해 쓰면서, 필수재를 둘러싼 인간들의 경쟁을 근본적인 정치적 문제로 보았다.

> 만약 두 사람이 같은 것을 원하지만 함께 누릴 수 없다면, 그들은 적이 될 것이다. 그리고 ……상대방을 파괴하거나 굴복시키려 할 것이다. …… 누군가가 나무를 심고 씨를 뿌리고 집을 짓고 편한 의자를 갖게 된다면, 다른 사람들은 아마도 …… 그 사람이 일한 노동의 결실뿐만 아니라 그의 삶이나 자유를 빼앗고 박탈하려 할 것이다. 그리고 그 약탈자는 다시 다른 사람에게 똑같은 위협을 받을 것이다(Hobbes 1996, 87).

홉스는 강력한 지배력을 행사하고 평화를 유지할 수 있는 주권sovereign power이 존재할 때에만 사람들이 평화롭게 살 수 있다고 믿었다. "인류는 자신을 공포로부터 지켜 줄 공권력이 없을 때 투쟁의 상황에 놓이게 된다. 이런 투쟁은 만인에 대한 만인의 투쟁이다"(Hobbes 1996, 88). 주권정부가 확립되기 이전인 '자연 상태'에서 "만인은 만인에게 적"이며, 따라서 홉스의 유명한 이야기처럼, 인생은 "추잡하고 야비하며 덧없는 것"일 뿐이다.

그러나 사실 홉스는 평화를 유지할 수 있는 통치 권력이 없을 때에도 사회가 실제로 '만인에 대한 만인의 투쟁' 상태였던 것만은 아니라는 점을 알고 있었다. 인류는 끊임없는 투쟁의 **가능성** 속에서 살아왔다. 홉스는 국가 간의 전쟁보다는 개인 간의 갈등을 언급하면서 다음과 같이 말했다.

> 전쟁 상태란, 전투나 투쟁 자체에만 국한되지 않는다. 전쟁은 싸우고자 하는 의지가 엿보이는 기간 내내 계속된다. …… 따라서 전쟁의 본질은 전쟁에만 있는 것이 아니다. 전쟁의 본질은 투쟁을 향한 명백한 지향에 있다. 투쟁을 지향하는 기간 내내 전쟁이 일어나지 않으리라는 어떠한 보장도 없기 때문이다(Hobbes 1996, 88-89).

홉스의 정치철학에서 근간이 되는 이와 같은 논지는 살린스의 저서 『석기시대의 경제학』*Stone Age Economics*(Sahlins 1974)에도 나온다. 수렵·채집 사회에서는 실제로 선물 교환과 식량 공유와 같은 교환 관계가 우세했다. 그는 '자연 상태'에 대한 홉스의 논리가 이런 상황과 어떤 관계가 있는지에 관심을 가졌다. 살린스는 수렵·채집 사회에서 사람들이 선물을 주고받고 식량을 공유함으로써 서로에게 사회적 투자를 했던 진짜 이유는 갈등이 일어날 가능성을 방지하기 위해서였다고 주장했다. 그는 선물 교환과 식량 공유는 사회적 관계를 좀 더 부드럽게 만들기 위한 투자라고 보았다. 그가 말했듯이, "선물이 친구를 만들고, 친구가 선물을 만든다." 선물은 스스로 만들어 낸 사회적 계약과도 같다. 그것은 희소 자원을 둘러싼 경쟁의 폐기를 상징한다. 서로 협력하며 상호 이득을 취하거나, 아니면 서로 갈등하면서 끊임없는 공포에 시달릴 가능성 가운데 하나를 선택할 권리는 인간에게 있었다. 따라서 당시 인간들은 타인과 협력적 관계를 유지하기 위해 할 수 있는 모든 일을 했다. 8장에서 보게 되겠지만, 이런 이유로 수렵·채집 사회는 고도로 평등한 사회가 될 수 있었다. 다른 사람과 갈등에 휘말릴 수 있다는 공포를 경찰력을 통해 예방할 수 있게 된 이후에야, 비로소 인간들은 공포에서 벗어나 법률이 보장하는 개인의 배타적 권리만큼 사유 재산을 축적할 수 있게 되었다. 만약 다른 사람이 기본적 필수품도 없는 상황에 놓여 있는데 어떤 사람의 재산이 사회에서 적절하다고 여기는 수준을 훌쩍 넘었다고 하자. 이때 사유 재산을 지금처럼 법률이 보호해 주지 않는다면 어떤 일이 벌어지게 될까.

침팬지와 짧은꼬리원숭이, 개코원숭이에 대한 기록들을 보면, 그들의 사회적 위계질서가 인류 사회와 상당히 비슷하다는 사실을 발견하게 된다. 대부분의 **근대적인** 계층화 체계들은 가장 우월한 수컷이 권력을 과시하는 영장류 사회와 다르게 보일 수 있다. 하지만 인류도 지배와 종속이 존재하는, 벌거벗은 권력과 두려움의 체계 속에서 살았다. 이를 증명하기 위해 그리 먼 역사까지 거슬러 올라갈 필요도 없다. 중세 유럽에서 봉건 귀족들은 대부분 전쟁터에서 군대를 진두지휘할 수 있을 정도로 유능한 투사였고, 농노에 대한 생사 여탈권을 가지고 있었다. 그나마 덜 폭압적인 체계가 전 세계적으로 자리 잡은 것은 아주 최근의 일이다. 그러므로 지위가 낮은 사람들에게 혈액 응고 현상이 많이 나타나는 경향은 말할 것도 없고(Brunner et al. 1996), 이들이 지배자와 만났을 때 부끄러움, 소심함, 공포를 느끼는 경향은 역사적으로 그 기원이 오래된 셈이다.

민주주의가 발전함에 따라 권위주의적 계층 체계는 전반적으로 완화되고 쇠퇴했다. 19세기와 비교해 보면, 가족, 고용인과 피고용인, 사회 계급, 형사 체계 등 모든 사회적 관계가 좀 더 부드러워졌다. 모든 영역에서 권력의 행사는 덜 공개적이고 덜 잔인하다. 이제 부모는 자식을 체벌할 수 없고, 피고용인은 고용인의 횡포로부터 일정한 법률적 보호를 받는다. 미국은 예외지만, 많은 선진국에서 사형 제도가 폐지되었으며, 이는 유럽연합 회원국이 되려면 갖춰야 할 조건이기도 하다.

모든 사회 영역에 걸쳐 이런 변화가 나타나는 듯하다. 형사 체계가 특히 발전한 국가는 노동법이나 노동자 보호에서도 한발 앞서 있다. 이런 사회에서 아이들은 좀 더 친절한 보살핌을 받고 있으며, 교사와 부모가 신체적 체벌을 가하지 못하도록 규정하고 있다. 이 점에서 스웨덴과 미국의 일부 주들은 크게 대비된다. 전국적인 차원에서 사형제를 폐지하지 못한 미국에서는 무상 의료 서비스와 같은 공공 서비스도 미비하고 사회적 안전망도 충분히 갖춰져 있지 않다. 선진국 가운데 미국이 소득 격차가 가장 큰 반면, 모든 공공 서비스가 잘 갖추어져 있는 스웨덴은 역사적으로도 소득 격차가 가장 작은 나라 가운데 하나였다는 사실 또한 우연이 아니다.

경제 발전으로 점점 더 많은 사람이 절대적 빈곤과 결핍에서 벗어날수록 사회 관계는 분명히 온화해질 것이다. 굶주림도 과거만큼 인간을 위협하지는 못하게 되었다. 인간은 타인이 다치는 것을 볼 때 자신도 모르게 움찔할 만큼 다른 사람과 자신을 동일시할 수 있는 능력을 갖추고 있으며, 도덕 세계moral universe가 확장되면서 타인과 동일시하는 이런 능력도 점점 커졌다. 한때는 감히 넘나들 수 없을 정도로 도덕 세계가 분할되어 있던 계급과 국가 사이의 경계도 허물어지고 있다. 이제 인류는 어린 시절부터 좀 더 따뜻하고 물질적으로도 풍요로운 환경에서 살게 되었다. 현실은 아니더라도 다른 사람의 삶과 공명할 수 있도록 도와주는 소설, TV, 영화 등을 매일 보면서 성장한다. 그 결과, 단기적으로는 몰라도 장기적으로는 경제 성장과 함께 사회관계가 더욱 온화해지고 평등해지는 방향으로 움직여 왔다.

하지만 위와 같은 일반적인 추세와 달리 인간성이 어느 정도까지 진보할 수 있는지는 사회마다 조금씩 달라 보인다. 인간성의 진보는 경제 성장의 수준만이 아니라 한 사회의 소득 불평등과도 연관되어 있다. 불평등이 만들어 낸 사회적 거리감이 다른 사람과 동일시할 수 있는 우리의 능력을 심각하게 제약하기 때문이다.

사고 실험

지위와 계급을 이해하기 위해서는 마르크스의 이념만이 아니라 원숭이로부터 인류가 진화해 온 역사를 살펴볼 필요가 있다. 이 장에서 우리는 인간이 위계질서에 얼마나 민감한지, 그리고 사회심리학 반응이 어떤지 논의하고 있다. 위계질서는 분명하게 구별되는 계급—고용인와 피고용인, 지주와 소작인처럼—이 없어도 존재할 수 있다. 하지만 위계질서는 자원에 대한 접근과 권력의 불평등 없이는 존재할 수 없다. 근본적으로 지배와 종속의 위계질서는 자원에 접근할 수 있는 권력의 불평등한 분배를 말하기 때문이다. 만약 한 사회의 구성원들이 생산 기능에 따라 계급이 구분되어 있다고 하자. 이런 계급차이는 이들 사이에 불평등이 존재할 때에만, 다시 말해 어떤 계급이 상대적으로 우월하고 다른 계급은 열등하다는 인식을 불러일으킬 때에만 문제가 될 것이다. 계급에 이런 사회적·심리적 권력을 부여하는 것이 바로 불평등이다. 그리고 지배와 복종의 심리학을 유발하고 양산하는 것도 바로 불평등이다.

사고 실험2은 우리 사회에서 계급과 불평등 중 무엇이 상대적으로 더 중요한지를 명확히 보여 준다. 미래의 어느 현대적인 시장 사회3를 상상해 보자. 이런 사회가 실제로 나타날지는 그리 중요하지 않다. 그저 다음과 같은 기본 원칙을 가진 사회는 어떤 모습일까를 상상해 보면 된다. 이 사회에서는 모든 사람이 피고용인이며 소득에만 의존한다. 임금 격차가 클 수 있지만 불로소득이나 이윤(잉여가치)을 얻는 계급은 없다. 심지어 최상류층도 월급을 받는 피고용인이다. 자본시장은 지금처럼 작동하지만 모든 자본은 은행, 보험회사, 연금 기금 등과 같은 기관이 소유하고 있다.

---

2 **사고 실험**(thought experiment)은 검증에 방해가 되는 모든 장애물을 제거한 이상적인 장치나 환경을 상정하고 그 안에서 실험을 했다고 상상하는, 다시 말해 상상적 사고를 통해 가설을 검증하는 실험을 말한다. 고전 역학에서 갈릴레오가 마찰과 저항이 없는 지면에서 공을 굴렸을 때를 상정하고 이때 공이 끊임없이 등속운동을 할 것이라고 예상한 실험(갈릴레오의 사고 실험)이나 양자 역학에서 슈뢰딩거가 독극물을 먹은 고양이가 상자 안에 있다고 전제했을 때 고양이의 생사는 상자를 열어서 관찰하기 전까지는 확률로만 존재한다고 말한 실험(슈뢰딩거의 고양이 실험)이 가장 대표적인 사고 실험의 사례들이다.

3 **시장 경제**(market economy)가 사회 영역들 중 특히 경제 영역이 시장 논리를 따르는 것을 일컫는다면, **시장 사회**(market society)는 사회의 모든 영역들이 시장 논리에 복속된 시장 전체주의 사회를 말한다.

물론 기관들이 운용하는 자본도 지금처럼 주식시장에서 이윤을 극대화하려는 피고용인들에 의해 거래된다. 그래서 거기에는 자본가의 사적 이윤이 존재하지 않는다. 최상위 기업가들은 지금처럼 부유하지만 그들의 소득은 이윤이 아니라 고정된 임금 소득에서 온다. 마지막으로 이 사회의 전체적인 불평등은 지금처럼 크고, 부자와 빈민의 인구 비율도 지금과 같다고 해 보자.

이런 사회는 사람들 사이에 상당한 불평등이 존재하지만, 계급을 구분할 범주가 없는 일종의 제도화된 시장자본주의 사회다. 자본가와 노동자, 지주와 소작인처럼 명확한 계급 구분도 불가능하다. 모든 사람은 피고용인 그 이상도 이하도 아니다. 직원을 고용하고 해고하는 권한은 상층에도 있고 하층에도 있다. 최상층에 있는 사람들은 높은 직위의 직원을 고용하고 해고하는 권한을 갖는다. 반면 밑바닥에서 형편없는 월급을 받는 청소부들 중에서도 어떤 청소부들은 감독관 역할을 하면서 다른 청소부들보다 시간당 20%의 임금을 더 받고 다른 청소원들을 고용하거나 해고할 수 있는 권한을 갖는다. 지금처럼 소득 불평등은 크지만 절대적인 계급 분업이 존재하지 않는 이런 사회는, 아마도 우리가 사는 현대 사회와 별반 다를 바가 없을 것이다. 여전히 계층적 편견과 자기보다 못한 사람들에 대한 차별과 속물근성, 상대적 박탈감과 빈곤의 문제, 인종적 편견, 일만 하는 기계처럼 느껴지는 경험, 개인적 야망과 주식시장의 이윤에 의해 굴러가는 체계, 기회의 불평등이라는 불합리함, 자기 아이를 최고로 만들기 위해 더 좋은 직장에 취직하려는 문화적·교육적 전략, 우울, 폭력, 마약, 학습과 행동에 문제가 있는 아이들이 존재할 것이다. 모두 낯익은 모습들이다.

나는 이런 사회에서 느끼게 될 감정을 독자들 대부분이 그리 어렵지 않게 상상할 수 있을 것이라고 생각한다. 만약 내 추측이 옳다면 우리에게 중요한 것은 계급이 아니라 불평등이다. 달리 말하면, 근대적 계급 체계가 가지고 있던 문제의 핵심은 불평등과 그것의 문화적 표식이다. 소득 격차가 클수록 지위 격차가 커지고, 분업이 확대되며, 편견과 차별, '우리'와 '그들'의 구분, 우월감과 열등감이 심화된다. 불평등이 계급보다 중요하다는 사실은, 왜 **불평등한** 사회일수록 사회적 관계가 열악해지는지, 그리고 소득 불평등을 줄이려면 왜 계급 자체에 집중하기보다 근대적 계급분화를 만들어 낸 불평등을 살펴봐야 하는지를 다시 한번 숙고하게 만든다.

역사적으로 봤을 때, 불평등이 계급에 따라 결정되거나 계급이 불평등을 고착시키는 사회적 쐐기로 기능 한 정도는 사회마다 달랐다(여기서는 이 문제를 직접적으로 다루지는 않을 것이다). 시장 민주주의 사회에서 서로 다른 종교 집단, 언어 집단, 인종 집단을 계급이라고 주장하는 사람은 아무도 없을 것이다. 하지만 이런 집단 간 차이에 불평등이 끼어들었을 때, 그런 차이는 우월과 열등을 가르는 사회적 격차가 되어 버린다. 한 집단은 우월한 사회적·경제적·정치적 지위를 누리는 반면, 다른 집단은 차별받고 열등하게 취급받으며, 긴장 속에서 살아가게 된다. 이때 하층 집단은 존엄성이 무시당했고 부당하게 대우받고 있다고 느낀다. 이런 종류의 차이는 순수하게 경제적 차원에서 구조화된 계급 간 차이를 반영한다기보다는, 속물근성과 차별을 중심으로 나타나는 불평등의 사회적 조직화를 반영하는 것이다. 피부색, 종교, 언어, 억양, 외모 등이 사회적 지위를 나타내는 것이 되면, 이제 이런 것들은 사회적으로 부과된 범주가 된다. 육체노동자와 비육체노동자, 혹은 블루칼라와 화이트칼라 사이의 구분 역시 사회적인 차원의 구별이다. 겉으로 보이는 차이가 다양한 사회적 지위와 결부되고 또한 그것을 상징하게 되면, 그런 차이는 사회적으로 부과된 의미를 갖게 된다. 겉모습의 차이가 부유한 사람과 가난한 사람을 구별하는 기준이 될 때, 겉모습은 낙인이 되며 편견의 표적이 되는 것이다. 그러나 이런 차이들이 사회적 지위로 연결되지 않는다면, 그것들은 편견이라는 강력한 마수에서 빠져나와 그저 차이로만 존재할 수 있다. 대개의 경우 각 집단이 가진 특징들이 그 자체로 차별이나 갈등을 일으키는 것은 아니다. 실제로 집단들이 서로 평등해진다면, 이런 외면적 차이 때문에 서로 충돌할 가능성도 줄어들 것이다.

차별이란, 사람들 사이에서 서열을 매기기 위해 적당한 표식을 찾아내는 과정이다. 계급은 여러 칸으로 나뉜 승강장에 비유할 수 있다. 이때 같은 승강장에 서 있는 사람들의 소득 수준은 상대적으로 비슷하다. 우리가 어디에 서 있든지, 우리는 자신과 소득 수준이 비슷한 사람들, 즉 같은 승강장 앞에 서 있는 일군의 사람들을 알아볼 수 있다. 또한 자신보다 소득 수준이 높거나 낮은 사람—아마도 우리보다 위나 아래의 승강장에 서 있는 사람—도 알아볼 수 있다. 하지만 실제 소득 분포에서 이런 승강장, 분류, 단절은 존재하지 않는다. 그것은 기술적으로 로그 정규 분포에 가까운 연속적 변이일 뿐이다.

사회적 지배

만약 불평등이 근본적인 문제라면, 불평등의 심리학적인 토대를 이해할 필요가 있다. 사회적 지배social dominance는 인간에게 커다란 심리적 영향력을 행사하기 때문에 중요한 사회학의 주제로 주목받아 왔다.

시데니우스Jim Sidanius와 프라토Felicia Pratto는 자신보다 높은 사람에 대한 존경심과 아랫사람에 대한 편견, 그리고 평등과 위계질서에 대한 태도를 측정하기 위해 사회적 지배 지향 척도SDO: Social Dominance Orientation Scale 라고 불리는 심리 평가 질문지를 만들었다(Sidanius and Pratto 1999). 이 질문지는 응답자들의 태도가 얼마나 사회적 혹은 반사회적인지를 평가하기 위해 "당신이 일어서려면 다른 사람을 밟아야 한다"와 같은 몇 가지 명제에 응답자가 동의하는지를 살펴본다.

SDO는 여러 문제에 대한 인간의 사회적 태도를 예측할 수 있게 해 준다. 예를 들어 이 척도에서 높은 점수를 얻은 사람은, 시데니우스와 프라토가 일컬었던, 불평등을 '정당화하는 신화'를 믿는 경향이 컸다. 이들은 "흑인과 히스패닉이 낮은 임금을 받는 이유는 열악한 교육과 차별 때문이 아니라 게으르고 아둔하기 때문"이라고 믿었다. 또한 점수가 낮은 사람들에 비해 "동성애자의 권리, 여성의 권리, 사회복지 프로그램, 인종 간의 결혼, 시민권 정책, 적극적 차별시정조치, 이민" 등에 반대하는 비율도 높았다. 그들은 또한 "강력한 법과 질서체계, 군사비 증액, 학교보다 감옥에 대한 지원비 증액"을 지지하는 경향을 보였다. 요컨대, "SDO에서 높은 점수를 받은 사람들은 인종주의, 성차별주의, 민족주의, 문화적 엘리트주의, 애국주의를 강력히 지지했다"(Sidanius and Pratto 1999, 84, 88).

시데니우스와 프라토는 교도관, 경찰, 경비원, 검사, 기업 변호사와 같은 '위계질서를 강화하는 직업군'과 시민권·인권 운동가, 자선 사업 종사자, 공익과 노동 전문 변호사, 사회복지사, 노동조합 관련자, 관선 변호사와 같은 '위계질서를 약화하는 직업군'의 SDO 점수에 예상대로 차이가 있다는 점을 발견했다. 위계질서 강화 직업군에 종사하는 사람들은 점수가 높게 나타나는 반면, 위계질서 약화 직업군에서 일하는 사람들의 점수는 매우 낮았다(Sidanius and Pratto 1999, 94).

시데니우스와 프라토는 "사회적 권력의 보편적 원리"를 측정했다면서 다음과 같이 주장했다.

> 위계적이고 집단적인 사회 조직을 형성하고 유지하고자 하는 인간의 본성은 인종주의, 계급 차별주의, 가부장제와 같은 집단 간 갈등을 일으킨다. 사회적 지배 이론은 인류 사회에 뿌리 깊은 차이가 있긴 하지만, 모든 사회가 공유하는 사회적 권력의 원리가 있다고 가정한다.

사회적 권력의 원리를 "모든 사회가 공유한다"는 주장은, 선사시대의 수렵·채집 사회가 "확실히 평등주의적이었다"는 매우 중요한 반례를 간과한다(이에 대해서는 8장에서 논의할 것이다). 그렇지만 시데니우스와 프라토는 북미, 유럽, 아시아의 다양한 현대 사회들을 사례로 이론을 검증했다.

SDO에 대한 응답자들의 답변을 통해 우리는 한 사람이, 예를 들어 여성의 인권에 대해 어떤 태도를 가졌는지 예측할 수 있다. 하지만, 더 중요한 점은 사회적 지배에 대한 이런 태도들이 실제로 전체 사회에 대한 인식들이 조직되는 하나의 결절점node을 의미하는지 아닌지의 여부다. 지배와 권위주의라는 한 극단에서 호혜와 평등주의라는 다른 극단으로 이어지는 스펙트럼 위 어딘가에서, 어떤 중핵[예컨대, 사회적 지배에 대한 태도—옮긴이]을 중심으로 함께 움직이는, 사회적 태도의 군집이 실제로 있는가? SDO는 '권위주의적 인성'을 측정하는 F 척도(권위주의적 인성은 원래 파시즘 성향을 측정하기 위해 개발되었기 때문에, F 척도라고 불린다)를 대체하기 위해 고안된 것이기도 하다(Altemeyer 1997, 1998: Adorno et al. 1950).

아도르노와 그 동료들이 『권위주의적 인성』 The Authoritarian Personality (1950)을 출간한 것은 제2차 세계대전이 종결된 지 겨우 5년 정도가 지나서였다. 밀그램의 실험(3장 참조)도 1950년대에 진행되었는데, 이 실험에서는 평범한 사람들도 단순히 책임자처럼 보이는 하얀 가운을 입은 권위자가 실험을 계속하라고 명령했다는 이유만으로, 자신이 생각하기에도 매우 고통스럽고 위험한 전기 충격을 동료에게 주저 없이 가했다(Milgram 1974). 쉽게 잊곤 하지만, 나치 독일과 유대인 대량 학살은 심리학에 큰 영향을 주었다. 1947년에 '애착이론'attachment theory을 발전시켜 아동심리학에 지대한 영향력을 행사했던 존 보울비John Bowlby는 다음과 같이 말했다.

> 어떤 산업적·상업적·국가적·종교적·학문적 조직이든 그것이 권위주의적 계보에서 형성되었다면, 그 조직에서 좋은 인간관계나 선의를 기대하기 어렵다고 보아야 한다. 그것은 우리의 일상생활에도 적용되는데 …… 우리가 다른 사람을 권위적인 태도로 대하는 한, 우리는 나쁜 인간관계와 악을 양산하고 있는 것이다(Bowlby 1947, 39-49).

SDO와 마찬가지로 권위주의적 인성에 관한 연구는 사회적 수준에서 발생하는 사회적 관계와 개인의 심리적 차원에서 발생하는 사회적 관계에 대한 논의를 통합한다. 비록 사회적 지배라는 개념과 권위주의라는 개념은 서로 다르지만, 분명 밀접하게 연관되어 있다(Altemeyer 1998). 이 둘은 모두 타인과의 관계에서 나타나는 문제이기 때문이다. 사회적 지배 지향 척도와 권위주의적 인성에 대한 척도는, 권력이 모든 것을 결정하는 반사회적인 상호 작용에서부터 모든 사람의 필요가 동등하게 고려되는 호혜적 상호 작용에 이르기까지, 사회성의 연속선 위에 사람들이 어디쯤 있는지를 밝힌다. 사회 조직들이 억압적 위계질서에서부터 평등주의적 호혜체계까지 다양할 때 사람들은 어느 한 쪽에서 최선인 전략을 세울 필요가 있다. 여기서 놀라운 사실은 한 사회의 불평등 정도가 달라지면 인간의 반응도 이에 따라 민감하게 변한다는 점이다.

이야기를 계속하기 전에 권위주의적 인성 척도가 '시대에 뒤떨어진 인성 척도'라고 불린다는 사실을 언급하고 넘어가는 것이 좋겠다(Hartmann 1977; Ray 1990). 세대가 변하면서 사회 가치들도 빠르게 권위주의에서 벗어났으며, 지금도 여전히 변화를 겪고 있다. 1920년대에 아이들은 지금보다 훨씬 권위에 순응하고 복종해야 했다는 기록이 있다. 그뿐만 아니라, 젊은 층보다 노년층이 권위주의적 인성에서 높은 점수를 기록하는 경향이 있는 것도 분명하다. 그래서 우리는 역사의 흐름이 덜 권위적인 방향으로 움직이고 있다는 인상에 안도할 수 있을지도 모르겠다.

인과관계의 방향은?

이제 다시 앞서의 논의로 돌아가 사회적 관계의 질과 불평등 사이의 관계에 대해 이야기해 보자. 지나친 단순화의 위험이 있긴 하지만, 불평등과 사회적 관계의 인과적 경로는 〈그림 6-2〉와 같이 요약할 수 있다. 이 인과관계의 핵심은 생활수준의 물질적 차이가 사회적 거리감을 낳는 과정이다. 생활수준의 물질적 차이는 지위의 차이이며, 개인의 능력 차이로

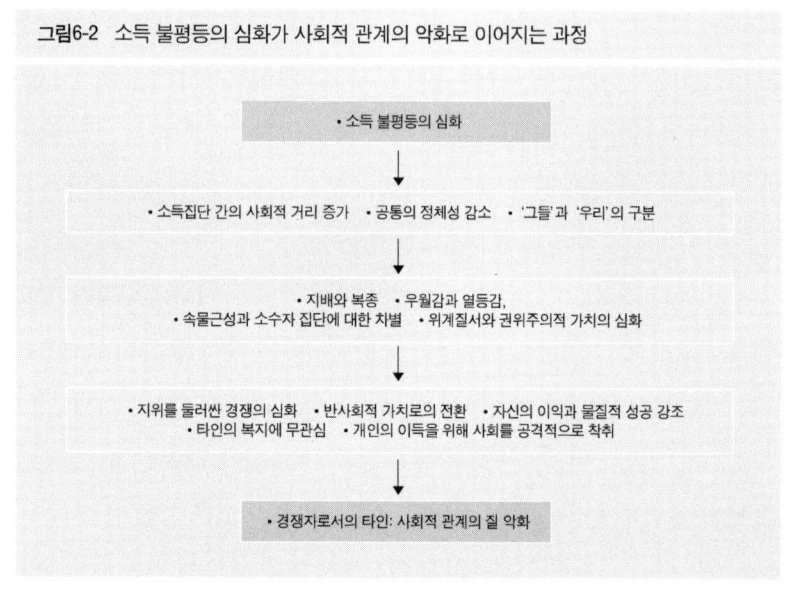

그림6-2 소득 불평등의 심화가 사회적 관계의 악화로 이어지는 과정

이해된다. 따라서 부자들은 고귀하고 중요하며 성공한 사람처럼 보이며, 가난한 사람들은 거의 쓸모없는 인생의 낙오자로 여겨진다. 생활수준의 차이는 문화적 차이로도 나타나는데, 이것은 우월과 열등에 대한 인식을 더욱 강화하면서 사회적 관계에 서열이라는 색깔을 덧입힌다. "그들은 사는 게 우리와 달라"라고 말하며 소수자 집단에 대한 편견을 정당화하려는 인종주의적·계급적 시도에서 중심적 역할을 하는 것이 바로 생활수준의 차이다.

불평등이 커질수록, 우리는 서로 돕는 협력의 전략에서 권력과 공격에 기반을 둔 경쟁의 전략으로 고개를 돌리게 된다. 행복이 점점 개인의 물질적 성취에 따라 결정되고, 사회적 관계가 행복에 미치는 영향이 줄어듦에 따라 인간관계는 좀 더 자기중심적이고 경쟁적으로 변한다. 사람들은 서로 신뢰하지 않고 사회적이고 공동체적인 활동에서 멀어지며 공격적 성향이 보편화된다. 사람들은 사회적으로 불리한 처지에 있을 때 분노와 수치, 두려움을 느낀다. 이를 보면 완력과 공격성을 통해 사회적 서열이 결정되었던 과거와 마찬가지로, 현대 사회에서도 사회적 지배와 복종의 심리가 다시 강화되고 있는 듯하다. 인정받고 싶은 욕망은 다음 두 가지 방식으로 충족될 수 있다. 하나는 내가 기여한 바를 평가해 주는 사람들 사이에서 활발하게 활동하면서 자아를 실현하는 방식이다. 다른 하나는 높은 사회적 지위가 주는 가치를 누리기 위해 다른 사람들과 싸우는 방식이다. 두 방법 모두 다른 사람에게 자신의 존재를 증명하고 자존감을 획득하려는 시도다. 하지만 첫 번째 방식이 사람들 사이의 지지와 연대를 강화하고 평등주의적이며 공존하는 것인 데 반해, 두 번째 방식은 사회를 분할하고 사회적 관계를 약화시키며 자신의 성공만을 최상의 가치로 삼는, 위계질서에 기반을 둔 사회 구조에 적응하기 위해서 강화된다.

 어떤 이는 〈그림 6-2〉를 보면서 반대 방향으로 화살표가 흐를 수는 없는지 의문을 가질 수도 있다. 소득 분배의 변화가 사회적 관계의 질을 변화시키는가, 아니면 반대로 사회적 관계의 질의 변화가 소득 분배를 변화시키는가?

 먼저 우리는 사회적 관계의 변화가 항상 소득 분배의 변화를 가져오는 것은 아니라는 사실에 주목한다. 그보다 소득 분배의 변화는 산업구조, 국제경쟁, 기술 등의 변화와, 다른 종류의 노동에 대한 수요로 설명할 수 있다. 소득 분배의 변화가 사회적 관계의 질에 의해 결정된다고 보는 경제학자는 거의 없지만, 인과관계가 아래에서 위로 움직이는 경우도 있다. 우리는 사회정의에 대한 신념이 강하고, 좀 더 친화적이며, 분할되지 않은 사회일수록 소득 격차가 작을 것이라고 예측할 수 있다. 또한 한 사회의 에토스ethos나 사회적 관계에서 시작된 변화가 다소 평등주의적인 재정정책을 표방하는 정당과 지도자의 선출로 나아갈 수도 있다.

하지만 이런 가능성이 〈그림 6-2〉에 나타난 화살표의 방향을 거꾸로 바꾸어야 한다는 것을 의미하지는 않는다. 일례로 미국 레이건 정부와 영국 대처 정부 시기처럼 선진국에서 소득 격차가 심해졌던 1980~90년대를 생각해 보자. 많은 사람이 불평등이 급증한 이유를 신자유주의와 통화주의의 부상, 케인스주의의 쇠락이라는 이데올로기적이고 정치적인 흐름의 전환에서 찾았다.

분명 신자유주의 정부는 사회정의와는 거리가 멀고 사회적으로 취약한 계층의 처지를 약화시키는 정책들을 펼쳤다. 그러나 신자유주의 정책이 의도적으로 사회적 관계를 훼손시키고, 신뢰를 감소시키며, 공동체 생활에 대한 참여를 줄이고, 폭력을 증가시키고자 했던 것은 아니다. 또한 이 새로운 정치인들이 사회 붕괴의 또 다른 징후이기도 한 10대 임신의 증가나 마약과 술의 남용을 바랐던 것도 아니다. 비록 자신들의 정책이 이런 결과를 가져오리라 예상했다고 해도, 그들은 이를, 그들이 하려고 했던 것의 의도하지 않은 결과나 비용으로 여겼을 것이다. 물론 신자유주의 정책이 소득 격차를 확대하리라는 것을 사전에 알았을 수도 있으며, 사회적 통합에는 별로 관심이 없어서 이런 정책을 고수했을 수도 있다. 그렇다고 화살표의 방향이 바뀌는 것은 아니다. 즉, 소득 격차 심화가 위와 같이 의도하지 않은 결과를 불러오게 된 이유는 여전히 〈그림 6-2〉처럼 소득 격차의 심화가 인과적으로 사회적 관계의 질을 악화시키기 때문이다. 소득 불평등의 기원이 통화주의와 신자유주의, 혹은 다른 어디에 있든 소득 격차의 확대는 그것의 사회적 결과와 분리될 수 없다. 소득 격차가 큰 사회에서는, 좀 더 평등한 사회에서 발견할 수 있는 양질의 사회적 관계를 누릴 수 없다. 물론 〈그림 6-2〉에서 화살표 방향이 역전되는 것이 아니라 화살표들이 아래에서 위로[사회적 관계의 질 악화 → 소득 불평등 심화-옮긴이] 연결될 수 있다. 이는 인과의 고리나 순환을 만들어 내는 피드백 효과가 존재할 수 있어, 이것이 전체 체계를 선순환이나 악순환으로 만들 수 있다는 뜻이다.

소득 분배에 [나쁜-옮긴이] 영향을 주는 정부 정책을 살펴보든, 피고용인들의 임금인상은 억제하면서도 이사들의 임금은 인상하려는 기업 이사회의 새로운 윤리를 살펴보든, 우리의 주장은 동일하다. 이런 행위는 사회의 분열이라는 비용을 치르게 될 것이다.

불평등과 빈약한 사회적 관계를 이어 주는 중요한 요인이 〈그림 6-2〉에는 빠져 있다(1장의 〈그림 1-1〉에는 있다). 그것은 불평등에 따른 가족생활에서의 스트레스와 긴장, 그리고 불평등이 유년기에 미친 충격 등이다. 우리는 가족관계의 질이나 가족들의 심리사회적 행복이 사회 계층에 따라 다르다는 사실을 알고 있다. 한 조사에 따르면 1년에 1만 파운드[약 1,880만 원-옮긴이] 이하로 생활하는 가족은 2만 파운드[약 3,760만 원-옮긴이] 이상의 소득을 올리는 가족보다 두 배 이상 자주 싸웠다(Relate and Candis 1998). 부부 갈등, 가정 폭력, 산후 우울증, 아동의 행동 장애, 아동의 코르티솔 수치에 관한 연구들은 모두 가난한 가정일수록 스트레스를 많이 받는다는 사실을 보여 준다. 또한 어려서 가정 폭력이나 산후 우울증에 노출될수록 어른이 되었을 때 폭력을 쉽게 휘두른다는 사실도 밝혀졌다(물론 대부분의 연구는 남자 아이들에 관한 것이다). 소득 격차가 커져서 상대적 빈곤이 심화되면, 더 많은 아동이 스트레스가 많은 가정환경에서 자라게 될 것이다. 올리버 제임스Oliver James는 그의 저서 『승자-패자 문화 속의 청소년 폭력』Juvenile Violence in a Winner-Loser Culture(1995)에서 1980년대 대처정부 시기 영국에서 상대적 박탈감이 심해지면서 청소년 범죄가 얼마나 증가했는지를 추적했다. 이 연구에 따르면, 외부의 경제적 요인 때문에 소득 분배가 변했을 때, 그 변화가 미미한 수준이라도 이는 사회적 관계의 질에 여러 해에 걸쳐서 천천히, 그러나 크게 영향을 미친다. 1980~90년대부터 여러 국가에서 아동 빈곤 문제가 심각해졌으며 이는 당시에 가난한 유년기를 경험했던 사람들의 삶에 지워지지 않는 상흔을 남겼다. 그 상흔은 그들의 인간관계와 공격성의 수준, 자존감 혹은 열패감 형성에 큰 영향을 미쳤을 것이다.

불평등이 사회적 관계의 질을 변화시킨 명확한 사례가 있다. 4장에서 잠깐 살펴봤듯이, 1970~80년대에 들어 소련과 동유럽에서는 건강 수준이 나빠지고 사회적 자본이 축소되었다. 이런 사례들에서 문제의 원인과 결과를 밝히는 것은 어렵지 않다. 고르바초프의 1987년 연설문을 살펴보면, 공산주의 체계를 여전히 개혁할 수 있다고 믿었던 그는 사람들의 공적 생활public life의 수준이 나빠지는 경향에 주목했다. 그는 중앙 계획 경제하에서 사회적 자본이 쇠퇴하는 이유를, "경제에, 그리고 사회적·정신적인 영역에 심각한 영향을 미치는 …… 사회를 좀먹는 요소들"이 늘어나고 "사회적인 문제에 대한 사람들의 관심"이 줄어들었으며, "무관심과 냉소주의가 팽배"해졌기 때문이라고 보았다. 학자들은 이런 현상을 '사회적 삶의 사사화私事化'로 표현하기도 했다(Tarkowska and Tarkowski 1991). 당시 사망률, 특히 독신 남녀의 사망률이 증가했는데(Hajdu, McKee, and Bojan 1995; Watson 1996), 사망 원인은 대부분 폭력과 알코올이었다.

1970~80년대에 걸쳐 옛 소비에트 블록에 속해 있던 중동부 유럽의 국가들에서 나타난 건강 수준의 하락은 소련 정부가 강요한 경제 개혁 프로그램을 통해 가장 잘 설명할 수 있다. 중국은 이를 비난하면서 '소련식 수정주의'라고 불렀다. 이 개혁 프로그램은 초기에 동유럽에서 일어났던 봉기에 대한 대책으로, 대중의 지지를 회복하기 위한 것이었다. 핵심은 노동자들에게 개별적인 경제적 인센티브를 주는 임금체계를 비롯해서 시장 메커니즘을 일부 도입하는 것이었다. 1956년 헝가리 봉기로 감옥에 갔던 한 증언자는 TV 다큐멘터리(영국 Channel 4, 1996년 방영)에서 개혁이 사회의 '원자화'를 낳았다고 말했다. 그는 개혁이 시작된 후 사람들 사이에서 대화가 사라졌으며, 높은 소비 수준을 향한 경쟁에만 몰두했다고 회상했다. 그는 개혁이 가져온 새로운 정신—새로운 정신은 사람들에게, 새로운 체제에 순응해서 열심히 일하면 자가용도 사고 이웃들보다 더 좋은 물건들을 얻을 수도 있다고 종용했다—에 대해 이야기했다. 이런 압력은 서구 사회에서는 늘 있었던 것들이지만, 어느 정도 평등하고 덜 개인적이며 덜 경쟁적인 사회에 살고 있던 동유럽 사람들에게는 큰 변화로 보였다. 그리고 사실상, 이런 개혁은 경쟁적 소비의 급격한 증가를 가져왔다.

알바니아의 사례는 이런 해석에 힘을 실어 준다. 4장에서 살펴보았듯이, 알바니아는 중동부 유럽 국가들 가운데 유일하게 1970~80년대에도 건강 수준이 꾸준히 향상된 나라다. 또한 소련이 아니라 중국과 동맹관계를 맺고 있었기 때문에 경제 개혁 프로그램을 도입하지 않았던 유일한 나라다(동유럽에서 앞서 살펴본 문제들이 나타난 이유를 동유럽 국민이 소련의 지배에 저항했기 때문이라고 보는 것은 잘못이다. 그런 문제들은 소련 내부에서도 나타났기 때문이다. 문제는 개혁정책이 자발적으로 추진되었는지 외부 세력에 의해 강제되었는지가 아니라, 개혁 정책 그 자체였다).

결국, 이야기의 핵심은 경제적 변화에 따른 사회적 자본의 쇠퇴이며, 여기서 경제적 변화란 개인주의가 급격히 증가하고 소득 격차가 확대된 것을 말한다. 이런 상황은 1989년 중앙 계획 경제가 붕괴한 이후에 또다시 나타났다. 1990년대 초에 나타난 소득 격차의 급격한 증가는 경제 전환에 따른 파행과 혼란 그리고 불안정을 반영하고 있었다. 러시아를 포함한 수많은 국가에서 사망률은 재앙에 가까운 수준으로 폭증했고, 평균 수명도 곤두박질쳤다. 심장병의 증가가 사망률 증가에서 절대적인 비중을 차지하고 있었지만, 폭력과 알코올 관련 사망률도 함께 증가한 것은 사회적 구조가 얼마나 훼손되었는지를 다시 한번 말해 준다. 보통 사람들은 절대적 빈곤이 극심한 곳에서 사망률이 증가할 것이라고 예상한다. 그러나 몇몇 연구 논문들은 소득 불평등이 심한 곳에서 사망률이 가장 뚜렷하게 증가한다는 사실을 발견했다(Marmot and Bobak 2000; Smith and Egger 1996; Walberg et al. 1998). 여기서 다시 한번 인과관계의 방향이 분명해진다. 경제의 파행과 혼란이 소득 격차를 확대해 사회 구조를 악화시키며 사회의 폭력을 증가시키는 것이다.

소득 분배의 변화가 사회적인, 그리고 건강상의 변화를 가져온다는 사실을 확증해 주는 또 다른 예들이 있다. 사실 정부와 통치자들은 항상 소득 분배와 사회 통합이 서로 인과적으로 연결되어 있다는 사실을 이해할 수 있는 건전한 직관을 가지고 있다. 사회를 통합하고 대중의 지지를 얻기 위해 정부가 전략적으로 평등주의적 정책을 도입했던 사례들도 많다. 한

때 '아시아의 호랑이'로 불리면서 빠르게 성장했던 아시아 국가들은 모두 1960~80년대에 소득 격차를 줄이려고 노력했다. 이들 8개국(일본, 한국, 대만, 싱가포르, 홍콩, 태국, 말레이시아, 인도네시아)은 세계은행이 '동반 성장'이라고 부르기도 했던 정책하에서 급격히 성장했다. 세계은행이 발간한 『동아시아의 기적』 The East Asia Miracle(1993)의 한 장에는 왜 이 국가들이 좀 더 평등주의적이 되었는지를 기술하고 있다. 이 8개국 정부들은 정당성의 위기에 직면하게 되면서 대중의 승인과 지지를 확보할 필요가 있었다. 예를 들어, 한국은 북한이라는 경쟁자가 있었고, 대만과 홍콩은 중국 본토와 관련해서 자신의 정당성을 확보해야 했다는 것이다. 일본도 제2차 세계대전의 패배로 기득권을 가진 세력들의 위세가 꺾이면서 급속하게 평등주의적으로 변모했다.

비슷한 사례는 유럽에서도 찾아볼 수 있다. 제2차 세계대전 기간에 영국에서는 소득 격차가 급격히 감소했다. 물론 전쟁이 경제에 미치는 효과, 즉 전쟁 특수가 노동자들 사이의 소득 차이를 완화하고 실업률을 낮췄기 때문이기도 했다. 하지만 더 큰 이유는, 2장에서 보았듯이, 전쟁을 수행하던 영국 정부가 '대중의 협력'을 얻기 위해 소득 격차를 줄이는 정책을 의도적으로 추진했기 때문이다(Titmuss 1958). 티트머스는 "전쟁과 사회 정책"War and Social Policy이라는 글에서 전쟁을 수행하기 위해서는 "우선 불평등을 줄여야만 하며, 또한 사회 계층 피라미드의 높이를 낮춰야 한다"(Titmuss 1976, 86)라고 말했다.

당시 영국 정부는 전쟁의 부담을 국민이 공평하게 분담하고 있다는 확신을 심어 주기 위해, 부자에 대한 과세를 급격히 증가시켰고, 필수품에 대한 보조금을 지원하고, 사치품에 세금을 부과했으며, 공정한 분배를 위해 대부분의 식료품과 물품을 배급했다. 국민건강보험제도 수립을 포함해 전후 복지 국가의 기틀을 마련한 1941년 "베버리지 보고서"도 같은 목적을 가지고 있었다. 베버리지 보고서의 목적은 좀 더 공정한 미래에 대한 청사진을 제시함으로써 전쟁을 수행하는 데 필요한 국민의 지지를 얻어내는 것이었다. 전시에 동지애라는 감정은 공공의 적에 맞서 함께 싸우면서 싹트기도 하지만, 평등과 공평을 강조함으로써 고조되기도 한다. 만약 전쟁의 부담을 부자들은 지지 않고 오직 노동자 대중들에게만 지나치게 많이 부과한다면 동지애와 협동심은 틀림없이 분노로 변할 것이다.

위 사례들에 덧붙여 19세기 독일도 대중의 지지를 얻기 위해 평등주의적 정책을 이용했던 사례가 될 수 있다. 19세기 독일의 비스마르크는 사회를 통합하고 분열된 독일을 통일하려는 정치적 계획을 세우고 있었다. 비스마르크는 이에 대한 대중의 지지를 얻기 위해 복지 국가의 기반이 되는 제도들을 최초로 도입했다.

찰스워스의 연구는 경제적 변화가 사회적 관계를 변화시키는 과정을 보여 주는 더 미시적인 사례이다. 그는 로더럼 지역의 경제적 기반이었던 광산과 철강산업에서 고용이 줄어들면서 주민들의 생활이 어떻게 변했는지를 관찰했다(Charlesworth 2000). 실업률이 높아지기 전에 로더럼은 여느 광산 지역과 마찬가지로 통합적인 사회였다. 하지만 실업률이 증가하자 거리에서, 특히 젊은 사람들 사이에서, 사회적 관계가 점점 공격적이고 반사회적으로 변했다. 5장에서 우리는 한 지역 주민의 전형적인 불만을 살펴봤다. 주변에서 일어나는 사회적 변화를 잘 감지하고 있었던 그는, 사람들이 "난폭"해졌고 로더럼 지역이 "개같이" 황량해지고 있다고 말했다. 그는 "강하게 단련해서 …… 싸울 준비를 해야 해. 왜냐고? 우리가 직접 완력을 써야만 이 더러운 새끼들이 놀라서 인정해 주니까"라고 말한다. 이런 사회 구조의 변화는, 웨일스 계곡 등 대처 정권 시기에 실업률이 급격하게 증가했던 다른 광산 지역들에서도 똑같이 나타났다. '난폭함'과 마약이 유행했던 것이다. 사회적 변화는 분명 경제적 변화에 뒤따라 일어난다.

이탈리아계 미국인들이 거주하는 펜실베이니아주의 로세토라는 작은 마을도 불평등과 사회적 관계 사이의 인과관계가 어떻게 작동하는지 보여 준다(이 사례는 3장에서도 이미 기술했다). 1960년대에 로세토는 사회역학자들의 관심을 받았는데, 이는 주민들이 인근 지역 주민들보다 훨씬 건강했기 때문이다(Bruhn and Wolf 1979). 특히 로세토 주민들은 심장병으로 사망하는 비율이 다른 지역보다 훨씬 낮았다. 하지만 이를 단지 흡연율이나 식습관의 차이로 설명할 수는 없었다. 연구자들은 조사를 통해 마을 공동체가 놀랄 만한 수준으로 통합되어 있기 때문이라고 결론을 내렸다. 로세토에서 연구를 진행하면서 차츰 이런 특성을 발견하게 된 연구자들은 다음과 같이 말했다.

> 이탈리아 사람들 간의 동료애와 공동의 목적의식은 덜 가진 사람 앞에서 과시하거나 이들을 난처하게 만드는 상황을 미연에 방지해 준다. 또한 이웃에 대한 관심은 아무도 버림받지 않을 것이라는 믿음을 갖게 한다. 가족이 생활의 중심점이자 보루인 사회에서 나타나는 이 놀랄 만한 사회적 응집성은 재앙을 이겨내게 하는 안전망이자 보호망이다. 이런 특성은 이 사회에서 심근경색이나 돌연사가 거의 없다는 사실과 관계가 있다(Bruhn and Wolf 1979, 136).

이 사례에서는 평등하다는 현실보다 평등주의적인 사회풍토가 더 중요할지도 모른다. 브룬J. G. Bruhn과 월프S. Wolf는 몇몇 가정이 다른 가정들보다 부유하긴 했지만 이런 불평등을 드러내는 것이 허용되지 않았다고 분명하게 지적하고 있다.

> 연구를 시작하고 5년 동안, 로세토에서는 부자와 무일푼인 사람을 옷차림과 행동으로 분간하기 어려웠다. 주택이나 자가용과 같은 살림살이들은 매우 소박했고 놀랄 만큼 비슷했다. 로세토에서는 '이웃을 이기려는' 분위기를 발견할 수 없었다(Bruhn and Wolf 1979, 82).

여기에 더해,

> 우리는 로세토에서 상당수의 사람이, 특히 작업복을 입은 제분소 주인들이 상대적으로 부유하다는 것을 알고 있었다. 하지만 …… 그 사람들의 옷차림이나 말투, 태도로는 확인할 수 없었다. …… 집을 봐도 부자인지 알 수 없었다. …… 이곳에서는 부를 과시하는 것에 대한 무언의 금기가 있는 것 같았다(Bruhn and Wolf 1979, 110).

이처럼 로세토에서도 부富에 엄연한 격차가 있었다. 하지만 부자가 자신의 부유함을 과시하거나 가난한 사람들로 하여금 자신의 처지가 좋지 않다고 느끼게 하는 행동은 꼴사나운 일로 간주되었다.

> 물질적 부나 자기 분야에서 명성을 얻은 로세토 주민들은 과시와 신중함, 야심과 절제, 겸손과 위엄 사이에서 섬세한 균형을 이루기 위해 주의를 기울여야 했다. …… 목사는 주민들에게, 지나치게 돈벌이에 몰두하면 그 사람이 공동체 외부에서 어떤 지위를 얻든 상관없이 공동체에서 따돌림당할 것이라고 경고했다. 이와 비슷하게, 유흥을 위해 돈을 쓰면서 공동체의 필요에 무관심한 태도는 사회적으로 배제를 당하는 이유가 되었다. 이처럼 로세토의 문화에는 성공도 실패도 과도해지지 않도록 조정하는 견제와 균형이 존재했다(Bruhn and Wolf 1979, 79-80).

위 인용문들은 매우 놀라운 통찰력을 보여 준다. 특히 로세토 주민들이 물질적 격차가 수치심을 만들어 내고 사람들을 어려운 처지로 몰아넣는다는 것을 완벽하게 알고 있었다는 사실은 주목할 만하다. 여기에는 물질적 격차가 사회적 분열의 토대가 된다는 명확한 인식이 깔려 있다. 더욱 흥미로운 사실은 부자들이 가난한 사람들 앞에서 거만하게 행동하고 부를 과시했을 때, 사회적 거부와 배제를 당하는 쪽은 가난한 사람이 아니라 부자들이라는 점이다.

로세토는 '실제로 평등'할 뿐만 아니라 가난한 사람이 불이익을 받는 상황을 회피하고자 하는 '평등주의적인 사회풍토'가 함께 작용한 사례다. 로세토의 평등주의적인 풍토는 사회역학자들이 로세토에서 연구를 수행하는 동안에도 계속되었다. 하지만 로세토 공동체 내에서 소득 불평등이 심화되자 평등주의적 가치는 이내 불안과 긴장에 휩싸이게 되었다. 이런 상황에서 우리는 사회적 가치가 물질적 격차를 거슬러 얼마나 오랫동안 유지될 수 있을 것인가라는 의문을 갖게 된다. 만약 이 둘이 부딪힌다면, 어느 쪽이 이길까? 답은 분명하다. 로세토 지역의 1세대는 1880년대에 남부 이탈리아 로세토 지역에서 무일푼으로 미국에 이주한 사람들로, 통합적 사회 가치는 이들에게 물려받은 것 같다. 흥미로운 점은 이들이 그전에 살던 이탈리아의 지역은 벤필드E. C. Banfield가 결집력이 매우 떨어진다고 평가했던 곳이라는 사실이다(Banfield 1958). 그러나 미국의 다른 지역들과 언어가 달라 고립된 새로운 환경에서 이들은 서로 도와 가며 살아가는 쪽으로 생활방식을 변화시켰다. 그러나 이후 로세토의 젊은 세대들이 영어를 모국어처럼 구사할 줄 알게 되고, 미국 사회에 급격히 통합되어 감에 따라 젊은이들은 미국의 가치를 받아들였으며, 자신을 미국 사회와의 관계 속에서 규정하게 되었다. 1980년대 후반에 이루어졌던 후속 연구들이 보여 주듯이, 1960년대 이 지역에서 나타났던 높은 건강 수준과 통합적 가치는 그 이후 사라져 버렸다(Egolf et al. 1992).

2장에서는 토크빌이 1831년에 미국을 방문하면서 느꼈던 점들에 대해 이야기했다. 그는 자신에게 깊은 인상을 주었던 미국의 시민적 공동체 생활이 '조건의 평등'에 기반을 두고 있다고 믿었다. 토크빌은 물질적 격차의 정도가 해답이라고 보았던 것이다. 그는 다른 계급에 속한 사람들은 사는 것이 너무 달라서 서로의 감정을 공감하기 어렵다고 생각했다. 같은 계급의 구성원끼리야 두말할 필요도 없이 단번에 처지를 이해할 수 있지만, 물질적·계급적 격차를 뛰어넘어 그렇게 하기란 극히 어려운 일이다. 이런 과정은 내부 집단과 외부 집단을 형성하는 강력한 심리적 경향을 포함하고 있는 듯하다(Tajifel et al. 1971). 사회를 계층화시키는 사회적 지배 과정은 분명 이 집단 심리와 연결되어 있다. 실제로 집단과 자신을 동일시하는 과정은 자신을 우월한 집단이나 열등한 집단의 한 구성원으로 규정하는 과정이다.

이제 우리는 다른 사람의 시선을 통해 자신을 인식하는 과정과 불평등, 계급이 어떻게 함께 작동하는지 알게 되었다. 인간은 다른 사람의 시선을 통해 자신을 사회적으로 경험하기 때문에 불평등은 우리의 사회성의 핵심을 건드린다. 사회적 지위와 불평등의 문제는 외부적이고 비개인적인 것이 아니라 우리가 사회적으로—그리고 가장 개인적으로—구성되는 방식과 연결되어 있다. 상당수의 심리학·정신분석학 이론들이 가정하듯이, 세계는 비개인적인 공적영역과 사적이고 개인적인 부분으로 간단하게 구분될 수 있는 것이 아니다. 두 영역 모두 개별 인간에게 엄청난 영향을 미친다. 선사시대를 살았던 조상들의 삶에서는 공적영역과 사적영역이 나뉘어 있지 않았다. 위계 서열은 개인적인 면대면face to face 지배와 복종의 질서였다.

    돈이 사회적 지위를 결정하게 되면서, 열등함과 우월함은 점차 시장과 우리가 소비하는 물건에 따라 규정되었다. 사람들은 돈으로 우월감을 살 수 있게 되었다. 레스토랑에서 호텔에서 휴양지에서, 사치는 사회적 특별함으로 선전되었고 고귀하고 가치 있게 취급받고 싶어 하는 인간의 욕망을 자극했다. 프랭크가 매우 적절히 설명하고 있듯이, 사람들은 특별한 저녁 시간이나 몇 박 며칠의 휴가를 위해, 사치품을 구매하면서 동시에 우월감도 함께 구매한다(Frank 1999). 물론 다른 사람들에게 가치를 인정받고자 하는 욕망이 잘못되었다는 것은 아니다. 문제는 이런 인간의 욕망이 평등한 구성원들 사이에서 진정한 사회적 과정을 통해 충족되지 못하고, 서열과 불평등의 틀 안에서 상업적으로 이용되고 있다는 사실이다.

7

젠더, 인종, 불평등
아랫사람에게 발길질하기

지금까지 우리는, 불평등이 사회 전체에, 그리고 위계 서열에서 하층에 있는 사람들에게 어떤 충격을 가져다주는지를 이야기했다. 그렇다면 불평등이 다른 부분의 사람들에게는 어떤 영향을 미치는가? 인종적 소수자들에게는 어떤 영향력을 행사하고 있을까? 불평등이 여성의 지위에는 어떤 작용을 하며, 남성들에게는 어떤 파장을 미칠까?

이런 질문에 대한 연구 결과들은 상당히 놀랍다. 불평등한 사회일수록 남성의 주도권이 강하며 여성의 지위는 상대적으로 낮지만, 불평등의 영향을 더 많이 받는 것은 여성이 아닌 남성의 사망률이다. 마찬가지로 남성들 간의 사회적 관계가 여성들의 사회적 관계보다 불평등으로 인해 상처를 많이 받는다. 달리 말하면 남성이 지배하는 사회에서 남성은 여성보다 더 큰 피해를 입고 있는 것 같다. 그것은 불평등으로 말미암아 남성들 사이의 경쟁이 더욱 치열해지기 때문이다. 사실 남성 중심적 지배 체제에서 높은 지위의 특권을 누리는 남성들은 소수에 불과하다. 게다가 과열된 지위 경쟁은 남자다움masculinity을 계발하고 과시하도록 부추긴다. 지위 경쟁은 남성들에게 남자라면 모름지기 강인해야 하며 육체적으로나 정서적으로나 '강건해야' 한다고 압력을 준다.

인종적 소수자들의 건강 상태는 짐작대로 그들이 얼마나 사회경제적으로 부당한 짐을 짊어지고 있는지 잘 보여 준다. 이제 인종은 사람들의 사회적 지위를 나타내는 하나의 표식이 되었다. 한번 타고난 인종은 결코 바꿀 수 없다는 사실은 인종이 건강에 미치는 영향력을 더욱 고착화한다. 인종주의와 특정 인종에 대한 잘못된 편견은 불평등이 증가함과 동시에 심해지는 듯하다.

젠더

여성의 지위가 높은 사회일수록 건강 수준도 높다는 사실은 오래전부터 알려져 있다(Caldwell 1986; Caldwell and Caldwell 1993; Williamson and Boehmer 1997). 이 연구들(대부분 개발도상국을 대상으로 한다)에서 여성의 지위를 측정하는 데 가장 많이 사용된 지표는 여성과 남성의 학력 차이였다. 여성의 학력 향상이 어떻게 사회 전체의 건강 수준을 향상시킬 수 있었을까? 이를 설명하는 가장 그럴듯한 초기 설명은, 교육받은 여성일수록 위생과 영양 수준이 높기 때문에 영아 사망률을 낮춘다는 주장이었다. 그러나 여성의 지위가 높아질 때 영아 사망률만 낮아지는 것은 아니었다. 여성의 지위가 높아질수록 여성의 사망률도 감소했다.

이에 따라 여성에 대한 차별이 적은 곳일수록 여성의 건강도 좋다는

〈표 7-1〉 여성의 지위와 남녀 사망률의 관계 (대상: 미국 50개 주)

여성의 지위를 나타내는 척도	여성의 사망률 (상관계수)	남성의 사망률 (상관계수)
정치적 참여 지수	−0.51	−0.64
고용과 소득 지수	−0.25	−0.42
경제적 자율성 지수	−0.42	−0.60

주 : 모든 계수는 통계적으로 유의하다.
자료 : Kawachi et al.(1999).

가설이 제기되었다. 그러나 여성의 지위가 향상된다고 해서 마치 영합 게임처럼 남성이 누리던 사회적 이익과 건강 수준이 여성에게로 옮겨지는 것은 아니었다. 여성의 지위가 향상되면, 여성의 건강뿐만 아니라 남성의 건강도 향상된다는 사실이 밝혀졌다. 윌리엄슨J. B. Williamson과 뵈머U. Boehmer 는 국가 간 교차 연구를 통해 여성의 지위는 여성뿐만 아니라 남성들의 기대 수명 격차도 대체로 설명해 준다는 사실을 밝혔다(Williamson and Boehmer 1997). 여성이 남성과 지위가 비슷한 사회일수록 남녀 모두 건강했다. 미국의 50개 주를 대상으로 수집한 자료를 분석했을 때에도 결과는 마찬가지였다. 가와치와 그 동료들은 세 가지 척도—선출된 국회의원 가운데 여성 의원의 비율, 남성과 여성의 임금 격차, 여성의 경제적 자율성 지수—를 사용해 여성의 지위를 측정했다(Kawachi et al. 1999). 이들의 분석에 따르면 세 종류의 측정치 가운데 어느 쪽이라도 여성의 지위가 양호한 주에서 다른 주들보다 남성의 사망률이 낮게 나타났다(〈표 7-1〉 참조).

가와치와 그의 동료들이 지적했듯이 지금까지 여성의 종속적 지위에 대한 논의들은 대부분 여성이 당하는 불이익과 남성이 누리는 이득에 주목했다(Kawachi et al. 1999). 그러나 만약 남성이 여성의 노동을 통제하고,

가사나 양육을 서로 분담하지 않으며, 자신의 경제적·정치적 권력을 행사해 이익을 얻는다면, 어째서 여성의 지위가 높을수록 남성 사망률은 높아지지 않고 오히려 낮아졌던 것일까? 그들에게 분명 유리한 것들이 사라졌는데도 왜 남성들의 건강은 더 좋아졌을까?

이런 의문을 젠더적 차원에서 이해하는 데에서 핵심은, 남성들 간의 지배 서열이 엄격할수록 여성의 지위가 낮다는 사실이다. 남성들 사이에서 이런 위계질서가 공고하게 작동할수록, 여성들도 억압당할 것이다. 남성의 권력이 중요하게 취급되는 호전적인 문화에서 여성은 더욱 종속적이 되고, 남성보다 상대적으로 낮은 지위를 갖게 된다. 물리적 힘, 지위, 권위가 별로 중요하지 않은 평등주의적이고 친화적인 사회에서만이 여성의 지위는 진정으로 향상될 수 있다. 따라서 우월한 위치를 놓고 벌이는 남성들 사이의 경쟁이 줄어들어야 여성의 지위도 향상될 수 있다.

여성의 지위가 높을수록 남성의 건강 수준이 높아지는 이유는, 기본적으로 위계질서가 권력을 둘러싼 남성들 간의 투쟁이기 때문이다. 위계 서열이 심한 사회에서 남성은 여성보다 치열하게 싸워야 하고, 권력을 얻기 위해 안간힘을 써야 한다. 이 과정에서 상처, 불안, 스트레스를 더 많이 받는 쪽도 남성이다. 그 결과 남성의 폭력 수준이 높아지고, (차량 추돌에서 성병에 이르기까지) 위험한 행동이 발생하는 빈도도 높아지며, 과도한 음주와 약물 복용만이 아니라 심혈관계 질환의 발병률이 높아지는 등 값비싼 사회적 비용을 치르게 된다. 지배 권력을 얻기 위한 투쟁에서 남성 모두가 경쟁자이므로 남성적 특성은 불평등의 정도에 크게 영향을 받는다.

그러므로 남성들 사이의 불평등이 심한 사회에서 여성들이 고통받는 이유는 단순히 여성들이 신체적으로나 경제적으로 남성들보다 처지가 못해서만이 아니다. 자신이 낙오되었다고 느끼는 남성들은 여성, 특히 배우자를 복종시킴으로써 자신의 권위를 회복하려고 애쓰기 때문에 여성들이 더욱 고통을 받는 것이다. 이는 하향식 차별이라는 좀 더 폭넓은 과정의 일부다. 패배감을 느끼는 사람들은 여성이나 인종적 소수자, 혹은 지위가 낮은 소수자보다 자신이 우월하다는 것을 과시함으로써 손상된 자존감을 되찾으려 한다.

불평등한 사회일수록 공격적인 남성 문화가 팽배하다는 사실도 이런 해석을 뒷받침한다. 공격적인 남성 문화는 특히 남성들의 사망 원인이 되기 때문이다. 우리는 2장에서, 평등한 사회일수록 사회적 관계가 덜 적대적이고 환대에 기반을 두고 있음을 이미 살펴보았다. 게다가 소득 불평등과 가장 밀접하게 관련이 있는 사망 원인은 폭력, 사고, 음주였다(Kaplan et al. 1996; McIsaac et al. 1997; Walberg et al. 1998; Wilkinson 1996b). 이 유형의 사망은 여성보다는 남성에게, 그 가운데서도 젊고 독신인 남성들에게 더 많이 나타난다. 여기서 왜 음주와 폭력이 1970년대와 1980년대 동유럽에서 가장 빠르게 증가했던 사망 요인이었는지, 사망률의 증가가 왜 독신, 특히 독신 남성들에게 집중되어 있었는지 알 수 있다(Watson 1996; Hajadu et al. 1995; Wilkinson 1996b).

사고, 폭력, 간경화 같은 음주 관련 사망은 '남성' 문화를 반영한다. 내가 다른 글에서도 주장했던 것처럼, '불평등의 문화'는 난폭하고 공격적일 뿐만 아니라 마초적이다(Wilkinson 1999). 불평등한 사회일수록 거칠고 경쟁적이며 인정사정없다. 퍼트남의 『혼자 볼링하기』에 소개된 도표를 보면, 미국의 주들 가운데 사회적 자본이 낮은 주일수록(불평등한 지역일수록) 많은 남성이 자신이 "주먹다짐을 하면 평균 이상은 갈 것"이라고 생각하고 있었다. 퍼트남이 지적하듯이 이런 지역일수록 사람들이 공격적이다 (Putnam 2000). 〈그림 2-1〉에서 보았듯이, 상대방을 신뢰할 수 없다고 대답한 사람이 전체 인구의 10%밖에 되지 않는 평등한 사회와, 35% 혹은 40%나 되는 상대적으로 불평등한 사회에서 사회적 관계는 어떤 모습을 띨지 그 차이를 상상해 보라.

과거에, 거칠고 공격적이며 마초적인 사회는 가족의 명예를 가장 중요하게 생각하는 사회이기도 했다. 남성이 여성을 지배하는 사회에서 남성들은 집안 여성들에게 '샤프롱'[젊은 여성을 보호 관찰하는 여성 보호자—옮긴이]을 붙이거나 여성들의 자유를 제약함으로써 집안 여성들의 '명예'를 보호하고자 했는데, 이는 주로 다른 남성들이 범접하지 못하게 하려는 조치였다. 소위 명예살인[1]은 집안싸움, 유혈복수, 그리고 '불명예스러운' 여성들의 희생을 통해 가족의 명예를 지키려는 사회에서 자주 일어났다.

벤필드는 후에 퍼트남이 사회적 자본이 특히 낮다고 본 남부 이탈리아의 한 농민 문화를 관찰했다(Banfield 1958). 이 연구는 이탈리아를 대상으로 한 퍼트남의 사회적 자본 연구(Putman, Lenardi, and Nanetti 1993)보다 훨씬 이전에 이루어진 것이다. 그는 이 농민 문화를 '비도덕적 가족주의'[2]라

---

[1] **명예 살인**이란 남성 가족 구성원이 여성을 상대로 행하는 폭력으로서, 종종 살인으로 이어지기도 한다. 주로 여성이 가족의 명예를 더럽혔다고 간주될 때 명예살인의 대상이 된다. 예를 들어, 여성이 부모가 결정한 중매혼을 거부하거나, 성폭력의 희생자가 되거나, 이혼을 요구하거나, 간통을 할 때, 명예 살인의 표적이 된다. 여성이 가족에게 불명예를 안겼다는 행위를 했다는 것만으로도 그런 일이 자행되는 것이다.

[2] 벤필드가 말하는 **비도덕적 가족주의**란 다른 모든 사람도 그렇게 행동할 것이라는 가정하에 자기 가족만의 물질적·단기적 이익을 극대화하려는 행동을 의미하며, 가족의 이익을 위해 부정부패도 서슴없이 저지르는 가족주의를 말한다.

고 규정했다. 그 지역에서는 가족에 대한 강한 충성심과 족벌주의가 다른 어떤 도덕적 의무보다 우선시되었다. 비도덕적 가족주의라는 용어는, 1970~80년대에 폴란드에서 시민사회가 몰락하고 사회생활이 점차 개인화되면서 문화가 어떻게 변모했는지를 묘사하는 데도 사용되었다(Tarkowska and Tarkowski 1991). 일반적으로 경험적 증거들을 보면, 가족관계가 견고하거나 가족의 유대가 강할 때는 사회적 자본이 잘 형성되지 않는다. 오히려 가족[구성원들 간의 강한 유대-옮긴이]이 쇠락하고 여타의 사회적 관계에서 나타난 '약한 유대'가 튼튼해지고 도덕 체계가 강화될 때 사회적 자본이 폭넓게 형성된다.

불평등한 사회에서 왜 여성의 지위가 향상되지 못하는지를 살펴보는 것은 그리 어렵지 않다. 경제 발전의 초기단계에 있는 족벌 중심의 사회에서든, 사회적 붕괴 위험에 놓여 있는 콘크리트 정글 같은 현대 도시 사회에서든 그 이유는 마찬가지다. 남성들 사이의 경쟁이 치열한 곳에서 여성의 지위는 더욱 열악해질 수밖에 없다. 특히 남성의 특성에 높은 가치를 부여하는 사회나, 남성의 표적이 될까 두려워 여성들이 밤에 길거리를 다닐 수 없는 사회처럼, 공공영역이 공격적이고 덜 친화적인 사회에서는 여성의 지위가 개선될 수 없다.

이런 사실은 통계에서도 뚜렷하게 나타난다. 〈표 7-1〉은 소득 불평등이 작은 미국의 주에서 여성의 지위도 높다는 것을 보여 준다(Kawachi et al. 1999). 블라우와 칸이 관찰한 8개 선진국의 사례에서도 소득 불평등이 클수록 여성의 임금이 남성의 임금에 훨씬 못 미치는 것으로 나타났다(Blau and Kahn 1992). 이 논문의 저자들은 미국이 전체적으로 소득 불평등이 매우 크기 때문에 미국 여성들이 다른 선진국 여성들에 비해 심각한 임금 격차에 시달리고 있다는 결론을 내렸다.

이 해석들을 검증하기 위해, 브루스 케네디와 나는 미국 50개 주의 공식 자료들을 분석해 보았다. 우선 우리는 이 연구를 통해 각 주에서 소득 불평등의 정도가 여성보다는 남성의 사망률에 더 큰 영향을 미친다는 사실을 확인할 수 있었다. 불평등이 조금이라도 완화되었을 때 남성의 사망률은 여성의 사망률보다 두 배나 줄었다. 소득 불평등이 심한 주에서 남성의 수명을 단축시키는 가장 주요한 사망 요인은 폐암과 감염성 질환(여기에는 간염, 에이즈, 결핵 등도 포함된다), 살인, 만성 간질환과 간경화, 교통사고[3]였다. 이것들은 다른 환경의 자료를 사용한 여러 연구에서도 불평등에 민감한 사망 요인들로 공통적으로 보고되어 왔다(Kennedy, Kawachi, and Brainerd 1998; McIsaac et al. 1997; Walberg et al. 1998; Wilkinson 1996a).

동유럽과 서유럽 37개국의 자료를 토대로 성별 사망률의 차이와 소득 불평등의 관계를 분석한 보박M. Bobak과 마멋M. Marmot의 연구도 참고할 만하다(Bobak and Marmot 1996). 이들에 따르면 여성 사망률과 남성 사망률의 차이가 상대적으로 적은 국가가 전체 국민의 기대 수명도 높았다(r= −0.72).

불평등한 지역에서 남성 사망률이 높은 것은 남성적인 문화 때문이다.

---

[3] 교통사고의 경우 흔히 우발적 사고에 의한 사망이라고 생각하기 쉽지만 사실은 그렇지 않다. 즉, 교육 및 소득 수준이 낮을수록 교통사고에 노출될 가능성이 훨씬 크다는 것이다. 왜냐하면, 사회경제적 배경이 낮을수록 돈벌이를 위해 바깥으로 돌아다녀야 함에 따라 교통수단을 많이 이용하게 되며, 또 안전성이 상대적으로 떨어지는 차를 타고 다니기 때문에 사회계층이 낮을수록 교통사고로 인한 사망률도 높다는 것이다. 일견 우발적 사고의 경우에도 사회경제적 지위가 낮을수록 발생할 확률이 높으며, 그것이 사망으로 이어질 확률 역시 높다(『한겨레21』 04/02/11).

표7-1 **여성의 지위와 남녀 사망률의 관계** (대상: 미국 50개 주)

여성의 지위를 나타내는 척도	여성의 사망률 (상관계수)	남성의 사망률 (상관계수)
정치적 참여 지수	-0.51	-0.64
고용과 소득 지수	-0.25	-0.42
경제적 자율성 지수	-0.42	-0.60

주: 모든 계수는 통계적으로 유의하다.
자료: Kawachi et al.(1999).

물론 과도한 흡연, 음주, 자동차 충돌 사고, 폭력, 문란한 성관계, 그리고 약물 중독을 남성들만의 행동으로 보긴 어렵지만 이것이 남성적인 행동의 중요한 요소인 것은 사실이다. 이제 우리는 다음과 같은 결론을 내릴 수 있다. 여성의 지위가 높은 지역에서 건강 수준이 높은 이유는, 여성의 지위가 해당 사회가 얼마나 평등주의적이며 친화적인 사회인지를 보여주는 하나의 지표이기 때문이다. 이런 사회에서는, 남성들이 지배의 위치를 차지하기 위해 경쟁할 때 감수해야 하는 비용이 건강, 특히 남성의 건강에 미치는 영향도 적다.

놀라운 사실은 이런 과정이 아이들에게도 영향을 미친다는 점이다. 지난 25년 동안 여러 선진국에서는 불평등이 확대되면서, 남자 아이들의 학업 성취도가 여자 아이들보다 크게 낮아졌다. 한때 여자 아이들은 읽기와 쓰기를 배우는 초등학교 시기에만 남자 아이들보다 성적이 좋았을 뿐이다. 학년이 올라가면 '여성적인' 과목들을 제외한 모든 과목에서 남자 아이들은 여자 아이들보다 우월했다. 그러나 이제 상황이 반전되어, 여자 아이들은 나이가 들수록 점점 더 많은 과목에서 남자 아이들보다 성적이 우수하다. 국가고시에서도 여성들은 '여성적인' 과목에서부터 소위 젠더 중립적인 과목, 그리고 결국에는 수학이나 과학처럼 전통적으로 '남성적'이었던 과목에서도 두각을 나타내기 시작했다. 이제 좀 더 평등한 국가들에서는 대학에 이르는 전 과정에서 여학생들이 주도권을 유지하고 있다. 반면 주의력 결핍 과다 행동 장애,[4] 파괴적 행동 장애, 학습 장애, 난독증을 앓고 있거나 결석을 일삼는 아이들—특히 남자 아이들—이 날이 갈수록 증가하고 있다. 물론 여자 아이들도 하위 20%에 속하는 빈곤 가정에서 자라게 되면 가정생활의 남다른 스트레스와 거친 청년 문화의 영향을 받겠지만, 역시 남자 아이들이 더 많은 영향을 받게 된다. 여기서 말하고자 하는 바는 남성과 여성 중 누가 더 공부를 잘하느냐가 아니다. 이보다는 불평등한 사회의 남성적인 문화가 심지어 아동기의 남자 아이들에게까지 역효과를 미친다는 것이다.

---

[4] **주의력 결핍 과다 행동 장애**를 앓는 아동들은 행동이 부산스러우며 감정 기복이 심하고 소근육 운동 능력이 떨어진다. 집중력이 부족해 물건을 잘 잃어버리고 기억력이 저하된 상태라 읽기, 쓰기, 셈하기 등 학습 능력과 언어 능력도 동시에 떨어진다. 이 장애를 가진 아동의 75% 정도는 지속적으로 공격성, 분노, 적대감, 반항 등 반사회적 행동이나 자기 비하 행동을 보이기도 한다. 일반적으로 3세 이전에 이 질병이 시작되지만 정규 교육을 받기 전까지는 진단하기 어렵다. 12~20세가 되면 증세가 호전되기도 하지만 환자의 15~20% 정도는 성인이 되어서도 이 증세가 계속된다. 특히 윌킨슨의 지적처럼 이런 증상은 남자 아동, 특히 장남에게 더 많이 발생하는 경향이 있다. 미국은 학령 전기 아동의 3~5%, 학령기 아동의 2~20%가 주의력 결핍 과다 행동 장애를 앓고 있고, 한국은 한 학급에 3~4명 정도가 있는 것으로 보고되어 있다.

'자전거 타기 반응'

불평등이 증가하고 위계적 관계가 강화되면 인종적 소수자를 비롯해 취약 집단들에 대한 사회적 차별도 심해진다. 남성들의 위계적 지배관계가 극심할 때 여성의 지위가 낮아지는 현상은 이런 사회적 과정의 일부다.

침팬지, 짧은꼬리원숭이, 개코원숭이처럼 위계 서열을 형성하고 있는 영장류에 대한 연구들을 살펴보면 다음과 같은 이야기가 자주 나온다. 서열을 둘러싸고 벌어지는 대결에서 패배하거나 서열이 높은 개체에게 공격을 받은 동물들은 곧바로 자신보다 지위가 낮은 동물들을 공격한다. 이런 행동은 보통 '화풀이'로 단순하게 취급되어 왔다. 그러나 나는 이런 언급이 자주 등장하는 것에 놀라, 저명한 영장류 동물학자인 폴커 좀머Volker Sommer에게 물어보았다. 그는 이렇게 답해 주었다.

> 이런 현상은 독일어로 자전거 타기 반응(Radfahrer-Reaktion)이라고 부릅니다. 왜냐하면 이 동물들은 자기보다 서열이 낮은 동물들에게 발길질하면서도 서열이 높은 동물들에게는 등을 굽실거리기 때문이지요. 높은 서열의 개체에게 공격을 당하고는 서열이 낮은 동물에게 앙갚음을 하는 일이 영장류 사회에서는 매우 흔해요. 실제로 연쇄적인 반응이라고 봐야 해요. 갑에서 을에게로, 을에게서 병에게로, 병에게서 정에게로, 그리고 정에게서 애꿎은 구경꾼에게로 말이죠!(개인적인 대화에서, 1997).

하급자에게 발길질을 하면서 상사에게는 머리를 조아리는 모습은 경주용 자전거를 타고 가는 모습과 비슷하다. 그러나 '자전거 타기 반응'이라는 용어가 본래 동물학이 아니라 아도르노의 『권위주의적 인성』에서 나왔다는 사실을 알게 된 것은 이로부터 몇 년이 지난 후였다. 이 책은 나치 사회가 어떻게 작동할 수 있었으며, 그 안에서 어떻게 유대인들이 대량으로 학살될 수 있었는지를 분석하기 위한 것이었다.

보통 사회적 지위가 낮아서 수치심을 느끼고 자기 존중감이 심하게 손상된 사람들은 사회적 약자나 취약 집단보다 자신이 더 우월하다는 사실을 보여 줌으로써 자존감을 되찾으려 한다. 또한 사람들은 지위를 얻거나 유지하기 위해 남들 앞에서 거만하게 행동하거나 자신보다 못하다고 생각하는 사람들을 못살게 군다. 그렇기 때문에 한 인간의 지위는 그 사람보다 높은 지위에 있는 사람뿐만 아니라 그 사람보다 아래에 있는 사람들에게도 중요하다. 타인보다 자신이 우월하다고 주장하는 이유는 자신의 상대적인 지위를 높이기 위해서다. 이런 행동은 일상생활에서도 흔히 볼 수 있다. "선장이 선원을 발로 차면 선원이 고양이를 찬다"라는 속담은 이런 심리를 잘 표현해 준다. 또한 학교에서 약한 친구들을 따돌리는 아이들은 집이나 다른 곳에서 어려움을 겪거나 억압을 당했던 아이들이라는 사실도 우리는 잘 알고 있다. 야생 개코원숭이를 관측한 새폴스키는 이렇게 말했다. "개코원숭이들의 폭력 행동 중에서는 제3자를 향한 분풀이가 엄청난 비율을 차지하고 있었다. 중간 서열의 수컷이 싸움에서 실컷 얻어맞게 되면 그는 고개를 돌려 성장기가 끝나가는 수컷들을 못살게 군다. 그러면 공격을 받은 젊은 수컷은 다시 어른 암컷들에게 소리를 지르고, 이 암컷들은 어린 원숭이들을 물어뜯는다. 그리고 어린 원숭이들은 새끼원숭이들을 때린다"(Sapolsky 1998, 291).

실업률이 높아지거나 불경기가 되면, 사람들은 상대적 빈곤 때문에 자신의 지위나 존엄성이 위협받는다고 느낀다. 이런 시기에 인종 차별이나 인종주의적 공격이 가장 빈번하게 일어나는데, 이런 현상도 인간 사회의 자전거 타기 반응을 잘 보여 준다. 미국의 경우, 인종적 편견은 소득 격차가 가장 큰 주들에서 가장 심각했다(Kennedy et al. 1997). 그러나 자전거 타기 반응이 가장 극명하게 나타나는 공간은 아마 교도소일 것이다. 죄수들은 사회에서 가장 무시당했거나 업신여김을 받는 사람들이다. 이들에게는 자신의 우월성을 확인시켜 주거나 자존심을 회복시켜 줄 수 있는 자기보다 열등한 사람들이 거의 없다. 이런 현실이 격렬한 지배 경쟁이나 폭력을 낳는다. 이때 대부분의 죄수가 자신의 우월성을 주장할 만한 대상으로 여기는 집단은 성범죄자들이다. 그래서 다른 죄수들의 공격을 막기 위해 성범죄자들을 따로 수감하기도 한다. 죄수들은 마치 이렇게 말하는 것 같다. "적어도, 저 개자식보다는 내가 낫지."

여성주의 문학에는 멸시받는 남성일수록 여성에게 폭력을 더 휘두른다는 이야기가 자주 등장한다. 다음 사례는 **마초**macho라는 단어가 유래한 멕시코와 뉴멕시코 국경 지역의 이야기다. 글로리아 앤잘두아Gloria Anzaldúa는 이렇게 기록하고 있다.

> 내 아버지 세대의 남성들에게 '마초다움'(being macho)이란 어머니와 우리를 보호하고 부양할 만큼 충분히 강해지는 것, 그러나 동시에 사랑을 표현할 줄 아는 것을 의미했다. 그러나 오늘날의 마초들은 과연 가족을 보호하고 부양할 만한 능력이 자신에게 있는지 의심스러워한다. 현재 이들의 '마치스모'(machismo: 남성우월주의)는 억압, 빈곤, 낮은 자아 존중감에 적응하면서 파생된 부산물이다. 마치스모는 위계적인 남성의 서열 질서가 가져온 결과다. 자신이 부족하고 열등하며 무력하다고 느꼈던 일부 미국의 백인들은 이를 회복하기 위해 멕시코계 미국인 남성들을 모욕했다. 이런 감정은 멕시코계 미국인 남성들에게 그대로 전이되었다. 미국인들의 세계에서 멕시코계 미국인들은 엄청난 수치심, 자아의 몰각, 자아에 대한 부끄러움과 자기 비하로 고통받고 있다.
>
> 마초들이 위엄과 존중감을 상실하면서 잘못된 마치스모가 활개를 치게 되었고, 남성

들은 여성들을 깔보거나 심지어 그들을 학대하기에 이르렀다. 이런 남성의 성차별적 행동은 다른 무엇보다 우선하는 어머니에 대한 사랑과 묘하게 공존한다. 어머니에게 공손한 마초! 마치스모는 자신의 행동과 존재 자체에 대한 수치심을 씻기 위해, 그리고 내면의 야만성을 다루기 위해, 술과 마약, 주먹질에 탐닉한다(Anzaldúa 1987, 83).

평등주의적이고 결속력이 높은 사회일수록 가정 폭력이 발생할 위험도 낮다. 도배쉬R. P. Dobash와 그 동료들은 가정 폭력이 가부장적인 태도와 관계가 있으며, 가부장적인 태도가 완화되고 동반자와의 관계가 평등할수록 폭력의 위험이 줄어든다고 지적했다(Dobash et al. 1992). 또한 핀클러K. Finkler는 가정 불화는 알코올 소비와도 관계가 있지만, 공동체적 구속력이 낮고, 남성 구성원이 (다른 남성보다) 지위가 낮을 때 많이 발생한다고 주장했다(Finkler 1997). 위 세 가지 이야기에서 우리는 불평등이 가정 폭력이 일어날 가능성을 증가시킨다는 점을 추론할 수 있다. 그러니까 불평등이 심화되어 사회가 붕괴될 위험에 빠지면 알코올 소비는 증가하게 된다. 불평등은 공동체 활동에 대한 참여를 떨어트리며, 사회의 밑바닥에 있는 사람들이 낮은 사회적 지위 때문에 받아야 하는 부담을 증가시킨다. 레빈슨D. Levinson은 산업화 이전에 별로 가부장적이지 않았던 소규모 사회들 16곳을 조사했는데, 이들 사회에서는 가정 폭력이 사실상 거의 발견되지 않았다(Levinson 1989). 마지막으로 미국의 부부들 가운데 결혼 생활을 하면서 가정 폭력을 경험한 적이 있는 여성은 10~20% 정도라고 한다. 하지만 군대처럼 고도로 위계적이고 권위주의적인 환경에서 일하는 남성과 결혼한 여성들의 경우에는 가정 폭력으로 고통받는 비율이 일반 가정보다 두 배나 높았다(Brannen et al. 1999).

개인 간의 관계를 살펴보든 집단 간의 관계를 살펴보든, 지배는 같은 방식으로 이루어지는 듯하다. 시데니우스와 프라토의 말처럼, 자전거 타기 반응과 같은 연속적인 지배의 방식은 사회적 권력이 표현되는 보편적인 원리이며, "인종주의, 계급 차별주의, 가부장제처럼 집단들 사이에 벌어지는 주요 갈등들"을 설명해 준다(Sidanius and Pratto 1999).

인종

사회경제적 불평등은, 보통은 쉽게 받아들일 수도 있는 민족성, 인종, 종교, 언어의 차이를 사회적 편견으로 오염시킨다. 그러나 물질적 불평등이 작은 사회에서는 사회적 열등과 우월이라는 문제가 사회적 관계의 전면으로 떠오르지 않으며 종교, 민족, 인종, 언어의 차이 때문에 갈등이 생길 가능성도 별로 없다.

어쩌면 그리 중요한 게 아닐 수 있는 신체적 혹은 문화적 차이에 낙인을 찍는 지위 격차의 영향력에 대해서 여러 연구가 진행되어 왔다. 그 가운데에서도 1960년대 제인 엘리엇Jane Elliot의 교실 실험31이 가장 유명하다. 그녀는 '우성'인 갈색 눈을 가진 아이와 '열성'인 푸른 눈의 아이들을 우등생반과 열등생반으로 의도적으로 구분했다. 그러자 30분도 안 되어 아이들은 어느 집단에 속해 있는지에 따라 자신감, 품행, 학업 성과가 달라지기 시작했다(Elliot 1996).

미국 사회에서 아프리카계 미국인들은 다른 어떤 선진국에서보다도 심각한 경제적 불평등 때문에 고통받아 왔다. 그 결과, 가장 부유한 백인 거주 지역의 평균 기대 수명은 가장 가난한 흑인 거주 지역의 기대 수명보다 16년이나 길었다(Geronimus et al. 2001). 가장 가난한 흑인 거주 지역의 사망률은 대부분의 연령대에서 방글라데시 농촌 지역보다 높았다(McCord et al. 1990). 또한 공식적인 통계에 따르면 미국 사회에서 흑인과 백인의 평균 기대 수명의 차이는 약 5~6년에 이른다. 권위 있는 사회역학 연구들은, 소득과 교육, 혹은 둘 중 하나의 변수를 통계적으로 통제했을 때 흑인들의 기대 수명이 짧게 나타나는 이유는 (전적으로는 아니지만) 대부분 사회적 지위 때문이었다고 말한다. 사실 인종은 미국에서 유전학적으로 의미 있는 범주가 아니다. 모든 인류는 유전적으로 99.9% 동일하다. 또한 개인적인 수준에서는 피부색이 같은 사람보다 피부색이 다른 사람과 유전적으로 비슷한 경우가 더 많다. 피부색은 그것에 덧입혀 있는 사회적 권력을 나타

---

5 **제인 엘리엇의 교실 실험**은 어린이들이 눈의 색을 근거로 편견과 차별적 행동을 할 수 있다는 사실을 보여 준 놀라운 실험이었다. 초등학교 교사인 제인 엘리엇은 자신이 가르치는 반의 아이들을 눈 색깔에 따라 높거나 낮은 지위를 부여한 다음, 아이들의 행동과 학업 성취도를 관찰했다. 먼저 엘리엇은 아이들에게 파란 눈이 갈색 눈보다 지능이 높다고 알려 주었다(여기서 엘리엇은 각각 유전적으로 열성과 우성인 파란 눈과 갈색 눈을 정반대로 이야기했다). (실제로는 열성인) 파란 눈을 가진 아이들이 자신을 특권층으로 인식하게 되자, (실제로는 우성인) 갈색 눈을 가진 아이들을 지배하듯 행동했으며 심지어 언어적으로나 신체적으로 갈색 눈의 아이들을 괴롭히기까지 했다. 이런 지위 향상뿐만 아니라 인지 능력의 향상까지 나타났다. 파란 눈을 가진 아이들은 우월한 지위를 누리면서 수학이나 철자 쓰기 등의 점수도 높아졌으며, '열등한' 갈색 눈을 가진 아이들의 시험 성적은 급격히 떨어졌다. 흥미로운 현상은 바로 그 다음 날 벌어졌다. 다음 날 엘리엇은 아이들에게, 자신이 잘못 알고 있었다고 말했다. 사실은 그 반대, 즉 (우성인) 갈색 눈이 (열성인) 파란 눈보다 더 좋은 것이라고 말했던 것이다. 그러자 곧 반대의 현상이 아동들 사이에서 나타나게 되었다. 엘리엇이 눈의 색깔을 선택한 이유는 2차대전 당시 나치가 누군가를 가스실로 보낼 것인지를 결정하는 방식 가운데 하나가 바로 눈의 색이었던 점에서 착안한 것이었다.

낸다. 많은 사회에서 억양이나 겉모습처럼 피부색보다 덜 눈에 띄는 차이들에도 계급적 편견이 따라다니는 경우가 많다. 하지만 인종적 편견과 계급적 편견에는 중요한 차이가 있다. 우리는 사회적으로 상향 이동을 하면 계급과 결부되어 있는 상당수의 문화적 표식들을 바꿀 수 있다. 하지만 피부색은 지울 수가 없다. 부유한 백인 거주 지역에 사는 흑인들의 건강이 상대적으로 좋지 않은 이유는 이 때문이다. 이런 곳에서 아프리카계 미국인들은 눈에 잘 띄며 따라서 쉽게 차별받는다는 느낌을 받게 된다. 자신이 속해 있는 사회적 환경에서 편안함을 갖는 것, 그리고 자신이 그곳에서 인정받고 있다고 느끼는 것이 사람들에게 중요하다. 6장에서 논의했던 집단 밀집효과는 이런 사실에 대한 인식이 없다면 설명하기 어렵다.

소득 격차와 피부색은 낙인찍기, 편견, 차별의 사회적 과정 속에서 분명히 상호 작용을 하고 있다. 소득 격차가 클수록 피부색에 대한 낙인찍기가 심해진다. 미국에서 소득 격차가 큰 주일수록 인종적 편견이 심하고, 흑인과 백인 모두 건강이 좋지 않은 것도 이 때문이다. 케네디와 그 동료들은 일반 사회 조사의 문항들을 이용해 편견을 측정했다(Kennedy et al. 1997). 일반 사회 조사는 사람들에게 "평균적으로 흑인들의 소득과 직업, 주거 상태가 백인들보다 열악한" 이유가 무엇이라고 생각하는지 물었다. 불평등한 주일수록 사람들은 사회적 지배 지향 척도SDO 테스트에서 높은 점수를 받은 사람들과 비슷한 반응을 보였다(Sidanius and Pratto 1999). 인종적 편견을 갖고 있는 사람들은, SDO에서 높은 점수를 받은 사람들과 비슷하게, 기회의 차이나 차별, 정의롭지 못한 사회환경이 아니라 개인의 타고난 능력이나 무능력 때문에 사회적 지위가 달라진다고 믿었다. 물질적 격차가 큰 사회일수록 사람들 사이의 사회적 거리 두기나 구별 짓기 경향이 강했다. 또한 피부색을 포함해서 낮은 사회적 지위를 연상시키는 모든 특징에 낙인을 찍는 경우가 많았다.

미국의 주나 도시에서 소득 불평등은 흑인들만이 아니라 백인들의 건강에도 나쁜 영향을 미친다. 말하자면 소득 불평등이 심한 사회일수록, 흑인과 백인 가릴 것 없이 모든 사람의 건강이 안 좋다는 것이다. 사회적 분할과 위계 서열은 인종 집단 사이에서만이 아니라 모든 사람의 삶에 영향을 미친다. 전체 인구 내에서 소득 불평등이 심한 사회에서는 예상대로 흑인과 백인의 평균적인 임금 격차도 크다. 또한 소득 격차는 흑인의 비율이 높은 지역에서 더 크게 나타난다. 따라서 어떤 연구는 이런 통계를 바탕으로 미국의 건강 수준은 그 지역의 소득 불평등보다 그 지역에 거주하는 흑인 비율과 더 밀접한 관련이 있다고 지적하기도 했다(Deaton and Lubotsky 2003). 물론 문제는 인종 자체가 아니라 그것을 둘러싸고 발생하는 사회적 편견이다. 인종주의의 역사를 살펴보면, 어떤 경우에는 한 사회에서 지위 격차가 얼마나 심각한 문제인지에 대해, 소득 격차보다 흑인의 비율을 살펴보는 편이 더 많은 이야기를 해 줄 수도 있다. 이는 인종주의와 불평등 사이에 일어나는 피드백 효과가 인종적 소수자인 흑인 인구가 많은 사회에서 더 강하게 나타나기 때문이다.

케랄라주

소득 불평등이 줄어들면 종교, 카스트, 민족 사이의 긴장도 줄어든다.

이를 제일 확실하게 보여 주는 사회는 아마 인도의 케랄라Kerala주일 것이다. 케랄라는 인도 대륙의 서남해안 지역 끄트머리에 위치해 있고, 인구는 약 3,200만 명 정도 되는 지역이다. 케랄라는 인도에서 가장 평등한 주로 알려져 있다. 또한 20세기 후반에 네 시기에 걸쳐 공산당 정부가 집권했고, 해안 지역의 특성상 어업 협동조합이 많은 곳이기도 하다. 현재 협동조합들은 케랄라 경제의 모든 부문에서 중요한 역할을 차지하고 있다. 케랄라는 대규모 토지 재분배 프로그램을 통해 지주 제도를 철폐했고 소작농들에게 토지를 재분배했다. 또한 빈민들에게 쌀을 보조하고 있고, 최저 임금 수준도 꽤 높다. 그리고 90%의 주민들이 글을 읽고 쓸 줄 안다. 이는 1989년 자원봉사자 35만 명이 참여한 대규모 문맹 퇴치 캠페인 덕분이기도 하다. 케랄라는 모권 사회다. 어떤 기준으로 봐도 여성의 지위가 인도의 다른 지역들보다 월등히 높다. 문맹률이 낮은 데에는 여성들이 공적 생활에 활발하게 참여하고 있기 때문이기도 하다. 케랄라 주의 상대적인 평등과 여성의 높은 지위는 역사가 꽤 깊다. 최근에는 케랄라의 소득 수준이 높지만, 인도의 평균보다 소득 수준이 낮았을 때에도 케랄라 주민의 평균 수명은 상당히 높은 편이었다. 케랄라의 1인당 연간 GNP는 1990년대 후반까지만 해도 간신히 1,000달러 안팎이었다. 그러나 이때에도 케랄라 남녀의 평균 수명은 미국보다 3, 4년 정도 짧았을 뿐이다. 참고로 당시 일본의 평균 수명은 미국보다 훨씬 길었다.

케랄라는 건강 수준이 높고 소득 격차가 적다. 그뿐만 아니라 여성의 높은 지위를 포함해서 사회적 자본이 높을 때 나타나는 주요 특징들을 가지고 있다. 인도에서 1인당 신문구독률이 가장 높은 곳도 바로 케랄라 주다. 신문구독률은 퍼트남이 이탈리아 지역을 연구할 때 사회적 자본을 측정하는 데 사용했던 지표 가운데 하나다. 이에 아슈토쉬 바쉬니Ashutosh Varshney는 케랄라 주민의 생활을 "뛰어난 시민성과 활발한 친교 활동"이라고 표현했다. 바쉬니는 케랄라를 토크빌이 19세기에 관찰했던 미국과 비슷하다고 말했다. 그는 케랄라 사회가 "수천 가지의 종교적이거나 도덕적인, 진지하거나 가벼운, 일반적이거나 특수한, 거대하거나 소규모의 …… 협회들"로 가득 차 있다고 묘사했다(Kapur 1998, 44). 모든 마을에 축구 모임, 영화 모임, 청년 모임, 찻집, 공공 도서관이 있고, 정치적 연합체, 사회운동단체들도 활발하게 활동하고 있다. 이 중 일부는 회원이 수천 명에 육박하기도 한다. 이런 모임에 회원이 되는 것은 거의 시민의 의무처럼 되어 있다. 게다가 케랄라는 '불가촉천민'이 겪는 차별을 극복하기 위해 인도의 다른 어떤 지역보다 많은 노력을 기울였다. 또한 상당히 많은 이슬람교, 기독교, 힌두교 공동체들이 별다른 다툼 없이 서로 이웃으로 지내고 있다.

만약 공동체적 삶이 활발한 것과 위계적 지배관계가 약화되는 것의 관계가 의심스럽다면, 케랄라에는 특히 흥미로운 지표가 또 하나 있다. 케랄라 사람들은 경제적 평등이나 남녀평등을 지향할 뿐만 아니라, 계급적 종속과 고용인/피고용인 관계를 상당히 싫어한다. 굴종하는 것을 싫어하는 케랄라 사람들을 보면 누구나 강한 인상을 받게 된다. 아카쉬 카퍼Akash Kapur는 『아틀랜틱 먼슬리』*the Atlantic Monthly*에 케랄라에 관한 글을 기고했다. 글 내용은 시종일관 호평은 아니었지만, 다음과 같은 내용도 있었다. "케랄라는 자부심이 강한 주다. 그들에게는 가난이 몰고 오는 자기 비하 현상이 거의 없고 거지도 드물다. 케랄라의 여성들은 상대방의 눈을 정면으로 응시한다." 그는 다음과 같은 말도 하고 있다. "사람들은 자신의 권리를 잘 알고 있다. 상점 점원이나 호텔 종업원이 놀랄 만큼 무례할 수가 있다. 서비스 정신은 케랄라의 노동자들에게 쉽게 다가오는 개념이 아니다. …… 노동자들은 봉사를 강요받았을 때 분노하며, 이를 거부하기 위해 파업을 하기도 했다"(Kapur 1998, 44). 기업주들은 "과잉 교육을 받고 과도하게 자기주장이 강한 노동자들"과 일하는 데 어려움을 토로한다. 덧붙여 카퍼는 케랄라의 경제적 성과가 양호하긴 하지만, 케랄라는 "살기에는 좋더라도 사업하기에는 만만치 않은 곳"이라고 말했다(Kapur 1998, 45). 케랄라 외부에서 온 기업주들은 좀 더 고분고분한 노동자들에게 익숙하지만, 케랄라 노동자들은 수많은 경제 협동조합들에 뿌리를 둔 윤리적 문화에서 보고 들으며 자랐기 때문이다.

자긍심, 평등, 여성들의 높은 지위, 양호한 건강 수준 등 케랄라 지역의 특징들은, 이 모든 요소들이 서로 연결되어 있으며 함께 움직인다는 우리의 주장을 뒷받침해 준다. 9장에서 논의하겠지만, 협동조합의 존재가 지역의 가치관에 영향을 미치는 정도는 이탈리아 북부 볼로냐의 세 마을에 대한 연구에서도 잘 나타나 있다.

우리는 지금까지 어떻게 불평등이 서로 다른 사회 집단의 상호 작용에 관여하게 되는지를 살펴보았다. 불평등은 인종, 종교, 젠더 가운데 어떤 기준으로 나누든 간에 취약 집단을 향한 사람들의 태도에 영향을 미친다. 평등한 사회에서 어떤 차이들은 전혀 편견이나 분열을 일으키지 않을 수도 있다. 그러나 경제적 격차가 우월과 열등이라는 기준에 따라 각 사회 집단의 관계를 주도하게 될 때, 이런 차이는 심각한 공격과 차별의 표적이 된다.

또한 자전거 타기 반응에서 알 수 있듯이, 사람들은 자기보다 우월한 사람들에게 무시당하면, 자신이 업신여길 수 있는 개인이나 집단에게 직접 폭력을 휘두르거나 차별적인 언행을 퍼붓기도 한다. 이는 자기의 우월성을 주장해 자존심을 회복하기 위한 것이다. 따라서 우리는 린치같이 너무나 지독한 차별 행위로 이어지는 과정이, 사회 상층의 온건하고 은근한 사회적 배제나 거만함과 함께 출발했다는 사실을 인식할 필요가 있다.

8
사회적 전략의 진화
호혜성과 지배

선사시대의 평등

　인간이 본질적으로 평등주의적이거나 위계적인 것은 아니다. 선사시대와 그 이후의 역사를 살펴보면, 인간은 가장 권위적이고 전제적인 사회에서부터 매우 평등한 사회에 이르기까지 모든 형태의 사회 체계를 경험해 왔다. 하지만 인류가 지위 격차에 유독 예민하며 이를 쉽게 무시할 수 없는 데에는 명백한 진화론적 기원이 존재한다.

　인간이 지위에 심리적으로 민감한 데에 진화론적 기원이 있다는 말은, 인류가 위계질서 속에서 살도록 저주를 받았다거나, 변화가 불가능하다는 뜻은 아니다. 오히려 그 반대다. 진화론적 기원은 사회적 관계의 질이 인간에게 왜 중요한지를 설명해 줄 뿐만 아니라, 사회적 환경이 얼마나 평등하고 불평등한지에 따라 인간의 대응이 얼마나 달라질 수 있는지를 이해할 수 있게 해 준다. 다시 말해, 그것이 고정되어 있다는 뜻이 아니라, 앞으로 나가야 할 방향, 즉 오늘날 사회적 관계의 질과 사회적 행동을 바람직하게 변화시키려면 사회 구조의 어떤 부분이 바뀌어야 하는가를 보여 준다는 뜻이다.

　진보적인 여론은 진화론을 인간의 행위에 적용하는 데 반대했다. 이들은 진화론이 기존의 사회 질서를 생물학으로 치환해 그럴듯하게 정당화한다고 보았다. 진화론적 시각은 사회의 다양한 측면을 인간 본성의 불가피한 발현이라고 주장함으로써 그것을 바꾸려는 노력이 쓸데없는 짓임을 암시했다. 하지만 다른 모든 분야의 학문과 마찬가지로 진화심리학도 보수적 가능성과 진보적 가능성을 모두 가지고 있으며 정치적 논쟁의 어느 한 쪽에 의해 독점될 수는 없다.

　마르크스와 엥겔스가 1848년에 출간한 『공산주의자 선언』*The Communist Manifesto*은 다음과 같은 유명한 문장으로 시작한다. "지금까지 존재한 모든 사회의 역사는 계급투쟁의 역사다. 자유민과 노예, 귀족과 평민, 영주와 농노, 길드의 장인과 직인, 한마디로 억압자와 피억압자는 항상 서로 대립해 왔다." 그러나 비록 **유사 이래** 존재했던 모든 사회의 역사가 계급투쟁의 역사였다 하더라도, 유사 이전인 선사시대의 사회들도 그랬으리라고 단정할 수는 없다. 인류가 지금과 같은 뇌의 크기를 가지고 해부학적으로 현대인의 면모를 갖추게 된 이후 거의 90%에 이르는 기간에 고도로 평등주의적인 사회에서 살았다는 점을 보여 주는 흔적들이 여기저기서 발견되고 있다.

　데이비드 에르달David Erdal과 앤드루 화이튼Andrew Whiten은 네 개 대륙에 흩어져 있는 24개 수렵·채집 사회들에 관한 100여 개의 기록을 수집해, 평등에 대한 증거들을 검토했다. 그리고 다음과 같은 결론을 내렸다.

평등주의적 행위는 가장 보편적으로 기록된 개념 가운데 하나다. 백여 개가 넘는 관찰 자료가 모두 수렵안-채집인 평등주의(hunter-gather egalitarianism)의 독특한 성격에 대해 기록하고 있다. 이들 사회에서는 사회적 위계질서가 없으며, 상호 교환의 범위나 친족의 범위를 넘어서 자원을 공유한다. 때때로 특정 개인이 자원을 더 많이 차지하려 하거나 영향력을 행사하려 하기도 한다. 하지만 이런 행동은 집단의 다른 구성원들의 저지나 저항으로 무산된다.

이런 사회들은 "영장류의 진화에서는 전례를 찾아볼 수 없는 규모의 공유, 협력, 평등주의"라는 특징을 갖는다(Erdal and Whiten 1996, 140). "그들은 자신의 친족이나 서로 교환 관계를 맺고 있던 사람들과만 식량을 공유했던 것이 아니다. 심지어 식량 부족을 겪는 시기에도, 그들은 먹을 것이 필요한 다른 집단의 사람들과 식량을 공유했다"(Erdal and Whiten 1996, 142).

수렵안-채집인들 사이에는 지배와 종속의 위계질서가 존재하지 않는다. 공동으로 소유하는 음식에 대해 누구도 …… 우선권을 갖지 않는다. 비록 주변부의 여성이 자기 짝으로 능력 있는 사냥꾼을 선호할 수는 있겠지만, 짝에 접근할 권리가 사회적 서열에 따라 부여되는 건 아니다. 사실, 수렵안-채집인 사회에서 서열을 분별하기란 쉽지 않다. 이는 문화를 뛰어넘는 보편적 현상이며, 민족지학적 문헌들이 예외 없이, 때로는 매우 단호한 어조로 기술해 온 특성이다(Erdal and Whiten 1996, 144).

이보다 앞서 크리스토퍼 보홈Christopher Boehm도 문헌들을 재검토하면서 이와 비슷한 결론에 도달했으며(Boehm 1993), 다른 인류학자들도 수렵·채집 사회가 "단언컨대 평등주의적"이라고 말했다(Woodburn 1982). 사실 인류학자들 사이의 논쟁에서 중요한 점은 수렵·채집 사회가 얼마나 평등주의적이었는가가 아니라, 왜 그 후 정착 농업이 발전하면서 평등한 사회가 막을 내렸는가였다.

다른 분야의 연구에서는 농경 사회 이전의 사회가 평등했다는 주장에 대해 반론이 제기되기도 했다. 이들은 어떤 수렵 사회에서는 특정인의 의견이 다른 사람들의 의견보다 중요하게 취급되거나, 높은 지위의 사람들만이 쓸 수 있는 물건들이 존재하는 등 지위 격차의 증거가 있다고 지적했다. 또 어떤 사람들은 경제 발전 수준이 너무 낮아서 불평등하게 분배할 재화 자체가 거의 없었기 때문이라거나, 인구 집단의 규모가 너무 작아서 눈에 띌 만한 불평등이 존재할 것도 없었다고 주장했다. 그러나 이런 주장들은 영장류를 비롯한 상당수의 동물 사회가, 소규모 집단으로 이루어져 있고, 불평등하게 나눌 재화라는 것도 먹이나 짝짓기 대상 말고는 거의 없음에도 매우 엄격한 서열 체계가 형성되어 있다는 사실은 간과했다. 이런 동물 세계에서 약자는 아무리 굶주려도 강자가 배를 다 채울 때까지 기다려야 한다. 강자가 암컷들을 몰고 다니면서 약한 수컷이 짝짓기하려고 암컷들에게 접근하지 못하도록 차단하는 경우도 허다하다. 강한 수컷에게 양보하지 않는다면 약자들은 갖은 공격을 면치 못할 것이다. 하지만 어떤 문헌에도 인류의 수렵·채집 사회가 조금이라도 이와 비슷하게 작동했다는 기록은 없다. 반면 일반적으로 식량 공유, 선물 교환, 상호 의존 체계가 존재했다는 데에는 완벽한 의견 일치가 존재한다. 수렵·채집 사회에서 나타나는 사회적 관계는 서열체제와는 전적으로 반대되는 원리를 바탕으로 한다. 그뿐만 아니라 수렵인-채집인 사회에서는 (그 이후 사회에서는 일반적이었지만) 서열이 높은 남성이 여러 여자를 거느렸다거나, 부자들이 마음껏 먹고 마시는 상황에서도 빈민들은 굶주리고 있었다는 기록은 전혀 발견되지 않았다. 대부분의 수렵·채집 사회에서는 식량 공유와 선물 교환이 상당한 수준으로 활성화되어 있었다. 따라서 한 사회에서 부자와 빈민 집단이 뚜렷하게 구별되는 현상은 상상할 수도 없는 일이었다. 수렵·채집 사회의 사회적 관계는 매우 평등했으며, 동물의 서열 체계나 산업화 이전 전제적 통치체제에서 그랬던 것처럼, 상대를 위협하는 물리적 능력에 따라 서열이 달라지는 권력관계가 아니었다. 대신 이들의 사회적 관계는 책임과 사회적 의무에 기반을 두고 있었다.

여러 인류학적 증거에 따르면, 수렵·채집 사회는 평등주의적이었으며, 권력·소유·짝짓기에서 격차는 거의 없거나 아주 미미했다. 하지만 많은 사람들이 선사시대에 그 정도로 평등한 사회가 존재했다는 사실을 받아들이기 힘들어 한다. 사람들은 식량 공유와 선물 교환에 기초한 평등주의적 사회는, 우리가 현대 사회에서 늘 보는 탐욕스러운 이기심과 너무 다른, 믿기 어려울 만큼 이타적인 인간 본성에 기반을 두었을 때에만 가능할 것이라고 생각하기 때문이다. 그러나 이런 생각은 평등의 원리를 오해하는 것이다. 오히려 수렵·채집 사회의 인류가 현대 사회의 불평등을 본다면, 그들은 불평등을 전체 인구 중에서 최하위 50%가 나머지 50%를 위해 엄청나게 이타적으로 희생한 결과라고 해석할지도 모른다. 아마 수렵·채집 사회의 인류는 이렇게 질문할 것이다. "상위 50%가 총소득의 80%를 쓸어가는 동안에 하위 50%는 전체 사회 총소득의 20%만 받고도 어떻게 저렇게 가만히 두고만 볼 수 있을까?"

농경 사회가 시작된 이후 변한 것은 인간 본성이 아니라 인간 본성이 작동하는 사회적 환경이었다. 수렵·채집 사회에서 사람들이 서로 물질을 공유할 수 있었던 것은 이타주의 때문이라기보다, '경계 속의 공유'vigilant sharing 때문이었다. 다시 말해 이들은 자신이 공정한 몫을 받게 되는지를 예의 주시했다. 평등도 비슷하게 유지되었다. 사람들은 자신의 자율성을 보호하기 위해 소위 '반反지배'counterdominance 전략을 사용했다.

보흠은 수렵·채집 사회에서부터, 평등주의적 경향이 남아 있던 초기 농경 사회에 이르기까지 방대한 시기에 대한 인류학적 저술들을 검토해, 이들 사회가 어떻게 평등을 유지할 수 있었는지를 파악하려 했다(Boehm 1993; 1999). 그는 어떤 사람이 고압적인 행동을 하거나 거들먹거리며 대장 노릇을 하려고 들 때 무슨 일이 벌어졌는지에 대한 기록을 찾아보았다. 이런 사람들은 보통 놀림과 조롱을 당하거나 추방되기도 했고, 심하면 신체적으로 공격받거나 살해되기도 했다는 사실을 발견했다. 이로써 그는 이런 사회들이 '반反지배' 전략을 사용했다는 결론을 내렸다. 지배하려 드는 개인에게 사회 구성원 모두가 공동으로 대적했는데, 그것은 마치 원숭이 사회에서 발견되는 것처럼 우월한 수컷을 쫓아내기 위해 수컷 두세 마리가 무리지어 행동하는 전략이 수렵·채집 사회들에서도 일반화되어 있었던 것으로 보인다. 이처럼 모든 사람이 지배자 행세를 하려는 사람에 맞서 연대했다.

보흠은 당시 사람들이 반지배 전략을 구사하게 된 이유는 자신의 자율성을 지키겠다는 욕구 때문이라고 주장한다. 가드너P. M. Gardner도 개인적 자율성은 "충적세 시기에 사냥꾼·어부·채집인들의 특징이며, 자율성을 지나치리만큼 강조하는 현상은 아시아·아프리카·북미의 채집인들에게서도 보고되고 있다"고 주장했다(Gardner 1991, 543). 이어서 그는 자신이 "순위이양증후군"rank concession syndrome이라고 명명한 증상에 대해 설명했다. 이는 한동안 격리되어 있어서 파괴되지 않고 유지되었던 한 사회가 더 넓고 고등한 사회와 접촉하게 되었을 때 갑자기 자율성을 잃고 그 부속

물로 전락하게 되는 현상을 말한다. 그는 이런 변화 과정에서 어떻게 "사회적 열등감과 상대적 무력감, 지배 행위에 대한 순응, …… 그리고 연대성의 상실"이 뒤따르는지를 묘사했다(Gardner 1991, 546).

자율성이 공평함과 밀접하게 연관되어 있는 이유는 단지 굴종과 종속을 피하는 것이 자율성의 전제 조건이기 때문만은 아니다. 자율성은 통제력의 중요성을 강조하는 다른 연구들에도 자주 등장한다. 3장에서도 살펴보았지만, 직장인의 건강을 연구한 논문들은 사람들이 자신의 업무에 통제력을 가지고 있지 않을 때 건강이 나빠진다는 점을 보여 주었다(Marmot et al. 1997; Karasek et al. 1990; Stam et al. 2002-2003; Bobak et al. 1998). 통제력을 갖는다는 것은 그 사람의 자유에 대한 자연적 제한보다는 사회적 제한과 관련이 있다. 즉, 문제는 타인의 발밑에 있지 않으려는 것이다. 특히 자녀들이 흔히 말하듯이, "내 일에 이래라저래라 참견하지 마"라는 항의는 분명히 자신의 자율성이 침해당하는 데 대한 저항이다.

에르달과 화이튼은 오늘날 살펴볼 수 있는 수렵·채집 사회의 사회 구조로부터 선사시대 수렵·채집 사회의 사회 구조를 추론하는 것이 얼마나 신빙성 있는지를 논한 뒤, 초기 선사시대에 인간 사회가 서열 체계에서 평등 체계로 변모했다가, 농경 사회가 발전하면서 다시 평등 체계가 서열 체계로 변화했는지의 도식을 내놓았다. 농업이 발전한 이후 평등한 사회가 막을 내리고 계급사회가 출현했다는 점에는 논란의 여지가 별로 없다. 하지만 선사시대 어느 시기에 처음으로 서열 체계가 평등체계로 변화했는지는 좀처럼 알 수가 없다. 하지만 몇 가지 실마리가 있긴 하다.

선사시대의 유골을 조사해 보면, 약 200~300만 년 전에 남성의 평균 키는 여성들보다 약 30%나 컸다. 하지만 그 이후 100만 년 동안 남녀의 신장 차이는 8% 정도로 줄어들었다(Relethford 2003). 일반적으로 동물 사회에서 암컷과 수컷 사이에 덩치의 차이가 크다는 것은 동물 사회에 지배-종속의 위계질서가 존재한다는 것을 의미한다. 이런 위계질서에서는 번식을 위해 암컷에 접근할 수 있는 권리를 덩치가 큰 수컷이 독점한다. 가장 힘센 수컷은 대체로 다른 개체보다 덩치가 크며, 그래야만 암컷에 접근하는 데 유리하기 때문이다. 따라서 지배-종속의 위계관계 속에 있는 수컷일수록 대체로 암컷보다 덩치가 [수컷들 사이에서도 가장 덩치 큰 수컷이 암컷을 독점하기에—옮긴이] 월등히 크다. 만약 신장에서 성별 격차가 줄어들었다는 점이 힘센 남성이 재생산에서 독점적인 권리를 더는 장악하지 못하게 되었다는 뜻이라면, 이는 인류 사회에서 더 평등주의적인 사회 체계가 약 200만 년쯤 전에 출현했다는 점을 시사한다.

비슷한 가설을 지지하는 또 다른 단서는 아마 인류의 두뇌가 커지고, 학습과 문화에 점차 의존하게 된 데에서도 찾을 수 있을 것이다. 우리는 두개골의 크기로 태아가 출생 이전에 어느 정도의 기간을 산모의 태반에 머물렀는지 가늠할 수 있다. 또 학습이 사회생활에서 중요해질수록 출생 이후에 아이들이 부모에게 의존해야 하는 기간이 길어진다. 이 때문에 여성은 점차 아이를 기르는 데에서 아버지의 역할을 필요로 하게 되었으며, 우월한 남성과 짝짓기하는 것보다 남녀가 1 대 1로 결합하는 방식을 선호하게 되었다. 나아가 1 대 1 결합의 발전은 분명 여성성의 변화와 연결되어 있다. 즉 짝이 아닌 남성에게 짝짓기의 표적이 되지 않기 위해 여성은 배란기를 잘 드러내지 않게 되었다. 또한 언제가 배란기인지 드러나지 않도록 하기 위해 배란기가 아닌 때에도 성적 자극에 민감한 상태를 계속 유지하게 되었고, 함께 생활하는 여성들의 배란일이 거의 비슷한 시기로 조절되는 경향도 이런 변화에 속한다. 이 모든 변화 때문에 우월한 남성이 수많은 여성의 재생산 능력을 독점하는 일이 어려워졌다. 이는 생식과 여성성이 비위계적이고 평등주의적인 방향으로 발전했다는 의미이기도 하다. 이런 변화가 발생하기 이전에 우월한 남성들은 매우 짧게 나타나는 발정기 동안 여성에게 접근하는 권리를 독점하기 위해 다른 남성들과 싸워서—대단히 성공적으로—그들을 몰아낼 수 있었을 것이다. 하지만 배란기가 정확하게 드러나지 않고 여성이 항상 성적으로 민감하다면 상황은 우월한 남성들에게 더는 유리하지 않게 될 것이었다.

남녀 한 쌍이 짝을 이루는 결합 방식은 남성 지배 체계로부터 평등주의로 발전했을 때 나타나는 현상이 틀림없다. 이런 발전은 여성성의 변화를 통해 매개되었으며, 이에 따라 우월한 남성들이 여성을 독점하는 것이 어려워졌다. 이와 같은 결합 방식은 인간의 두뇌가 커지면서 나타났을 뿐만 아니라, 태어난 이후 두뇌가 더 성장할 수 있게 했다. 또한 두뇌 성장은 평등에도 유리하게 작용했는데, 예를 들어 도구의 개발, 특히 원시적 무기의 발명은 강력한 민주적 효과를 낳았다. 무기와 지능이 계발되면서 신체의 크기가 별로 중요하지 않게 되었다. 곤봉이나, 창, 도끼처럼 간단한 무기만 가지고 있다면 힘이 약하든 강하든 상관없이 (잠자고 있을 때처럼) 상대방이 알아채지 못할 때 단숨에 죽일 수 있었다. 무기의 발명으로 한때 우월한 남성의 표상이었던 완력만으로는 더는 안전을 보장하거나 우월함을 확보할 수 없게 되었다. 대신 도구 때문에 사람들은 다른 모든 사람의 공격에 쉽게 노출되었으며, 이런 사실을 전제로 사회적 관계가 재편되었다.

농경 사회에서 희소성, 그리고 평등의 쇠퇴

선사시대에 평등주의가 어떤 요인 때문에 출현하게 되었는지에 대한 의문과 함께, 농경 사회에서 평등주의가 왜 몰락했는지를 둘러싸고도 수많은 논쟁이 있었다. 제임스 우드번James Woodburn은 평등한 사회와 불평등한 사회의 실질적인 차이는, 이들의 경제가 '즉각적인 보상'immediate return 체계였는지 아니면 '연기된 보상'delayed return 체계였는지에 달려 있다고 주장했다(Woodburn 1982). 그 차이는 다음과 같다.

농경 사회에서 노동에 대한 대가는, 곡식을 심고 몇 달 동안 그것을 돌본 다음에야 비로소 결실을 얻을 수 있는 연기된 보상이다. 반면 수렵·채집 사회에서는 즉각적인 보상을 누리는데, 사람들은 식량을 구하러 나간 날 바로 식량을 얻게 된다. 연기된 보상체계에서는 농사를 위해 사전에 막대한 노동력을 투입해야 할 뿐만 아니라, 식량 저장고, 연장, 장비들을 마련하는 데에도 노동력이 필요하다.

즉각적인 보상체계와 다르게 연기된 보상체계는 저장된 식량, 씨가 뿌려진 들판과 같이 자원을 사적으로 보유할 수 있는 기회를 제공한다. 그러나 불평등의 가장 근본적인 원인은 자원의 희소성에 있다. 동물이나 인간이나 서열 체계는 강한 자가 자원에 먼저 접근할 수 있는 체계다. 자원을 둘러싸고 경쟁이 벌어지는 이유는 자원이 부족하기 때문이다. 자원이 풍족하게 넘쳐나고 어디서나 구할 수 있다면 다툴 필요가 없다. 하지만 농경 사회의 연기된 보상체계에는 항상 희소성의 그림자가 드리워져 있었다. 농경 사회에서는 욕구가 즉각적으로 충족될 수 없고, 사람들은 저장된 식량에 의존해야 하며, 파종기와 추수기 사이에 식량이 부족할 가능성이 컸다. 그리고 실제로도 그랬다.

우리는 일반적으로 농업이 발전하면서 이런 희소성이 줄어들었을 것이라고 추측한다. 하지만 사실 농경 사회는 수렵·채집 사회보다 희소성에 더욱 취약했다. 보통 수렵인과 채집인들은 사람이 먹을 수 있는 방대한 종류의 동물과 식물을 알고 있었지만 대개는 좋아하는 몇몇 종류만 먹곤 한다. 이 말은 주식으로 사용하던 동식물이 그해에 잘 잡히지 않아 식량이 부족할 때는, 대안으로 다른 동식물을 잡아먹을 수 있다는 뜻이기도 하다. 수렵과 채집이 잘 안 되는 날에는 그저 선호하는 식량 목록에서 상대적으로 선호도가 낮은 품종들을 조금 더 먹으면 된다. 그러나 농경 사회는 소수 경작물에 의존해야 하며, 농사를 짓는 양도 수확이 좋지 못할 때를 염두에 두고 계산해야만 한다. 즉 가뭄에 대비하려면 원래 필요한 식량보다 많은 양의 곡물을 해마다 재배해야 한다. 만약 모든 일이 잘 풀린다면 쓰레기가 되어버릴 여분의 농작물들을 매년 생산하기 위해 엄청나게 일하는 것이 자급자족하는 농민들이 갖추어야 할 유비무환의 자세였다. 그러나 실제로 필요한 양보다 10%를 더 경작하든 100%를 더 경작하든 간에, 흉년이 들거나 생존에 필요한 식량을 전혀 수확하지 못할 가능성은 여전히 존재했다. 따라서 일이 고될수록 사람들이 자신을 위해 확보할 수 있는 여유분은 줄어든다. 이처럼 농경 사회는 수렵인나 채집인들보다 갑자기 발생하는 기근에 훨씬 취약했다.

최근 들어, 수렵·채집 사회에 살았던 사람들이 상당히 풍족한 생활을 했다는 사실이 인정되고 있다. 때문에 어떤 이는 당시 사회를 '최초의 풍요로운 사회'라고 묘사하기도 했다(Sahlins 1974). 이들은 자급자족을 위해 농경 사회의 사람들보다 훨씬 적게 일했다는 사실이 연구에서 밝혀지기도 했다. 수렵인과 채집인들도 농사를 지어 양식을 얻을 수 있다는 사실을 이미 알고 있었다. 하지만 삶을 영위하는 우월한 방식으로 농업을 채택하지 않았을 뿐이다. 수렵·채집 사회는 인구 밀도가 낮았기 때문에 채집을 한 이후에도 작물들이 저절로 다시 자랄 만큼 시간이 충분했다. 따라서 수렵과 채집만으로도 살아갈 수 있었던 것이다. 이런 생존 방식이 가능할 만큼 낮은 인구 밀도가 유지되는 동안, 인류는 농작물을 재배하는 데 들여야 할 과중한 노동을 피할 수 있었던 것이다(Boserup 1965; Wilkinson 1973; Cohen 1977). 농업은 인구 밀도의 증가에 대한 반응이었다. 아담과 이브가 에덴동산에서 쫓겨나는 성경 이야기는 농업의 출현에 대한 신화적 해석이라고 할 수 있다. 에덴동산에서 아담과 이브는 채집인이다. 이들은 땅을 경작할 필요 없이 "모든 나무의 과실을 자유롭게" 따먹을 수 있었다. 그러나 이들은 추방당한 후 "땅을 갈고", 눈물 젖은 "빵을 먹도록" 저주받았다(창세기, 3장). 이는 그들이 아마도 인구 밀도를 낮게 유지하기 위해 오래전부터 지켜왔던, 자손 번식에 대한 사회적 억제와 관련되어 있을 성적 금기를 깼기 때문일 것이다(Wilkinson 1973). 평등주의와 그것을 유지하고 있던 사회적 가치들로부터 이탈했다는 맥락에서, 도덕적 타락fall으로서 아담과 이브의 원죄the Fall라는 성서의 개념은 흥미롭다.

마크 코헨Mark Cohen은 농업의 시작은 식량 부족을 동반했다고 주장했다(Cohen 1977). 최근 들어 그의 주장을 뒷받침하는 고고학적 분석들이 많이 나오고 있다. 초기 농경 사회에서 발견된 치아와 뼈를 분석한 결과, 당시 사람들은 건강이 나빠지고 키도 줄어든 것으로 나타났다(Larsen 1995). 또한 농경 사회가 시작된 이후 사람들의 영양 섭취에 중요한 격차가 있었음을 암시하는 건강 불평등의 증거가 발견되었다(Danforth 1999). 영양 섭취의 격차를 보여 주는 건강 불평등의 등장은 이 사회가 그전에 존재했던 사회와 달리 상당히 불평등했음을 말해 준다. 그뿐만 아니라 이는 불평등이 필수재에 접근하는 권한의 격차와 관련이 있다는 점도 확인해 준다. 다시 말해 농업을 기반으로 한 사회에서는 수렵·채집 사회와 달리 자원의 희소성이 사회 구조에 실질적으로 충격을 줄 만큼 커다란 영향력을 행사하기 시작한 것이다.

농경 사회의 발전과 산업화의 초기 단계에 이르는 긴 역사의 대부분은 불평등을 강화하는 희소성으로부터 인류를 구원해 주지 못했다. 오히려 이 사회들은 희소성을 원동력으로 발전했다고 하는 것이 진실에 가까울 것이다. 갈수록 인구 밀도가 증가했기 때문에 인류는 땅과 땅에서 나오는 모든 자원을 더 많이 착취할 수 있는 치밀한 방법들을 개발해야 했다(Boserup 1965; Wilkinson 1973). 증가하는 인구를 감당하기 위해 끊임없이 땅을 경작해야 했고, 농지의 생산력을 유지하기 위해서 인공 비료를 주거나 윤작을 해야 했다. 18~19세기 초 최초의 산업 혁명기에 이르기까지 영국에서 일어난 주요 생산적인 혁신들을 보면, 점차 농작물을 집약적으로 재배하고 초과적인 작업부하를 처리해야 하는 사회가 어떻게 반응했는지를 가장 잘 알 수 있다.

풍요로운 사회에서도 경제 불평등은 지속된다

경제 성장이 인류를 절대 빈곤의 마수에서 구원한 것은 단지 지난 몇 세대 동안의 상황일 뿐이다. 우리는 1장에서 질병 구조가 변화한 시기에, 절대적 궁핍이 사라지면서 건강에 어떤 변화가 나타났는지 충분히 살펴보았다. 1인당 국민소득은 이제 부유한 나라에서 수명을 결정하는 주요 요인이 아니다. 또한 이른바 풍요의 질병은 이제 풍요로운 사회를 사는 빈민들의 질병이 되었다. 풍요가 가져다준 가장 위대한 보상은 희소성의 위협에 기반을 둔 사회적 계층화가 사람들에게 지배력을 잃기 시작했다는 점이다.

절대적 결핍이 쇠퇴하면서 빈곤과 불평등이 사회에 행사하고 있던 훈육적 권력도 극적으로 약화되었다. 선진국에서 대다수 사람들, 심지어 전체 인구의 최하 20%에 속하는 사람들도, 더 이상 절대적인 극빈 상태에 있지 않다. 이들은 TV, 냉장고, 그리고 다른 소비성 내구재를 가지고 있다(〈표 3-1〉). 물론 장기적으로 보면 여전히 많은 나라에서 소득 편차가 줄어들지 않고 있지만 경제가 성장하면서 동일한 수준의 불평등이 미치는 사회적 충격은 상당히 약해졌다. 그러나 정치적 후퇴가 일어난 시기에, 노숙과 실업이 부활하도록 방치했던 사회 정책들이, 기성 기득체제의 권력을 떠받치며, 또 다른 훈육적 힘으로 부상하기 시작했다. 영국의 노련한 좌파 정치인 토니 벤Tony Benn은 이를 다음과 같이 표현한 적이 있다. "이제 사회 정책은 우리를 위협하기 위해 만들어지고 있다."

역사적으로 보면 **사회적** 평등은 계속 증대해 왔다. 노예제가 폐지되고 민주주의가 발전했으며, 법 앞의 평등이라는 개념이 확립되었고, 복지 국가가 만들어졌으며, 인종이나 종교에 따른 차별이 금지되고, 게이와 레즈비언의 권리가 동등하게 보장되며, (대부분의 선진국에서) 사형 제도가 폐지되었고, 계급 차별과 격차를 공공연하게 드러내는 표현이 급격하게 감소했다. 여성의 지위가 점차 개선되기 시작한 것도 역사적 진보의 한 측면이다. 문명사회의 초기에 여성들은 거의 감금된 것이나 다름없이 규방에 갇히는 만행을 견뎌야 했다(Betzig 1986). 봉건시대에도 영주의 초야권 때문에 처녀성을 상납해야만 하는 일이 허다했다. 그러나 여성이 정치에 참여하고 결혼 생활에서 남녀평등이 서서히 증진되면서 이런 이야기는 민주주의의 관점에서 보았을 때 까마득한 옛날 일이자 원시적인 세계의 전설이 되어 버렸다.

그러나 소득 불평등은 좀처럼 좁혀지지 않아 탈희소성에 기반을 둔 새로운 인간성이 등장하는 데 심각한 걸림돌이 되고 있다. 불평등이 인간을 계속해서 지배하게 된 이유가 무엇인지 파악하고자 한다면, 불평등이 인간의 심리적 진화에서 어떤 역할을 했는지를 이해해야 한다. 우리는 앞에서 환경의 변화가 어떻게 평등의 시대를 가능하게 했으며, 또 어떻게 인류 사회가 다시 위계적인 시대로 회귀하게 되었는지 개괄해 보았다. 인간 사회는 특정한 형태의 사회 조직으로 고정되어 있지 않다. 인간은 자신이 위치한 사회적 환경에 맞게 다양한 심리적·행동적 전략을 계발하면서 진화해 왔다. 문제는 현대인들의 사회적 행위에 주로 영향을 미치는 것이 무엇인지를 밝혀내는 데 있을 것이다.

친화 전략과 지배 전략

마이클 챈스Michael Chance는 인간을 제외한 영장류에서 나타나는 상반된 형태의 두 가지 사회 조직에 관심을 가져왔다. "개코원숭이나 짧은꼬리원숭이 사회에 전형적인 경쟁적으로 서열화된 유형agonistically rank-ordered form, 그리고 유인원에게 전형적인 쾌락적 유형hedonic form"이 그것이다(Chance and Jolly 1970, 19). 트로워와 그 동료들도 다양한 인간 사회를 대상으로 이와 동일한 구분을 시도했다(Trower, Gilbert and Sherling 1990). 경쟁(위계)에 따라 서열화된 사회와 협력에 기반을 둔 평등주의적이고 쾌락적인 사회가 그것이다. 챈스는 인간이 이와 같이 "두 개의 대조적인 사회 체계"에 대응하는 "두 개의 정신 모드"를 가지고 있는데, 각 정신 모드는 "동시에, 인간이 가지고 있는 마음의 두 속성이며, 인간이 자신의 마음과 연결되어 자기에 관해 외부와 소통하는 두 가지 방식이기도 하다"(Chance 1988, 1-3).

개코원숭이와 짧은꼬리원숭이에게 전형적으로 나타나는 경쟁적 사회 체계는 "우월한 수컷이 가할 수 있는 잠재적 위협을 끊임없이 경계하는" 체계이다(Reynolds and Luscombe 1976, 105). 챈스는 경쟁적 사회 체계 속에서 살고 있는 동물들에게는 다음과 같은 특성이 나타난다고 기록하고 있다.

> 이들은 항상 무리를 형성하고 있지만 자신보다 우월한 개체를 끊임없이 경계하며 일정한 거리를 유지하면서 흩어져 있다. 그래야만 서열 순위가 낮은 동물들을 향해 시시때때로 벌어지는 위협을 단번에 알아차리고 피할 수 있기 때문이다. 그들은 순종적이고/이거나 유순한 몸짓을 통해, 그리고 어느 정도 공간적 거리를 유지하면서 상대를 경계한다. 이런 행동은 …… 위협이 극단으로 치닫고 갈등이 치명적인 수준으로 발전하는 것을 막는다. 그러나 여전히 팽팽한 긴장감과 자극적인 분위기가 주변을 에워싸고 있다. 항상 싸움이 일어나는 건 아니지만, 계속해서 팽팽한 긴장감이 감도는 것이 이런 집단의 특징이다(Chance 1988, 6-7).

반면 쾌락적 유형의 가장 적합한 사례는 아마 유인원 중에서도 (침팬지만큼 우리와 밀접한 종인) 보노보 사회일 것이다. 프랑스 드 발Frans de Waal은 이들에게 '평등주의적'이고 '온화한' 유인원이라는 별명을 붙이기도 했다. 그는 보노보를 "호전성을 성교로 대체한 여성 중심적이고 평등주의적인 영장류"라고 묘사한다(Waal and Lanting 1997, 4). 보노보는 근심을 떨쳐 버리고 갈등을 완화시키며, 친밀감을 표출하고 스트레스 상태를 진정시키기 위해서 성적이고 에로틱한 접촉을 활용한다. 프랑스 드 발이 설명하듯이, "다른 동물들에게 성적인 행동은 다른 행동들과 명확히 구분되어 있는 반면, 보노보 사회에서 성적인 행동은 단지 암컷과 수컷 사이에서만이 아니라 사회 전체의 사회적 관계들과 연결되어 있다"(Waal 1997, 4).

경쟁적 행동 양식은 권력관계, 협박, 공포에 대처할 때 적합한 반면, 쾌락적 행동 양식은 평등, 상호 지지, 호혜에 기반을 둔 사회적 관계와 관련이 있다. 대부분의, 아마도 모든 영장류들 사이에서 사회적 행동은 이 두 양식의 혼합으로 이루어질 것이다. 위계 서열도 존재하겠지만, 이와 동시에 털 고르기처럼 친밀한 행동도 공존할 것이다. 앨리슨 졸리Alision Jolly가 지적하듯이 털 고르기는 "여우원숭이에서 침팬지에 이르기까지 유인원들을 연결하는 사회적 접착제와 같은 것이다"(Jolly 1985, 207). 우리는 영장류들 사이에서 털 고르기가 서로에 대한 사회적 의무와 상호 호혜를 발생시킨다는 사실을 알고 있다. 즉 다른 개체에게 털 고르기와 같은 보살핌을 받은 경험이 있는 동물들은 다른 동물이 어려운 상황에 처할 때 도움을 줄 확률이 높다.

물론 인간도 이 두 가지 사회적 행동 양식을 프로그램화하고 있으며, 위계 서열 안의 지배 행동과 동등한 사람들 사이의 친화 행동을 뚜렷하게 구분하고 있다. 인간은 두 가지 양식 가운데 하나에 고정되어 있거나, 둘 중에서 임의로 하나를 선택하는 게 아니다. 인간의 행위는 자신이 처해 있는 사회적 환경과 사회적 상호 작용의 성격을 어떻게 이해하는지 보여 준다. 지배 행동이냐 친화 행동이냐는 매우 신중하게 선택되는 것처럼 보이지만, 사실은 상당 부분 무의식 상태에서 결정된다. 우리는 5장에서 사회적 지위가 낮아서 느끼는 치욕, 멸시받고 무시당했다는 느낌에 사람들이 어떻게 반응할 수 있는지 살펴보았다. 덧붙여 계급이나 인종 차별과 같은 사회적 편견이 사회적으로 열등한 사람들과 관련이 있다는 사실도 확인했다. 3장에서는 인간이 친분관계에 얼마나 민감한지 살펴보았는데, 우리는 인간의 호혜성에 주목했고 선물이 어떻게 우정을 상징하는지 설명했다. 선물은 그것을 주고받을 때 양쪽이 희소 자원을 두고 경쟁하지 않는다는 징표가 되면서 사회적 계약에 준하는 역할을 한다. 우리는 이런 성향이 인간의 매우 보편적인 특성이라는 사실을 알고 있다. 어떤 사회에서든지 선물을 받으면 신세를 졌으며 갚아야 한다는 느낌을 갖게 된다. 이와 비슷하게 사회적으로 모욕을 주는 '체면 손상'이나 불명예처럼, 참고 넘어가기에 버거운 감정들은 결국 폭력이 되어 돌아온다. 마지막 예로, 함께 어울리고 싶고 친구가 되고 싶고 결혼하고 싶은 사람들은 알고 보면 사회적 위치가 비슷한 경우가 많다는 사실을 우리는 잘 알고 있다. 지위의 구분은 친구를 사귀는 것도 어렵게 하는 듯하다.

정신의학에 초점을 맞춘 사회 체계 연구소 Social Systems Institute 의 홈페이지를 보면 인간의 경쟁적 행동 양식을 다음과 같이 설명하고 있다.

> (그것은) 위계적이고 권위적인 구조로 특징지을 수 있다. 경쟁적 환경에서 생활할 때

자신을 보호하기 위해 엄청난 노력을 기울인다. 인간은 일차적으로 자신의 안전 ······ [그리고] 위계 서열, 관습, 질서유지에 관심을 둔다. ······ 이때 인간의 주된 관심사는 전적으로 자기 보호에 쏠려 있다. 또한 이는 자신의 육체, 지위, 사회적 외양에 대한 잠재적인 위험을 경계하고 자각하며 대응하기 위해 특별히 고안된 인간 두뇌의 정보 처리 시스템을 사용한다(Chance 1998).

이런 방어적이고 '불안정하며, 불안한' 경쟁 상태와는 반대로 쾌락적 상태란 '걱정 근심이 없고, 창조적인' 상태라고 말할 수 있다. 쾌락적 상태에서 적대감은 상호 지지와 안정으로 대체되며, "집단의 성원들이 사회적 관계의 연결망을 구축하고, 서로가 서로를 향해 두려움 없이 열린 마음으로 소통할 수 있기" 때문이다.

물론 이런 사회적 상호 작용의 두 가지 형태는 우리가 사회적 관계를 맺을 때 구사하는 방식들의 양 극단일 뿐이다. 한 극단에서는 권력과 이기심이 중시되며 다른 한 극단에서는 사회적 투자, 신뢰, 상호관계가 우선시된다. 하지만 실제 사회생활에서 이 두 가지는 다양하게 혼합되어 있다.

왜 인류가 사회적 위계질서, 거기에서 자신이 차지하는 위치, 친분관계에 민감해졌는지 그 진화론적 기원을 찾는 일은 그리 어렵지 않다. 만약 식량이나 재생산을 위한 기회처럼 필수적인 희소 자원에 접근할 수 있는 권리가 위계 서열에 따라 결정된다면, 생존과 자손 번식의 성패를 결정하는 데 위계 서열만큼 강력한 요인은 없을 것이다. 그러나 인간이 자신의 안전이나 필수재에 대한 접근권을 놓고 벌이는 투쟁에서, 친분관계나 사회적 동맹도 매우 중요하다. 동맹은 외부의 위협에 함께 대처해야 할 때뿐만 아니라, 협력을 통해 이익을 얻는 데에서도 핵심적이다. 물론 오늘날의 환경은 과거와 많이 다르다. 그러나 역사 속에서 진화해 온 습성의 잔재들이 인류의 지평에서 모조리 사라졌다는 것이 확인되기 전까지는, 오늘날에도 여전히 존속되고 있다고 가정해야 한다.

위계 서열과 친분관계는 남성과 여성에게 확실히 의미가 다르다. 남성들은 위계 서열에 따라 어느 정도까지 자손을 번식시킬 수 있을지가 결정되며 그 이상의 것들이 좌우되기도 하지만, 여성의 다산력 자체에는 별로 크게 영향을 미치지 않는다. 따라서 핑커S. Pinker의 말대로, 사회적 지위가 낮은 남성들은 자손 번식의 기회가 차단되는 "진화론적인 막다른 골목"을 피해야 했다(Pinker 1997). 하지만 여성의 경우에도 사회적 지위가 낮으면 자신과 자식의 생존에 문제가 생길 수 있었다. 때문에 사회적 지위가 높은 암컷 침팬지들이 더 많은 새끼를 갖게 되기도 한다(Pusey, Williams and Goodall 1997). 남성들의 경우, 자손 번식의 성과는 사회적 서열에 따라 엄청나게 좌우된다. 남성의 서열이 힘, 체력, 자원을 얻을 수 있는 능력에 따라 정해진다고 했을 때, 여성들이 위계 서열이 높은 남성을 성적인 상대로 선호하는 것은 너무나 당연하다. 엔지F. Ng와 본드M. H. Bond는 소득 불평등이 심한 국가에 사는 여성들은 다른 국가의 여성들에 비해 장래 배우자의 재정적 전망, 사회적 지위, 야망 등을 더 많이 고려한다는 분석 결과를 내놓았다(Ng and Bond 2002). 계급적 차원에서 배우자 찾기를 소재로 한 18, 19세기 영국 소설들은 인간이 '좋은 배필을 물색'하는 데 얼마나 심열을 기울이는지 잘 묘사하고 있다. 비록 상대의 성적 매력과 재산이 동시에 충족되지 않기 때문에 여주인공들이 애를 먹기도 하지만 말이다.

낮은 사회적 지위에 대해 여성과 남성이 다르게 반응하는 것은 아마도 재생산에 미치는 영향이 성별에 따라 다르기 때문일 것이다. 상대적 빈곤과 박탈에 대한 반응은 성별에 따라 놀랄 만큼 다르다. 극단적으로 말해서 젊은 남성들은 폭력적이 되거나 위험한 행동을 하지만, 여성들은 10대 임신이나 우울증으로 나타난다. 이런 차이는 수도 없이 많은 사례를 통해 확인되고 있으며, 방식은 다르지만 두 반응 모두 불평등과 연관되어 있는 것으로 나타났다(Pickett and Wilkinson, 근간). 이런 차이의 기저에 깔려 있는 논리는 이 장의 뒷부분에서 좀 더 다루기로 하겠다.

사회적 뇌

서열관계와 친분관계가 중요한 이유는 그것이 단지 사회적 관계의 상반된 두 가지 형태이기 때문이라기보다, 희소 자원을 둘러싸고 경쟁이 발생할 가능성을 처리하는 상반된 방식이기 때문이다. 인류 사회에서는 이해관계가 유독 많이 발견되는데, 그것은 대체로 협력이 주는 잠재적인 이득이 꽤 크기 때문이다. 『리바이어던』*Leviathan*에서 홉스는 희소 자원에 접근하는 과정에서 갈등이 발생할 가능성이야말로 인류가 직면한 핵심적인 정치적 난제라고 주장했다. 하지만 그가 이 책을 집필할 당시에, 보노보들이 인류와 동일한 상황에서 갈등을 피하기 위해 투쟁이 아닌 전혀 다른 방식을 사용해 왔다는 사실을 알았다면 매우 놀랐을 것이다. 프란스 드 발은 보노보의 전략을 생생하게 묘사하고 있다.

> 동물원 관리자가 먹이를 던져주자마자 수컷 보노보들은 발기를 했다. 심지어 음식을 우리에 던지기도 전에, 보노보들은 성교를 하기 위해 서로를 유혹했다. 수컷은 암컷을 유혹하며 암컷은 수컷을 유혹한다. 심지어 암컷들 간에 음부 애무도 흔하게 이루

어졌다. 이들에게 성교는 무엇을 의미하는 것일까?

군침을 돌게 하는 먹이는 모든 보노보를 팽팽한 긴장 속으로 몰아넣곤 한다. 보노보들의 성적인 행위가 이런 긴장을 풀기 위한 방법이라는 확신을 갖게 된 데에는 두 가지 근거가 있다. 첫째, 음식만이 아니라 두 마리 이상이 관심을 가질 만한 어떤 물체를 발견했을 때에도 이들은 성적 접촉을 시도했다. 예를 들어, 보노보 두 마리에게 종이 상자를 던져주면, 이들은 이 상자를 가지고 놀기 전에 간단하게 교미를 했다. 심지어 나는 어른 암컷 하나가 닳아빠진 노끈을 발견했는데 그것을 또 다른 암컷이 보고 가까이 접근하자 서로 음부를 애무하는 것을 목격하기도 했다. 사실 그것은 다른 종들이라면 승강이가 벌어지고도 남을 상황이었다. 하지만 보노보들은 상당히 관용적이었다. 그들은 이와 같은 대치상태의 분위기를 완화시키기 위해 …… 성교를 했다. 둘째, 보노보들은 식량과 관계없는 공격적인 상황에서도 종종 성교를 했다. 예를 들어, 한 암컷을 두고 수컷 두 마리가 대결을 벌이게 되었을 때, 놀랍게도 이 수컷 두 마리는 음낭 애무를 시도했다. 자신의 새끼를 암컷 한 마리가 때리는 것을 보고 그 어미가 이를 막기 위해 접근했을 때에도, 두 암컷 사이의 격렬한 음부 애무를 통해서 문제는 해결되었다. 이와 비슷한 사례를 수백 번이나 관찰하고 나서, 나는 성적인 행위가 사회적 긴장을 해소하는 메커니즘으로 기능하고 있다는 확고한 연구 결과를 제시할 수 있게 되었다. 물론 이런 현상이 다른 동물들(이나 인간들)에게 전혀 발견되지 않는 것은 아니다. 그러나 적어도 성적인 화해 기술은 보노보 사회에서 진화의 가장 높은 단계에 이른 것 같다(Waal 1997, 109).

이처럼 같은 종의 개체들은 똑같은 욕구를 가지고 있기 때문에 갈등이 발생할 가능성이 높다. 하지만 가장 중요한 사실은 보노보 사회는 갈등을 해결하는 전혀 다른 대응책을 제시해 주고 있다는 점이다. 신경학 분야 연구자들은 인간의 뇌가 협력적 행동을 강화하기 위해 어떤 방식으로 구조화되어 있는지를 분석했다. 그중 한 연구는 여성들을 신뢰게임인 '죄수의 딜레마'[1] 상황에 놓이게 한 후 자기공명단층촬영MRI을 통해 이들의 두뇌를 촬영해 보았다. 이 실험을 통해 여성들이 상호 협력을 선택한 경우에,

두뇌에서 보답과 관련된 부분이 활성화된다는 사실이 밝혀졌다. 여기서, 인체의 신경망은 인간의 이타주의를 자극하고, 상호 호혜 없이 일방적으로 이득만을 얻고자 하는 유혹에 저항하도록 신호를 보내고 있다는 사실을 발견할 수 있었다.

인간의 뇌가 성장하는 궤적을 조사한 고고학적 연구에서도 사회적 관계가 얼마나 중요한지 엿볼 수 있다. 진화 과정에서 인간의 뇌가 커진 이유에 대한 유력한 설명은 사회생활의 필요가 뇌의 성장을 자극했다는 것이다(Byrne 1995). 아이젠버그는 방대한 종류의 포유류들을 조사하면서, 사회적인 종일수록 그렇지 않은 종들보다 신체의 크기에 비해 뇌가 크다고 발표했다(Eisenberg 1981). 고등 영장류들은 다른 종들에 비해 뇌가 크며 상당히 사회적이다(Lee 1996). 로빈 던바Robin Dunbar는 영장류 가운데 집단의 크기가 클수록 두뇌의 다른 부분에 비해 특히 신피질이 차지하는

---

1 **죄수의 딜레마**(Prisoner's Dilemma)는 자신의 결정만이 아니라 다른 사람의 결정이 자신에게 영향을 미치는 상황을 가정한다. 예를 들어, 공범 A와 B가 각각 격리된 상황에서 심문을 받게 되었다고 하자. 이때 두 사람이 협력하여 범죄를 부인하면 각각 1년의 징역을 받게 되고, 한 사람이 자백하고 다른 한 사람이 부인하면 자백한 사람은 특전으로 석방되지만 묵비권을 행사한 사람은 10년을 선고받는다. 그리고 모두 자백을 했을 때에는 각각 5년을 선고받는다고 하자. 이때 A와 B는 자백을 하거나 묵비권을 행사하는 두 가지 선택의 기로에 놓이게 된다. 만약 서로 신뢰하고 협력을 해서 범죄를 자백하지 않으면 쌍방에게 명백한 이익(1년 징역)이 존재함에도 불구하고, 이들은 자신이 자백하지 않았는데 상대방이 자백하는 바람에 10년 구형을 받게 되는 최악의 사태를 피하기 위해 결국은 쌍방이 모두 자백하게 되기도 한다. 죄수의 딜레마는 협력적 행동과 이기적 행동이 가져오는 사회적 결과를 말해 준다. 즉 죄수가 빠진 딜레마 상황은, 불확실한 상황에서도 서로 협력을 하게 되면 자신과 상대에게 결국 이익이 되는 반면(1년 징역), 자신의 이익을 위해 이기적이고 합리적으로 행동했을 때 오히려 결과적으로는 자신과 상대에게 크게 이익이 되지 못하는 상황(5년 징역)으로 설명될 수 있기 때문이다.

그림8-1 사회적 뇌

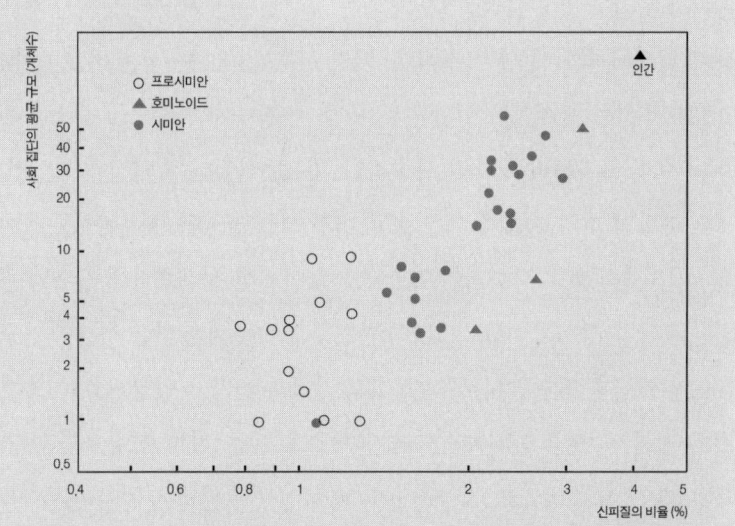

영장류들의 뇌에서 신피질이 차지하는 비율은 사회 집단의 평균 크기와 관계가 있다.

자료: R. Dunbar, "Brains on Two Legs: Group Size and the Evolution of Intelligence," F. B. M. de Waal ed., *The Tree of Origin* (Cambridge: Harvard University Press, 2001). Harvard University Press의 허가하에 다시 그림.

비중이 크다는 사실을 발견하기도 했다(Dunbar 1992). 이를 뒷받침하는 근거는 매우 인상적이다. 〈그림 8-1〉은 호미노이드Hominoid, 시미안Simian, 프로시미안Prosimian을 비롯해 영장목에 속해 있는 각각의 종들의 신피질 비중과 사회 집단의 평균적인 규모의 관계를 나타낸 것이다.

일반적으로 집단의 규모가 클수록 뇌가 크다는 게 지배적인 가설이며, 뇌가 클수록 집단의 규모가 커지는 반대 방향의 인과관계는 성립하지 않는 것 같다. 하지만 집단의 규모와 뇌의 크기가 놀라울 정도로 밀접한 관계라는 사실은 인간의 뇌가 우리가 알고 있는 것보다 훨씬 더 사회적인 기관이라는 점을 말해 준다. 인간의 뇌는 사회생활의 요구와 문제들에 대처하기 위해서 발달해 왔던 것이다. 뇌가 사회적이라는 점은 바로 이 책이 말하고자 하는 요지와도 연결된다. 우리는 3장에서 만성 스트레스를 유발하는 주요 인자들이 지극히 사회적인 요소들이었다는 사실을 확인했다. 낮은 사회적 지위, 사회적 친분관계, 어린 시절 경험들이 이런 요소들이었다. 이는 사회적·비사회적인 스트레스 요인들이 심장혈관에 일으키는 반응을 관찰한 래스너, 매튜, 스토니의 연구를 비롯해서 다른 심리학 연구들과도 일맥상통한다. "다른 사람들과의 갈등과 긴장은 일상생활의 경험 가운데 정서적 안녕에 지속적으로 영향을 미치는 가장 고통스러운 것이다"(Lassner, Mathews, and Stoney 1994, 69). 정서적 안녕은 일자리, 주거, 금전적 어려움보다도 중요하다. 이는 풍요로운 사회에서는 절대적인 생활수준보다 상대적인 소득과 소득 불평등이 더 중요하다는 사실과도 맞닿아 있다. 뇌와 스트레스에 대한 연구 결과들은 모두 재화의 양 자체보다도 소득이나 지출의 사회적 의미가 인간에게 더 중요하다는 점을 지적한다.

인간의 뇌가 사회적 문제를 해결하기 위해 진화해 왔는 사실은 희소자원과 자손 번식의 기회를 얻고자 하는 인간의 일차적 욕구와 관련이 있다. 인간은 이런 욕구를 충족하기 위해 다른 사람과 협력하거나 갈등하면서 자신의 입지를 확보하고자 한다. 인류는 평화를 유지해 주는 권력이 없을 때 '만인의 만인에 대한 투쟁'을 하게 되는 홉스적인 악몽에서 벗어나기 위해, 갈등적 전략만이 아니라 협력적 전략도 개발해야 했다(Sahlins 1974). '자연에 존재하는 수많은 적대적인 힘들'이란, 생명체의 생존을 위협하는 환경적 요소들을 일컫고자 다윈(Darwin 1974)이 만들어 낸 문구다. 하지만 리처드 알렉산더Richard Alexander는 한 인간이 직면하게 되는 자연의 일차적인 적은 환경이 아니라 바로 다른 인간들이라고 말한다. 나아가 그는 "타인이 우리의 이익을 침범하는 것을 성공적으로 막으면서 위협에서 벗어나게 해 주는 능력은 …… 상당 부분 지배 서열에서 높은 위치를 얼마나 오래 유지할 수 있느냐에 달렸다"라고 말했다(Alexander 1987, 274).

물론 인간의 커다란 뇌가 전략적 방식들로만 채워져 있는 것은 아니다. 인간에게 속물근성, 사회적 배제, 하향식 차별과 같은 지배의 전략이나 선물 교환, 호혜성의 심리와 같은 친화적 전략만이 중요한 것은 아니다. 타인과 동일시하고 타인에게 공감하는 능력도 친분관계나 상호관계에서 매우 결정적인 부분을 차지하고 있다. 이런 동일시와 공감 능력은 인간관계에 직접적인 효과를 미칠 뿐만 아니라 인간 생활의 문화적 기반이 되는 모방 학습 능력에도 크게 이바지한다.

모든 인간은 다른 사람들에게 가치 있는 존재가 되기를 바란다. 그것은 사회적으로 진화한 인간의 심리에서 발견할 수 있는 주요한 사회적 특성이다. 이런 욕망은 때때로 타자가 필요로 하는 것에 맞춰 자아를 실현하고자 하는 인간의 영적인 잠재 능력으로 간주되며, 협력적인 집단의 구성원으로서의 우리의 위치를 보장해 주었다. 협력적 집단에서 다른 구성원들이 생각하기에 의미 있고 가치 있는 일을 하게 되면, 집단의 안정적인 구성원으로 인정받게 된다. 이런 행위는 집단에서 추방당할 위험에서 벗어날 수 있는 최선의 방식이기도 했다. 친분관계가 건강에 어떤 이득을 주는지를 분석한 최근의 연구들을 살펴보면, 실제로 친구에게 물질적·정서적으로 도움을 주는 사람이 도움을 받는 사람보다 건강 상태가 좋았다(Brown et al. 2003).

인간은 자신이 누구를 믿고 협력할 수 있으며, 누구와는 그럴 수 없는지 평가하는 데 매우 능숙하다(Frank 1988). 진화심리학자들에 따르면, 일반적으로 사람들은 협력의 의무는 이행하지 않으면서 협력 체계를 위협하는 사회적 사기꾼이나 무임승차자들을 경계하며, 이들이 처벌받기를 바란다(Buss 1999).

물론 이 모든 사회적 관계의 밑바닥에는 다른 사람들에게 우리 자신이 어떤 존재로 비칠지를 감지할 뿐만 아니라 다른 사람들의 언행을 통해 그들의 심리 상태와 의도를 추측할 수 있는 능력이 깔려 있다. 우리는 사람들이 우리를 어떻게 보는지 신경을 쓰며, 그들의 눈을 통해 자신을 평가한다. 자긍심, 수치심, 당혹감이라는 강력한 동기 부여를 경험할 수 있는 능력 때문에 상대방의 판단을 추측하면서 괴로워하는 것이다. 여기서 사회적 진화의 깊은 심리를 엿볼 수 있다.

특히 던바의 연구는 인간의 사회적 진화를 파악하는 데 크게 도움이 되었다(Dunbar 1996). 던바는 언어가 사냥이나 채집처럼 생존을 위해 함께 활동할 필요 때문에 발달했다기보다, 사회적 관계나 사회적 통합과 더 깊은 관련이 있다고 주장한다. 그에 따르면, 말하기는 일종의 털 고르기라고도 볼 수 있는 수다나 잡담을 가능하게 했다. 앨리슨 졸리가 털 고르기를 "여우원숭이에서 침팬지에 이르기까지, 유인원들을 서로 연결시키는 사회적 접착제(Jolly 1985, 207)"로 묘사했다는 사실을 앞에서도 잠깐 언급했다. 덧붙여 번R. Byrne은 털 고르기를 이렇게 설명하고 있다. "털 고르기는 우리가 일상적으로 우정이라고 부르는 것들을 뜻한다. ······ 서로 털을 골라주는 동물은 서로를 돌보는 것이다. ······ 그리고 이들은 상대가 도움을 필요로 할 때 기꺼이 다가간다"(Byrne 1995, 200). 인간에게도 신체적 접촉은 영아기와 초기 아동기 발달에 반드시 필요할 뿐만 아니라, 살아가면서 호감과 지지를 표현하는 방법이다. 하지만 한 집단에 구성원이 너무 많으면 털 고르기와 같은 방법은 사회적 유대를 형성하는 방법으로는 한계가 있다. 영장류를 조사한 연구들은 집단의 규모가 클수록 구성원들이 털 고르기에 할애해야 하는 시간이 길어진다고 지적한다. 그러니까 동맹관계를 유지하거나 사회적 네트워크에서 자신의 위치를 확인하는 데 시간이 너무 많이 걸린다는 뜻이다. 던바는 '말하기'가 털 고르기와 같은 목표를 달성하면서도 시간을 훨씬 절약해 주는 방법이라고 해석한다. 왜냐하면 우리는 동시에 여러 사람들과 잡담을 나눌 수 있고, 그들에게 자신을 소개할 수 있으며, 어떤 사건에 대해 의견을 밝히거나, 자기 주장을 설득시킬 수도 있으며, 상대방의 고통에 대해 동정과 염려의 마음을 표현할 수도 있기 때문이다.

수많은 연구들은 인간의 추리 능력이 사회적인 현상들을 추리하기 위해 특별히 개발되었다고 주장한다. 예를 들어, 한 연구는 어떤 문제가 추상적으로 설명되기보다 사회적인 문제로 표현될 때 사람들이 더 쉽게 해결한다는 사실을 보여 주었다. 논리력 문제가 놀이카드처럼 추상적인 사례로 제시되었을 때, 응답자의 10%만이 해답을 말했다. 그러나 똑같은 논리력 문제를 사회적 사건을 들어 질문했을 때, 75%가 정답을 말할 수 있었다(Cosmides and Tooby 1992). 이런 연구 결과에 비추어 보면, 인간이 고도로 기술적이고, 추상적이며, 전혀 사회적이지 않은 문제들까지 해결할 수 있다는 것이 오히려 신기할 정도다.

인류가 진화하면서 갖게 된 사회적 기술들은 두뇌나 심리적 특성에 국한되지 않는다. 그것은 '눈동자의 흰자위' 속에도 있다. 고바야시와 고시마(Kobayashi and Kohshima 2001)는 현존하는 92종의 영장류들 가운데 눈동자에 흰자위가 있는 영장류는 인간밖에 없다는 사실을 발견했다. 인간의 흰 '공막'은 눈가의 피부색이나 눈 중앙의 홍채나 동공의 색깔과도 뚜렷하게 대비된다. 대부분의 영장류는 갈색의 공막을 가지고 있으며, 그 주위의 피부색도 갈색에 가깝다. 공막의 색깔이 주변 색깔과 다른 것은 인류가 진화하는 과정에서 선택한 특질이다. 이는 우리가 상대방의 눈동자를 보고 그들의 시선을 좇거나 그들의 관심과 사고가 어디에 머물러 있는지를 추측하는 것이 인간에게 기본적으로 이로웠기 때문이다. 예를 들어, '시선 따라가기'는 초기 아동기에 부모와 아이가 서로에게 집중하게 하는 매우 중요한 학습 도구다. 간혹 침팬지에게도 인간과 비슷한 눈의 색깔이 유전적 돌연변이로 관찰되곤 한다. 하지만 침팬지들은 눈동자 색깔 대비를 보편적인 생존 전략으로 채택하지 않았다. 인간 이외의 모든 영장류에게는 자신이 어디를 주시하고 있는지를 상대에게 보여 주지 않는 편이 더 유리했기 때문이었을 것이다. 그러니까 오직 인류에게만 서로에게 시선을 노출하는 것이 진화론적으로 유리했다는 이야기다. 짐작건대, 인간 외의 영장류에게는 그들이 생활하는 사회적 환경상 상대방에게 더 잘 이해받는다는 것이 별로 이득이 되지 않았던 것 같다. 이는 서로 협력하고자 하는 인간의 사회성과 다른 영장류의 생존 전략이 확실히 대조되는 지점이다. 협력은 인간이 상대방에게 도움을 바라며, 속임수나 간계, 술책 등에 의존하지 않을 때 가능하다. 환경에 이로운 형질을 택한다는 진화론의 일반 원리에 비추어 보았을 때, 인간이 서로의 내면세계를 진심으로 이해하는 것은 결과적으로 이롭게 작용해 왔던 것이 틀림없다.

인간의 눈은 '마음의 창'이다. 눈은 그 사람이 무엇을 생각하고 있는지,

어디에 관심이 있는지에 대한 단서들을 제공한다. 이 점은 인간의 사회성이 얼마나 오랜 진화론적 뿌리를 가지고 있는지를 보여 준다. 우리는 보통 각자의 내면 깊숙이 존재하는 생각이 무엇인지 힌트를 얻기 위해서 상대의 눈을 깊이 응시한다. 우리는 상대방과 사적인 친밀감을 얻고자 할 때나 상대가 믿을 만한지를 가늠하기 위해서 그 사람의 눈동자를 바라본다.

눈맞추기의 사회적 활용법과 응시하기의 중요성은 '거울 신경'으로 불리는 신경계의 진화와도 맞닿아 있다(Wolf et al. 2001; Rizzolatti, Fogassi, and Gallese 2000). 거울 신경은 우리가 직접 어떤 행동을 하고 있을 때만이 아니라, 다른 사람이 어떤 행동을 하는 것을 보고 있을 때에도 반응한다. 거울 신경은 모방 학습에도 매우 커다란 역할을 한다. 그뿐만 아니라 그것은 감정이입과 공감의 기본 바탕이 되는 듯하다. TV나 영화를 볼 때 혹시 배우가 다치기라도 한다면, 거울 신경세포들은 우리의 눈을 움찔하게 할 것이다. 나는 자녀들이 참가한 학교 높이뛰기 대회를 관전하고 있던 부모들을 본 적이 있다. 상당수의 관전자들은 경기에 몰입해 있었으며, 아이들이 높이뛰기를 위해 도약을 하는 결정적인 순간마다 자기도 모르게 같이 한 발을 들어올리기도 했다. 그들의 거울 신경이 다른 사람의 행동에 자신을 동일시하게 해 마치 자신이 높이뛰기를 하고 있는 것처럼 부모들을 자극했던 것이다. 거울 신경은 모방을 통한 학습에서도 상당히 중요하다. 그저 다른 사람의 행동을 외부에서 관찰만 하는 것은, 상대방의 행동을 마음으로 상상하고 공감하면서 배우는 것보다 학습 효과가 훨씬 떨어진다.

물론 이 같은 사회성은 공공 정책에서 완전히 무시되었다. 무엇이 사회 문제인지를 파악할 때나 한 사회의 경제적·사회적 발전 방향을 결정할 때도 이런 측면은 간과되었다. 더욱 문제가 되는 것은 인간을 단순히 이기적인 소비자로 가정할 경우, 내면의 사회성을 그저 무시하는 것을 넘어 그 자체를 변질시킬 수도 있다는 점이다. 우리가 자신을 처음부터 비사회적인 탐욕에 따라 움직이는 이기적인 개인이라고 생각한다면 당근과 채찍, 인센티브와 억압의 체계 속으로 스스로를 몰아넣는 우를 범할 수 있다. 이런 체계는 우리가 지향하는 인간성을 왜곡시키고 불행하게 만들 것이며, 우리는 진정으로 귀중한 것들을 놓치게 될 것이다. 스트레스나 불행의 주요 요인들과 마찬가지로 만족과 불만족의 근원도 사회적 관계의 질에서 찾을 수 있다. 어찌 보면 소비를 부추기는 탐욕적인 행동조차도 반사회적인 것과는 거리가 멀다. 사실 개인의 소비 행위는 인정과 존경을 받고자 하는 욕구의 신경계적 표현일 뿐이다. 하지만 이처럼 가치 있게 평가받고자 하는 인간의 욕구는 자신을 귀하게 혹은 하찮게 느끼게 하는 불평등과 지위 격차에 의해 변질되었다(Frank 1999).

나는 지금까지 인간 본성이 가진 지극히 사회적인 측면들을 강조했다. 인간이 이기적인 존재라는 비사회적인 관점이 현대 시장 사회의 실제 생활에서나 공공 정책의 전제를 지배하고 있기 때문이다. 어떤 사람들은 경제 활동이, 더욱 높은 수준의 소비라는 '실질적' 목표를 달성하기 위해 필요하며, 불평등은 생활수준을 높이려는 노력을 북돋을 뿐만 그 자체로는 별문제가 없다고 말하기도 한다. 그러나 이런 입장은 인간이 사회적 존재라는 중요한 사실을 이해하지 못하는 것이다. 현재 선진국에서 전체 인구의 대부분은 더 이상 배고픔이나 필수재의 부족으로 고통을 받지 않는다. 더 높은 소비 수준을 향한 질주가 환경까지 심각하게 파괴하고 있는 상황은 불평등에 대한 신경계의 반응이 얼마나 심각한 정도로 치달을 수 있는지를 잘 보여 준다. 지금까지 사회적으로 인정받고자 하는 인간의 욕구는,

별 볼일 없는 도덕주의적 이데올로기나 감성적·심리적 약점에서 비롯된 불가사의하고 애매하며 비이성적인 부분으로 비치곤 했다.

오늘날과 같은 풍요로운 사회에서는 지배의 전략이 우세해 보인다. 하지만 이것이 우리가 필연적으로 위계질서 속에서 생활해야 한다는 것을 의미하지는 않는다. 현재 우리가 위계적인 사회에 살고 있고, 높은 지위를 얻기 위해 혹은 적어도 체면을 유지하기 위해 다투고 있다 하더라도, 이런 현실이 인류가 영원히 서열 체계 안에 갇혀 지내야 한다는 뜻은 아니다. 이는 익사 직전에 있는 사람이 물속으로 머리가 들어가지 않도록 안간힘을 쓰고 있으니 계속 물속에 내버려두어야 한다고 말하는 것과 마찬가지다. 인간은 좀 더 친화적인 사회를 구축할 수 있는 능력을 가지고 있다. 이런 능력은 인간의 사회적 전략들을 통해서만 확인될 수 있는 건 아니다. 선사시대의 평등주의에 대한 기록들이나 인간이 불평등의 미세한 차이에도 얼마나 민감한지를 보여 주는 사례들에서도 확인할 수 있다.

우리는 다음과 같은 사실을 잊어서는 안 된다. 인간은 지배-종속과 같은 비사회적 전략과 더불어 평등과 관련된 상호 작용처럼 고차원적인 사회적 전략도 사용해 왔다. 우리는 살아가면서 상황에 따라 두 전략을 모두 사용한다. 불평등한 사회 환경은 사회적 지위에 대한 관심을 증가시키며, 하향식 차별을 비롯한 위계적 행동을 강화한다. 이는 평등한 사회에서 나타나는 포용적이고 친화적인 전략들과는 뚜렷하게 대비된다.

사회성의 발달과 어린 시절의 경험

물론 인간이 얼마나 사교적이며, 공격적이고, 권위적인지는 사회적 환경만으로 결정되는 것은 아니며 개인별로 차이가 있다. 이런 개인차는 유전적인 요인 때문에 생길 수도 있다. 하지만 3장에서 살펴봤던 것처럼, 한편으로는 어린 시절 스트레스에 대한 반응이 프로그램화되면서 개인차가 생긴다. 임신 기간에 걸쳐 산모가 받은 스트레스나 어릴 때 아이가 받은 스트레스는 이후 아이의 스트레스 호르몬 수치를 높이며, 이로 인해 생애 후반에 건강이 나빠질 수 있다. 이는 존 보울비와 같은 발달심리학자들이, 어린 시절의 경험이 이후에도 지속적으로 영향력을 행사한다고 늘 이야기하는 것의 생물학적 측면이다. 하지만 그것이 단지 어릴 때 불안정한 환경에서 받았던 상처가 미처 치유되지 못했기 때문이라고 말하는 것만으로는 부족하다. 인간은 사회적 특성에 민감한 어린 시절의 경험을 바탕으로 성인이 되었을 때 사회적 환경에 어떻게 대처할지를 결정하기 때문이다.

인간이 특정한 사회에 적응하기 위해서는 친화적인 행동 전략, 그리고 서열 체계에 적합한 두려움이나 공격 등을 적절하게 사용할 줄 알아야 한다. 그러나 이 두 전략 간의 균형은 유전적으로 고정되어 있지도 않고 평생 변하지 않는 것도 아니다. 어린 시절의 경험에 따라 사회적 행동과 관련된 호르몬의 작용이 달라지며, 그와 함께 사회적 행동의 균형점도 조정된다. 인간은 자신에게 주어진 사회적 특성에 맞게 생물학적으로 대처할 필요가 있기 때문이다. 캠퍼T. D. Kemper가 언급했던 것처럼 "신경생리학적인 자율 신경 체계는 권력이나 지위를 향한 성취나 감정과 강하게 연결되어 있다"(Kemper 1988, 308).

어린 시절의 경험이 중요한 이유는 한 인간이 어렸을 때 부모의 권위에 반응했던 것과 똑같은 방식으로 성인이 된 이후에 겪게 되는 사회적 권위들에 반응하기 때문이다. 우리는 어릴 때의 경험을 이후의 생활에서 참고해야 할 사회적 관계의 모델로 삼는다. 이때의 경험을 통해 우리는 스스로를 자신감이 있거나 없는, 안정적이거나 불안한, 공격적이거나 우호적인, 의존적이거나 독립적인, 믿을 만하거나 의심스러운 사람으로 받아들이게 된다. 개별 인간이 겪을 수 있는 사회적 환경은 모두 다르다. 따라서 인간은 어린 시절의 가족 경험을 통해 사회적 환경을 예견하고, 자기의 행동, 감정, 호르몬 반응을 자신이 앞으로 겪을 가능성이 높은 사회적 특성에 맞게 조율할 필요가 있었던 것이다.

그러나 현대 사회에서 아이들은 대체로 핵가족이라는 환경에서 자라는데, 이런 환경의 사회적 관계란 가족을 넘어선 좀 더 넓은 사회의 그것과는 매우 다른 것이다. 따라서 어린 시절의 경험이 가끔 역효과를 가져올 수도 있다. 많은 아이가 극심한 갈등의 한복판에서 자라나며, 어른이 되어 사회생활을 할 때 절실하게 필요한 신뢰나 협력 능력 같은 사회적 기술들이 현저히 부족하다. 반면 어떤 아이들은 매우 안정적이고 정서적으로 우호적인 분위기에서 자랐기 때문에, 사적인 야망과 경쟁, 부와 지위가 강조되고 있는 오늘날의 세계에서 무방비 상태로 도태되기도 한다. 사실 동물 사회나 인간이 소규모로 집단을 이루고 살았던 선사시대에는 현대 사회처럼 핵가족과 넓은 의미의 사회가 뚜렷하게 구분되어 있지 않았다. 선사시대에 수렵과 채집을 했던 무리들을 조사해 보면, 아동기와 성인기의 사회적 환경이 별반 다르지 않았다. 수렵·채집 사회에서 아이들은 사회와 분리되어 자족적인 정서적 분위기의 배타적 핵가족 환경에서 자라기보다는, 그들이 성인기를 보내야 하는 공동체 속에 곧바로 노출되었다.

인간은 어린 시절의 경험을 통해 이후의 사회적 행동을 결정하도록 진화했다. 이런 진화는 때로 현대 사회에서 역기능처럼 보일지 모르겠지만, 사회적 전략들을 올바르게 이해하는 것이 얼마나 중요한지를 말해 준다. 인류는 매우 다양한 종류의 사회에서 살아왔다. 따라서 어렸을 때 일찌감치 사회적 환경에 맞도록 교육하는 편이 이득이었을 것이다. 더 놀라운 사실은 어린 시절의 경험이 미치는 효과가 인류에게만 해당하는 것이 아니라 포유류에게도 비슷한 현상이 폭넓게 관찰된다는 것이다. 예를 들어, 태어나서부터 젖 뗄 때까지 실험자가 날마다 핸들링[손에 올려놓고 만져주고 먹이를 먹여 주는 행위-옮긴이]을 해 주었던 쥐들은 스트레스 호르몬 수치가 매우 낮게 나타났으며, 이는 쥐가 나이를 먹었을 때에도 지속되었다(Meaney et al. 1988; Vallee et al. 1997; Anisman et al. 1998). 핸들링을 해 준 쥐들은 나이가 들어서도 미로에서 자신의 길을 찾아내는 데 더 능숙했다. 그러나 이후 연구들을 통해 핸들링을 해 준 쥐들이 스트레스나 미로찾기에 강했던 이유가 사실 핸들링의 직접적인 효과가 아니라는 사실이 밝혀졌다. 그것은 인간이 핸들링을 해 주었기 때문이 아니라, 핸들링을 받은 쥐들이 어미의 품으로 돌아갔을 때 그들의 어미가 이 새끼들을 더 많이 핥아 주었기 때문이었다. 그러니까 스트레스 호르몬 수치가 낮아진 이유는 핸들링 자체보다 어미 쥐가 이들을 핥아 준 효과라고 봐야 할 것이다(Liu et al. 1997; Caldjia, Diorioa, and Meaney 2000). 이렇듯 모성적 보호가 생애 전체에 걸쳐서 미치는 효과는 비단 인간만의 이야기는 아니다.

인류와 마찬가지로 다른 포유류도 엄마 뱃속에 있을 때 엄마가 받은 스트레스는 태어나서 받은 스트레스만큼 아이들에게 평생 영향을 미친다. 사회적 환경에 민감한 시기는 태내에서부터 아동기까지 지속된다. 임신 기간에 걸쳐 산모가 받았던 스트레스가 유아에게 미치는 영향력은 가축이나 애완동물만이 아니라 설치류와 다른 영장류에서도 발견되었다(Braastad 1998). 산모와 태아의 코르티솔 수치가 갖는 상관관계를 포함해서 산모의 스트레스가 이후 태아의 성장 발달에 영향을 미치는 몇 가지 생물학적인 경로가 확인되었다(Gitau et al. 1998; Teixeria et al. 1999; Wadhwa et al. 1996). 실제로 새끼의 스트레스 반응은 새끼가 유아기 때 겪었던 경험만이 아니라 임신 기간에 어미가 겪었던 경험에 의해서도 영향을 받는다(덧붙이자면, 어미의 심리 상태는 그녀가 살아오면서 겪었던 경험이 누적된 결과다. 이런 점에서 그녀의 생애 경험이 임신 기간에 걸쳐 태아에게도 영향을 미치게 된다).

침팬지도 다양한 형태의 사회 조직에 적응할 수 있는 능력을 가지고 있다(Power 1991). 하지만 대부분의 동물 사회는 인간 사회만큼 다채롭지 않아서, 어린 포유류들이 인간만큼 방대한 형태의 사회 조직에 대처할 준비를 할 필요는 없다. 그렇다면 왜 이들의 어린 시절에도 인간과 비슷하게 준비 기간이 존재하는 것일까? 그 대답 가운데 하나는 자신에게 가장 적합한 사회 전략과 재생산 전략은 사회적 지위에 따라 달라진다는 것이다. 또한 많은 동물의 사회 조직이 우리가 생각하는 것처럼 고정된 것이 아니라는 점도 들 수 있다. 예를 들어, 식량난을 겪고 나면 사회 조직과 위계적 행위뿐만 아니라 재생산 전략도 변한다. 이들에게 식량난은 사회적 행동과 재생산 전략 모두에 영향을 미치는 스트레스 요인이기 때문이다. 그러나 식량난이 정확히 어떤 결과를 가져오는지는 종마다 다르다. 고난의 시기에 더 많은 새끼를 낳고 이들에게 투자하는 전략이 좋을까, 아니면 상황이 좋아질 때까지 새끼를 덜 낳거나 낳지 않는 편이 좋을까? 더 공격적인 태도를 취할까, 아니면 자원을 저장하고 몸을 사리는 편이 나을까?

마가렛 파워Margaret Power는 소규모로 무리지어 숲 속을 자유롭게 다니는 침팬지들과, 침팬지의 행동을 관찰하기 쉽게 일부러 조성해 놓은 먹이 급여대 주변에 큰 집단으로 운집해 있는 침팬지들을 각각 조사했다(Power 1991). 그리고 이 둘 사이에 재생산 전략과 지배 행동에 중요한 차이가 있음을 발견했다. 로버트 새폴스키도 건기에 개코원숭이들의 사회적 행동이 달라진 사실을 목격했다(Sapolsky 1998). 같은 환경에서도 최적의 전략은 사회적 지위에 따라 변하기도 했다.

인간이 어린 시절의 사회적 환경에 민감한 이유가 성인기에 겪게 될 사회적 환경에 대처할 준비를 이때 하기 때문이라는 중요한 지적은, 어릴 때 받은 스트레스가 성인의 재생산 전략에 미치는 효과를 봐도 알 수 있다. 어린 시절에 스트레스를 받았는지의 여부와 아버지가 있는지 없는지의 문제는 인간의 재생산 행동을 변화시킨다. 여성의 10대 임신은, 젊은 남성들 사이에 나타나는 폭력처럼, 불평등과 낮은 사회적 지위로 상처 입은 사회임을 보여 주는 가장 확실한 통계 지표다(Pickett and Wilkinson, 근간). 10대 임신의 비율을 보면 한 국가 안에서는 상대적 불평등이 심한 지역이 어디인지, 국제적으로는 임금 불평등의 수준이 높은 국가들이 어디인지를 알 수 있다. 어린 시절 스트레스를 많이 받으면서 자란 소녀들은 성적으로 빨리 성숙한다(Coall and Chisholm 2003; Moffitt et al. 1992). 또한 아버지 없이 자라난 소녀들은 성적으로 더 적극적이며 일찍 임신하게 되는 경우가 많다(Flinn et al. 1996). 아마 아버지 없이 자랐던 어린 시절의 경험은 이 소녀들에게 자신이 태어나고 자란 사회적 환경이, 자식을 낳아 함께 기를 수 있는 남편다운 남성을 진득하게 기다릴 만한 곳이 못된다고 신호를 보내는 듯하다. 이런 요인들 때문에 박탈감과 10대 임신 간에 강력한 연관이 생길 뿐만 아니라(남성들의 경우 박탈감과 폭력의 관계만큼이나 강력한) 재생산 전략도 변하는 듯하다(Chisholm and Burbank 2001). 비록 '전략'이라는 말을 사용하기는 했지만, 이런 행동은 어떤 의식적인 숙고가 아니라 호르몬의 촉진으로 이루어진 것이다. 환경이 그리 좋지 않다면 (그러나 재생산을 하지 못할 정도로 최악의 상황은 아닐 때) 아이를 더 일찍 더 많이 낳고, 아이들 각자에게는 적게 투자하는 편이 적합한 전략이 된다. 반대로 여건이 좀 나아지면 적절한 배우자가 생길 때까지 진득하게 기다렸다가 적게 낳아 충분히 지원하는 편이 현명한 재생산 전략이 될 수 있다. 근본적으로 주어진 환경에 맞게 자녀의 수와 양육의 질에서 균형을 조절하는 문제인 것이다.

앞에서 우리는 폭력과 불평등의 관계를 무시의 관점에서 살펴보았다(5장). 하지만 이 관계는 불평등이 어린 시절 겪는 스트레스를 증폭시키고, 그것이 나중에 폭력을 유발하는 경향을 보여 준다. 어린 시절의 스트레스는 남성들의 위험한 행동을 증가시킨다. 이와 비슷한 적응 방식은 인간 외의 영장류들에서도 발견되는데, 이는 스트레스와 폭력의 연관관계에 어떤 메커니즘이 깔려 있는지를 암시해 준다. 멜먼과 그 동료들은 짧은꼬리원숭이를 관찰하면서 다음과 같이 결론을 내렸다(Mehlman et al. 1995). 사회적 지위와 관련이 있는 호르몬인 세로토닌 수치가 낮은 청소년기의 수컷들은 "숲 속을 거니는 동안 자신의 충동을 제대로 조절하지 못하고 더 난폭하고 공격적 행동을 보일 우려가 있다. 이는 그들이 더 많은 위험을 무릅쓰고 있다는 증거이기도 하다." 암컷에게 거의, 혹은 전혀 접근할 수 없는 낮은 서열의 수컷은 "유전적으로 아예 사라져 버리는 일방통행로"(Pinker 1998, 498)를 벗어나기 위해 더 공세적이어야 하며 위험 수위가 높은 전략을 선택해야 한다. 인간 사회에서도 가난한 지역에 사는 젊은 남성들이 폭력을 휘두르는 경우가 다른 지역에 비해 훨씬 많다. 사고나 위험을 무릅쓴 행동이 발생할 확률도 마찬가지다.

불충분한 애착 경험, 한쪽 부모를 잃은 경험, 가정 불화와 같은 어린 시절의 스트레스는 인생 전반에 걸쳐서 지속적으로 효과를 미친다. 최근에는 어린 시절의 스트레스가 행동적·심리적 효과만이 아니라 호르몬의 작용에 어떤 효과를 미치는지에 대한 논의들도 등장하기 시작했다. 어린 시절의 스트레스가 어떻게 코르티솔 수치를 높이며, 어떻게 인간을 더 공격적이고 덜 친화적이게 만들고, 다른 사람을 위협으로 인식하게 해서 ('과다행동 장애'와 같은) 행동 장애를 일으키는지에 관한 연구들이 그 예이다(Raine et al. 1997; Flinn et al. 1996; O'Connor et al. 2002; Suomi 1991; McCord 1984; Gunnar 1998; Visconti et al. 2002; Chen and Mathews 2001).

일찍이 크리스토퍼 래쉬는 가족을 '삭막한 세계의 안식처'라고 말했다(Lasch 1977). 하지만 가정에서 겪게 되는 소외와 재정적·사회적 불안정 때문에 가정은 오히려 바깥 세계보다 더 많은 스트레스를 일으키는 전쟁터로 전락했다. 지난 25년 동안 여러 나라에서 불평등이 심화되었고, 상대적 빈곤 속에서 생활하는 아이들의 비율도 급격히 증가했다(Kangas and Palme 1998). 상대적 빈곤 상태에서 생활하면 가정생활의 스트레스와 긴장이 늘어난다. 연구자들은 불평등해지면 양육 방식에서 '어머니의 온정'이 점차 사라지게 되고, 부모는 좀 더 권위적이고 통제적이 되기 쉽다고 말한다(Leventhal and Brooks-Gunn 2000; Earls, McGuire, and Shay 1994;

Baumrind 1972). 룩셈부르크 임금 연구소Luxembourg Income Study에 따르면 미국과 영국은 선진국 중에서 가장 불평등한 나라일 뿐만 아니라, 아동의 상대적 빈곤율도 가장 높다. 미국과 영국에서는 전체 아동 인구 가운데 약 25% 이상이 벌이가 국가 평균 소득의 반도 되지 않는 가구에서 생활하고 있는 것으로 드러났다(Bradshaw 2000). 국제적인 차원에서 소득 불평등과 영아 사망률의 관계를 분석한 연구들도 어린 시절 어머니의 스트레스가 아이에게 얼마나 심각한 영향을 미칠 수 있는지를 보여 준다(Hales et al. 1999; Wennemo 1993; Waldmann 1992; Lobmayer and Wilkinson 2000).

스트레스의 생물학과 스트레스가 건강에 미치는 영향

지금부터는 스트레스가 가져오는 생물학적 결과들을 간단히 살펴보고, 스트레스가 어떻게 인간의 생리적 건강에 이처럼 강력한 효과를 미치게 되는지를 설명하려고 한다. 3장에서 다루었던, 스트레스를 불러일으키는 사회적 요인들(낮은 사회적 지위, 친구가 거의 없는 상태, 어린 시절의 고통)은 인간이 사회에 대해 얼마나 취약한지 보여 준다. 우리는 타인의 눈에 어떻게 보일지—재미있고 매력적이며 능력 있는 사람으로 보일지, 아니면 지루하고 멍청하며 매력 없고 어수룩한 사람으로 보일지—에 대해 불안해하거나 걱정한다. 문제는 어떻게 이런 사회적 요인들이 피부 아래까지 침투해서 육체적 건강과 수명에도 마수를 뻗치게 되느냐이다.

스트레스가 유발하는 생물학적 메커니즘은 위기 시에 우리를 투쟁-

도주 태세로 돌입하게 한다. 인간은 스트레스를 받으면 자원의 배치와 생리적 우선순위를 바꾸며, 몸의 생리 작용은 우선적으로 모든 에너지를 근육 활동에 집중시킨다. 생존이 민첩성, 반응의 시점, 빨리 도망갈 수 있는 능력에 따라 좌우되기 때문에 모든 자원이 이런 목적을 위해 동원되고, 다른 생물학적 유지 기능—생체 조직의 유지와 치유, 면역성, 성장, 소화와 재생산 과정—은 저하된다.

인간이 진화해 온 역사를 되돌아보면, 대부분의 동물들과 마찬가지로 비상 사태는 보통 한 시간 이상 지속되지 않았다. 따라서 건강을 유지하기 위한 생리 작용에서 근육 활동으로 자원이 우회되는 시간은 매우 짧았고, 그래서 별 무리가 없었다. 위험에 맞서 정면 대결을 하거나 위험으로부터 도주하기 위해 육체적 에너지를 소모하는 일은 실제로 몇 분 정도만 지속될 뿐이었다. 긴급한 순간이 지나면 호흡이나 심장 박동과 같은 생리 작용들은 점차 정상 수치를 회복했다. 그러나 문제는 고민과 걱정에 휩싸여서 스트레스에 짓눌려 있는 상태가 일주일, 한 달, 혹은 1년이 넘게 지속되는 경우다. 우리의 육체가 경계 상태나 생리적 각성 상태에 계속 머물러 있어서 자원 분배의 우선순위가 완전히 바뀌어 버리면, 건강에 영향을 미치기 시작한다. 그것이 건강에 미치는 파장은 실로 엄청나다. 만성 스트레스 상태는 급속한 노화와 비슷해서 다양한 질병에 대한 면역력을 전체적으로 약화시키며, 인간을 외부 환경에 취약하게 만든다.

수많은 질환이 가난한 사람에게 더 흔하게 발병하기 때문에 마멋, 쉬플리M. J. Shipley, 로스는 건강 불평등을 일으키는 요인에는 질병에 대한 저항력을 떨어뜨려 질병을 이겨내지 못하게 만드는 어떤 요소들이 포함되어 있을 것이라고 주장했다(Marmot, Shipley and Rose 1984). 만성 스트레스가 그런 요소로 보인다. 이 점은 매우 중요하다. 특히, 건강을 단순히 일개 병원균이나 위험한 환경에 노출되는 문제로 보아서는 안 된다. 병원균과 위험한 환경에 대한 신체의 총체적 방어력을 떨어뜨리며, 해로운 상황에 노출되었을 때 이를 견뎌내는 능력을 감퇴시키는 것이 무엇인지 생각해야 한다.

스트레스에 대한 생물학적 반응은 대부분의 포유류에서 나타난다. 포유류는 스트레스를 받으면 신경계와 (호르몬을 혈류로 곧바로 방출하는) 내분비체계 모두를 동원해 위험에 맞서거나 도주할 준비를 한다. 자율 신경계는 이름 그대로, 자동으로 작동하는 생물학적 작용을 통제한다. 이런 자율 신경은 근육 활동이나 운동을 의식적으로 제어하는 다른 신경계와는 다르다. 자율 신경계는 교감 신경과 부교감 신경으로 이뤄져 있다. 교감 신경계는 혈관과 땀샘 등을 담당하는 미세한 네트워크를 가지고 있으며, 모든 주요 기관들과 연결되어 있다. 교감 신경계가 활성화되면 에피네프린(아드레날린이라고도 한다)과 노르에피네프린(노르아드레날린이라고도 한다)이 분비된다. 에피네프린과 노르에피네프린은 육체를 각성시키고 흥분시키는 호르몬들이다. 에피네프린은 부신 adrenal glands에서 혈류로 방출되며, 노르에피네프린은 몸 전체로 퍼져 있는 교감 신경에서 분비된다. 이 때문에 교감 신경계는 교통사고를 당할 뻔했을 때 가슴이 울렁거리는 것처럼 거의 즉각적인 반응을 일으킬 수 있다.

반대로 부교감 신경계는 스트레스를 받을 때에는 작용하지 않다가 휴식 시간이나 잠자는 동안 활성화된다. 부교감 신경은 에너지 축적, 소화, 성장, 그리고 그 밖의 일상 작용과 체력 유지와 관련이 있다. 교감 신경계는 심장 박동을 빠르게 하며 혈압을 높이고 피가 근육으로만 흐르게 만들지만, 부교감 신경계는 심장 박동을 완화하며 혈액이 근육으로만 흐르지 않게 만들고 다른 '체계-유지 작용'에도 우선순위를 부여한다. 교감 신경계와 부교감 신경계의 기능이 현격히 다르기 때문에, 이 두 신경계를 함께 활성화하는 것은 엑셀과 브레이크를 동시에 밟는 꼴이 된다.

부신도 각성에 기여하는 내분비 기관이다(부신은 신장 부근이라는 뜻인데, 이는 부신이 좌우 신장의 옆에 붙어 있기 때문이다). 하지만 부신은 스트레스 호르몬을 혈류에 순식간에 방출하지 않고, 몇 분의 간격을 두면서 교감 신경계보다 약간 느리게 작동한다. 뇌 안쪽에 있는 시상하부가 신호를 보내면, 신호가 (말 그대로 뇌 아래쪽에 있는) 뇌하수체를 거쳐 부신에 전달되며, 부신이 혈류에 코르티솔을 분비하도록 명령한다[이런 경로는 시상하부-뇌하수체-부신 축(HPA축)이라고 불린다]. 코르티솔은 위협에 직면했을 때 몸이 신체 활동을 계속할 수 있도록 해 주는 가장 중요한 주요 내분비 호르몬이다. 코르티솔은 몸에 에너지가 저장되도록 돕는 인슐린의 효과를 억제해 지방층의 지방산이 혈류로 방출되도록 만든다. 즉 코르티솔은 혈당 수치를 높이며 혈당이 우리 몸에서 에너지로 활용될 수 있도록 돕는 역할을 한다. 또한 코르티솔은 에피네프린의 효력을 강화해서 뇌를 각성시킨다. 뇌하수체는 코르티솔 외에도 스트레스를 받는 동안 재생산 기능을 억제하는 프로락틴prolactin이나 모르핀과 비슷한 진통 물질 등 수없이 많은 호르몬들을 분비한다. 이런 호르몬 분비는 단기적인 위협과 응급 상황에 대처하기 위해 진화된 전략이다.

스트레스에 대한 또 다른 생리적 반응은 위협에 대처하기 위해 생물학적 우선순위를 총체적으로 변화시키며, 인슐린만이 아니라 성장 호르몬과 에스트로겐estrogen, 프로게스테론progesterone, 테스토스테론testosterone

과 같은 재생산 호르몬의 분비도 억제된다. 스트레스를 지속적으로 받았을 때 건강에 미치는 해악 중에 특히 중요한 것은 스트레스가 면역 체계를 파괴한다는 점이다. 이것은 주로 시상하부-뇌하수체-부신 축을 통해, 그리고 교감 신경계의 지나친 활성화를 통해 이뤄진다. 아주 잠깐은 스트레스가 면역 기능을 강화하지만, (한 시간이 넘게 지속되는) 장기적 스트레스는 면역력을 떨어뜨려 각종 감염에 취약하게 만든다. 만성 스트레스는 코르티솔의 수치를 높이는데, 코르티솔이 흉선胸腺을 위축시켜 면역력에 지대한 역할을 담당하는 림프구의 생산을 억제하기 때문이다. 이런 연결 메커니즘은 상당히 신뢰할 만하다. 따라서 코르티솔 수치가 얼마나 변했는지 직접 측정할 수 없을 때는, 흉선의 크기로 스트레스에 얼마나 노출되었는지를 추정하기도 한다.

그러나 불안이나 생리적 각성 상태가 몇 주, 몇 달, 몇 해에 걸쳐 너무 자주 발생했을 때 건강에 미치는 위험은 단순히 생리적 우선순위가 바뀌는 수준에서 끝나지 않는다. 각성 상태가 일정 기간에 걸쳐 계속되면 각성 상태 이후에 정상치로 회복되는 피드백 메커니즘이 파괴되어 버린다. 코르티솔 수치의 조절 작용이 그 사례이다. 해마hippocampus[기억의 저장 및 상기와 관련된 기관으로, 뇌의 중심부에 있다—옮긴이]에는 코르티솔 수치를 조절하는 피드백 센서가 있다. 그러나 코르티솔의 수치가 너무 자주 높아지면 해마의 뉴런들이 이를 견디지 못하고 손상된다. 뉴런의 숫자는 그냥 두어도 나이가 들면서 줄어드는데, 만성적 흥분 때문에 더욱 빠르게 줄어드는 것이다(Sapolsky 1996). 이는 코르티솔 수치를 제어하는 피드백 센서가 시간을 거듭할수록 무뎌진다는 뜻이다. 피드백 센서가 둔해지면 긴급한 상황이 발생했을 때 코르티솔의 반응도 둔화된다. 보통 코르티솔 수치는 위기 상황에서 잠시 동안 절정에 달했다가 위기 상황이 끝나면 정상치로 재빨리 복귀하도록 되어 있다. 그러나 만성적 각성 상태가 지속되면 코르티솔 수치는 매우 느리게 반응하며, 보통 기준선보다 높아져 있던 코르티솔 수치가 정상으로 돌아오는 데 많은 시간이 걸린다.

스트레스는 생리적 각성 상태와 관련된 다른 체계들에도 영향을 미칠 수 있다. 나이가 들면서 혈압이 상승하고 혈액이 쉽게 응고되는 현상도 포함될 수 있다. 스트레스는 혈압을 일시적으로 높이는데, 만약 스트레스가 오랫동안 유지되면 혈압의 조절 메커니즘이 바뀔 것이고, 결국 고혈압이 되는 것이다.

흥미롭게도 나이가 들면서 혈압이 높아지는 경향은 장기간의 경제 발전과 함께 발생한 사회적 변화와 관계가 있는 듯하다. 이런 경향은 농경 사회 이전의 사회들(Waldron et al. 1982)이나 근대의 폐쇄적인 금욕적 공동체 사회들(Timio et al. 1988)에서는 발견되지 않다가 경제 발전이 계속되면서 점차 분명해졌다. 만성 스트레스에 시달리는 사람들에게서 코르티솔의 반응이 무뎌지는 현상이 발견되었던 것처럼, 경제 발전 이후에 사람들의 혈압이 높아졌을 뿐만 아니라 혈압이 단기적 스트레스에 반응하는 능력도 무디고 느려졌다(Kristenson et al. 1998).

만성 스트레스가 면역력에 영향을 미치는 과정도 이와 관계가 있다. 스트레스를 짧게 받으면 처음에는 면역 체계가 활성화된다. 하지만 이처럼 활발해진 면역 반응이 만성 스트레스 때문에 계속 그 상태로 유지된다면 상당히 위험할 수 있다. 면역 체계가 과잉 활성화되면 자기면역질환[33]이 발생하기 때문이다. 한편 코르티솔은 면역 반응을 누그러뜨리는 효과도 가지고 있다. 그것은 새폴스키가 설명했듯이, 스트레스가 발생하면 면역력이 잠시 동안 높아지는데 이렇게 높아진 면역력을 정상적인 수준으로 곧바로 되돌릴 수 있도록 코르티솔의 역할이 진화했기 때문이다. 하지만 스트레스 상태가 장기간 지속되면 코르티솔의 면역력 억제 기능 때문에 면역 기능이 과도하게 억제되어 면역 반응이 결국 정상 수치보다 더 아래로 급격히 떨어질 수 있다. 결국 이는 감염성 질환에 감염될 가능성을 높인다.

만성 스트레스가 조절체계를 손상시키는 또 다른 사례로 인슐린 저항을 들 수 있다. 코르티솔 수치가 높아지면, 혈관을 돌고 있는 에너지를 지방 세포에 저장하게 만드는 인슐린의 신호가 억제된다.

보통 만성 스트레스의 부작용이 누적되었을 때 신체가 지불해야 하는 생리적 비용을 '알로스타 부하'allostatic load라고 부른다. 이 개념은 오랫동안 각성 상태가 계속되면서 나타난 생리학적 변화들을 말한다. 이는 코르티솔의 기본 수치와 혈압이 높으며, 인슐린 저항을 유발시키고, 혈액이 쉽게 응고되며, 복부 비만과 면역 기능이 감퇴하는 현상을 포함하고 있다. 알로스타 부하가 클수록, 심혈관 질환, 암, 감염성 질환에 걸릴 위험이 높고, 나이가 들었을 때 정신적 기능이 빨리 저하된다. 학습과 기억에 결정적인 역할을 담당하고 있는 해마는 코르티솔에 매우 민감하게 반응하며,

---

2 우리의 인체는 자기 몸의 구성 성분에 대해서는 면역 반응을 일으키지 않는 것이 기본 원리다. 하지만 실제로는 자기 몸의 구성 성분에 대해서 면역 반응을 일으킨다는 사실이 발견되었다. 이런 증상을 '자기면역질환'이라고 한다. 1907년 네덜란드의 도나트와 오스트리아의 란트슈타이너는 발작성 한랭혈색소뇨증 환자의 혈청이 자신의 적혈구를 파괴한다는 사실을 처음 발견했다. 그 밖에 자기면역질환의 예는 만성갑상선염·악성 빈혈·중증근무력증·약년성당뇨병·전신홍반성루프스·피부근염 등이 있다.

코르티솔의 수치가 높아지면 쉽게 손상되기 때문이다.

심근경색을 일으킬 위험이 있는 동맥경화도 질병의 주요 경로이다. 스트레스 작용들은 맞서 싸우거나 도망가기 위해 에너지를 근육에 집중시키는 기능을 하도록 진화해 왔다. 그러나 실제로 몸싸움이나 도주가 필요했던 과거와는 달리 현대 사회에서는 정신적인 각성 때문에 스트레스를 받는 경우가 많다. 이런 경우에는 지방 조직으로부터 혈액으로 방출된 지방산이 육체적인 투쟁과 도주에 사용되지 않을 것이고, 사용되지 못한 지방산 때문에 혈관에 콜레스테롤이 쌓여 동맥이 막힐 위험이 있다. 따라서 지속적인 무기력과 근심은 심장질환의 발병률을 높인다.

만성 스트레스가 원인이 되는 병리적 변화는 많은 질병을 이해하는 데 도움이 되었지만, 아직도 초보적 발견에 머물러 있는 상태다. 감염원[바이러스, 세균, 기생충과 같이 감염성 질병을 일으키는 원인—옮긴이]이 그동안 감염성 질환으로 여겨지지 않았던 심장질환이나 암 같은 질병들을 일으키거나 악화시킬 수 있다는 사실을 발견한 지도 얼마 되지 않았다. 알로스타 부하의 증가와 노화는 공통점이 상당히 많다. 만성 스트레스는 특정한 생물학적 계통系統을 노화시킨다. 나이가 들면 많은 질병에 취약해지는 것처럼 만성적인 불안도 똑같은 기능을 한다. 그러므로 만성 스트레스는 면역력을 감퇴시키는 기본적인 요인이며, 왜 수많은 질병이 지위가 낮은 사회경제적 집단에서 흔하게 발생하는지를 설명하는 특성이라고 할 수 있다. 물론 몸을 전체적으로 약하게 만드는 일반적인 요인이 존재한다고 해서, 특정 질병에 대한 위험 요인들이 별로 중요하지 않다는 말은 아니다. 오히려 두 요인이 함께 작용하면서 사람들은 병원균에 훨씬 취약해지는 것이다. 3장에서 서술한 코헨의 실험 결과는 이를 설명해 주는 좋은 사례다. 그는 친구를 거의 사귀지 못했던 사람들과 많은 친구를 사귄 사람들을 (감기 바이러스가 포함되어 있는 콧물처럼) 동일한 감염에 노출시켰다. 이때 감기에 걸린 사람의 숫자는, 친구가 없는 사람들이 친구가 많은 사람들보다 약 네 배 정도 많았다(Cohen et al. 1997). 마찬가지로, 상처를 입은 학생들을 관찰한 결과, 시험 때문에 스트레스를 받았을 때 상처가 치유되는 기간도 길어졌다(Marucha, Kiecolt-Glaser, and Favagehi 1998). 덧붙여, 같은 양의 담배를 피웠을 때 가난한 사람들이 부유한 사람들보다 폐암에 걸릴 확률이 높다는 사실이 참여 관찰을 통해 발견되었다.

스트레스의 생리는 우리 몸이 단기적인 위기 상황에 효율적으로 대응하도록 돕는데, 이런 이득이 스트레스가 장기화되었을 때 유발할 수 있는 해악보다 클 때 이는 진화론적 원리에 합치한다고 봐야 한다. 하지만 항상 그럴 것인가? 긴급 상황이 그렇게 자주 일어나지도 않고 일어나더라도 짧게 끝난다면, 스트레스는 별로 문제가 되지 않을 것이다. 하지만 평생 스트레스에 시달려야 하는 사회에서 서열이 낮은 존재들은 과연 어떻게 될까? 물론 자신보다 힘센 개체의 습격을 영원히 피할 수 있도록 스트레스가 계속해서 이들을 각성시켜 준다면, 스트레스는 어떤 면에서는 이로울 수 있다. 조금씩 건강은 나빠지겠지만 말이다. 위험이 일어날 가능성에 더 민감해지고 더욱 빨리 도망갈 수 있게 된다면, 아마도 재생산 전략도 변화하게 되어 번식에 성공할 확률이 높아질 수도 있다. 그러나 신체가 마모되는 것처럼, 만성 스트레스가 건강에 영향을 미친 결과는 주로 생애 후반, 그러니까 번식기 이후에 나타난다.

스트레스에 반응하는 메커니즘은 포유류에서 상당 부분 비슷한 것처럼 보이지만, 스트레스가 똑같은 호르몬을 분비하게 한다고 해도 종에 따라 같은 호르몬이 전혀 다른 기능을 할 수 있다. 다시 말해 어떤 동물에게는 공격성을 증폭시키는 호르몬이 다른 동물에게는 그 반대의 역할을 하기도 한다. 진화론적 개념으로 말하면, 화학적 전령messenger으로 기능하고 있는 호르몬은 진화하기가 어려운 물질이다. 왜냐하면 호르몬의 기능은 이를 생산하는 내분비선의 변화만이 아니라 화학적 신호를 받아들이고 이에 반응하는 수용체에 따라서도 좌우되기 때문에 호르몬-수용체 쌍이 한번 형성되면 진화론적으로 그 조합은 오랫동안 변하지 않는다. 신체의 다른 부분들이 엄청나게 변하고 호르몬-수용체 쌍이 작용해야 하는 사회적·물리적 환경이 변해도 이 조합은 좀처럼 깨지지 않는다. 호르몬과 수용체의 신호 전달 연결 고리가 끊겼을 때 얻을 수 있는 이득은 거의 없거나 있다고 해도 미미하기 때문이다. 따라서 차라리 호르몬-수용체 쌍은 그대로 유지된 채 호르몬이 수용체에 미치는 기능적 효과만 변하게 되는 것이다. 여기서 두 사례를 살펴보자. 먼저 대다수의 영장류에서 발견되는 세로토닌은 높은 사회적 지위와 관련된 호르몬이다. 놀랍게도 이 호르몬은 영장류만이 아니라 가재의 지배-종속 반응에도 영향을 미친다(Yeh, Musolf and Edwards 1997). 세로토닌의 사회적 기능은 가재와 인간이 동일한 조상으로부터 진화한 후 지금까지 유지되어 왔던 것 같다. 하지만 가재는 세로토닌의 자극으로 우월성을 과시할 때 꼬리를 흔드는데, 이는 원숭이가 지배와 복종을 나타내는 방식과는 전혀 다른 것이다. 또 다른 사례는 프로락틴이다. 프로락틴은 인간을 포함한 포유류들이 젖을 생성하도록 자극하는 호르몬이다. 그러나 비둘기의 프로락틴은 '피존 밀크'pigeon milk의 생산과 분비를 관장한다. 피존 밀크는 수컷이나 암컷 부모 모두가 자신의 새끼를 먹이기 위해 모이 주머니에서 게워낸 분비물을 말한다. 프로락틴은 포유류와 비둘기 모두에게서 새끼를 양육하는 기능과 관련이 있다. 하지만 새끼를 먹이기 위해 프로락틴이 이끌어 내는 생리적 작용은 전혀 다르게 진화했다. 이 이야기도 흥미롭지만 그냥 넘어가도록 하자. 이 사례들을 언급한 이유는, 똑같은 호르몬이라도 그것이 행동에 영향을 미치는 방식이 종마다 상당히 다르다는 점을 지적하기 위해서다. 세로토닌은 어떤 동물들을 난폭하게 만들 수도 있지만, 다른 동물들에게는 공격성을 억제하는 기능을 할 수도 있다. 앞에서 살펴보았듯이, 포유류는 공통적으로 어릴 때 사회적·성적 행동을 민감하게 조정하는 시기가 있다. 그러나 바로 이 시기에 받는 스트레스 때문에 어떤 동물은 더 공격적으로 변할 수 있지만, 어떤 동물은 더 소심해질 수 있다. 이는 겉보기에는 상반된 전략 같지만 본질적으로 각 행동은 생존을 위해 사회적 환경에 맞게 자신을 최적화하는 전략이다.

스트레스가 건강에 미치는 효과는 선진국들에서 특히 두드러진다. 스트레스가 건강의 주요 화두가 된 첫 번째 이유는 생활수준이 개선되면서 물질적 궁핍과 열악한 생활수준, 필수품 부족이 건강에 미치는 효과가 그전보다 많이 줄어들었기 때문이다. 그 결과 물질적 요인에 가려져 있던 스트레스의 효과가 드러나게 된 것이다. 두 번째 이유는 영아 사망뿐 아니라 모든 연령대에서 죽음이 흔했던 과거와 달리, 이제 대부분의 사람이 늙을 때까지 살 수 있게 되었다는 점이다. 사망의 원인도 노화와 밀접한 관계가 있는 퇴행성 질환인 경우가 많다. 이는 스트레스의 단기적 효과 말고도, 만성 스트레스의 누적 효과가 훨씬 많은 시간이 지난 후에 위력을 발휘한다는 것을 의미한다. 스트레스가 건강 문제에서 중요하게 떠오른 세 번째 이유는 물질적 궁핍의 영향력이 약해지면서 심리사회적 요인이 드러났을 뿐만 아니라, 경제 발전으로 사회가 변했다는 점이다. 특히 개인주의가 성장하고 지리적 이동이 활발해지면서 사회적 삶은 덜 협력적이고, 스스로 더 많이 노력해야 하는 환경으로 변했다. 친구, 가족, 공동체로부터의 사회적 지지도 줄어들었으며, 사회적 지위는 더욱 불안정해졌고, 다른 사람들이 나를 어떻게 볼 것인가를 근심하게 된 것이다.

9

자유, 평등, 우애

경제적 민주주의

이 책에서 논의하고 있는 주제를 우리는 일상생활에서 쉽게 발견할 수 있다. 나만 하더라도 이 책을 집필하면서 주간지와 일간신문 최신판에서 다음과 같은 기사 세 개를 접할 수 있었다.

첫 번째 기사에서 교황 요한 바오로는 마더 테레사를—그의 언어를 빌리자면—"단지 낮은 자the least가 아니라 낮은 자들의 시종"이 되는 길을 선택한 사람으로 미화하고 있었다. 여기에서 가난한 자를 '낮은 자'로 정의하는 방식은 거의 당연한 듯이 사용되고 있다. '낮은 자'라는 호칭을 통해 교황이 누구를 가리키려 했는지는 분명하다. 물론 이런 문제를 제기해서 마더 테레사의 업적을 깎아내리려는 것은 아니다. 하지만 부富로부터 자발적으로 등을 돌리고 가난한 자들과 더불어 사는 것 그 자체를 성스러운 행위로—낮은 자들과 함께 할 때, 그 사람도 낮은 자 가운데 한 사람으로 받아들여지기 때문일 것이다—미화하는 것은 다소 문제가 있다.

두 번째 기사는 MRI 촬영을 이용한 어느 실험에 대한 것이다. 이 실험에 따르면, 사회에서 배제되었을 때 받게 되는 정신적 고통은 두뇌의 특정한 부위를 자극하는데, 그 위치가 육체적 통증을 느낄 때 반응하는 부분과 정확히 일치했다. 두뇌의 전두대피질과 우측 복부 전전두피질이 바로 그 부분이다(Eisenberger, Lieberman, and Williams 2003). 여기서 한 가지 짚고 넘어갈 점은 이 실험에서 고통이란 것이 평생을 가난하게 살거나 지속적으로 멸시당하면서 겪게 되는 진정한 의미의 사회적 배제에서 비롯된 것도 아니었다는 사실이다. 이 연구자들은 그저 컴퓨터 게임을 이용한 모의 실험 도중에 실험 대상자를 아주 조금 배제했을 뿐이었다. 컴퓨터 공놀이 게임에서 실험 대상자들은 가상의 경쟁자 두 명과 함께 게임을 시작한다. 하지만 얼마 지나지 않아 실험 대상자는 공놀이에서 배제된다. 이 실험은 이때 실험 대상자의 두뇌가 어떻게 반응하는지를 조사한 것이다. 이를 통해 공놀이에서 소외당하는 일처럼 아주 사소한 따돌림을 당했을 때에도 인간은 심한 정신적 고통을 느끼며, 그 고통은 육체적 통증을 느낄 때와 비슷한 수준임을 알 수 있었다.

세 번째는 유명한 언론인이 쓴 칼럼인데, 자신이 싫어하는 '부적절한' 영어 사용을 지적하고 있었다. 사람들의 문법, 어휘, 억양은 종종 개인의 사회적 지위와 학력을 가늠하는 잣대가 되며, 사회적 표식으로서 수치심과 당혹감을 불러일으키는 원천이 되기도 한다. 그래서 "당신의 영어가 부끄럽지는 않으십니까?"라면서 영어 실력 개선을 돕는다는 강좌를 홍보하는 광고가 넘쳐나며, 하층 계급의 말투가 사람들에게 끊임없이 우스꽝스럽게 패러디된다.

평등과 불평등에 대한 많은 논의들이 평등 자체보다는 기회의 평등을 지향해야 한다고 주장한다. 물론 기회의 평등이 누군가에게는 더 나은 결과를 가져다줄 수 있겠지만 최선의 대안은 아니다. 사회 구조 전체가 바뀌지 않는 한, 결국 다른 누군가에게는 열등한 지위가 돌아갈 수밖에 없기 때문이다. 이는 어떤 사람의 일자리를 빼앗아 다른 사람에게 주는 방식으로 누군가의 구직을 돕고서는, 그것이 실업으로 인한 사회 전체의 불행을 줄였다고 믿는 것과 크게 다르지 않다. 이때 실제 실업률은 변하지 않고 여전히 그대로일 뿐이다. 당신의 가난이 기회의 평등이라는 공평한 과정의 결과라는 사실을 안다고 해서 마음이 편해지는 것은 아니며, 그 때문에 오히려 가난한 사람들에 대한 사회적 낙인이 강화되고 배제의 고통은 전혀 줄어들지 못할 것이다. 기회의 평등을 결과의 평등으로 대체하려 하는 정치적인 시도들도 사회 문제의 원인을 진지하게 고민하지 못했다. 이들은 사회적 분석의 부족함을 숨기기 위해 공평함이라는 추상적 개념을 남발했을 뿐 아니라, 결과의 평등에만 집중한 나머지 아이의 양육 과정, 사회적 차별의 과정, 특권의 세습 등으로 불평등이 재생산되는 과정을 간과했다.

소득 불평등이 심한 사회에서는 지위에 대한 고려가 사회적 관계를 지배하는 경향이 분명히 있다. 사회적 서열, 우월함, 열등함의 문제에 의해, 그리고 한편으로는 상류층과 유명 인사들을 향한 숭배와 다른 한편으로는 사회적 배제, 편견, 차별로 인해 사회적 관계가 변질되기 마련이다. 우리는 지금까지 여러 자료를 통해 불평등의 증가가, 사회적 관계의 질이 나빠지는 것, 열등하다는 오명을 거부하는 사람들의 폭력이 증가하는 것, 건강에 나쁜 영향을 미치는 스트레스의 영향이 증가하는 것, 낮은 신뢰 수준 등과 밀접한 관계가 있다는 사실을 확인했다. 사회적 압박이 우리 모두의 삶을 옥죄고 있는 것이다. 불평등이 심해지고 사회적 지위가 점점 중요해지면서 사람들은 어쩔 수 없이 자신의 서열과 성과에 신경을 쓰게 된다.

직업·지위·학력·소득이 좀 더 중요해지고, 스스로 자신감을 갖지 못할 때 대인 관계는 더욱 괴로운 일이 되며, 다른 사람들이 자신을 어떻게 평가하는지에 대한 두려움과 염려에 더 많이 시달리게 된다.

지금까지 살펴보았듯이, 현대 사회가 맞이하고 있는 핵심적인 문제—우리 모두의 건강, 행복, 삶의 질에 영향을 미치는—는 사회적 관계의 질이다. 사회적 관계는 물질적 토대 위에 세워진다. 그 구조의 깊은 심리학은, 희소 자원에 접근하기 위한 갈등과 같은 홉스적 난제를 사람들이 어떻게 해결하는가라는 진화론적 중요성으로 거슬러 올라간다. 동일한 종의 구성원들이 비슷한 욕구를 가진다는 것은 같은 종 안에서 특정한 자원을 놓고 경쟁하거나 갈등할 가능성도 높다는 것을 의미한다. 인간 사회들이 이런 문제를 어떻게 처리하는지에 따라 사회 구조의 기반이 형성된다. 갈등을 해결하는 방식은 '힘이 곧 정의'라고 보는 전략과, 협력해서 문제를 해결하는 전략을 양극단으로 하는 연속선 위 어느 지점에서 선택된다. 전자의 전략을 사용하는 사회에서 분배의 불평등은 곧 권력의 차이를 반영하며, 후자의 전략은 분배의 평등에 좀 더 가까운 사회에서 선택된다. 연속선의 한쪽 끝에는 전제적 위계질서가 있고, 다른 한쪽 끝에는 선사시대 사회처럼 식량을 공유하고 선물을 교환하는 평등한 체계가 있다. 현대의 모든 사회는 물론 이 양극단 사이 어딘가에 존재하고 있을 것이다.

우리가 이 문제와 어떤 관계가 있는지를 이해하는 데 있어 중요한 것은, 적어도 포유류가 진화하는 전체 과정에서 인간이 이 문제와 씨름하면서 살아왔다는 점이다. 인간은 자기가 속해 있는 사회의 성격에 적응하기 위해 그에 맞는 다양한 사회전략과 대응 방법을 선택했다. 희소 자원의 배분이 권력에 의해 결정되고, 약자가 차례를 기다리는 동안 강자들이 배를 채우는 사회가 있다고 치자. 이런 사회에서는 하층 차별이나 편견처럼 자기의 우월감을 표출하려는 다양한 지배 행동이 판을 칠 것이다. 그리고 그 안에서 남성과 여성의 재생산과 관련된 다양한 성적 전략들이 사용될 것이다.

한편, 자원이 위계에 따라 배분되지 않는 체계는 협력을 통해 서로 이익을 얻고, 불평등과 위계질서에 내재해 있는 갈등의 사회적 비용을 줄이려고 노력한다. 협력을 중시하는 사회에 살 때 인간은 호혜, 신뢰, 공정의 원리, 상호원조, 타인의 감정에 대한 공감처럼 좀 더 사회적인 전략들을 수행할 수 있다. 평등한 사회에서 사람들은 타인에게 인정과 존중을 받고 싶은 욕구를, 돈과 지위보다는 사회적 자원을 통해 실현한다. 사람들과의 관계에서 자신이 가치 있다는 것, 다른 사람을 위해 무엇을 할 수 있다는 것을 알게 되기 때문이다. 이처럼 협력의 전략은 지배 행동을 제한하고 그 대신 좀 더 사회적인 분배 체계로 바꾸는 것을 목표로 한다.

다른 영장류와 마찬가지로 모든 인류 사회는 정도는 다르지만 지배의 전략과 친화의 전략 모두를 사용한다. 즉 지배 행위와, 개인들 간에 호혜로 결속된 협력적 연합은 공존한다. 진화를 통해 대부분의 영장류는 맥락에 따라 두 가지 사회 전략을 사용할 수 있게 되었던 것이다. 어떤 동물에게 친화의 전략은 단지 가까운 친족, 동맹관계, 그리고 지위를 높이기 위해 함께 투쟁하는 협력집단 안에서만 사용된다. 반면 어떤 동물들은 전반적으로 지배나 위협보다는 협력이나 털 고르기를 활용한다. 여기서 중요한 것은, 인류가 다른 영장류와 마찬가지로 두 가지 전략을 모두 구사한다는 것이 아니라, 두 전략의 균형이 사회마다 시대마다 크게 다르다는 점이다. 어떤 전략이 우세한가에 따라 사회적 관계의 전반적인 구조도 달라지며, 인간 본성이 표현되는 방식도 변한다. 이 장에서 나는 지배의 전략과 친화 전략의 균형, 그리고 인간성이 표현되는 방식을 결정하는 환경적 요인들이 무엇인지를 살펴볼 것이다.

사회적 과정은 그 안에 깊이 내재된 논리나 언어를 반영하는데, 이 논리나 언어를 통해 물질적 관계―분배와 교환 체계―가 사회적 관계로 바뀌고, 사회적 관계가 물질적 관계로 바뀌는 것이다. 물질적 관계는 반드시 그에 상응하는 사회적 관계를 의미한다. 예를 들어 선물은 우정을 뜻하며, 시장 교환에는 판매자와 구매자의 이익이 서로 다르다는 것을 의미한다. 또한 뇌물은 선물이 부채감을 일으킨다는 심리적 효과를 이용한 것이다. 이처럼 물질적 관계는 강력한 사회적·심리적 의미를 내포하고 있다. 그것은 물질적 관계가 조직되는 방식이 인간의 원초적인 정신구조와 맞닿아 있기 때문이다. 인간의 정신구조는 희소 자원을 두고 서로 갈등해야 하는 상황에서든, 협력해서 이득을 얻을 수 있는 상황에서든 인류가 함께 살아갈 수 있는 가장 알맞은 방법들을 선택할 수 있도록 연마되어 왔다.

이 책을 둘러보면 이런 과정이 작동하고 있다는 증거가 우리 사회에 얼마나 많은지 놀라게 될 것이다. 사회의 신뢰 수준을 측정하기 위해 자주 사용되고 있는―그리고 미국의 일반 사회 조사에도 들어 있는―질문 하나를 일례로 들어 보자. 사람들에게 "모든 사람이 기회가 된다면 당신을 이용하려고 들 것이다"라는 명제에 찬성하는지 반대하는지 물었다. 이때 물질적으로 불평등한 국가들과 지역들에서 신뢰 수준이 상당히 낮게 나타난다는 사실을 알 수 있었다(〈그림 2-1〉과 〈그림 2-2〉 참고). 누군가를 신뢰한다는 것은 그 사람이 나를 속여서 권력과 기회를 얻을 수 있다고 해도 그렇게 하지 않을 것이라고 믿는 것이다. 사리사욕을 위해 힘을 행사하는 데 반대하고 그것을 제한하는 원리를 기반으로 사회관계가 이루어질 때에만 우리는 누군가를 신뢰할 수 있다. 탐욕은 불평등이 심해졌거나 사회적 지위에 대한 열망이 증가했을 때에도 생기지만, 우리가 타인과 어떻게 관계 맺고 있는가를 이해하는 방식에 따라서도 변한다. 미국에서 불평등한 주일 수록 사람들은 자신이 적어도 주먹다짐 정도는 잘할 수 있다고 대답했다(〈그림 7-1〉).

동물의 세계를 관찰했을 때 '힘이 곧 정의'라는 명제가 통하지 **않는** 관계는 오직 호혜·상호성·공평을 바탕으로 하는 협력적 동맹관계뿐이었다. 공평함fairness의 가장 단순한 개념이며, 현대 인간 사회의 친분관계에서도 그렇지만 선사시대에서도 지배적이었던 것은 바로 평등이다. 선사시대의 인류나 현대인의 친분관계를 살펴보면 우정과 호혜는 평등과 가장 잘 맞는다는 증거가 상당히 많다. 최근 한 실험은 몇몇 원숭이류도 공평함을 강하게 인식하고 있으며, 실제로 그것이 평등을 의미한다고 밝혔다(Brosnan and Waal 2003). 영장류와 인류는 어떻게 평등에 대한 감각을 공유하고 있을까? 단지 인류의 심리에는, 진화론에 따르면 조상일지도 모르는 영장류의 유산이 남아 있다고 설명하는 것만으로는 부족하다. 물질적 관계와 사회적 관계를 연결하는 강력한 **상황논리**situational logic가 존재하는 것이다.

불평등이 심한 사회일수록 살인율과 폭력이 높게 나타난다는 사실을 의심하는 사람은 많지 않을 것이다. 그동안의 연구들은 불평등의 작은 차이가 사회적·행동적 반향을 일으킬 수 있다는 사실을 분명하게 보여 준다. 로버트 퍼트남의 저작을 비롯해 수많은 저서가 불평등이 심한 사회에서는 사람들이 공동체 생활에 참여하지 않으며 서로에 대한 신뢰가 낮다는 사실을 검증해 냈다. 한 사회의 전체 인구 수준에서 사망률, 특히 영아와 성인의 사망률이 불평등과 관계가 있다는 증거도 많다.

지금까지 살펴보았듯이 사람들이 사회적 위계와 친분관계, 어린 시절의 경험에 민감하다는 사실은 폭넓게 받아들여지고 있으며, 연구를 통해 되풀이해서 검증된 바 있다. 사회역학 분야에서도, 풍요로운 사회를 사는 사람들의 건강에 영향을 미치는 가장 중요한 심리사회적 요인들로 이런 요소들을 꼽았다는 점은 놀라운 일이다. 그것은 이런 요인들이 현대 사회에서 만성 스트레스를 일으키는 가장 강력한 원천임을 의미한다.

그런데 왜 그런가? 그것은, 우리가 다른 사람들의 시선을 중요하게 생각하기 때문이다. 사람들은 무시당하기보다 가치 있는 사람으로 평가받기를 원한다. 사회적 배제나 열등하다는 평가는 고통스러운 일이다. 이런 경험의 충격은 금방 지나가는 것도 아니고 당사자가 쓸데없이 민감하기 때문도 아니다. 그것은 이후에도 개인들에게 지속적으로 영향을 미친다.

자유, 평등, 우애

자유, 평등, 우애를 서로 연관시키는 것은 별로 새로운 관점이 아니다. 이는 한때 당연하고 명료한 진리였다. 불평등이 사회적 불화를 가져올 수 있다는 점은 언제나 잘 알려져 있는 사실이었으며, 최근 사회역학 분야에서 우리의 관심을 끌고 있는 사회적 환경이라는 측면도 그전부터 자주 정치적 관심의 초점이 되어 왔던 것들이다. 그것은 프랑스혁명에서 내세웠던 '자유, 평등, 우애'라는 요구에서 가장 분명하게 표현되었으며, 지금도 프랑스 유로화에 새겨져 있다.

여기에서 말하는 자유liberty는 현대 시장 민주주의에서 소비자의 선택의 자유freedom와는 다르다. 자유는 왕, 봉건 지주, 지방 지주 귀족들의 무자비한 권력에 종속되지 않는 상태를 의미했다. 이런 무자비한 세습 권력을 전복시키는 것이 바로 혁명이었으며, 자유는 그들에게 종속되거나 지배당하지 않는 상태를 의미했다. 이런 자유는 물론 미국헌법에서도 중요한 개념이며, 토크빌보다도 먼저 미국의 자유를 지주 귀족의 지배로부터의 자유라고 보았던 톰 페인의 저작에서도 근본 개념으로 사용되고 있다.

따라서 자유의 개념은 사회적 지위 격차의 정도, 종속과 사회적 열등감 및 지배를 피하고자 하는 욕구와 밀접한 관련이 있다. 안타까운 것은 한때 '자유의 땅'이라고 불렸던 미국이 오늘날에는 불평등과, 그것이 가져온 사회적 긴장 때문에 어떤 선진국보다도 심각하게 오염되어 있다는 점이다.

우애fraternity는 우리의 관심을 사회적 관계의 질로 돌린다. 과거에 형제애라는 뜻으로 사용되었던 우애라는 표현은 이제 좀 더 젠더 중립적인 단어를 사용할 필요가 있겠지만, 어쨌든 우애 또한, 건강에 대한 문헌들에서도 반복적으로 등장하는 우정이나 사회적 네트워크, 사회적 관계의 질을 중요하게 여긴다. 우애는 사회연대의 가능성, 다시 말해 더 호의적이고 상호 지지적인 사회관계가 가능하다는 믿음을 이야기한다. 이는 불평등하고 분열된 사회의 위계적 관계와 대조된다.

평등은 이 책에서 보여 주고 있듯이 자유와 우애의 전제 조건이다. 소득과 사회적 지위에서 격차가 심해지면 하층 계급들은 상대적 박탈감을 비롯해 다양한 고통을 겪게 된다. 자유는 열등하게 취급받고 싶지 않다는 인간의 욕망에서 출발하기 때문에 불평등으로 가장 심각하게 손상된다. 또한 불평등 때문에 발생하는 위계적인 관계는 우정이나 공동체 생활을 불가능하게 한다. 따라서 평등은 우애의 필수 요건이기도 하다.

건강에 나쁜 영향을 미치는 심리사회적 요인들이 무엇인지에 관심을 갖는 사회역학적 연구들은, 한때 사람들이 인간의 행복과 삶의 질을 위해 가장 중요하다고 생각했던 사회적 환경이 무엇인지 재발견하고 있다. 우리의 발견이 한때 인류가 알고 있었던 사실임을 깨닫는 것은 기쁜 일이지만, 이를 재발견한다는 것 자체가, 과거에 인류가 직관적으로 느끼던 진실을 지금은 알아차리지 못하게 되었기 때문이라는 점도 잊어서는 안 된다. 자유, 평등, 우애의 연관성을 직관적으로 이해한 사례를 보기 위해서는 앞에서 인용했던 토크빌의 설명을 보면 된다. 프랑스혁명가들도 비슷한 이해를 갖고 있었던 것 같으며, 기독교 사회주의자들을 포함해서 마르크스가 '공상적'이라고 불렀던 초기 사회주의자들도 마찬가지였다.

변화가 가능하다는 희망을 가질 때마다 사람들은 자유, 평등, 우애의 연관이 얼마나 중요한지를 생각해 냈다. 마치 평등한 선사시대에 대한 어떤 원초적 기억이 존재하는 것처럼, 마치 인간의 도덕적 가치와 일치하는 '삶의 올바른 길'이 있는 것처럼, 공평함과 평등의 세계는 인류의 사회적 열망이 지향해 온 사라지지 않는 이상이었으며, 타인을 단순히 자신의 목적을 위해 착취해야 하는 자연의 일부로 여기기보다 서로 존중하는 그런 세계였다.

개인적인 직관에서 공적인 각성으로

언제부턴가 인류는 이런 사회적 가치들에 관한 직관적 통찰력을 잃어버렸다. 이제 이를 재발견하려는 연구들이 진행되고 있으며, 인간의 사회성의 주요 동학에 대한 최초의 과학적 밑그림을 그리고 있다. 개인적인 직관에서 시작된 이 그림은 이제 데이터, 사실, 수치, 도표를 통해 좀 더 분명하게 확인할 수 있게 되었다. 이는 인간의 사회적 본성 및 우리가 어떤 사회를 만들어 가야 하는가에 대한 자각과 공적인 논쟁을 불러일으켰다. 방대한 자료와 연구 덕분에 전보다 훨씬 개방적이고 공적으로 이 논쟁을 다룰 수 있게 된 것이다. 다시 말해 더 이상 사람들마다 다른 개인적 직관들 간의 논쟁이 아니게 된 것이다.

선진국에서 건강, 행복, 복지의 평균수준은 이제 1인당 국민소득에만 좌우되지 않는다. 오히려 최근에는 개별 국가 내부에서 사회 구성원들의 건강, 행복, 복지의 수준은 사회경제적 지위에 따라 달라지고 있다. 아마도 이런 사실이 현대 사회가 겪고 있는 다양한 사회 문제들을 상대 소득과 사회경제적 지위의 맥락에서 이해해야 하는 명백한 이유가 될 것이다. 거의 모든 사회 문제와 마찬가지로 건강 악화, 불행, 낮은 수준의 복지는 지위가 낮은 사람들에게 흔하게 나타나며 빈곤 지역에 집중되어 있다.

〈그림 9-1〉은 1950~2002년에 미국의 1인당 국내총생산GDP과 실질진보지표GPI로 복지의 수준을 측정·비교한 것이다. 이 기간에 GDP는 뚜렷하게 증가하고 있지만 GPI는 눈에 띄게 개선되지 않았다. GPI는 GDP에서 자동차 사고, 환경오염, 통근처럼 생활방식 때문에 생기는 사회적·환경적·경제적 비용을 빼고, 여기에 다시 양육·가사노동처럼 GDP가 간

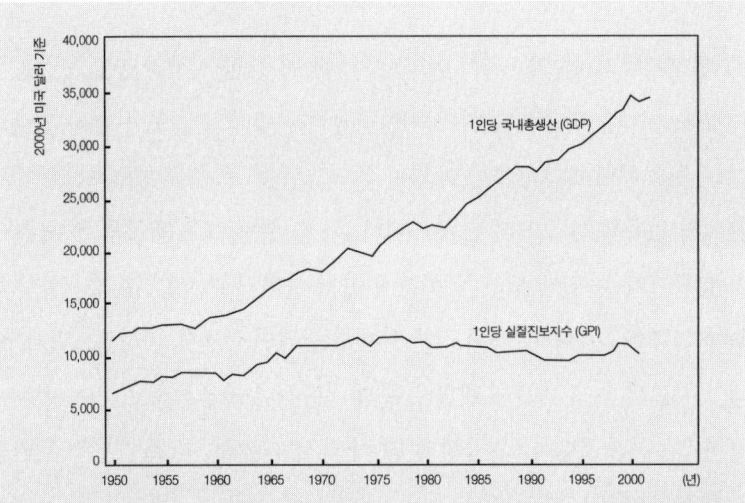

그림9-1 1인당 국내총생산과 1인당 실질진보지표 (대상: 미국, 1950~2002년)

실질진보지표는 국민총생산에서 사회에 해악을 끼친 사회적·경제적·환경적 비용을 제외하고, 양육·가사와 같이 국민총생산이 고려하지 않은 생산과 이득을 더해서 만든 지수다.

자료: J. Venetoulis and C. Cobb, "The Genuine Progress Indicator 1950-2002," http://www.redefiningprogress.org/publications/gpi_march2004update.pdf.

과하고 있는 유익한 행위가 주는 이득을 더해서 만든 지표다(Venetoulis et al. 2004). 포드햄 연구소의 사회 건강에 관한 지표(Mirgingoff, Miringoff, and Opdycke 1999)나 지속 가능한 경제 복지 지표(ISEW)(Daly and Cobb 1990; Jackson and Marks 1994)처럼 복지에 관한 다른 측정법을 통해서도 이와 비슷한 결과가 나왔다. 1인당 GDP가 급속하게 증가했음에도 이 모든 복지 관련 지표들은 거의 변하지 않았던 것이다. 심지어 행복과 같이 전적으로 주관적인 감정을 측정했을 때조차도 결과는 비슷하다(Frank 1990). 훨씬 못사는 국가들에서는 행복 지수가 경제 성장과 함께 증가하지만 부유한 국가들에서 행복 지수는 다시 완만해진다. 이는 기대 수명의 그래프 모양과 비슷하다(〈그림 3-1〉 참고). 로버트 프랭크의 지적처럼, "면밀한 조사를 거친 연구들에 따르면, 한 국가의 평균 행복 지수는 소득 수준이 일정한 수준을 넘어서면 평균 소득 수준이 증가해도 좀처럼 올라가지 않았다. …… 평균적인 행복 지수는 절대 소득이 몇 배가량 증가해도 거의 그대로였다"(Frank 1999, 111). 그러나 부유한 국가의 내부를 들여다보면, 다른 사람들보다 사회적 지위가 상대적으로 높을수록 행복 지수가 높게 나타나는 현상을 발견할 수 있다. 다시 프랭크의 용어로 말하자면, "한 국가 **내부에서** 소득 수준에 따라 행복 지수가 어떻게 변하는지"를 분석해 보면, "상대적으로 부유한 사람들이 상대적으로 가난한 사람들보다 자신의 삶을 만족스러워한다는 일관된 결과"가 나왔다(Frank 1999, 112). 요컨대, 사회가 부유해질수록 행복과 복지의 수준은 절대 소득보다 상대 소득과 사회적 지위의 영향을 크게 받는다.

사회적 변환

인류는 지난 몇 세대 동안 유례없이 거대한 사회적 변환을 겪었다. 나는 1장에서 증조할머니의 무릎에 앉아 있는 어머니의 어린 시절 사진에 대해 이야기했다. 1826년부터 지금까지 이 두 여인이 살아오는 동안 어떤 사회적 변화들이 얼마나 빠르게 일어났는지도 기술했다. 현재의 변화 속도는 그때와 비교할 수 없을 정도로 빠르며, 이와 동시에 현대인의 미래는 전체적으로 위기에 직면하고 있다.

　몇 세대에 걸쳐 생활수준이 개선되고 경제가 성장하면서 인류는 불평등의 원인이었던 희소성에서 벗어날 수 있었고, 과거의 사회 구조와 패턴은 붕괴되었다. 하지만 자원이 부족하지 않은 탈희소성의 사회에 걸맞게 새로운 사회 가치와 체계를 우리는 아직 찾아내지 못했다. 민주주의의 태동에서부터 노예제의 폐지에 이르는 인류의 역사는, 분명히 더 평등하고 열린 사회를 향해 나아가고 있는 듯하다. 사회 조직과 실천들에서 인본주의가 확산되고 있는 경향도 이런 흐름의 일부다. 때때로 뉴스의 머리기사를 장식하는 잔인한 사건들이 간담을 서늘하게 하기도 하고 시대착오적으로 보이기도 하지만, 선진국들에서 인본주의적 윤리가 확산되고 있다는 사실은 명백하다. 아이들에게 체벌을 가하는 일이 학교만이 아니라 가정에서도 줄어들고 있고, 극형이 폐지되는 것이 일반적인 추세라는 사실에서도 이를 확인할 수 있다. 인종에 대한 편견도 여전하지만 적어도 인종주의는 더 이상 학계의 지지를 받지 못하게 되었다. 사회 보장, 무상의료보호, 교육제도를 포함한 복지 국가의 발전을 통해서도 이런 흐름은 명백하게 드러난다.

　물론 그간의 실패들과, 앞으로 얼마나 긴 여정이 남아 있는지를 염두에 두어야 하지만, 타인과 공감할 수 있는 인간의 감성적 능력이 점차 확장되고 있다는 사실을 인식하는 것도 매우 중요하다. 한때 사람들은 자신과 가깝고 친밀한 사람을 제외한 다른 사람들의 고통에 그리 영향을 받지 않았다. 하지만 오늘날 도덕적 세계의 영토는 점차 확대되어, 상대와 나를 동일시할 수 있는 인간의 성품은 가족에서부터 같은 계급으로, 같은 계급에서부터 같은 국민으로, 그리고 이제는 인류 대부분에까지 이른다.

몇 세대 전까지만 해도 고문은 어떤 도덕적 비난도 받지 않았다. 오히려 불법 행위자에 대한 정당한 조치로 인정되었다. 군중들은 '마녀'가 산 채로 화형을 당하고 죄인이 참수되는 모습을 구경하려고 모여들었다. 하지만 오늘날에는 동물 학대를 금지하는 법안이 대중적으로 지지를 얻고 있다. 과거는 이제 야만의 시대로 인식되고 있을 정도다. 물론 전쟁과 제3세계 빈곤 때문에 사람들이 죽어가고 있다는 점에서 인류의 행동은 다른 맥락에서 여전히 비판받아야 마땅하다. 하지만 많은 나라들의 군대가 평화 유지 전략을 지향하고 있으며, 국제단체들은 기아에 대항하기 위해 효과적인 방법들을 모색하고 있다. 물론 여전히 인간은 쉽게 잔혹해질 수 있다. 안전한 장소에 숨어서 공중전을 통해 여러 사람들을 대량으로 학살하고 불태울 수 있는 존재도 인간이다. 하지만 잔인한 육탄전 이후 군인들은 '외상 후 스트레스 장애'라는 전쟁의 유산을 오래도록 떠안게 된다. 어쨌든 죄수들이 채찍질을 당하고 이교도들이 고문과 화형을 당했을 때에 비하면 법률뿐만 아니라 인간의 감수성에도 엄청난 진보가 있었음을 부인할 수 없다. 인간은 분명 상대방의 고통을 좀 더 깊이 느낄 수 있게 되었다.

이와 동일하게 성적인 행위를 포함한 인간 생활의 다른 영역들에서도 근본적인 변화가 일어났다. 이제 사람들은 혼외정사, 여러 명의 성적 파트너, 동성애, 이혼, 공공장소에서의 성적 표현, 그리고 한때 타인의 시선을 피해 사적인 곳에서 행했던 일들에 대해 거리낌 없이 말하고 읽고 듣기 시작했다. 섹스는 사생활의 가장 내밀한 부분이었다. 때문에 이런 변화는 공적영역과 사적영역의 구별이 차츰 흐려지는 현상의 일부라고 할 수 있다.

많은 사람들이 이를 인간성의 갑작스러운 변화로 오해할지도 모르지만 사실 경제 발전은 이미 인간의 감성적 기질의 변화를 예견하고 있었다.

이는 선진국의 경제 발전의 역사를 살펴보아도 알 수 있고, 경제 발전과 감성적 기질의 변화가 서로 강력한 상관관계를 갖는다는 국가 간 비교 연구를 통해서도 이해할 수 있다. 경제 발전으로 물질적 생활에 숨통이 트이면, 종교적이고 도덕적인 사상과 마찬가지로 사회적 관계도 점차 유연해진다. 우리가 경제적 고통에서 벗어나게 되면, 다른 사람들이 그와 비슷한 고통을 당하고 있을 때 좀 더 민감하게 반응할 수 있게 되는 것이다. 어쩌면 현대인의 도덕적 세계가 전 지구적으로 확대된 이유는, 현대인이 실제로 생활을 영위하기 위해 의존해야 하는 사람들의 범위가 그만큼 넓어졌기 때문일지도 모른다. 또한 과거와 비해 우리가 좀 더 따뜻한 관심과 사랑을 받으며 자라게 되면서, 다른 사람의 일에 관심을 갖는 능력이 더 많이 길러진 것일지도 모른다.

그러나 지금처럼 지나치게 빠른 큰 폭의 변화는 많은 것을 위기에 빠뜨리기도 하며, 인류의 사회적 발전을 위태롭게 만들고 있다. 이제 인간성은 좁은 공간이 아니라 전 지구적인 상호 의존 속에서 형성된다. 따라서 전체 인류를 한데 묶어 주는 새로운 사회적 가치와 체계에 대해 고민하는 것이 무엇보다 중요하다. 우리가 우리 앞에 놓인 선택지들을 잘 활용하고 싶다면, 우선 인류 사회의 기반을 이루는 사회적 작용들이 무엇인지 좀 더 진득하게 성찰해 볼 필요가 있는 것이다.

시장과 함께 살아가기

앞에서 보았듯이 **사회적** 불평등은 꾸준히 개선되고 있는 추세다. 그러나 사회적 진보에 비해 소득 불평등은 거의 줄어들지 않고 있다. 그렇기 때문에 소득 불평등이 더 도드라져 보일지도 모른다. 여기서는 소득 불평등을 어떻게 해결할 수 있을지를 이야기하기에 앞서, 좀 더 친화적인 사회로 발전하지 못하게 하는 다른 장애물들을 언급하고 넘어가겠다. 현대 사회에서는 서로에 대한 물질적 상호 의존이, 전례가 없을 정도로 시장을 통해 이루어지고 있다. 시장에서 사람들은 판매자와 구매자의 이기적 욕구를 매개로 연결된다. 우리는 체면을 유지하고 가난 때문에 수모를 당하지 않기 위해 통장 계좌나 지갑에 들어 있는 재산과 소득에 의존하는데, 이때 어쩔 수 없이 다른 사람의 필요가 자신의 지위와 안정을 위협한다고 느끼게 된다. 품위의 기준이 점점 높아짐에 따라 이를 따라잡기 위해 개인 소득을 지출하는 것은 물론 신용 대출까지 받게 되는 압박감에 시달린다. 따라서 금전적으로 다른 사람을 도우면, 자기 자신의 사회적 지위를 유지하는 데 필요한 물질적 안정을 희생하는 것이라고 생각하게 된다.

그러나 실제로 인간의 생활을 뒷받침하는 **물질적** 과정과, 이를 관리하기 위해 사용되는 **재정적** 회계나 지불의 체계에는 심각한 격차가 있다. 쉽게 말해, 물질적 행위의 차원에서 보면 현대 사회를 사는 사람들은 그 어느 때보다 서로에게 의존하고 있다. 산업화 이전에 대부분의 사람들은 자급자족을 하는 농부였다. 가족들은 자신들이 소비하기 위해 농산물과 가축을 길렀다. 좀 더 과거로 거슬러 올라가 농경 사회에서도 마찬가지다. 이 당시에도 다른 사람들에게 구매하는 물건이 가내에서 생산되는 물건보다 훨씬 적었다. 하지만 경제가 발전하면서 그 비율은 가파르게 상승했다. 오늘날 우리는 필요한 모든 물건을 타인에게 얻고 있으며, 우리가 생산한 물건들도 타인에 의해 소비된다. 이런 물질적 교환과 상호 의존은 현대인의 삶에서 매우 커다란 부분을 차지하고 있고 지리적으로도 전 세계로 확대되어 있다. 이는 개인이 지구라는 초유기체superorganism 의 세포인 것처럼 느껴지게 할 정도다.

재정적 회계나 지불의 체계도 겉으로 봐서는 인류의 협력을 돈독히 하는 것처럼 보이지만 실제로는 그와 상당히 거리가 멀다. 시장은 '자기 이익'을, 자신의 지위를 높이기 위한 개인적 욕망으로 매우 협소하게 정의 내린다. 이렇듯 이익에 대해 협소한 관점을 가진 시장과 불평등이 결합하게 되면, 인간은 타인의 복지를 염려하며 그들과 연대하고자 하는 마음을 잃어버리고 덜 친화적인 방향으로 변한다. 자기 이익만을 중시하는 시장의 보상과 지불의 체계가 생산관계에서 협력을 진작시키지 못할 뿐 아니라 오히려 반사회적 행동을 부추길 때, 우리는 시장이 파괴하는 바로 그 사회적 동기에 대한 호소로 돌아갈 수밖에 없다. 제2장에서 살펴보았듯이, 시장과 불평등의 결합은 공공성을 파괴하며 타인을 단지 자신의 이득을 위해 이용할 수 있는 물질적 환경처럼 취급하게 만든다. 시장은 덜 사회적인—때때로 반사회적인—심리를 조장한다. 또한 협소하고 개인주의적인 이기심만을 강조하다 보면, 인간은 노동의 진정한 사회적 목적으로부터도 심각하게 소외된다. 이때 사람들은 시장과 임금노동에 대해 최소한의 의무만 수행하려고 하며 그 이상은 하지 않을 것이다.

우리는 지금까지 통계 자료를 통해 불평등이 어떻게 사회를 갉아먹는지 확인했다. 소득 불평등이 심할수록 사회는 더 심각하게 파괴된다. 로버트 프랭크(Frank 1999)와 줄리엣 쇼어(Schor 1998)가 주장했듯이, 선진국에서 소비가 더 중요해진 이유는 선진국에 사는 사람들이 사회적 지위를 유지하는 것에 더 관심이 많기 때문이다. 쇼어는 미국의 각 주를 대상으로 한 연구에서 소득 불평등이 심해질수록 저축률은 감소하고 부채는 늘어났다는 사실을 발견했다. 이는 소득 불평등이 심할수록 소비에 대한 사회적 압박이 증가한다는 뜻이다. 실제로 경제학자들은 사람들이 저축을 하는 정도는 절대 소득보다는 상대 소득과 밀접한 관련이 있다는 사실을 오래 전부터 알고 있었다. 현대 사회에서 사람들은 쉽게 지리적으로 이동할 수 있게 되었고, 따라서 서로 비교하기도 쉬워졌다. 때문에 다른 사람들보다 멋지게 보이기 위해 소비해야 한다는 압력은 현대 사회에서 더욱 증폭되고 있다. 소비에 대한 압력은 인간을 외부 자극에 점점 더 의존하게 하며, 친화적 상호 작용을 방해하는 사회적 비교와 평가에도 취약하게 만든다. 광고주들은 돈을 벌기 위해 이런 사회적 취약성을 활용하고 있는 것 같다. 현대인들은 상업광고가 조장하는 부당한 사회적 비교에 쉽게 사로잡힌다. 광고들은 '쇼핑 치료'로 위로받을 수 있다고 사람들을 부추기면서, 인간의 취약한 심리를 발판으로 삼아 성공을 거두고 있다. 그런 과정에서 인간들은 자신의 행동이 사회적으로 연관을 맺고 있다는 사실을 깨닫기보다는, 인간이 본래 물질주의적이며 이기적이라는 잘못된 해석을 맹신하고 있을 뿐이다. 이는 인류가 오해의 거미줄에 얼마나 단단히 사로잡혀 있는지를 보여 주는 비극이다.

하지만 시장의 역할은 여전히 인간의 삶에서 불가피하다. 이는 동유럽과 소련이 1989~90년에 시장자본주의로 전환하는 뼈아픈 경험을 겪기 이전에도 이미 공산주의나 국가자본주의의 중앙 계획 경제가 실패를 거듭하면서 깨달은 교훈이기도 하다. 그렇다면 인류는 시장의 부작용을 수정하기 위해 무엇을 할 수 있을까? 우선 의료보험, 교육, 공공 교통과 같은 부문을 시장메커니즘에서 분리시킬 수 있을 것이다. 또한 최저임금제나 촘촘한 사회 보장체계처럼 사람들에게 적정한 소득을 보장하는 대책들을 마련할 수도 있다. 사람들이 영리를 목적으로 타인을 착취하는 수준을 제한할 수 있으며, 광고의 사회적 위험을 줄일 수도 있다.

삶의 거의 모든 영역에서 현대 생산 체계는 너무나 복잡해, 이윤을 얻기 위해 사고파는 매매 과정이 없다면 조정이나 통합이 어려울 것이다. 판매자와 구매자의 대립, 개인 소득에 대한 의존이 가져온 불안정에도 불구하고, 공급과 수요를 조절하는 가격체계는 모든 희소 자원을 배분하기 위한 조절·신호 체계로서 여전히 중요한 정보를 갖고 있다.

소득 격차를 좁히고 사회적 연계망을 촘촘하게 짤 수만 있다면, 시장은 더 이상 우리의 삶에 가혹한 폭압으로 작용하진 않을 것이다. 그렇게만 되면 개인과 사회가 이익을 앞에 두고 벌이는 갈등이 지금처럼 첨예하지도 않을 것이며, 신과 맘몬[Mammon, 부와 물욕의 신—옮긴이]이 지금처럼 동떨어져 있지도 않을 것이다. 덜 위계적인, 그리고 좀 더 포용적이며, 평등하고 민주적인 가치를 갖는 사회적 환경에서, 사람들은 더 이상 시장에 압도되지 않을 것이다. 시장은 앞으로도 우리 생활의 많은 영역을 조절하는 역할을 하겠지만, 시장 논리를 부채질하고 시장을 지긋지긋한 감독관으로 만드는 불평등의 힘을 억제할 수 있다면, 우리는 시장의 마수로부터 어느 정도는 해방될 수 있다.

정치적 좌파들은 시장에 대항할 만한 실현 가능한 대안이 있다는 신념을 잃게 되면서 심각한 타격을 받았다. 이들은 이제 자본주의에 대항하는 어떤 대안도 없고, 마치 정의롭고 친화적인 세계를 향한 열망이 폐기 처분 되기라도 했다는 듯이 과거의 신념으로부터 등을 돌리고 있다. 하지만 시장의 힘이 우리의 삶을 지배하고 사회적 파괴를 가속화시키는 것을 저지할 만한 대안은 우리 주변에 있다.

불평등 줄이기

어떻게 불평등을 줄일 수 있을까? 가장 중요한 것은 정치적인 의지다. 6장에서 논의했던 것처럼, 1993년 세계은행이 발행한 한 보고서는 동남아 8개국에서 평등이 확대된 이유를 공산주의 진영이 경쟁자로 존재하는 상황에서 정당성의 위기를 극복하기 위해 정부들이 다양한 정책을 고안했기 때문이라고 설명했다. 이들 정부는 대중의 지지를 받기 위해 더 평등주의적인 정책들을 마련했다. 이와 비슷하게 2차 세계대전 기간에 영국 정부는 전쟁을 수행하기 위해 대중적인 협력을 이끌어 내고 국민들이 전쟁 부담을 똑같이 지고 있다는 느낌을 받도록 사회적 위계를 완화시키는 정책들을 시도했다. 19세기에 비스마르크도 독일 통일 계획에 대한 대중적 지지를 이끌어 내기 위해 많은 복지 정책을 개발했다. 이런 역사적 사례를 통해 정부가 실제로 그럴만한 능력이 있을 때라기보다는 정치적 의지를 발휘해야 하는 중대한 상황에 놓였을 때에 평등을 확대하는 정책들을 시도한다는 사실을 확인할 수 있었다.

현대 정부들은 경제활동의 거의 30~40%를 점유할 정도로 경제에 깊이 개입하고 있어 소득 분배에 영향을 미치지 않을 수 없다. 하지만 최근 몇십 년 동안 정부는 소득 격차를 늘리는 정책을 주로 실시해 왔고, 단지 소수의 정책만이 소득 격차를 줄이는 경향이 있을 뿐이다. 사실 조세정책, 사회 보장제도, 교육정책, 실업정책, 농업정책, 최저임금제, 공공 서비스, 그 밖에 많은 정책들이 소득 격차에 영향을 미칠 수 있다.

특히 좀 더 관용적인 사회 보장급여를 제공하기 위해 진보적인 조세정책을 도입하는 것이 소득 격차를 줄이는 가장 직접적인 방법일 것이다. 그러나 이런 시도들은 정치적 입장이 다른 정부가 집권하게 된다면 쉽게 무산되고 만다. 소득 분배를 개선하는 여타의 대책들은 한번 시행되면 바꾸기 어렵다고는 하지만, 퇴보하기는 여전히 쉽다. 뿐만 아니라 이런 정책들은 두 가지 단점을 가지고 있다. 첫째, 정부의 정책들은 위로부터 부과된다는 점이며, 둘째, 불평등의 뿌리 깊은 원인들을 제거하기에는 역부족이라는 점이다.

경제적 민주주의

따라서 여러 단기적인 전략을 사용하면서도 동시에 불평등의 문제를 장기적이고 근본적으로 해결할 수 있는 방법들을 고민해야 한다. 다음에 어떤 정부가 집권하든 간에 전략들이 쉽게 퇴보할 수 없도록 사회에 구조적인 변화를 일으킬 필요가 있는 것이다. 그중 하나는 시장과 융화될 수 있는 민주주의 체계를 경제적 생활의 영역까지 확대하는 방법이다. 지금까지 민주주의는 중앙정부나 지방 정부 수준의 선거 이상을 뛰어넘지 못했다. 우리가 일하는 대부분의 조직에서도 좀처럼 민주적 원리를 찾아볼 수 없다. 기술과 노력을 노동 시장에 판매할 때에 우리는 고용주에게 기술과 노력에 대한 자기통제력까지 양도한다. 그 결과 경제적 활동들은 민주주의에 대한 책임을 전혀 느끼지 않는 경제적 권력에 의해 통제되고 있다. 톰 페인처럼 미국혁명에 강력한 영향을 미쳤던 인물들은 지주귀족과 봉건 귀족의 권력을 통렬하게 비판했다. 하지만 비민주적이고 전제적인 권력이 제조업과 무역업에서 부활할 수 있다는 점을 미처 헤아리지 못했다. 물론 당시가 자본주의 초창기였기 때문에 이런 예측이 빗나간 것은 어느 정도 변명의 여지가 있다. 그러나 현재 우리를 둘러싸고 있는 권력과 부의 새로운 축적에 제대로 대응하지 못하고 있는 상황은 더 이상 용납해서는 안 될 것이다.

종업원 지주제와 같은 실험을 계속 추진해야 하며, 좀 더 민주적이고 평등한 방식을 찾아내야 한다. 원래 종업원 지주제는 노동자들에게 재정적 인센티브를 주면서 이들이 회사에 더욱 충성하도록 만들기 위해 고안된 체계였다. 하지만 노동자들이나 노동자들이 관리하는 트러스트가 회사주식의 50% 이상을 소유할 수만 있다면, 이들은 실제로 회사를 통제할 수 있는 위치에 오르게 된다. 노동자들은 그들이 원하는 규약을 도입할 수 있다. 예를 들어 기업을 협동조합으로 전환할 수 있으며, 지도자를 선출하거나 민주적인 정책을 마련하기 위해 정기적인 회의를 개최할 수도 있다. 그럴 경우 그들이 꿈꾸는 많은 사항들이 효력을 갖게 되며 실제로 작동하게 되는 것이다.

종업원 지주제와 같은 경제적 민주주의의 형태들은 노동자 스스로 임금 수준을 결정하고 이윤을 어떻게 분배할지 결정할 수 있게 해 주기 때문에 더욱 타당성을 갖는다. 또한 다행스럽게도 이런 민주적 체계들은 다른 경제적 행위들과 조화를 이룬다. 여전히 시장의 상당 부분을 유지하고자 하는 입장들과도 완벽하게 양립이 가능한 것이다.

미국의 경우, 종업원 지주제를 통해 1만 개의 회사에서 1,000만 명의 노동자들이 회사 주식의 평균 15~20%를 소유하게 되었다고 한다(Gates 1996). 영국에서 어떤 지방 정부들은 종업원 지주제를 도입하는 회사에게 세금 혜택을 제공하고 있으며, 노동자들이 자신의 직장을 통제할 수 있는 구조적 체계들을 실험하고 있다(Oakeshott 2000). 1998년에 이미 영국에서는 전체 노동자의 22%와 전체 회사의 15%가 종업원 지주제를 도입했다(Conyon and Freeman 2001).

물론 아직까지 대부분의 회사는 단지 노동자들에게 경제적 인센티브를 제공하기 위해서 종업원 지주제를 채택하고 있으며, 진정한 민주주의와 평등주의와는 별로 관계가 없다. 그러나 분명 종업원 지주제는 노동자들이 시장을 효과적으로 통제하는 이상적인 사회를 좀 더 앞당기고 있다. 종업원 지주제로 노동자들이 회사 주식의 15~20%를 차지하게 되면서, 노동자들이 (트러스트나 대부를 통해) 실제 회사 경영에서 권한을 행사할 수 있는 주식 소유의 수준인 51%를 확보할 가능성이 더 커졌다. 애초 종업원 지주제가 이윤을 극대화하고자 하는 의도로 출발했다 하더라도, 이런 사실이 종업원 지주제를 확대해 얻을 수 있는 또 다른 효과를 막지는 못한다.

종업원 지주제를 부분적으로만 도입한 기업의 사례들을 보면, 종업원 지주제를 선택하지 않았다면 경쟁사로 넘어갈 수 있었던 많은 기업이 재기에 성공했을 만큼 사업 성과도 충분히 컸다. 실제로 1980년대 후반부터

이 제도를 도입하는 기업이 급증하고 있다. 코니언M. J. Conyon과 프리먼R. B. Freeman은 종업원 지주제를 도입한 회사만이 아니라 '참여 관리'와 '이윤 분배'를 실시하고 있는 300개 영국 기업의 생산성을 조사했다(Conyon and Freeman 2001). 이들은 위와 같은 제도적 요소들이 기업의 생산성을 눈에 띄게 개선시켰다는 점을 발견했다. 또한 흥미롭게도 이 세 가지 제도를 모두 도입한 경우가 둘 중에 하나만 시행했을 때보다 생산성이 더욱 증진되는 경향이 있었다.

협동조합 중에서 가장 널리 알려진 사례는 단연 스페인 바스크 지역의 몬드라곤 협동조합일 것이다. 지난 반세기 동안 몬드라곤 협동조합은 사원 주주가 4만 명에 달하고 매출이 45억 달러에 달하는 120개 이상의 노동자 소유 협동조합 집단으로 성장했다. 몬드라곤 협동조합은 다른 스페인의 기업들보다 두 배 이상이나 높은 수익을 올리고 있으며, 노동생산성도 국내 최고 수준이다.

이런 평가 결과들을 보면 우리는 이제 민주적 제도들이 시장과 양립할 수 있는지를 묻기보다 오히려 다른 질문을 던져야 할 것 같다. 시장에서 활동하고 있는 이런 조직들이 시장 자본주의의 방향으로 다시 전환하지 않을 만큼 충분한 경제적 여유를 유지할 수 있을까? 혹시 자금 조달에 문제가 생기지는 않을까? 만약 협동조합이 자신의 이윤으로 충당할 수 있는 양보다 더 많은 투자 자본을 필요로 한다면, 주식을 발행해 자금을 확보하기보다는 낮은 이자율로 돈을 빌려줄 수 있는 금융기관이나 은행들을 찾아야 한다.

종업원이 소유하고 통제하는 기업이란, 그 기업의 이윤에만 관심을 가질 뿐 그 기업 자체에 대해 잘 알지도 못하고 관심도 없는 외부의 주주에게서 그 통제권을 종업원, 즉 기업과 가장 밀접한 관계가 있는 사람들에게 이전한 것이다. 그러나 이런 변화가 실제로 사람들의 삶에, 사회적 관계에, 그리고 현대 사회의 위계구조에 있어 어떤 차이를 만들어 낼 수 있을까? 우선 이런 체계에서는 임금의 차이가 민주적으로 통제된다. 물론 노동자들은 여전히 기업의 최고경영자를 선출할 수 있고, 자신들의 월급보다 몇 배나 많은 임금을 최고경영자에게 지급할 수 있다. 그러나 이들은 최근 흔히 그러듯이 최고경영자가 자신들의 임금보다 수십 배에서 수백 배에 달하는 소득을 받아가도록 용인하지는 않을 것이다. 최고경영자가 얼마를 받든, 그것은 실제로 그 사람의 역할이나 성과에 대한 상세한 정보를 기준으로 할 것이다. 지금처럼 엄청난 소득 격차가 당연한 것처럼 받아들여지고 있는 사회에서도 민주적 직장을 다니는 노동자들은 상대적으로 적은 임금 격차를 선호하며 이에 맞는 제도를 만들기 위해 노력하고 있다. 이들은 소득의 차이는 단순히 추상적인 의미에서가 아니라, 실제로 그 사람이 하는 일에 대해 동료 노동자들이 알고 있는 바에 따라 정당하고 공평하면 된다고 생각할 것이다. 이처럼 직접적이고 지역적이며 민주적인 통제 아래에서 임금이 결정된다면, 차기 정권에 누가 들어서든 이를 조세나 복지 급여 다루듯이 그렇게 쉽게 바꾸지는 못할 것이다.

만약 수많은 노동자 소유 기업이 점점 지배적인 조직 형태가 된다면, 사회의 가치가 변화함에 따라 임금 격차도 줄어들 것이다. 개인이 업무에서 중요하게 기여하고 헌신했을 때, 그는 (재정적으로라기보다) 다른 노동자들의 존경, 인정, 감사의 표현과 같은 형식의 사회적 보상을 받게 될 것이다. 만약 언젠가 노동자들이 소유하거나 관리하는 기업의 숫자가 전체 기업에서 차지하는 비율이 훨씬 늘어나게 된다면, 부자가 불로소득을 얻게 되는 기회도 그만큼 줄어들 것이다. 그러니까 노동자들이 기업 주식을 소유하는 비중이 커질수록 노동자들의 노동가치가 타인에게 불로소득의 형태로 빠져나가는 일을 막을 수 있을 것이다. 인류의 1%가 법인 재산의 50%를 독식하고 있는 현재 상황에서 노동자들이 기업을 소유하는 제도는 재산을 재분배하는 매우 훌륭한 방법이다.

노동과 경제조직을 민주적 책임성 아래에 두게 되면, 이 외에도 다른 중요한 이득을 얻을 수 있다. 그것은 노동자의 지위를 변화시킨다. 노동자들은 더 이상 단순히 타인의 목표를 위한 도구나 수단이 아니다. 노동자들은 자기 삶의 중요한 부분에 대한 통제력을 판 대가로 임금을 받고 자본가의 권력에 종속되는 교환 방식에서 벗어나 정치적으로 동등하고 민주적으로 통제되는 공동체의 한 부분으로서 협력하면서 일하는 사람이 된다. 그렇게 해서, 노동은 선출되지도 않았고 책임의 의무도 없는 고용주에게 종속되는 것이 아니라, 사회적 목적을 표현하는 것이 될 수 있다.

이런 변화들은 인간의 해방을 향한 중요한 발걸음이다. 다만 이런 방향으로 좀 더 전진하지 못하는 것이 그저 부끄러울 뿐이다. 우리는 직장인들의 건강 상태를 조사하면서 노동자들이 자신의 노동에 통제권을 가질 수 있을 때 건강하다(사망률이 낮다)는 사실을 확인할 수 있었다(Bosam et al. 1997). 이 분야의 선구자인 테오렐은 노동자들이 자기 업무에 영향을 미치는 사안을 스스로 결정할 수 있을 때에야 비로소, 업무에 대한 통제력이 가져다주는 건강상의 이점을 누릴 수 있다고 주장했다(Teorell 2004). (우리 연구진은 노동자가 기업을 100% 인수했을 때, 그것이 노동자에게 미치는 건강상의 혜택이 무엇인지 평가하는 작업을 진행하고 있다.) 이처럼 자신의 노동이 사회적으로나 금전적으로 충분히 보상받지 못한다고 느낄 때 건강이 악화된다는 연구 결과에 대해, 좀 더 민주적인 형태의 노동조직은 최선의 대답이 될 수 있을 것이다(Kiviäki et al. 2002).

생산성 향상 말고도, 협동조합이 어떤 이득을 줄 수 있을지를 조사한 연구도 많다. 그 중 한 연구는 협동조합에서 일하는 노동자의 비율이 서로 다른 이탈리아의 세 지역을 대상으로 실시되었다(Erdal 2004). 연구 대상이 되는 지역 가운데 한 지역에서는 경제 활동 인구의 25%가 협동조합에서 일하고 있었고, 다른 지역은 13%가, 마지막 지역에는 전혀 없었다(지역 전체 인구는 5만 명에서 80만 명으로 다양했다). 이 지역들의 전체 인구를 대상으로 한 일반 조사에 따르면 협동조합 노동자가 많은 지역이 소득 격차도 적은 것으로 나타났다. 또한 이런 지역이 사망률도 낮고, 사회적 연결망이 촘촘하며, 가정 폭력의 빈도도 낮고, 학령기 아동들의 학업 성취도도 높았다.

노동자 소유 기업과 협동조합을 설립하는 방식, 그리고 민주적 규칙들이 작동하는 방식에는 분명 중요한 시도들이 있을 것이다. 그러나 지금까지 축적된 수많은 정보와 전략들에 따르면 각 기업이 트러스트나 협동조합적인 구조를 통해 완전히 집단적으로 소유되었을 때 가장 오래 지속되었다(Oakeshott 2000). 이런 전환을 지원하는 데 있어 노동조합의 지지와 전문 지식이 중요한 역할을 할 수 있으며, 정부는 세금 혜택과 재정 보증을 통해서뿐 아니라, 산업 구조 조정의 문제와 그것이 몰고 오는 고용 패턴의 변화를 완화시킬 수 있는 하부 구조를 구축함으로써 도움을 줄 수 있다. 따라서 이런 지원의 제공에 대해 어떤 태도를 보이고 있는가가 모든 진보적 정당의 기준 가운데 하나가 되어야 한다.

소득 재분배를 정부 권력에만 의존하는 방식은 자주 원성을 사곤 했다. 정당하게 자기 것이라고 생각하는 소득을 독재적인 권력을 사용해서 빼앗아가는 것처럼 생각하기 쉬웠던 것이다. 이 문제를 기본부터 민주적으로 해결하고자 한다면, 우리는 평등을 이루기 위한 일차적인 수단으로 더 이상 정부만을 고수할 필요가 없다. 정부에만 의존하는 방식은 자유와 배치된다. 중유럽과 동유럽, 소련에서 있었던 중앙 계획 경제의 실패는 곧 국유·국영 산업의 실패였다. 시장과 생산 체계의 사적 소유를 국가 관리로 대체하면서 이들 정부는 서유럽 정부들을 훨씬 뛰어넘는 엄청난 권력을 갖게 되었다. 그러나 민주적이고 노동자가 경영하는 기업의 숫자가 증가한다는 것은 권력의 집중이 아니라 정확히 반대 방향, 즉 권력의 이전과 민주주의의 확장을 의미한다.

구공산주의 국가들에서 국가가 기업을 소유하고 경제를 통제하는 정책들을 도입하면서 남겼던 부작용 중 하나는 미국으로 하여금 평등에 대한 관심을 상실하게 한 것이다. 공산주의 국가들을 보면서 미국 사람들은 평등은 반드시 자유를 희생시킬 것이라고 믿게 되었다. 미국인들은 한때 자신들이 평등을 지향한다고 여겼지만, 이제 이들에게 평등은 과도한 국가권력이나 자유의 박탈을 의미하는 낯선 개념으로 변질되었다. 그러나 평등이 만약 사람들이 직장에서 민주적 권리를 획득하는 방식으로 이어진다면, 자유는 평등과 양립하며 함께 성장할 수 있는 것으로 다시 자리매김할 수 있을 것이다.

환경과 제3세계 빈곤

국가 **내부의** 불평등을 다룬 책들을 보면 놀랍게도 국가 **사이의** 불평등에 대해서는 거의 언급하지 않는다. 그러나 부유한 국가들 내부에서 불평등을 줄이는 것이, 제3세계를 향한 관대한 무역 정책이나 원조 정책에 대한 대중적 지지를 얻을 수 있는 가장 좋은 방법 가운데 하나가 될 수 있다.

자선은 집에서 시작된다는 솔직하지 못하고 진부한 문구가 흔히 사용되기도 하고, 부유한 선진국들에서 정부는 납세자의 세금을 가난한 국가에 지원하는 데에 사용해야 할지 아니면 자국의 포괄적인 사회 보장과 복지 체계를 확립하기 위해 사용해야 할지를 선택해야 한다고들 한다. 그러나 실제로는 그렇지 않다. 자국의 빈곤을 해결하기 위해 노력하는 사회들이 제3세계 빈곤에 대해서도 관심을 보여 주고 이들을 지원하고 있기 때문이다. 선진국 가운데 소득 격차가 가장 심하고 국내의 공공 서비스 수준도 충분치 않은 미국과 같은 나라들에서는 제3세계 원조에 사용하는 GNP의 비율도 상대적으로 낮다. 반면 최고의 복지 서비스를 구축하고 있으며 가장 평등한 국가 가운데 하나인 스웨덴은 해외 원조에 투자하는 GNP 비율도 상당히 높다. 문제는 경제적 여유가 있느냐가 아니라 우선순위와 정치적 의지인 것이다. 또한 국내의 빈곤을 완화하는 정책을 지지하는 정당과 사람들은 대부분 제3세계에 대한 좀 더 관대한 정책을 지지하는 경향이 있다. 그 이유는 무엇일까?

이런 사안들과 관련된 태도나 가치는 그 사회가 친화의 전략과 지배의 전략 사이 어디에서 균형점을 이루고 있는지를 보여 준다. 사람들의 가치와 견해가 더 평등주의적인지 아니면 권위나 위계질서에 사로잡혀 있는지는 사회적 지배 지향 척도 SDO가 측정하고자 했던 심리적·정치적 구분이기도 하다. 특히 7장과 8장에서 우리는 불평등이 어떻게 구성원들 사이의 사회적 거리감을 크게 만들고, 그것이 어떻게 사회적 태도에 영향을 미치는지 살펴보았다. 소득 격차가 커질수록 사고와 행동의 균형점이 지배의 전략에 가까운 방향으로 쏠린다. 때문에 불평등한 사회에서는 계급주의나 인종주의처럼 온갖 하층 차별이 만연하게 된다. 한 사회의 불평등과 분열이 어느 정도인가에 따라 이런 사고방식에 차이가 생기고, 그것은 결국 국내의 복지 프로그램과 해외 원조에 대한 태도에 영향을 준다.

그러나 일국 내의 불평등은 위계질서나 사회적 거리감의 경험을 통해서만, 자국의 복지 프로그램이나 해외 원조에 대한 태도에 영향을 미치는 것은 아니다. 불평등이 증가하면 소비 극대화에 대한 사회적 압력이 증가하기 때문에 납세에 대한 지지도 떨어진다. 앞에서도 언급했듯이, 줄리엣 쇼어는 특히 미국에서 소득 격차가 급격하게 확대되었던 시기에 '희망 소득'이 빠르게 증가한 반면 저축은 감소하고 부채가 늘어났다는 사실을 지적했다(Schor 1998). 이는 사람들이 인정받기 위해 더 많이 소비해야 한다는 부담을 느끼기 시작했기 때문으로 보인다. 그의 표현을 빌리자면, "1980년대와 1990년대에 미국인들은 더 많은 것을 가졌지만, 더 가난하다고 느꼈다." 한때 사회 구성원들은 자신의 생활수준보다 20% 정도 나은 생활 양식을 꿈꾸었다. 하지만 소득 격차가 갑작스럽게 벌어지기 시작한 1980년경부터는 "이런 희망이 변하기 시작했다. 모두들, 특히 전체 중산층들은 소득 분배상 상위 20%와 자신을 직접 비교하기 시작했다." 쇼어는 "당신의 꿈이 이루어지려면 돈이 얼마나 필요할까요?"라고 질문했을 때 그 대답이 1986년에는 평균 5만 달러 정도였지만, 1994년에는 "꿈을 실현하기 위한" 자금의 수준이 10만 2,000달러로 두 배 이상 뛰었다고 서술하고 있다. 실제로 5만 달러나 그 이상을 벌게 된 사람들은 이제 자신에게 20만 달러가 필요하다고 생각하고 있었다. 이 결과 "사람들은 자신이 열망하는 목표에 도달하기 위해서 자기 소득의 상당 부분을 —혹은 그 이상을— 소비할 수밖에 없게 된 것이다." 그리고 결국 미국인들은 엄청난 부채를 감당해야 했다. 소비에 대한 압력이 늘어나면서 1990년대에는 소득 대비 저축이 차지하는 비중이 1980년대 초반에 비해 절반 가량으로 줄어들었다.

영국에서도 소비 수준 증가에 대한 비슷한 증거들이 있다. 오늘날 영국의 소득 수준은 1950년대에 비해 세 배 이상 증가했다. 그렇지만 전체 인구의 57%는 여전히 자신이 필요한 재화를 충분히 구입할 여유가 없다고 믿고 있다. 또한 소득 수준에서 상위에 있는 사람들 중 무려 28%가 자신이 '필수재'라고 생각하는 물건들을 구입하기 위해 자기 소득의 전부를 지출하고 있다고 응답했다(Hamilton 2003).

이처럼 지위 경쟁이 소비에 미친 영향을 보면(Frank 1999), 소득 격차가 심화되었을 때 사회 보장이나 해외 원조를 위해 자기가 가진 것을 나누지 않으려고 하는 이기적이고 소비적인 모습이 어떻게 나타나게 되는지 쉽게 알 수 있다. 어쩌면 선진국들의 경우, 앞으로 제3세계에 대해 좀 더 관대한 무역 정책을 시행하려면 우선 국내의 소득 격차를 줄이는 일부터 시작하는 편이 제일 빠른 방법일지도 모른다.

타인에게 뒤처지지 않으려는 필요가 소비에 대한 압력을 부추긴다는 사실은, 부유한 나라들에서 경제가 계속 성장해도 복지나 행복 지수가 크게 높아지지 않는 이유를 설명해 준다. 일단 생활수준이 높아지고 절대적인 궁핍에서 벗어나면, 궁핍이 인간의 주관적인 삶의 질에 미치는 영향력은 급격하게 낮아진다. 사람들은 계속해서 더 높은 소득 수준을 원하겠지만, 더 많은 돈에 대한 개인의 열망이 마치 경제 성장에 대한 사회적 요구를 의미한다고 보는 것은 옳지 않다. 더 부유해지고자 하는 열망이 사실은 다른 사람들에 비해 높은 지위를 차지하고 싶은 바람이라면, 소비 수준이 전체적으로 높아진다 해도 이런 욕망이 충족되진 않을 것이기 때문이다.

뿐만 아니라 소비 수준이 전체적으로 높아진다고 해서 상대적 박탈감과 관련된 문제들이 줄어드는 것은 아니다. 전체 인구의 상당한 비율이 여전히 사회경제적으로 열등하게 취급된다면, 낮은 학업 성취도, 건강 불평등, 약물 남용, 폭력과 같은 사회 문제들은 계속될 것이다. 무작정 경제 성장만을 추구하는 것은 행복에 대한 근거 없는 허상을 붙잡는 것과 같으며, 엄청난 환경 비용까지 지불해야 할 것이다. 식수 고갈, 환경오염의 증가, 지구 온난화, 사막화, 미네랄과 여타 천연자원의 오염, 경제 성장을 위해 배출된 쓰레기, 공해 등이 점점 우리를 위협할 것이다.

······ 그리고 마지막으로

오늘날 선진국에서 가장 중요한 문제는 사회적 환경이다. 우리 삶의 질을 향상시키려면 사회적 환경의 질을 높여야 한다. 그러나 사회적 환경의 질은, 그저 소망한다고 바뀌는 것도 아니며 높은 도덕적 기준에 따를 것을 개인적으로 약속하는 것으로 해결되는 문제도 아니다. 그것은 물질적인 기반 위에서 형성되기 때문이다. 경제가 운영되는 방식이나 우리가 속해 있는 조직들이 작동하는 방식에 따라서 사회적 환경에 영향을 미치기 위한 정책들의 방향이 달라진다.

높은 소비 수준을 열망하는 현대 사회의 폐단을 개선하기 위한 대안이 스태그네이션인 것은 아니다. 사회적·환경적 목표에 부응하는 대안을 만들려면 사회적·기술적 혁신이 필요하다. 우리는 사회적 낙인, 폭력, 스트레스, 신경과민증을 줄임으로써 인류 사회를 치유해야 한다. 또한 만약 우리가 지속 가능한 수준의 경제 활동을 원한다면 지위 경쟁이 소비에 대한 압력을 부추기지 못하게 해야 한다.

정치적 행동은 이런 사안들에 대한 대중적 이해가 뒷받침되어야 가능해질 것이다. 정부가 여론에도 불구하고 급진적인 정책들을 추진할 수 있지만 오래가지 않아 정권이 바뀌어 차기 정부에 의해 퇴보할 수 있다. 게다가 사회경제적 변화의 과정은 정부에 의해서만 통제되는 것이 아니다. 대부분은 사회 도처에서 수많은 사람들과 제도들의 행위가 빚어 내는 의도하지 않은 결과이다.

따라서 더 광범위하게 여론의 분위기를 바꾸는 것이 중요한데, 이를 위해서는 저술, 교육, 토론, 캠페인, 설득이 필요하다. 그리고 장기적인 경제 성장이 인류의 생활수준을 변화시키면서 모든 것이 변했다는 점을 인식해야 한다. 좀 더 많은 소득을 얻고 싶어 하는 개인들의 욕망에 붙어 있는 사회적 비교, 지위, 그리고 존중받고자 하는 욕구는 사회가 경제 성장을 추구한다고 해서 만족될 수 없는 것들이다. 불평등을 줄여야 할 필요와 함께, 지위를 중시할수록 다른 사람을 경시할 수 있다는 점을 알아야 한다. 소수의 사람이 부유해지면 많은 사람이 상대적으로 가난해진다. 이제 삶의 질은 사회적 환경의 성격에 따라 달라진다는 공적 인식이 필요하다. 사회적 환경은 사회적 분열, 편견, 배제라는 물질적 기반과 대결함으로써 가장 효과적으로 개선될 수 있다. 또한 인간이 사회적 환경에 민감한 이유가, 자신이 타인에게 어떻게 보일지를 불안해하고 걱정하기 때문이라는 점을 기억할 필요가 있다. 따라서 우리는 불평등, 임금 격차, 특권층의 봉급처럼 큰 문제들뿐 아니라, 개인들 간의 상호 작용이 갖는 특성, 그리고 무엇 때문에 사람들은 무시당한다거나 존중받는다고 느끼게 되는지도 생각해 봐야 한다. 다시 말해 가족, 학교, 직장처럼 우리가 속한 조직에서 타인이 어떻게 취급받고 있는지 세세한 관심을 기울여야 한다. 그것은 사회적 지위나 불평등의 문제 말고도 어린 시절의 경험, 친분관계, 통합의 내용에 대한 것이다.

정부가 유권자들과 충돌하지 않으면서 할 수 있는 일은 매우 많다. 특히 생산성의 향상(Conyon and Freeman 2001)과 업무에 대한 자기통제력이 건강에 미치는 영향력(Bosma et al. 1997; Theorell 2004)을 고려했을 때, 정부는 종업원 지주제를 도입한 기업들에게 조세 혜택을 주거나 노동자의 기업 인수를 지원하기 위한 대출금에 재정 보증을 해 줄 수 있다(Oaskeshott 2000). 정부는 새로운 기업들이 민주적으로 운영되는 협동조합으로 시작하도록 권장할 수도 있다. 소득 불평등이 폭력과 사회적 자본의 수준에 미치는 강력한 영향력 때문에, 정부는 소득 재분배 정책뿐 아니라 그보다 먼저 시장 임금의 격차를 줄이기 위해 다양한 대책들을 추진해야 한다. 이런 정책들의 이점을 널리 알려서 대중적인 지지를 얻고 관련된 사안들에 대한 대중의 이해를 높이는 것도 중요하다.

소득 격차와 상관없이 교육, 건강, 대중교통 등의 필수적인 서비스를 이용할 수 있게 하는 것도 평등을 확대하는 데 도움이 된다. 다양한 기본 서비스에 대한 접근을 권리로 보장하면, 사회 통합과 시민권에 대한 인식이 확장될 것이다. 그러나 소득 격차 자체가 줄어들 때에만 비로소 다수의 사람들이, 이런 사회적 서비스가 누군가의 희생으로 빈민들에게 제공되는 것이 아니라 우리 모두를 위한 것이며 따라서 세금을 낼 만한 가치가 있다고 믿게 될 것이다.

또한 광고와 관련된 방송 규정들도 바뀌어야 한다. 그래서 광고가 부당하게 사회적 비교를 부추기고, 그 물건이 없으면 이등 시민이 된다면서 자신의 모습과 자신이 갖고 있는 것들에 대해 끊임없이 불만스러워하게 만드는 방식으로 불평등의 사회적 의미를 확장하지 못하게 해야 한다. 많은 국가가 실제로 이렇게 담배 광고를 통제하고 있는 것을 보면, 이런 전략이 아주 불가능한 것은 아니다.

요약하면, 우리는 삶의 많은 부문에서 시장 메커니즘—매매, 자원의 배분, 금전적인 인간관계—을 따를 수밖에 없다. 그러나 시장의 사회적 폐단들을 획기적으로 개선할 수 있는 방법은 매우 많다. 현대 사회가 시장 없이 작동할 수 없다고 해서 시장이 낳는 부작용까지 참아야 하는 것은 아니다. 우리는 전통적인 정부 정책을 통해서만이 아니라, 경제 조직과 직장으로 민주주의를 확장함으로써 소득 격차를 크게 줄일 수 있다. 이는 인간 해방을 향한 중대한 발걸음이다. 이런 시도를 통해 사람들은 자신이 속한 조직에서 임금 격차를 직접 억제할 수 있을 뿐 아니라, 자기 업무에 대한 통제력을 점점 많이 갖게 되며 다른 사람들과 동등하게 보조를 맞출 수 있을 것이다. 평등이 증가하게 되면 공동체 생활이 발전하는 데에도 도움이 된다.

마지막으로, 이상의 이야기들은 비현실적이고 완벽한 평등에 도달해야 한다는 것이 아니다. 우리가 지금까지 살펴본 모든 자료는 선진국이나 미국의 각 주에서 실제로 존재하는 불평등의 차이를 인용한 것이며, 이 책에서 우리가 말하고자 했던 바는, 불평등의 격차는 작더라도 중요하다는 사실이다. 모든 사람들에게 강요하는 어떤 원칙을 추상적으로 약속함으로써 엄청난 공평을 추구하는 것처럼 보이려는 것이 아니다. 우리는 평등을 지향하는 것이, 공동체에 대한 참여의 수준이 높고, 사회적 자본이 높으며 폭력의 수준이 낮은 좀 더 건강하고 스트레스를 덜 받는 사회로 가는 지름길이라는 점을 많은 사례가 증명하고 있다는 점을 확신해야 한다. 이런 연관성은 결코 불가사의한 어떤 것이 아니다. 다만 오래전 인류가 알고 있었던 것을 다시 이야기할 뿐이다. 그것은 인류의 행복을 위한 사회적 환경의 중요한 측면이 바로 자유, 평등, 우애라는 것이다.

옮긴이 후기

막상 후기를 쓰려고 하니 어떤 관점을 취해야 할지 망설여집니다. 객관적인 시선으로 한국의 건강 불평등의 실태를 요약하는 게 좋을지, 아니면 개인의 경험을 서술하는 게 나을지 고민이 되기 때문입니다. 생각 끝에 이 책을 읽은 한 명의 독자로서, 비슷한 분야를 공부하고 있는 연구자로서, 그리고 초보 번역가로서 그동안 느꼈던 점들을 서툴지만 허심탄회하게 써 내려가는 편이 좋을 것 같다는 결론을 내리게 되었습니다. 그래야만 독자들에게 가장 생생하고 솔직한 이야기를 전달할 수 있겠다고 판단했기 때문입니다. 모쪼록 이 후기가 독자들 각자가 자신의 입장에서 이 책을 다시 한 번 되돌아보는 기회가 되었으면 하는 바람입니다.

현대인들에게 스트레스는 매우 흔한 증상이 되어 버렸습니다. 우리는 직장이나 집에서, 인간관계나 자기 자신에 대한 문제로, 끊임없이 스트레스를 받고 있습니다. 무엇보다도, 치열한 경쟁 사회에서 살아남아야 한다는 압력이 우리의 머리를 더욱 무겁게 합니다. 아마『평등해야 건강하다』를 읽은 독자들도 스트레스 때문에 고생을 하거나, 스트레스에서 비롯된 신경성 질환을 앓아 본 경험을 가지고 있을 것입니다. 저도 예외는 아니어서, 이 책을 처음 접하게 되었을 당시에도 만성 스트레스와 신경성 장염으로 한참 고생을 하고 있었습니다.

하지만 이 책의 첫 장을 읽을 때까지만 해도, 이 책이 말하는 건강 불평등이 제가 받고 있는 스트레스와 직결된 문제일 것이라고는 생각하지 못했습니다. 2000년 이후 한국 사회에서 불평등이 심화되면서 건강 불평등도 중요한 화두로 떠올랐습니다. 저도 불평등과 관련된 연구와 활동을 해 왔기 때문에 이에 대해 상당한 관심을 갖고 있던 차였습니다. 하지만 솔직히 고백하건대, 건강 불평등은 제가 공감하고자 하는 타인의 고통이었을 뿐, 엄밀히 말하면 저 자신의 고통은 아니었습니다. 그도 그럴 것이, 그간 이루어졌던 건강 불평등에 대한 논의들은 '가난할수록 건강이 나빠진다'는 사실을 드러내는 데 초점을 맞추고 있었습니다. 조금 더 진전된 논의라고 한다면, 절대적인 가난에서 벗어나더라도 한 집단에서 '상대적으로 지위가 낮은 사람이라면 건강이 나쁘다'는 주장 정도였습니다(이에 대해서는 마이클 마멋의 『사회적 지위가 건강과 수명을 결정한다』를 참조하기 바랍니다). 그러니 이런 맥락에서 보자면, 지금은 그리 가난하지도 않고 사회적 지위가 낮다고 볼 수도 없는 저는 건강 불평등의 문제에서 한발 떨어져 있는 외부의 비판자에 불과했던 것입니다.

그러나 이 책은 건강 불평등이 단지 일부 계층에게 국한된 문제가 아니라, 모든 사람들이 겪고 있는 고통이라는 사실을 강조하고 있었습니다. 『평등해야 건강하다』가 궁극적으로 말하고자 하는 바는, 만약 우리가 사는 사회가 불평등하다면, 우리가 어떤 계층에 속해 있든 관계없이 그 사회에 살고 있다는 이유만으로 건강한 삶을 온전히 누릴 수 없다는 점이었습니다. 불평등한 사회에 사는 사람들은 지위가 높든 낮든 상관없이 자신의 존재 가치를 잃을까 봐 전전긍긍할 수밖에 없고, 타인과 자신의 처지를 비교하거나 경쟁하는 과정에서 심리적 스트레스를 받을 수밖에 없기 때문입니다. 『평등해야 건강하다』는 바로 사회적 불평등이 개인의 스트레스를 일으키고, 스트레스가 다시 건강을 악화시키는 과정을 다양한 실례를 들어 매우 설득력 있게 설명해 주고 있었습니다. 그러니까 말하자면, 제가 받는 스트레스와 질병들은 사회 전체를 관통하고 있는 이런 불평등의 결과였던 것입니다.

특히 스트레스의 세 가지 원인(어린 시절의 경험, 친구가 없는 외로운 삶, 낮은 사회적 지위)에 대한 이 책의 설명은 커다란 충격을 주었습니다. 경제적으로 어렵게 자랐던 어린 시절의 경험은 제가 불평등을 연구하게 된 중요한 이유 중 하나입니다. 어린 시절에 느꼈던 상대적 박탈감은 한동안 큰 상처로 남아있었습니다. 그래서 연구를 통해 스스로의 기억을 치유하고, 현재 빈곤한 상태에 있는 사람들에게 작은 목소리를 보태 주고 싶었던 것입니다. 하지만 그렇다고 해도 빈곤은 어디까지나 지나간 과거의 기억일 뿐이었습니다. 어린 시절의 경험이 기억 속만이 아니라 몸속에도 각인되어 있어서, 지금까지 저를 스트레스에 취약하게 만들거나 건강 상태를 나쁘게 만들 수 있다고는 미처 생각하지 못했던 것입니다. 이는 불평등의 파장이 개인의 일생에 얼마나 뿌리 깊고 끈질기게 남아있을 수 있는지를 새삼 느끼게 해 준, 개인적으로는 가슴이 아픈 깨달음이었습니다. 비단 저만의 문제는 아닐 것입니다. 최근 양극화가 심해지면서, 가난한 가정에서 생활하는 빈곤 아동의 비율도 큰 폭으로 증가하고 있습니다. 아동 빈곤은 단지 경제적 가난의 문제만은 아닙니다. 건강 불평등의 관점에서 보면, 그것은 우리 사회의 미래가 현재의 불평등 때문에 병들어 가고 있다는 뜻이기 때문입니다. 이처럼 과거가 현재에게, 그리고 현재가 미래에게 계속 상처를 입히고 있다는 사실은 매우 참담하고 폭력적인 현실이며, 때문에 반드시 해결해야 할 문제이기도 합니다.

이런 면에서 윌킨슨이 건강 불평등을 완화시키는 대안으로 제시한 전략들은 매우 중요한 함의를 지닙니다. 한 개인이 아무리 요가나 명상을 하고, 유기농 음식을 먹는다고 해도, 그것은 병든 사회를 완치시키진 못합니다. 중산층을 겨냥하고 있는 이런 웰빙 상품은 스트레스의 근원인 불평등과 상대적 박탈감을 오히려 악화시킬 수는 있어도 결코 해소시켜 주지는 못하기 때문입니다. '젊었을 때는 돈을 벌기 위해 건강을 버리고, 늙었을 때는 건강을 위해 돈을 버린다'는 말처럼, 웰빙 상품은 어떤 면에서는 건강과 소비를 연결하는 악순환의 고리를 만들 뿐입니다. 그러나 반대로 저소득층을 위한 의료 서비스를 확충하는 것이 근본적인 대안인 것도 아닙니다. 물론 무상 의료 서비스가 부족한 한국의 상황에서 이를 확충하는 일은 분명히 의미가 있고 필요한 일입니다. 하지만 윌킨슨의 지적처럼, 그것은 사후적인 해결책에 불과합니다. 더욱이 이런 전략은 '가난한 사람의 건강이 나쁘다'는 좁은 의미의 건강 불평등에 뿌리를 두고 있습니다. 때문에 건강 불평등을 미처 자신의 문제로 생각하지 못하는 다른 계층의 지지를 끌어내기에는 역부족이었습니다.

이에 윌킨슨은 건강 불평등을 해결하는 가장 빠르고 적극적인 방식은 전체 사회의 불평등을 완화시키는 일이라는 점을 명확히 합니다. 특히 우리가 주목해야 하는 점, 그가 말하는 평등이 현실을 완전히 뒤집는 유토피아적인 평등이나 반자본주의적 질서가 아니라는 점입니다. 스웨덴의 사례, 인도와 스페인의 협동조합, 기업의 종업원 지주제처럼, 그는 현실 속에서 좀 더 많은 사람이 수긍할 수 있고, 좀 더 많은 사람이 건강해질 수 있는 대안들을 찾아내려고 노력하고 있었습니다. 저는 그가 제시한 대안들 자체를 두고 왈가왈부하는 것은 매우 부차적이며 소모적인 태도라고 생각합니다. 어쩌면 생활 속에서 작은 평등을 이루어 가는 방식들은 이것 외에도 무궁무진할 것이기 때문입니다. 여기서 중요한 것은 다양한 대안들을 재발견하고 몸소 실천하려는 의지와 노력이라고 생각합니다. 다만 윌킨슨에게서 배워야 하는 점이 있다면, 완전한 평등이라는 거대한 이상에 가려서 소소한 실천과 가능성을 간과하지 않으려는 신중한 태도일 것입니다.

그의 연구 태도는 이론적인 주장에서만이 아니라, 논지를 이끌어 가는 방법론의 측면에서도 빛나고 있었습니다. 그는 '평등해야 건강하다'는 주장을 뒷받침하기 위해서, 마르크스주의, 진화론, 동물학 등 인문사회학과 자연과학의 연구 결과들을 경계 없이 아우르고 있었습니다. 그것은 확실한 신념을 가지고 있지만, 다른 주장들에 대한 편견이 없을 때에야 비로소 가능한 태도입니다. 이에 비하면, 한국학계는 인문사회학과 자연과학/공학 사이에 커다란 간극이 존재하고 있습니다. 이런 간극은 세계 사이에 커다란 틈을 내며, 우리가 직시해야 할 현실들을 제대로 보지 못하게 하기도 합니다. 건강 문제를 의학적인 관점만이 아니라 사회학적인 관점에서 바라보는 사회역학이 한국 사회에서 아직 걸음마 단계에 있는 이유는 아마도 이런 보수적인 학풍과도 관련이 있을 것입니다. 이런 점에서 이 책의 방법론이 한국 사회에서 건강과 불평등을 연결하려는 연구에 괜찮은 길잡이가 될 수 있을 것이라고 생각합니다.

***

　물론 이 책에 대해 아쉬운 점이 없었던 건 아닙니다. 하지만 그것은 이 책의 주장이 잘못되어서라기보다 한국인이자 여성인 연구자로서 갖게 되는 아쉬움이라고 해야 적합할 것입니다. 첫째는 이 책의 연구 대상이 주로 서구의 선진국에 집중되어 있다는 아쉬움입니다. 이 책의 많은 주장은 분명히 국가를 뛰어넘는 의미를 가지고 있습니다. 하지만 모든 연구 결과가 한국 사회라는 맥락에서도 그대로 적용될 수 있을지에 대해서는 또 다른 검증이 필요합니다. 특히 윌킨슨은 한국 사회의 건강 수준이 높은 이유를 경제 성장과 평등을 지향하는 사회 정책에서 찾고 있었습니다. 하지만 이런 해석은 다분히 국제적이고 외부자적인 관점이므로, 한국 사회의 내부에서 좀 더 구체적이고 세밀한 연구를 통해 보완될 필요가 있습니다. 엄밀히 말하면, 한국 사회에 대한 평가와 분석은 그의 몫이 아니라, 앞으로 건강 불평등에 관한 연구를 수행할 한국 연구자들의 몫일 것입니다.

　둘째는 젠더와 인종 문제를 단편적으로 해석하고 있다는 아쉬움입니다. 윌킨슨의 지난 저서인 『건강 불평등, 사회는 어떻게 죽이는가』와 비교했을 때, 이 책은 두 가지 측면에서 주목할 만한 성과를 거두었습니다. 하나는, 앞에서도 잠시 언급했듯이, 사회의 불평등이 개인의 건강을 해치는 중간 경로로 '스트레스'에 주목했다는 점입니다. 그리고 다른 하나는 최근에 중요한 사회 이슈로 떠오르고 있는 젠더나 인종 문제를 건강 불평등과 접목시켜서 해석하는 시도를 했다는 점입니다. 이는 매우 탁월한 점이었다고 생각합니다. 하지만 그는 젠더나 인종 문제를 지나나 경제적 불평등에서 파생된 하위 문제로 보는 경향이 있습니다. 젠더 불평등이나 인종 불평등은 경제 불평등으로 환원될 수 없는 독특한 맥락을 가지고 있습니다. 물론 이 책은 어디까지나 경제 불평등을 핵심 논제로 하고 있는 책입니다. 따라서 이 책이 포함하지 않은 부분은 비판해야 할 점이라기보다 젠더와 인종 문제를 연구하는 학자들에 의해 보완되어야 할 부분이라고 해야 할 것입니다.

덧붙여 아래는 윌킨슨과 제가 나누었던 대화의 일부를 발췌한 것입니다. 『평등해야 건강하다』를 번역하는 과정에서, 윌킨슨과 메일을 여러 차례 주고받게 되었습니다. 대화는 주로 저의 궁금증에 대해 윌킨슨이 자신의 의견을 말해 주는 식으로 이루어졌습니다. 대화 내용 중에 한국 사회와 젠더 문제를 다룬 부분이 있어서 이를 번역해서 올립니다. 물론 이 대화는 앞에서 말한 아쉬운 점들에 대한 완결된 해답을 제공해 주지는 못할 것입니다. 하지만 앞으로 연구가 필요한 부분이 어디인지를 드러내 주고 있다고 생각합니다. 건강 불평등에 대해서 관심을 가진 독자들에게 조금이나마 도움이 되었으면 좋겠습니다.

김홍수영 당신은 사회적 위계 서열이 강한 사회에서 생활하는 사람들의 건강 수준이 그렇지 않은 사람들보다 나쁜 경향이 있다고 말했습니다. 하지만 위계 서열이 매우 강한 어떤 사회들은 여전히 높은 건강 수준을 유지하고 있습니다. 그 이유는 무엇이라고 생각합니까? 예를 들어, 한국을 비롯해 역사적으로 유교 문화권에 속해 있는 동북아시아는 서구에 비해 사회적 위계 서열이 매우 강한 사회로 알려져 있습니다. 또한 후발 자본주의 국가로서 경제적 선진국을 추월해야 한다는 압박 때문에, 노동자들은 과중한 노동 시간을 견뎌 내고 있습니다. 한국인과 일본인들은 강한 위계 서열이나 과로 때문에 심한 스트레스에 시달리고 있을 것이고, 그로 인해 건강이 좋지 않을 것이라고 짐작할 수 있습니다. 하지만 당신의 연구 결과에 따르면, 일본은 가장 건강한 나라에 속합니다. 또한 당신은 한국의 건강 수준에 대해서도 이와 비슷하게 긍정적인 평가를 내리고 있습니다. 이런 간극을 설명하기 위해 어떤 이들은 일본의 평균 기대 수명이 생각보다 높은 이유를 기름기가 없고 채식을 위주로 하는 식단에서 찾기도 합니다. 그렇다면 당신이 사회적 위계질서가 건강에 미치는 악영향을 약화시키는 변수로 염두에 두고 있는 것은 무엇입니까?

윌킨슨 당신의 질문을 들으니, LSE의 경제실적센터Centre for Economic Performance의 론 도어의 연구가 생각나는군요. 그는 영국학계에서 일본 사회를 연구한 전문가로 정평이 나있는 학자입니다. 그가 수행한 연구 중에 일본의 히타치 사Hitachi Company와 영국의 잉글리쉬 일렉트릭 사English Electric를 대조한 연구가 있습니다. 이 연구에서 제가 흥미롭게 읽었던 부분은, 일본의 직장인들은 같은 부서의 직원들만이 아니라 그들의 가족들에 대해서도 매우 잘 알고 있다는 점이었습니다. 심지어 결혼식과 같은 동료들의 사적인 가족 행사에 참여해 축사를 하거나 축가를 부르는 경우도 흔하다고 들었습니다. 이는 영국에서 쉽게 상상할 수 없는 일입니다. 일본과 가장 비슷한 서구 사회를 찾는다면, 아마 그리스가 아닐까 합니다. 경제력으로 보았을 때, 그리스는 미국 국내총생산의 절반 정도에 불과합니다. 하지만 상대적으로 매우 높은 건강 수준을 자랑하고 있습니다. 그 첫 번째 이유는 그리스는 업무에 있어서 자기통제력을 발휘할 수 있는 자영업의 비율이 상당히 높은 사회이기 때문일 것입니다. 하지만 직장에 고용된 경우에도 마찬가지입니다. 이들은 주로 친척들이나 주변 사람들이 운영하고 있는 회사에서 일하는 경우가 많습니다. 만약 이들이 생면부지의 사람들과 일을 해야 하는 경우라면, 아마 이들은 회사의 사람들과 친밀한 관계를 형성하기 위해 여러 노력을 할 것입니다. 그러니까 상사나 동료에게 선물을 주거나, 자기 자녀들의 대부가 되어 달라고 부탁을 하는 식으로 말입니다. 조금 맥락이 다를 수 있겠지만, 저는 일본이나 한국의 기업에서 관찰되는 가족주의적인 풍토도 이런 효과가 있지 않나 짐작해 봅니다. 그러니까 의도했든 의도하지 않았든, 직장 내에 형성되어 있는 친밀하고 끈끈한 분위기가 직장 내의 심각한 위계 서열이 가져오는 긴장과 악영향을 완화하는 효과를 내고 있지 않을까 합니다.

김홍수영 이어서 소득 불평등을 통제했을 때, 사회 이동성social mobility이 건강에 어떤 영향을 미칠지도 궁금합니다. 예를 들어, 사회 이동성이 높은 사회에서 사는 사람들은 다른 사회보다 쉽게 높은 지위로 올라갈 수 있을 것입니다. 또한 상대적으로 빈곤의 덫에서 벗어날 수 있는 기회도 많을 것입니다. 계층 상승의 가능성이 높은 사회에서는 사람들이 자신의 삶에 대해 좀 더 긍정적인 비전을 가지고 있을 확률도 높습니다. 그렇다면 사회 이동성은 건강에 긍정적인 영향을 미친다고 볼 수 있지 않을까요? 이런 질문을 하는 이유는, 과거 한국 사회에서 건강 수준이 높게 나타났던 것은 소득 불평등이 적어서라기보다 사회 이동성이 높았기 때문은 아닐까 하는 의문이 생겼기 때문입니다. 물론 1997년 아시아 외환 위기 이후, 한국의 사회 이동성은 급격히 떨어졌습니다. 이제 자수성가는 쉽게 이룰 수 없는 전설이 되었고, 빈곤의 대물림 현상이 두드러지게 나타나고 있습니다. 소득 불평등과 함께 사회 이동성도 심각하게 악화된 셈이지요. 하지만 만약 양극화나 소득 불평등이 심한 사회라도 사회 이동성이 보장된다면, 건강 수준이 악화되는 경향을 조금은 둔화시킬 수 있지 않을까 하는 생각도 드는데, 이에 대해서는 어떻게 생각하시는지요.

윌킨슨 사회 이동성을 말할 때, 우리는 사회 계층이 상승하는 경우만이 아니라 몰락할 수 있는 가능성도 염두에 두어야 합니다. 하지만 보통 사회 이동성의 현상 중에 후자는 장막 뒤로 쉽게 가려지는 듯합니다. 우리는 성공 신화가 건강에 미치는 긍정적인 효과만이 아니라, 사회 계층이 갑자기 하락하거나, 하락할 가능성이 상존하고 있을 때, 그것이 건강에 미치는 악영향도 종합적으로 고려할 필요가 있습니다. 따라서 좀 더 체계적인 연구가 있기 전까지는 이 두 가지 상반된 방향의 사회 이동성이 건강에 어떠한 효과를 미칠지 속단할 수는 없습니다. 물론 많은 사회 구성원들이 점차 잘살게 되는 사회가 있다면, 이런 사회에서는 좀 더 많은 사람들이 교육이나 훈련을 받을 기회를 갖게 될 것이고, 건강 상태도 점차 좋아질 것입니다. 하지만 이런 현상은 이미 경제 성장이 주는 효과로 설명되고 있지 않나요? 이런 경우, 저는 계층 상승(상향식 사회 이동성)과 경제 성장이 거의 비슷한 현상을 지칭하는 말이라고 생각합니다. 다시 말해, 한국의 건강 증진은 사회 이동성보다 경제 성장의 효과로 볼 수 있다는 말이지요.

김홍수영 이 책에서 말하는 소득에는 무엇이 포함되어 있나요? 소득 불평등을 측정할 때, 임금 소득만이 아니라 자산 소득을 포함시켰는지 궁금합니다. 현대 사회에서 사람들은 임금을 통해서라기보다 주식, 채권, 부동산과 같은 자산을 통해 부를 축적하고 있습니다. 따라서 자산 소득은 소득 불평등에서 매우 중요한 변수라고 생각합니다. 덧붙여 한국 사회에서 부동산의 소유 여부는 임금 수준보다 지위를 가늠하는 더 결정적인 기준이 되기도 합니다. 그런 의미에서 자산과 건강의 관계에 대해서도 분석해 볼 필요가 있을 것 같습니다. 이런 면에서 자산을 포함한 경제 불평등이 건강에 미치는 영향에 대한 연구는 얼마나 진전이 되어 있는지도 궁금합니다.

윌킨슨 『평등해야 건강하다』에서 사용한 소득은 거의 모든 종류의 소득을 포함하고 있습니다. 다시 말해, 임금만이 아니라 저축이나 부동산과 같은 자산에서 파생되는 소득(예컨대, 이자와 지대)도 합산했습니다. 하지만 자산 그 자체의 가치를 포함하지는 않았습니다. 저도 자산이 건강에 미치는 효과가 엄청날 것이라고 예상하고 있습니다. 하지만 국제적인 수준에서 비교 가능한 자료를 찾기가 아직까지는 매우 어렵습니다. 그러나 건강 불평등을 조사할 때, 자산을 포함한 국제 비교 연구가 반드시 이루어져야 한다고 생각합니다. 참고로 영국에서는 집을 소유하고 있는지, 전세/월세로 사는지에 따라 건강 수준이 어떻게 달라지는지에 대한 연구가 몇 차례 수행된 바 있습니다. 하지만 건강과 자산 불평등에 대한 좀 더 다양하고 세분화된 논의가 필요하다는 점에는 크게 공감합니다.

김홍수영 젠더와 건강 불평등에 대한 논의를 상당히 인상 깊게 읽었습니다. 특히 젠더 불평등이 여성만이 아니라 남성의 건강을 악화시킨다는 점은 매우 충격적인 지적이었습니다. 그런데 한 가지 아쉬운 점이 있습니다. 당신이 사용한 자료에 따르면, 비혼, 미혼, 혹은 이혼을 한 사람들의 건강이 결혼한 사람들보다 나쁜 것으로 나타났습니다. 인간은 사회적인 동물이기 때문에, 혼자 사는 삶이 우리의 건강을 해칠 수 있다고 생각합니다. 하지만 한편으로는 물리적으로 혼자 살고 있다는 사실 자체만이 아니라, 미혼, 비혼, 이혼에 덧붙여진 사회적 편견이 이들의 건강을 더욱 악화시키는 측면이 있다고 생각하지는 않나요? 빈곤 자체보다는 빈곤에 대한 사회적 경시가 저소득층을 병들게 하듯이, 미혼, 비혼, 이혼에도 그런 사회적인 편견이 있다는 말입니다. 혼자 사는 사람들의 건강이 나쁜 이유에는 정상 가족에 최고의 가치를 부여하는 사회적 풍토도 한몫하고 있다고 생각합니다. 이 점에 대해서 어떻게 생각하십니까?

윌킨슨 여기서는 단지 당신의 질문에 대한 저의 짐작을 말할 수밖에 없을 것 같습니다. 미혼, 비혼, 이혼을 선택한 사람보다 결혼한 사람이 건강이 좋은 것은 많은 사회에서 분명히 나타나는 현상입니다. 그러나 물리적으로 혼자 사는 것이 문제인지, 혼자 살아가는 것에 대한 사회적 편견이 문제인지에 대해서는 저도 100% 확신할 수 없습니다. 과거에 학자들은 싱글과 커플의 건강에 차이가 나는 이유를 '선택의 문제'로 설명했습니다. 그러니까 결혼을 하지 않았을 때 건강이 나빠지는 게 아니라, 이미 건강이 나쁜 사람들이 결혼 상대로 선택받지 못하기 때문이라는 것이지요. 하지만 최근에는 결혼한 사람들이 건강이 더 좋은 이유는 그들의 사회적 연결망과 인간관계가 더 넓고 두텁기 때문이라는 해석이 가장 유력한 정설로 받아들여지고 있습니다. 저는 적어도 영국 사회에서는 미혼, 비혼, 이혼에 대해서 심각한 낙인이나 편견이 있다고 생각하진 않습니다. 하지만 어떤 면에서 저는 '선택의 문제'가 여전히 유효한 설명이라고 생각하기도 합니다. 다시 말해, 아마도 미혼, 비혼, 그리고 이혼을 선택한 사람들은 결혼한 사람들과는 이미 다른 감성적 특성을 가지고 있을지도 모르겠습니다. 저는 이런 감성적인 차이가 이들의 결혼 여부와 건강상의 차이를 일정 부분 설명해 줄 수 있다고 생각하는데, 당신의 의견은 어떻습니까?

김홍수영 사회마다 결혼이 자치하는 위치가 다른 것 같습니다. 결혼한 사람들에 비해 혼자 사는 사람들의 인간관계가 열악할 수밖에 없고, 그것이 이들의 건강을 해친다는 지적에는 동의합니다. 하지만 사적인 인간관계만이 아니라, 이들을 배제하거나 차별하는 가족주의적 문화와 제도도 건강을 악화시키는 원인이라고 생각합니다. 적어도 한국 사회에서는 결혼한 사람들을 중심으로 가족의 대소사와 사회 제도들(세금, 입양, 복지 혜택, 대출 등)이 돌아가고 있습니다. 비혼이나 이혼은 단지 결혼한 사람들보다 좁은 인간관계를 감수하는 정도가 아니라, 가족과 사회로부터 질타나 눈총을 받는 것까지 감수해야 하는 것이지요. 저는 혼자 사는 사람들의 건강이 나쁘다고 말할 때, 이들이 어쩔 수 없는 외로움이 아니라, 결혼을 강요하는 사회가 강제하는 소외에 주목하고 싶었던 것입니다(이에 대해서는 『한겨레 21』 2008년 3월 14일 "비혼이 행복해야 사회가 행복하다"를 참조하시기 바랍니다). '선택의 문제'에 대해서도 다른 의견을 덧붙이고 싶습니다. 건강하지 않은 사람이 결혼 상대자로 선택받지 못했기 때문에, 결과적으로 혼자 사는 사람들의 건강이 나쁘게 나온다는 가설은 일정 부분 타당이 있다고 봅니다. 하지만 비혼이나 이혼을 선택하는 사람들이 독특한 감성을 가지고 있다는 점이 이들이 결혼을 하지 않은 결정적인 이유라고 생각하진 않습니다. 오히려 결혼을 하지 못하거나 안 하는 이유는 감성보다 경제적인 조건이나 사회적인 여건 때문이겠지요. 여러 사회와 마찬가지로 한국 사회에서도 결혼은 단지 두 사람의 결합을 말하지 않습니다. 그것은 상당한 자본을 필요로 하는 경제적 활동입니다. 더욱이 결혼을 한 이후에도 내 집 마련과 자녀 양육 등으로 끊임없이 돈이 필요하지요. 따라서 경제적이고 사회적인 조건이 안 좋은 사람들은 결혼 상대자로 인기가 없거나, 스스로 결혼을 미루게 되는 것입니다. 저는 경제적 결핍과 독신 상태가 상호 작용을 하면서 이들의 건강을 악화시키는 점이 있다고 생각했습니다.

윌킨슨 영국 사회는 한국 사회보다 다양한 가족 형태에 관대하며, 결혼에 드는 비용이 적은 것이 사실인 듯합니다. 각 사회마다 결혼이나 가족과 관련된 문화적·제도적 맥락이 다르겠지요. 따라서 미혼, 비혼, 이혼, 결혼이 건강에 미치는 영향도 사회마다 달라질 것이라고 생각합니다. 이에 대해서는 후속 연구를 통한 좀 더 체계적인 분석이 필요하겠습니다.

윌킨슨은 그 밖에 다른 질문들에도 매번 친절하고 진지하게 답변해 주었습니다. 메일을 주고받는 과정에서 저는 그에게 한국인 독자를 위한 서문을 부탁했는데, 그가 이를 흔쾌히 받아들여 한국어판 서문을 이 책의 앞부분에 실을 수 있게 되었습니다. 하지만 최종적인 서문의 길이와 내용은 윌킨슨이 처음 계획했던 것보다 대폭 줄어들었습니다. 한국어판 서문에 대해 논의하는 과정에서 윌킨슨은 자신이 한국 사회에 대해서 모르는 부분이 많고, 따라서 아는 척하며 겉핥기식으로 서문을 써서는 안 되겠다는 생각을 하게 되었다고 합니다. 이런 연유로 거의 대부분의 내용이 잘려나가게 된 것입니다. 하지만 30년 넘게 건강 불평등이라는 한 우물을 팠던 그의 신중하고 조심스러운 태도가 여기에서도 드러나는 것 같아서 오히려 감명을 받았던 기억이 있습니다. 이 자리를 빌려, 잘려나간 서문을 대신해 위의 이야기를 덧붙입니다.

***

옮긴이 후기이니만큼 번역에 대해서도 이야기를 해야 할 것 같습니다. 이 책의 첫 장을 번역할 즈음, 저는 『사랑을 선택하는 특별한 기준』이라는 소설을 읽고 있었습니다. 소설가 김형경은 이 소설의 서문에서 이런 말을 합니다. "소설과 내가 서로 의미 있고, 소설 쓰기와 내가 서로 사랑한다는 느낌을 가졌다. 그것은 깊고 충만했다." 저의 마음도 그랬습니다. 다소 딱딱한 사회과학 서적이긴 하지만, 『평등해야 건강하다』는 저 자신에게 중요한 깨달음을 주었고, 그래서 이 책을 번역하는 것은 제게 큰 기쁨이었습니다. 하지만 개인의 깊은 충만함을 넘어서, 원저자가 이 책에 담고자 했던 인간의 건강과 행복에 대한 고민을 독자들에게 오롯이 전달하기에는 저의 역량이 많이 부족했던 것 같아 아쉬움이 남습니다. 제가 게을렀던 탓이 제일 크겠지만 어떤 사회에 뿌리를 둔 지식을 토양이 전혀 다른 사회로 옮겨오는 번역 작업 자체도 그리 녹록하지 않은 일이었습니다. 될 수 있으면 원문을 그대로 직역하는 것을 원칙으로 했지만, 한국인 독자의 이해를 돕기 위해 순서를 바꾸거나, 반복되는 내용을 생략하거나, 문화적 맥락이 있는 표현을 고친 부분도 몇 군데 있다는 점을 밝힙니다.

그러나 번역자와 번역의 한계를 뛰어넘어, 이 책을 좀 더 온전하게 만들어 주신 분들이 있습니다. 박상훈 대표를 비롯한 출판사 후마니타스의 식구들에게 먼저 감사를 드리고 싶습니다. 후기를 쓰는 마지막 순간까지도 게으름과 변명으로 점철되어 있던 저를 따뜻한 미소로 덮어 주셨습니다. 감사하고 미안한 마음뿐입니다. 이 책에 따르면 다른 사람에게 자기 업무에 대한 통제력을 빼앗길 경우 스트레스로 건강이 악화될 수 있다고 하는데, 제가 아마 후마니타스의 평균 기대 수명을 단축시킨 장본인은 아닐까 내심 염려됩니다. 특히 이 책의 편집을 담당한 정민용, 성지희 씨에게는 고마움과 미안함을 다 표현할 길이 없습니다. 이 책의 8할은 이 두 분의 공이라 해도 과장이 아닙니다. 저는 그들에게 빨간 펜으로 그어내야 할 엄청난 일감을 떠넘긴 것 외에는 한 일이 없는 것 같습니다. 만에 하나 이 책에 오역이 있다면, 그건 나머지 2할을 담당했던 저의 부족함 탓입니다. 아무튼 실제로는 편집자분들과 공동으로 작업한 책인데, 번역자로 제 이름만 올리는 게 무척이나 부끄럽습니다.

끝으로 이 책의 인세에 대한 이야기를 해 볼까 합니다. 『평등해야 건강하다』와 같은 좋은 책을 좋은 사람들과 함께 출판한 경험만으로도 저는 세계로부터 커다란 선물을 받는 기분입니다. 게다가 이 책을 번역하면서 건강과 불평등에 대해서, 그리고 인간의 삶과 인류의 역사에 대해서 깊이 성찰하는 시간을 가질 수 있었습니다. 소중한 지식을 자산으로 갖게 된 셈이지요. 이런 문화 자본에 더해 번역서에 대한 인세, 그러니까 경제 자본까지 받게 된다면 너무 과분한 선물인 듯합니다. 현대인들은 잊고 살아가고 있지만, 마르셀 모스의 『증여론』에 나온 바처럼, 받은 선물을 돌려줄 의무가 공동체에 사는 인류에게 존재해 왔습니다. 그래서 출판사와 의논한 끝에, 책 판매를 통해 얻게 되는 인세를 건강 불평등을 해결하기 위해 열심히 활동하고 있는 사회단체에 되돌려 주기로 했습니다. 그것이 서로가 자원을 공유하고, 더 평등하고 건강한 사회를 꿈꾸는 이 책의 취지에도 부합한다고 생각합니다. 작게나마 이 책이 건강 불평등을 염려하는 독자들과 이를 위해 활동하는 사회단체를 연결해 주는 다리가 되었으면 좋겠습니다.

『평등해야 건강하다』가 강조하고 있듯이, 인간의 세계는 우리가 어떻게 만들어 가느냐에 따라 완전히 다르게 전개될 수 있는 가능성의 공간입니다. 저는 가끔 사람들에게 '당신이 보는 세계는 어떤 곳입니까?'라는 질문을 던지곤 했습니다. 그중 한 친구가 했던 대답이 지금도 가슴에 남아 있습니다. 그는 "세계는 모두가 회복되어 가는 과정에서, 하나의 고통이 다른 고통을 응시하는 곳"이라고 말했습니다. 저는 바로 이런 세계가 우리가 지향해야 할, 모두가 건강해지는 사회의 모습이라고 생각합니다. 세계는 만인이 만인을 향해 투쟁을 하며, 서로가 서로의 눈치를 보는 공간이 될 수도 있습니다. 하지만 반대로 서로가 서로의 고통을 응시하며 치유되어 가는 공간이 될 수도 있습니다. 이 두 갈림길 중에서 어떤 길이 열리게 될지는 생각보다 많은 부분이 우리의 의지와 태도에 달려 있다는 사실을 결코 잊어서는 안 될 것입니다.

2008년 3월 런던에서
김홍수영

참고문헌

Adorno, T. W, E. Frenkel-Brunswik, D. J. Levinson, and R. N. Sanford. 1950. *The authoritarian personality*. New York: Harper.
Albanese, A., H. Hamill, J. Jones, D. Skuse, D. R. Matthews, and R. Stanhope. 1994. Reversibility of physiological growth-hormone secretion in children with psychosocial dwarfism. *Clinical Endocrinology* 40(5):687-692.
Alexander, R. D. 1987. *The biology of moral systems*. New York: Aldine de Gruyter.
Altemeyer, B. 1997. *The authoritarian spectre*. Cambridge, MA: Harvard University Press.
_____. 1998. The other "authoritarian personality." Advances in Experimental Social Psychology 30:47-92.
Anisman, H., M. D. Zaharia, M. J. Meaney, and Z. Merali. 1998. Do early-life events permanently alter behavioral and hormonal responses to stressors? *International Journal of Developmental Neuroscience* 16(3-4):149-164.
Anzaldua, G. 1987. *Borderlands*. San Francisco: Aunt Lute Books.
Asch, S. E. 1952. *Social psychology*. Prentice-Hall.
Atkinson, A. B., and J. Micklewright. 1992. *Economic transformation in Eastern Europe and the distribution of income*. Cambridge: Cambridge University Press.
Banfield, E. C. 1958. *The moral basis of a backward society*. Glencoe, IL: Free Press.
Barker, D. J. P. 1998. *Mothers, babies and health in later life*. 2nd ed. Edinburgh: Churchill Livingstone.
_____. 1999. Fetal origins of cardiovascular disease. *Annals of Medicine* 31(Sl):3-6.
Bartley, M., C. Power, D. Blane, G. Davey Smith, and M. Shipley. 1994. Birth weight and later socioeconomic disadvantage: Evidence from the 1958 British cohort study. *British Medical Journal* 309:1,475-1,479.
Baumrind, D. 1972. An exploratory study of socialization effects on black children. *Child Development* 72:261-267.
Ben-Shlomo, Y., I. R. White, and M. Marmot. 1996. Does the variation in the socioeconomic characteristics of an area affect mortality? *British Medical Journal* 312:1,013-1,014.
Berkman, L. F. 1995. The role of social relations in health promotion. *Psychosomatic Research* 57:245-254.

Berkman, L. F., and I. Kawachi. 2000. *Social Epidemiology*. New York: Oxford University Press.

Berkman, L. F., and S. L. Syme. 1979. Social networks, host resistance and mortality: A nine year follow up study of Alameda County residents. *American Journal of Epidemiology* 109:186.

Betzig, L. L. 1986. *Despotism and differential reproduction: A Darwinian view of history*. New York: Aldine de Gruyter.

Blakely, T. A., B. P. Kennedy, and I. Kawachi. 2001. Socioeconomic inequality in voting participation and self-rated health. *American Journal of Public Health* 91(1):99-104.

Blakely, T. A., B. P. Kennedy, I. Kawachi, and R. Glass. 2000. What is the lag time between income inequality and health status? *Journal of Epidemiology & Community Health* 54(4):318-319.

Blanchflower, D. G., and A. J. Oswald. 2000. Well-being over time in Britain and the USA. National Bureau of Economic Research Working Paper W7487.

———. 2003. Does inequality reduce happiness? Evidence from the states of the USA from the 1970s to the 1990s. Paper presented in Milan, March.

Blane, D., C. L. Hart, G. Davey Smith, C. R. Gillis, D. J. Hole, and V. M. Hawthorne. 1996. Association of cardiovascular disease risk factors with socioeconomic position during childhood and during adulthood. *British Medical Journal* 313:1,434-1,438.

Blau, F. D., and L. M. Kahn. 1992. The gender earnings gap: learning from international comparisons. *American Economic Review* 82:533-538.

Bobak, M., C. Hertzman, Z. Skodova, and M. Marmot. 1998. Association between psychosocial factors at work and nonfatal myocardial infarction in a population-based case-control study in Czech men. *Epidemiology* 9(1):43-47.

Bobak, M., and M. Marmot. 1996. East-West health divide and potential explanations. In *East-West life expectancy gap in Europe: Environmental and non-environmental determinants*. Edited by C. Hertzman, S. Kelly, and M. Bobak. Dordrecht: Kluwer Academic Publishers.

Boehm, C. 1993. Egalitarian behavior and reverse dominance hierarchy. *Current Anthropology* 34(3):227-254.

———. 1999. *Hierarchy in the forest: The evolution of egalitarian behavior*. Cambridge, MA: Harvard University Press.

Boserup, E. 1965. *The conditions of agricultural growth: The economics of agrarian change under population pressure*. Chicago: Aldine.

Bosma, H., M. G. Marmot, H. Hemingway, A. C. Nicholson, E. Brunner, and S. A. Stansfeld. 1997. Low job control and risk of coronary heart disease in Whitehall II (prospective cohort) study. *British Medical Journal* 314:558-565.

Bosma, H., H. D. van de Mheen, and J. P. Mackenbach. 1999. Social class in childhood and general health in adulthood: Questionnaire study of the contribution of psychological attributes. *British Medical Journal* 318:18-22.

Bosma, H., R. Peter, J. Siegrist, and M. Marmot. 1998. Two alternative job stress models and risk of coronary heart disease. *American Journal of Public Health* 88:68-74.

Bourdieu, P. 1984. *Distinction: A social critique of the judgement of taste.* Translated by Richard Nice. Cambridge, MA: Harvard University Press.

Bowlby, J. 1947. The therapeutic approach in sociology. *Sociological Review* 39: 39-49.

Boydell, J., J. van Os, K. McKenzie, J. Allardyce, R. Goel, R. G. McCreadie, and R. M. Murray. 2001. Incidence of schizophrenia in ethnic minorities in London: Ecological study into interactions with environment. *British Medical Journal* 323:1,336.

Boyle. J. 1977. *A sense of freedom.* London: Pan Books.

Braastad, B. O. 1998. Effects of prenatal stress on behaviour of offspring oflaboratory and farmed mammals. *Applied Animal Behaviour Science* 61:159-180.

Bradshaw, J. 2000. Child poverty in comparative perspective. In *Breadline Europe: The measurement of poverty.* Edited by D. Gordon and P Townsend. Bristol: Policy Press.

Brannen, S.J., R.D. Bradshaw, E.R. Hamlin. J.P Fogarty, T.W. Colligan. 1999. Spouse abuse: Physician guidelines to identification, diagnosis, and management in the uniformed services. Military Medicine 164(1):30-36.

Brodish P. H., M. Massing, and H. A. Tyroler. 2000. Income inequality and allcause mortality in the 100 counties of North Carolina. *Southern Medical journal* 93(4): 386-391.

Brosnan, S. F., and F. B. M. de Waal. 2003. Monkeys reject unequal pay. *Nature* 425: 297-299.

Brown, S., R. M. Nesse, A.D. Vinokur, and D.M. Smith. 2003. Providing social support may be more beneficial than receiving it: Results from a prospective study of mortality. *Psychological Science* 14(4):320-327.

Bruhn, J. G., and S. Wolf. 1979. *The Roseto story.* Norman: University of Oklahoma Press.

Brunner, E., G. D. Smith, M. Marmot, R. Canner, M. Beksinska, and J. O'Brien. 1996. Childhood social circumstances and psychosocial and behavioral factors as determinants of plasma-fibrinogen. *Lancet* 347:1,008-1,013.

Buss, D. 1999. *Evolutionary psychology: The new science of the mind.* Boston: Allyn and Bacon.

Byrne, R. 1995. *The thinking ape: Evolutionary origins of intelligence.* Oxford: Oxford

University Press.
Caldjia, C., J. Diorioa, and M. J. Meaney. 2000. Variations in maternal care in infancy regulate the development of stress reactivity. *Biological Psychiatry* 48(12): 1,164-1,174.
Caldwell. J. C., 1986. Routes to low mortality in poor countries. *Population and Development Review* 12.
Caldwell, J. C, and P. Caldwell. 1993. Women's position and child morbidity and mortality in LDCs. In *Women's position and demographic change*. Edited by N. Federici, K. Oppenheim Mason, and S. Sogner. Oxford: Clarendon Press.
Casas. J. A., and J. N. Dachs. 1998. Infant mortality and socioeconomic inequalities in the Americas. Paper prepared for the Pan American Health Organization.
Cassel, J. 1976. The contribution of social environment to host resistance. *American Journal of Epidemiology* 104:107-123.
Centers for Disease Control. 2002. *National Vital Statistics Report* 50(15). Atlanta: CDC.
Chance, M. 1998. Toward the derivation of a scientific basis for ethics. *Evolution and Cognition* 4:2-10.
Chance, M. R. A., ed. 1988. Social fabrics of the mind. Hillsdale, NJ: Lawrence Erlbaum.
Chance, M. R. A., and C. Jolly. 1970. *Social groups of monkeys, apes and men*. London: Cape and Dutton.
Chang, C. J., J. Fang, and P. S. Arno. 1999. Infant mortality and income inequality in New York City. Paper presented to the Taipei International Conference on Health Economics, March 25-27.
Channel 4. 1996. *The Great Leveller*, television documentary in the Equinox series. Broadcast September 15, 1996.
Charlesworth, S. J. 2000. *The Phenomenology of Workingclass Experience*. Cambridge: Cambridge University Press.
Charlesworth, S. J., P. Gilfillan, and R. G. Wilkinson. 2004. Living Inferiority. *British Medical Bulletin* 69:49-60.
Chen, E., and K. A. Matthews. 2001. Cognitive appraisal biases: An approach to understanding the relation between socioeconomic status and cardiovascular reactivity in children. *Annals of Behavioral Medicine* 23(2):101-111.
Chiang, T.-L. 1999. Economic transition and changing relation between income inequality and mortality in Taiwan: Regression analysis. *British Medical Journal* 319:1,162-1,165.
Chisholm, J. S., and V. K. Burbank. 2001. Evolution and inequality. *International Journal of Epidemiology* 30:206-211.
Clark, A. E., and A. J. Oswald. 1996. Satisfaction and comparison income. *Journal of Public Economics* 61(3):359-381.

Coall, D. A., and J. S. Chisholm. 2003. Evolutionary perspectives on pregnancy: Maternal age at menarche and infant birth weight. *Social Science & Medicine* 57(10):1,771-1,781.

Cohen, M. N. 1977. *The food crisis in prehistory: Overpopulation and the origins of agriculture*. New Haven: Yale University Press.

Cohen, S., W.J. Doyle, and D.P. Skoner. 1999. Psychological stress, cytokine production, and severity of upper respiratory illness. *Psychosomatic Medicine* 61:175-180.

Cohen, S., W. J. Doyle, D.P. Skoner, B. S. Rabin, and J. M. Gwaltney. 1997. Social ties and susceptibility to the common cold. *Journal of the American Medical Association* 277:1,940-1,944.

Conyon, M. J., and R. B. Freeman. 2001. Shared modes of compensation and firm performance: UK evidence. National Bureau of Economic Research Working Paper W8448. See also M. J. Conyon and R. B. Freeman. 2001. Firm benefits from share-owning workers. *Financial Times*, Mastering People Management series.

Cosmides, L. L., and J. Tooby. 1992. Cognitive adaptations for social exchange. In *The adapted mind: Evolutionary psychology and the generation of culture*. Edited by J. H. Barkow, L. Cosmides, and J. Tooby. New York: Oxford University Press.

Daly, H. E., J. B. Cobb. 1990. *For the common good: Redirecting the economy toward community, the environment and a sustainable future*. London: The Merlin Press.

Daly, M., and M. Wilson. 1988. *Homicide*. New York: Aldine de Gruyter.

Daly, M., M. Wilson, and S. Vasdev. 2001. Income inequality and homicide rates in Canada and the United States. *Canadian Journal of Criminology* 43:219-236.

Danforth, M. E. 1999. Nutrition and politics in prehistory. *Annual Review of Anthropology* 28:1-25.

Darwin, C. 1872. *The expression of emotion in men and animals*. London: John Murray.

Davey Smith, G., and M. Egger. 1996. Commentary: Understanding it all: health, meta-theories, and mortality trends. *British Medical Journal* 313:1,584-1,585.

Davey Smith, G., C. Hart, D. Blane, and D. Hole. 1998. Adverse socioeconomic conditions in childhood and cause specific adult mortality: Prospective observational study. *British Medical Journal* 316:1,631-1,635.

Davey Smith, G., M. J. Shipley, and G. Rose. 1990. Magnitude and causes of socioeconomic differentials in mortality: Further evidence from the Whitehall Study. *Journal of Epidemiology and Community Health* 44:265-270.

Deaton, A., and D. Lubotsky. 2003. Mortality, inequality and race in American cities and states. Social Science and Medicine 56:1,139-1,153.

Department for Work and Pensions. 2003. *Households below average income 2001/2.* Office for National Statistics, London.

Dobash, R. P., R. E. Dobash, M. Wilson, and M. Daly. 1992. The myth of sexual symmetry in marital violence. *Social Problems* 39(1):71-91.

Donkin, A., P. Goldblatt, and K. Lynch. 2002. Inequalities in life expectancy by social class 1972-1999. *Health Statistics Quarterly* 52:15-19.

Drago, F., F. DiLeo, and L. Giardina. 1999. Prenatal stress induces body weight deficit and behavioural alterations in rats: The effect of diazepam. *European Neuropsychopharmacology* 9(3):239-245.

Dunbar, R. I. M. 1992. Neocortex size as a constraint on group size in primates. *Journal of Human Evolution* 20:469-493.

———. 1996. *Grooming, gossip and the evolution of language.* London: Faber and Faber.

———. 2001. Brains on two legs: Group size and the evolution of intelligence. In *the tree of origin: What primate behavior can tell us about human social evolution.* Edited by Frans B. M. de Waal. Cambridge, MA: Harvard University Press.

Dykman, R. A., P. H. Casey, P. T. Ackerman, and W. B. McPherson. 2001. Behavioral and cognitive status in school-aged children with a history of failure to thrive during early childhood. *Clinical Pediatrics* 40:63-70.

Earls, F., J. McGuire, and S. Shay. 1994. Evaluating a community intervention to reduce the risk of child abuse. *Child Abuse and Neglect* 18:473-485.

Egolf, B., J. Lasker, S. Wolf, and L. Potvin. 1992. The Roseto effect: A 50-year comparison of mortality rates. *American Journal of Public Health* 82:1,089-1,092.

Eisenberg, J. F. 1981. *The mammalian radiations: An analysis of trends in evolution, adaptation, and behavior.* Chicago: University of Chicago Press.

Eisenberger, N. I., M. D. Lieberman, and K. D. Williams. 2003. Does rejection hurt? An fMRI study of social exclusion. *Science* 302:290.

Elliot, J. 1996. *Blue eyed.* Dir. Bertram Verhaag.

Elmer, N. 2001. *Self-esteem: The costs and causes of low self-worth.* York: Joseph Rowntree Foundation.

Emerson, R. W. 1883. *The conduct of life.* London: Macmillan.

Erdal, D. 1999. The psychology of sharing: an evolutionary approach. Unpublished PhD. thesis. University of St. Andrews.

Erdal, D., and A. Whiten. 1996. Egalitarianism and Machiavellian intelligence in human evolution. In *Modelling the early human mind.* Edited by P. Mellars and K. Gibson. Cambridge: McDonald Institute for Archeological Research Monographs.

Fajnzylber, P., D. Lederman, and N. Loayza. 2002. Inequality and violent crime. *Journal of Law and Economics* 45(1):1-40.

Fang, J., C. J. Chang, and P. S. Arno. 1999. Income inequality and infant mortality by zip code in New York City. *American Journal of Epidemiology* 149(11 Suppl.): 204.

Fang, J., S. Madhavan, W. Bosworth, and M.H. Alderman. 1998. Residential segregation and mortality in New York City. *Social Science and Medicine* 47(4): 469-476.

Finkler, K. 1997. Gender, domestic violence and sickness in Mexico. *Social Science and Medicine* 45(8):1,147-1,160.

Fisek, M. H., and R. Ofshe. 1970. The process of status evolution. *Sociometry* 33: 327-346.

Flinn, M. V., R. J. Quinlan, M. T. Turner, S. A. Decker, and B. G. England. 1996. Male-female differences in effects of parental absence on glucocorticoid stress response. *Human Nature: An Interdisciplinary Biosocial Perspective* 7(2):125-162.

Frank, R.H. 1988. *Passions within reason: The strategic role of the emotions*. New York: W.W.Norton.

———. 1999. *Luxury fever: Why money fails to satisfy in an era of success*. New York: Free Press.

Franzini, L., J. Ribble, and W. Spears. 2001. The effects of income inequality and income level on mortality vary by population size in Texas counties. *Journal of Health and Social Behavior* 42:373-387.

Franzini, L., and W. Spears. 2003. Contributions of social conditions to inequalities in years of life lost to heart disease in Texas. *Social Science and Medicine* 57(10):1,847-1,861.

Fraser, C. 1984. The follow-up study: Psychological aspects. In *Law birth weight: A medical, psychological and social study*. Edited by R. Illsley and R.G. Mitchell. Chichester: Wiley.

Gardner, P. M. 1991. Foragers' pursuit of individual autonomy. *Current Anthropology* 32(5):543-572.

Gates, G. 1996. Holding your own: The case for employee capitalism. *Demos Quarterly* 8:8-10.

Geronimus, A. T, J. Bound, T. A. Waidmann, C. G. Colen, and D. Steffick. 2001. Inequality in life expectancy, functional status, and active life expectancy across selected black and white populations in the United States. *Demography* 38(2):227-251.

Gilbert, P. 1992. *Depression: The evolution of powerlessness*. Hove: Erlbaum.

———. 1998. What is shame? Some core issues and controversies. In *Shame: interpersonal behavior, psychopathology and culture*. Edited by P. Gilbert and B. Andrews. New York: Oxford University Press.

Gilbert, P., S. Allan, and K. Goss. 1996. Parental representations, shame, interpersonal problems, and vulnerability to psychopathology. *Clinical Psychology and Psychotherapy* 3(1):23-34.

Gilbert, P., and M. T. McGuire. 1998. Shame, status, and social roles: Psychobiology and evolution. In *Shame: Interpersonal behavior, psychopathology, and culture*. Edited by P. Gilbert and B. Andrews. New York: Oxford University Press.

Gilligan, J. 1996. *Violence: Our deadly epidemic and its causes*. New York: G. P. Putnam.

———. 2001. *Preventing violence*. London: Thames and Hudson.

Gitau, R., A. Cameron, N. M. Fisk, and V. Glover. 1998. Fetal exposure to maternal cortisol. *Lancet* 352:707-708.

Gorbachev, M. 1987. "The way ahead ····· more democracy and openness." *The Guardian*. Monday, February 2.

Gorey, K. M. 1994. The association of socioeconomic inequality with cancer incidence: An explanation for racial group cancer incidence. Ph.D. diss., State University of New York at Buffalo.

Grant, L. 2000. Take no prisoners. *The Guardian*, Weekend, May 13.

Gravelle, H. 1998. How much of the relationship between population mortality and inequality is a statistical artefact? *British Medical Journal* 316:382-385.

Gunnar, M. R. 1998. Quality of early care and buffering of neuroendocrine stress reactions: Potential effects on the developing human brain. *Preventive Medicine* 27(2):208-211.

Gunnell, D., E. Whitley, M.N. Upton, A. McConnachie, G. Davey Smith, and G. C. M. Watt. 2003. Associations of height, leg length, and lung function with cardiovascular risk factors in the Midspan Family Study. *Journal of Epidemiology and Community Health* 57:141-146.

Hajdu, P., M. McKee, and F. Bojan. 1995. Changes in premature mortality differentials by marital status in Hungary and England and Wales. *European Journal of Public Health* 5:529-564.

Hales, S., P. Howden-Chapman, C. Salmond, A. Woodward, and J. Mackenbach. 1999. National infant mortality rates in relation to gross national product and distribution of income. *Lancet* 354:2,047.

Halpern, D. S. 1993. Minorities and mental health. *Social Science and Medicine* 36:597-607.

Hamilton, C. 2003. *Overconsumption in Britain: A culture of middle-class complaint?* Discussion Paper no. 57, Australian Institute, Canberra.

Hartmann, P. 1977. A perspective on the study of social attitudes. *European Journal of Social Psychology* 7(1):85-96.

Hemingway, H., H. Kuper, and M. G. Marmot. 2002. Psychosocial factors in the primary and secondary prevention of coronary heart disease. In *Evidence-based cardiology*. Edited by S. Yusef, J. A. Cairns, A. J. Camm, E. L. Fallen, and B. J. Gersh. 2nd ed. London: BMJ Books.

Hertzman, C. 1995. *Environment and health in central and eastern Europe*. Washington, D.C.: World Bank.

Hertzman, C., S. Kelly, and M. Bobak. 1996. *East-West life expectancy gap in Europe: Environmental and non-environmental determinants*. Dortrecht: Kluwer Academic Publishers.

Higley, J. D., S. T. King, M. F. Hasert, M. Champoux, S. J. Suomi, and M. Linnoila. 1996. Stability of interindividual differences in serotonin function and its relationship to severe aggression and competent social behavior in rhesus macaque females. *Neuropsychopharmacology* 14(1):67-76.

Hobbes, T. 1996. *Leviathan*. Edited by Richard Tuck. Cambridge: Cambridge University Press.

House, J. S., K. R. Landis, and D. Umberson. 1988. Social relationships and health. *Science* 241:540-545.

Hsieh, C. C., and M. D. Pugh. 1993. Poverty, income inequality, and violent crime: A meta-analysis of recent aggregate data studies. *Criminal Justice Review* 18: 182-202.

Jackson, T., and N. Marks. 1994. *U.K. Index of Sustainable Economic Welfare*. Stockholm Environment Institute in cooperation with New Economic Foun- dation.

James, O. 1995. *Juvenile violence in a winner-loser culture: Socioeconomic and familial origins of the rise in violence against the person*. London: Free Association Books.

Jefferis, B. J. M. H., C. Power, and C. Hertzman. 2002. Birth weight, childhood socioeconomic environment, and cognitive development in the 1958 British birth cohort study. *British Medical Journal* 325:305.

Jolly, A. 1985. *The evolution of primate behavior*. (2nd ed.) New York: Macmillan.

Jung, C. G. 1917. *Gesammelte werke, vol. 7: Uber die psychologie des unberwussten* (1964).

Kalrna, A. 1991. Hierarchisation and dominance assessment at first glance. *European Journal of Social Psychology* 21:165-181.

Kangas, O., and J. Palme. 1998. Does social policy matter? Poverty cycles in OECD countries. Luxembourg Income Study Working Paper 187, September.

Kaplan, G. A., E. Pamuk, J. W Lynch, R. D. Cohen, and J. L. Balfour. 1996. Inequality in income and mortality in the United States: Analysis of mortality and potential pathways. *British Medical Journal* 312:999-1,003.

Kapur, A. 1998. Poor but prosperous. *Atlantic Monthly* (September): 40-45.

Karasek, R., and T. Theorell. 1990. *Healthy work: Stress, productivity and the re-*

construction of working life. New York: Basic Books.

Karlsen, S., J. Y. Nazroo, and R. Stephenson. 2002. Ethnicity, environment and health: Putting ethnic inequalities in health in their place. *Social Science & Medicine* 55(9):1,647-1,661.

Kawachi, I., and B.P. Kennedy. 1997. The relationship of income inequality to mortality: does the choice of indicator matter? *Social Science & Medicine* 45:1,121-1,127.

Kawachi, I., B. P. Kennedy, V. Gupta, and D. Prothrow-Stith. 1999. Women's status and the health of women: A view from the States. *Social Science and Medicine* 48(1):21-32.

Kawachi, I., B. P. Kennedy, K. Lochner, and D. Prothrow-Stith. 1997. Social capital, income inequality and mortality. *American Journal of Public Health* 87:1,491-1,498.

Kemper, T. D. 1988. The two dimensions of sociality. In *Social fabrics of the mind.* Edited by M. R. A. Chance. Hillsdale, NJ: Lawrence Erlbaum.

Kennedy, B. P., I. Kawachi, and E. Brainerd. 1998. The role of social capital in the Russian mortality crisis. *World Development* 26(11):2,029-2,204.

Kennedy, B. P., I. Kawachi, R. Glass, and D. Prothrow-Stith. 1998. Income distribution, socioeconomic status, and self-rated health in the U.S.: A multilevel analysis. *British Medical Journal* 317:917-921.

Kennedy, B. P., 1I. Kawachi, K. Lochner, C.P. Jones, and D. Prothrow-Stith. 1997. (Dis)respect and black mortality. *Ethnicity & Disease* 7:207-214.

Kennedy, B. P., I. Kawachi, and D. Prothrow-Stith. 1996. Income distribution and mortality: Cross sectional ecological study of the Robin Hood index in the United States. *British Medical journal* 312:1,004-1,007. See also B. P. Kennedy, I. Kawachi, and D. Prothrow-Stith. 1996. Important correction. *British Medical Journal* 312:1,194.

Kennedy B. P., I. Kawachi, D. Prothrow-Stith, and V. Gupta. 1998. Income inequality, social capital and firearm-related violent crime. *Social Science and Medicine* 47:7-17.

Kiecolt-Glaser, J. K., R. Glaser, J. T. Cacioppo, R. C. MacCallum, M. Snydersmith, C. Kim, and W. B. Malarkey. 1997. Marital conflict in older adults: Endocrinological and immunological correlates. *Psychosomatic Medicine* 59(4):339-349.

Kiecolt-Glaser, J. K., R. Glaser, J. T. Cacioppo, and W. B. Malarkey. 1998. Marital stress: Immunologic, neuroendocrine, and autonomic correlates. *Annals of the New York Academy of Sciences* 840:656-663.

Kivimäki, M., P. Leino-Arjas, R. Luukkonen, H. Riihimäki, J. Vahtera, and J. Kirjonen. 2002. Work stress and risk of cardiovascular mortality: Prospec- tive cohort study of industrial employees. *British Medical Journal* 325:857.

Kobayashi, H., and S. Kohshima. 2001. Unique morphology of the human eye and its adaptive meaning: Comparative studies on external morphology of the primate eye. *Journal of Human Evolution* 40(5):419-435.

Kramer, P. 1993. *Listening to Prozac.* New York: Penguin Books.

Kristenson, M., K. Orth-Gomer, Z. Kucinskiene, B. Bergdahl, H. Calkauskas, I. Balinkyniene, and A. G. Olsson. 1998. Attenuated cortisol response to a standardised stress test in Lithuanian versus Swedish men: The LiVicordia Study. *International journal of Behavioural Medicine* 5(1):17-30.

Lantz, P. M., J. S. House, J. M. Lepkowski, D. R. Williams, R. P. Mero, and J. M. Chen. 1998. Socioeconomic factors, health behaviors, and mortality: results from a nationally representative prospective study of US adults. *Journal of the American Medical Association* 279(21):1,703-1,708.

Larsen, C. P. 1995. Biological changes in human populations with agriculture. *Annual Review of Anthropology* 24:185-213.

Lasch, C. 1997. *Haven in a heartless world: The family besieged.* New York: Basic Books.

Lassner, J. B., K. A. Matthews, and C. M. Stoney. 1994. Are cardiovascular reactors to asocial stress also reactors to social stress? *Journal of Personality and Social Psychology* 66(1):69-77.

Layard, R. 2003. Happiness: Has social science a clue? Lionel Robbins Memorial Lectures, delivered at the London School of Economics, March 3-5.

Le Grand, J. 1987. An international comparison of inequalities in health. Welfare State Programme Discussion Paper 16, London School of Economics.

Leary, M. R., and R. M. Kowlaski. 1995. *Social anxiety.* New York: Guilford Press.

LeClere, F. B., and M. J. Soobader. 2000. The effect of income inequality on the health of selected U.S. demographic groups. *American Journal of Public Health* 90(12):1,892-1,897.

Lee, M. R., and W. B. Bankston. 1999. Political structure, economic inequality, and homicide: A cross-sectional analysis. *Deviant Behavior: An Interdiscipli- nary Journal* 19:27-55.

Lee, P. C. 1996. Inferring cognition from social behaviour in nonhumans. In *Modelling the early human mind.* Edited by P. Mellars and K. Gibson. Cambridge: McDonald Institute for Archaeology.

Leon, D., and R. G. Wilkinson. 1998. Inequalities in prognosis: Socioeconomic differences in cancer and heart disease survival. In *Health inequalities in European countries.* Edited by J. Fox. Aldershot: Gower.

Leventhal, T., and J. Brooks-Gunn. 2000. The neighborhoods they live in: The effects of neighborhood residence on child and adolescent outcomes. *Psychological Bulletin* 126(2):309-337.

Levinson, D. 1989. *Family violence in cross-cultural perspective.* Newbury Park, CA: Sage.

Lewis, H. B. 1980. "Narcissistic personality" or "Shame-prone superego mode." *Comparative Psychotherapy* 1:59-80.

Lewis, M., and D. Ramsay. 2002. Cortisol response to embarrassment and shame. Child Development 73(4):1,034-1,045.

Liu, D., J. Diorio, B. Tannenbaum, C. Caldji, D. Francis, A. Freedman, S. Sharma, D. Pearson, P. M. Plotsky, and M. J. Meaney. 1997. Maternal care, hippocampal glucocorticoid receptors, and hypothalamic-pituitary-adrenal responses to stress. *Science* 277:1,659-1,662.

Lobmayer, P., and R. G. Wilkinson. 2000. Income, inequality and mortality in 14 developed countries. *Sociology of Health and Illness* 22(4):401-414.

———. 2002. Inequality, residential segregation by income, and mortality in U.S. cities. *Journal of Epidemiology and Community Health* 56(3):183-187.

Long, J. M., J. J. Lynch, N. M. Machiran, S. A. Thomas, and K. Malinow. 1982. The effect of status on blood pressure during verbal communication. *Journal of Behavioral Medicine* 5:165-172.

Lundberg, O. 1993. The impact of childhood living conditions on illness and mortality in adulthood. *Social Science and Medicine* 36:1,047-1,052.

Lynch, J., G. Davey Smith, S. Harper, M. Hillemeier, N. Ross, G. A. Kaplan, and M. Wolfson. 2004. Is income inequality a determinant of population health? Part 1. A systematic review. *Milbank Quarterly* 82(1):5-99.

Lynch, J., G. Davey Smith, M. Hillemeier, M. Shaw, T. Raghunathan, and G. Kaplan. 2001. Income inequality, the psychosocial environment and health. *Lancet* 358(9277):194-200.

Lynch, J., G. Davey Smith, G. A. Kaplan, and J. S. House. 2000. Income inequality and mortality: Importance to health of individual income, psychosocial environment, or material conditions. *British Medical Journal* 320:1,200-1,203.

Lynch, J., G. A. Kaplan, E. R. Pamuk, R. D. Cohen, K. E. Heck, J. L. Balfour, and I. H. Yen. 1998. Income inequality and mortality in metropolitan areas of the United States. *American Journal of Public Health* 88:1,074-1,080.

Mahler, V. A. 2002. Exploring the subnational dimension of income inequality: An analysis of the relationship between inequality and electoral turnout in the developed countries. Luxembourg Income Study Working Paper 292, January.

Marmot, M., and M. Bobak. 2000. International comparators and poverty and health in Europe. *British Medical Journal* 321:1,124-1,128.

Marmot, M. G., H. Bosma, H. Hemingway, E. Brunner, and S. Stansfeld. 1997. Contribution of job control and other risk factors to social variations in coronary heart disease incidence. *Lancet* 350(9073):235-239.

Marmot, M. G., and G. Davey Smith. 1989. Why are the Japanese living longer? *British Medical journal* 299:1,547-1,551.

Marmot, M.G., M.J. Shipley, and G. Rose. 1984. Inequalities in death: Specific explanations of a general pattern? *Lancet* (May 5):1,003-1,006.

Marmot, M., and R.G. Wilkinson. 2001. Psychosocial and material pathways in the relation between income and health: A response to Lynch et al. *British Medical journal* 322:1,233-1,236.

Marucha, P.T., J.K Kiecolt-Glaser, and M. Favagehi. 1998. Mucosal wound healing is impaired by examination stress. *Psychosomatic Medicine* 60(3):362-365.

Marx, K., and F. Engels.1848. *The manifesto if the Communist Party.*

Mathews, F., P. Yudkin, and A. Neil. 1999. Influence of maternal nutrition on outcome of pregnancy: Prospective cohort study. *British Medical journal* 319:339-343.

McCall, N. 1994. *Makes me wanna holler: A young black man in America.* New York: Random House.

McCord, C., and H. P. Freeman. 1990. Excess mortality in Harlem. *New England journal of Medicine* 322:173-177.

McCord, J. 1984. Early stress and future personality. In *Stress and disability in childhood.* Edited by N. R. Butler and B. D. Corner. Bristol: Wright.

McIsaac, S. J., and R. G. Wilkinson. 1997. Income distribution and causespecific mortality. *European journal of Public Health* 7:45-53.

Meaney, M. J., D. H. Aitken, C. van Berkel, S. Bhatnagar, and R. M. Sapolsky. 1988. Effect of neonatal handling on age-related impairments associated with the hippocampus. *Science* 239:766-768.

Mehlman, P. T., J. D. Higley, I. Faucher, A. A. Lilly, D. M. Taub, J. Vickers, S. J. Suomi, and M. Linnoila. 1995. Correlation of CSF 5-HIAA concentration with sociality and the timing of emigration in free-ranging primates. *American journal of Psychiatry* 152(6):907-913.

Mellor, J. M., and J. Milyo. 2002. Income inequality and health status in the United States: Evidence from the current population survey. *journal of Human Resources* 37(3):510-539.

Messner, S. F., and R. Rosenfeld. 1997. Political restraint of the market and levels of criminal homicide: a cross-national application of institutionalanomie theory. *Social Forces* 75(4):1,393-1,416.

Milgram, S. 1974. *Obedience to authority: An experimental view.* New York: Harper.

Miringoff, M-L., M. Miringoff, and S. Opdycke. 1996. The growing gap between standard economic indicators and the nation's social health. *Challenge* (july-August):17-22.

Moffitt, T. E., G. L. Brammer, A. Caspi. J. P Fawcett, M. Raleigh, A. Yuwiler, and P.

Silva. 1998. Whole blood serotonin relates to violence in an epidemiological study. *Biological Psychiatry* 43(6):446-457.

Moffitt, T. E., A. Caspi, J. Belski, and P. A. Silva. 1992. Childhood experience and the onset of menarche: A test of a sociobiological model. *Child Development* 63: 47-58.

Montgomery, S. M., M. J. Bartley, D. G. Cook, and M. E. J. Wadsworth. 1996. Health and social precursors of unemployment in young men in Great Britain. *Journal of Epidemiology and Community Health* 50(4):415-422.

Montgomery, S. M., M. J. Bartley, and R. G. Wilkinson. 1997. Family conflict and slow growth. *Archives of the Diseases of Childhood* 77:326-330.

Montgomery, S. M., L. R. Berney, and D. Blane. 2000. Prepubertal stature and blood pressure in early old age. *Archives of Diseases of Childhood* 82(5):358-363.

Morgan, D., K. A. Grant, H. D. Gage, R. H. Mach, J. R. Kaplan, O. Prioleau, S. H. Nader, N. Buchheimer, R. L. Ehrenkaufer, and M. A. Nader. 2002. Social dominance in monkeys: Dopamine D2 receptors and cocaine selfadminist- ration. *Nature Neuroscience* 5(2):169-174.

Neapolitan, J. L. 1999. A comparative analysis of nations with low and high levels of violent crime. *Journal of Criminal Justice* 27(3):259-274.

Ng, F., and M. H. Bond. 2002. Economic, social and psychological factors predicting homicide: A cross-national study. Chinese University of Hong Kong.

Oakeshoot, R. 2000. Jobs and fairness: the logic and experience of employee ownership. Norwich: Michael Russell.

O'Connor, T. G., J. Heron, J. Golding, M. Beveridge, and V. Glover. 2002. Maternal antenatal anxiety and children's behavioural/emotional problems at 4 years: Report from the Avon Longitudinal Study of Parents and Children. *British Journal of Psychiatry* 180:502-508.

Office of Health Economics. 1992. *Compendium of health statistics.* London: OHE.

———. 1993. *Briefing: The impact of unemployment on health.* No. 29, July. London:OHE.

Paine, T. *The rights of man.*

Pattussi, M. P., W. Marcenes, R. Croucher, and A. Sheiham. 2001. Social deprivation, income inequality, social cohesion and dental caries in Brazilian school children. *Social Science and Medicine* 53(7):915-925.

Phillips, D. I. W, and D. J. P. Barker. 1997. Association between low birth weight and high resting pulse in adult life: Is the sympathetic nervous system involved in programming the insulin resistance syndrome? *Diabetic Medicine* 14:673-677.

Phillips, D. I. W, B. R. Walker, R. M. Reynolds, D. E. H. Flanagan, P. J. Wood, C. Osmond, D. J. P. Barker, and C. B. Whorwood. 2000. Low birth weight pre-

dicts elevated plasma cortisol concentrations in adults from 3 populations. *Hypertension* 35(6):1,301-1,306.
Pickett, K. E., J. Collins, C. Masie, and R. G. Wilkinson. 2005. The effects of racial density and income incongruity on pregnancy outcomes. *Social Science and Medicine* (in press).
Pickett, K. E., S. Kelly, E. Brunner, R. Leach, and R. G. Wilkinson. 2005 (forthcoming). Wider income gaps, wider waistbands? An ecological study of obesity and income inequality.
Pickett, K. E., and R. G. Wilkinson. 2005 (forthcoming). Teenage births, violence and income inequality.
Pigou, A. C. 1932. *Economics of welfare*. London: MacMillan.
Pinker, S. 1997. *How the mind works*. New York: W.W. Norton.
Plato. 1970. *The Laws*. Translated by T. J. Saunders. Harmondsworth: Penguin.
Power, M. 1991. *The egalitarians, human and chimpanzee: An anthropological view of social organization*. Cambridge: Cambridge University Press.
Prandy, K. 1990. The revised Cambridge scale of occupations. *Sociology* 24(4): 629-655.
Pruessner, J. C., D. H. Hellhammer, and C. Kirschbaum. 1999. Low self-esteem, induced failure and the adrenocortical stress response. *Personality and Individual Differences* 27(3):477-489.
Pusey, A., J. Williams, and J. Goodall. 1997. The influence of dominance rank on the reproductive success of female chimpanzees. *Science* 277:828-831.
Putnam, R. D. 2000. *Bowling Alone: The collapse and Revival of American Community*. New York: Simon & Schuster.
Putnam, R. D., R. Leonardi, and R. Y. Nanetti. 1993. *Making democracy work: Civic traditions in modern Italy*. Princeton: Princeton University Press.
Raine, A., P. A. Brennan, D. P Farrington, and S. A. Mednick, eds. 1997. *Biosocial bases of violence*. NATO ASI Series A292. New York: Plenum Press.
Raleigh, M. J., M. T. McGuire, G. L. Brammer, D. B. Pollack, and A. Yuwiler. 1991. Serotonergic mechanisms promote dominance acquisition in adult male vervet monkeys. *Brain Research* 559:181-190.
Raleigh, M. J., M. T. McGuire, G. L. Brammer, and A. Yuwiler. 1984. Social and environmental influences on blood serotonin concentrations in monkeys. *Archives of General Psychiatry* 41:405-410.
Ray, J. J. 1990. The old-fashioned personality. *Human Relations* 43:997-1,015.
Regidor, E., M. E. Calle, P. Navarro, and V. Dominguez. 2003. Trends in the association between average income, poverty and income inequality and life expectancy in men and women in the regions of Spain. *Social Science and Medicine* 56(5):961-971.

Relate/Candis. 1998. *Why we argue*. London: Relate.
Relethford, J. H. 2003. *The human species*. Boston: McGraw-Hill.
Reynolds, V., and G. Luscombe. 1976. Greeting behaviour, displays and rank order in a group of free-ranging chimpanzees. In *The social structure of attention*. Edited by M. R. A. Chance and R. Larsen. New York: Wiley.
Rilling, J. K., D. A. Gutman, T. R. Zeh, G. Pagnoni, G. S. Berns, and C. D. Kilts. 2002. A neural basis for social cooperation. *Neuron* 35:395-405.
Rizzolatti, G., L. Fogassi, and V. Gallese. 2000. Mirror neurons: Intentionality detectors? *International Journal of Psychology* 35(3-4):205.
Rodgers, G.B. 1997. Income and inequality as determinants of mortality: An international cross-section analysis. *Population Studies* 33:343-351.
Rose, G. 1992. *The strategy of preventive medicine*. Oxford: Oxford University Press.
Rose, G., and M. G. Marmot. 1981. Social class and coronary heart disease. *British Heart Journal* 45:13-19.
Ross, N. A., M. C. Wolfson, J. R. Dunn, J. M. Berthelot, G. A. Kaplan, and J. W. Lynch. 2000. Relation between income inequality and mortality in Canada and in the United States: Cross sectional assessment using census data and vital statistics. *British Medical Journal* 320:898-902.
Sable, M. R., and D. S. Wilkinson. 2000. Impact of perceived stress, major life events and pregnancy attitudes on low birth weight. *Family Planning Perspectives* 32(6):288-294.
Sahlins, M. 1974. *Stone age economics*. London: Tavistock.
Sanmartin, C., N. A. Ross, S. Tremblay, M. Wolfson, J. R. Dunn, and J. Lynch. 2003. Labour market income inequality and mortality in North American metropolitan areas. *Journal of Epidemiology and Community Health* 57(10): 792-797.
Sapolsky, R. M. 1993. Endocrinology alfresco: Psychoendocrine studies of wild baboons. *Recent Progress in Hormone Research* 48:437-468.
———. 1996. Why stress is bad for your brain. *Science* 273:749-750.
———. 1998. *Why zebras don't get ulcers: A guide to stress, stress-related disease and coping*. 2nd ed. New York: W. H. Freeman.
———. 2001. *A primate's memoir*. London: Jonathan Cape.
Scheff, T. J. 1988. Shame and conformity: the deference-emotion system. *American Sociological Review* 53:395-406.
———. 1990. *Microsociology: Discourse, emotion and social structure*. Chicago: University of Chicago Press.
Scheff, T. J., S. M. Retzinger, and M. T. Ryan. 1989. Crime, violence, and self-esteem: Review and proposals. In *The social importance of self-esteem*. Edited by A. M. Mecca, N. J. Smelser, and J. Vasconcellos. Berkeley: University of California Press.

Schor, J. 1998. *The overspent American: When buying becomes you.* New York: Basic Books.

Schore, A. N. 1998. Early shame experiences and infant brain development. In *Shame: Interpersonal behavior, psychopathology and culture.* Edited by P. Gilbert and B. Andrews. New York: Oxford University Press.

Seeman, T. E. 2000. Health promoting effects of friends and family on health outcomes in older adults. *American Journal of Health Promotion* 14(6): 362-370.

Sen, A. 1981. Public action and the quality of life in developing countries. *Oxford Bulletin of Economics and Statistics* 43:287-319.

Shaw, G. B. 1928. *The intelligent woman's guide to socialism and capitalism.* New York: Brentano's.

Shively, C. A., and T. B. Clarkson. 1994. Social status and coronary artery atherosclerosis in female monkeys. *Arteriosclerosis and Thrombosis* 14:721-726.

Sidanius, J., and F. Pratto. 1999. *Social dominance: An intergroup theory of social hierarchy and oppression.* Cambridge: Cambridge University Press.

Smith, A. 1759. *The theory of the moral sentiments.* Reprint. Indianapolis: Liberty Classics, 1952.

Soloman, K. 1981. The masculine gender role and its implications for the life expectancy of older men. *Journal of American Geriatrics Society* 29(7):297-301.

Soobader, M.-J., and F. B. LeClere. 1999. Aggregation and the measurement of income inequality: Effects on morbidity. *Social Science and Medicine* 48(6): 733-744.

Stafford, M., M. Bartley, R. Boreham, R. Thomas, R. Wilkinson, and M. Marmot. 2000. Neighbourhood social cohesion and health. In *Social capital and health.* Edited by A. Morgan. London: Health Development Agency.

Stafford, M., M. Bartley, R. Wilkinson, R. Boreham, R. Thomas, A. Sacker, and M. Marmot. 2003. Measuring the social environment: Social cohesion and material deprivation in English and Scottish neighbourhoods. *Environmental Planning A* 35:1,459-1,475.

Stam, M. C., R. Koyuncu, E. R. Pelfrene, G. de Backer, and M. D. Kornitzer. 2002. Psychosocial characteristics and coronary risk factors in relation to fibrinogen in a Belgian working population of middle-aged men and women.

Stanistreet, D., A. Scott-Samuel, and M. Bellis. 1999. Income inequality and mortality in England: Is there a threshold effect? *Journal of Public Health Medicine* 21(2):205-207.

Stansfeld, S. 1999. Social support and social cohesion. In *Social determinants of health*, ed. M. Marmot and R. G. Wilkinson. Oxford: Oxford University Press.

Subramanian, S. V., T. Blakely, and I. Kawachi. 2003. Income inequality as a public health concern: Where do we stand? *Health Services Research* 38(1): 153-167.

Subramanian, S. V., I. Delgado, L. Jadue, J. Vega, and I. Kawachi. 2003. Income inequality and health: Multilevel analysis of Chilean communities. *Journal of Epidemiology and Community Health* 57(11):844-848.

Subramanian, S. V., and I. Kawachi. 2004. Income inequality and health: what have we learned so far? *Epidemiologic Reviews* 26:1-14.

Suomi, S. J. 1991. Early stress and adult emotional reactivity in rhesus monkeys. In *The childhood environment and adult disease*. Edited by D. Barker. Chichester: Wiley.

Swift, A. 1995. The sociology of complex equality. In *Pluralism, justice, and equality*. Edited by D. Miller and M. Walzer. Oxford: Oxford University Press.

Tajfel, H., M. G. Billig, R. P. Bundy, and C. Flament. 1971. Social categorization and intergroup behaviour. *European Journal of Social Psychology* 1(2): 149-178.

Tarkowska, E., and J. Tarkowski. 1991. Social disintegration in Poland: Civil society or amoral familism? *Telos* 89:103-109.

Teixeira, J. M. A., N. M. Fisk, and V. Glover. 1998. Association between maternal anxiety in pregnancy and increased uterine artery resistance index: Cohort based study. *British Medical Journal* 318:153-157.

Teranishi, H., H. Nakagawa, and M. Marmot. 2001. Social class difference in catch up growth in a national British cohort. *Archives of the Diseases of Childhood* 84:213-221.

Theorell, T. 2004. Democracy at work and its relationship to health. In *Emotional and physiological processes and positive intervention strategies. Research in occupational stress and well-being*. Edited by P. L. Perrewé and D. C. Ganster. Volume 3, 323-327. Amsterdam: Elsevier.

Timio, M., P. Verdecchia, S. Venanzi, S. Gentili, M. Ronconi, B. Francucci, M. Montanari, and E. Bichisao. 1988. Age and blood pressure changes: A 20-year follow up study in 5 in a secluded order. *Hypertension* 12:457-461.

Titmuss, R. M. 1958. War and social policy. In *Essays on the welfare state*. Edited by R. M. Titmuss. London: Unwin.

Tocqueville, A. de. 2000. *Democracy in America*. Translated by Stephen D. Grant. Indianapolis: Hackett.

Trower, P., P. Gilbert, and G. Sherling. 1990. Social anxiety, evolution and self-presentation. In *Handbook of social and evaluation anxiety*. Edited by H. Leitenberg. New York: Plenum Press.

Uslaner, E. 2002. *The moral foundations of trust*. New York: Cambridge University Press.

Vallee, M., W. Mayo, F. Dellu, M. LeMoal, H. Simon, and S. Maccari. 1997. Prenatal stress induces high anxiety and postnatal handling induces low anxiety in adult offspring: Correlation with stress-induced corticosterone secretion.

Journal of Neuroscience 17:2,626-2,636.

Veenstra, G. 2002. Social capital and health (plus wealth, income inequality and regional health governance). *Social Science and Medicine* 54(6):849-868.

Venetoulis, J., and C. Cobb. 2004. The Genuine Progress Indicator 1950-2002. Redefining Progress, Oakland, California. Available on the web at: http://www.redefiningprogress.org/publications/gpi_march2004update.pdf.

Verkes, R. J., M. W Hengeveld, R. C. van der Mast, D. Fekkes, and G. M. J. van Kempen. 1998. Mood correlates with blood serotonin, but not with glucose measures in patients with recurrent suicidal behavior. *Psychiatry Research* 80(3):239-248.

Visconti, K. J., K. J. Saudino, L. A. Rappaport, J. W. Newburger, and D. C. Bellinger. 2002. Influence of parental stress and social support on the behavioral adjustment of children with transposition of the great arteries. *Developmental and Behavioral Paediatrics* 23(5):314-321.

Vogli, R. de, R. Mistry, R. Gnesotto, and G. A. Cornia. 2004. The relation between income inequality and life expectancy has not disappeared: Evidence from Italy and 22 wealthy nations. *Journal of Epidemiology and Community Health*, forthcoming.

Waal, F. B. M. de, and F. Lanting. 1997. *Bonobo: The forgotten ape*. Berkeley: University of California Press.

Wadhwa, P. D., C. Dunkel-Schetter, A. Chicz-DeMet, M. Porto, and C. A. Sandman. 1996. Prenatal psychosocial factors and the neuroendocrine axis in human pregnancy. *Psychosomatic Medicine* 58:432-446.

Wadsworth, M. E. J. 1984. Early stress and associations with adult health, behaviour and parenting. In *Stress and disability in childhood*. Edited by N. R. Butler and B. D. Corner. Bristol: Wright.

_____. 1991. *The imprint of time: Childhood, history and adult life*. Oxford: Clarendon Press.

Wadsworth, M., M. Maclean, D. Kuh, and B. Rodgers. 1990. Children of divorced and separated parents: Summary and review of findings from a longterm follow-up study in the UK. *Family Practice* 7:104-109.

Walberg, P., M. McKee, V. Shkolnikov, L. Chenet, and D. A. Leon. 1998. Economic change, crime, and mortality crisis in Russia: Regional analysis. *British Medical Journal* 317:312-318.

Waldmann, R. J. 1992. Income distribution and infant mortality. *Quarterly Journal of Economics* 107:1,283-1,302.

Waldron, I., M. Nowotarski, M. Freimer, J. P. Henry, et al. 1982. Cross-cultural variation in blood pressure: A quantitative analysis of the relationships of blood pressure to cultural characteristics, salt consumption and body weight. *Social Science and Medicine* 16:419-430.

Watson, P. 1996. Marriage and mortality in Eastern Europe. In *East-West life expectancy gap in Europe: Environmental and non-environmental determinants.* Edited by C. Hertzman, S. Kelly, and M. Bobak. Dordrecht: Kluwer Academic Publishers.

Wennemo. I. 1993. Infant mortality, public policy and inequality: A comparison of 18 industrialised countries 1950-85. *Sociology of Health and Illness* 15:429-446.

Widdowson, E. M. 1951. Mental contentment and physical growth. *Lancet* (june 16):1,316-1,318.

Wilkinson, R. G. 1973. *Poverty and progress: An ecological model of economic development.* Methuen.

———. 1986. Income and mortality. In *Class and health: Research and longitudinal data.* Edited by R. G. Wilkinson. London: Tavistock.

———. 1992. Income distribution and life expectancy. *British Medical Journal* 304:165-168.

———. 1994. Research note: German income distribution and infant mortality. *Sociology of Health and illness* 16:260-262.

———. 1996a. *Unhealthy societies: The afflictions of inequality.* London: Routledge.

———. 1996b. Health and civic society in Eastern Europe before 1989. In *East-West life expectancy gap in Europe: Environmental and non-environmental determinants.* Edited by C. Hertzman, S. Kelly, and M. Bobak. Dordrecht: KIuwer Academic Publishers.

———. 1997a. Health inequalities: Relative or absolute material standards? *British Medical Journal* 314:591-595.

———. 1997b. Income, inequality and social cohesion. *American Journal of Public Health* 87:104-106.

Wilkinson, R. G., I. Kawachi, and B. Kennedy. 1998. Mortality, the social environment, crime and violence. *Sociology of Health and illness* 20(5):578-597.

Williams, R. B., J. C. Barefoot, J. A. Blumenthal, M. J. Helms, L. Luecken, C. F. Pieper, I. C. Siegler, and E. C. Suarez. 1997. Psychosocial correlates of job strain in a sample of working women. *Archives of General Psychiatry* 54(6):543-548.

Williams, R. B., J. Feaganes, J. C. Barefoot. 1995. Hostility and death rates in 10 U.S. cities. *Psychosomatic Medicine* 57(1):94.

Williamson, J. B., and U. Boehmer. 1997. Female life expectancy, gender stratification, health status, and level of economic development: A cross-national study of less developed countries. *Social Science and Medicine* 45(2):305-317.

Wilson, M., and M. Daly. 1997. Life expectancy, economic inequality, homicide, and reproductive timing in Chicago neighbourhoods. *British Medical Journal* 314:1,271-1,274.

Wolf, N. S., M. E. Gales, E. Shane, and M. Shane. 2001. The developmental trajectory from amodal perception to empathy and communication: The role of mirror neurons in this process. *Psychoanalytic Inquiry* 21(1):94-112.

Woodburn, J. 1982. Egalitarian societies. *Man* 17:431-451.

World Bank. 1993. *The East Asian miracle: Economic growth and public policy*. New York: Oxford University Press.

Yeh, S. R., B. E. Musolf, and D.H. Edwards. 1997. Neuronal adaptations to changes in the social dominance status of crayfish. *Journal of Neuroscience* 17(2):697-708.

찾아보기

가구 평균 소득 28
가부장제 223, 254
강력 범죄 9, 38, 55, 62, 69, 71, 103
건강 격차 22, 29, 30, 73, 75, 76, 91, 124, 128, 138, 156
결과의 평등 315
경계 속의 공유 266
경제적 민주주의 313, 334, 335
계급 차별주의 223, 254
고르바초프, 미하일(Mikhail Gorbachev) 138
공산주의 69, 135~137, 139, 230, 331, 333, 341
교환 관계 214, 264
궁핍의 힘 19
권위주의적 인성 223~225, 250
기대 수명 7, 14, 21, 23, 27, 28~31, 55, 73, 84, 85, 93, 122, 124, 132, 135~137, 141~143, 145, 157, 242, 247, 255, 325
기회의 평등 314, 315
길리건, 제임스(James Gilligan) 173, 175, 176, 182
길버트, 폴(Paul Gilbert) 92, 113, 114, 117, 184, 190, 191
남자다움 240
낮은 사회적 지위 9, 33, 39, 41, 80, 83, 88, 90, 94, 95, 105~109, 120, 122, 149, 171, 179, 180, 183, 190, 197, 207, 253, 257, 281, 286, 298, 301, 352
노르에피네프린 303
농경 사회 265~268, 271~274, 306, 329
다윈, 찰스(Charles Darwin) 113, 286
대처 정부 228
댈리, 마틴(Martin Daly) 148
던, 짐(Jim Dunn) 130
던바, 로빈(Robin Dunbar) 284, 288, 289
도덕 세계 216, 217
도파민 107
동반 성장 233
뒤르켐, 에밀(Emile Durkheim) 192
래쉬, 크리스토퍼(Christopher Lasch) 300
레빈슨, 다니엘(Daniel J. Levinson) 253
레이건 정부 228
로더럼 176, 178, 197, 198, 202, 234
로빈후드 지수 123
로세토 94, 235~237
로스, 낸시(Nancy Ross) 127
로젠버그 자기 존중감 척도 181, 182
로즈, 제프리(Geoffrey Rose) 70, 71
룩셈부르크 임금 연구소 301
리어리, 마크(Mark R. Leary) 117~119, 191
마르크스, 칼(Karl Marx) 35, 195, 217, 263, 322
마멋, 마이클(Michael Marmot) 247, 302
마초 244, 245, 252, 253
맥락 효과 158, 160~162

맥콜, 나단(Nathan McCall) 173~175, 179, 183
무상 의료 서비스 216, 353
물질적 번영 20
미네소타 다면적 인성 검사 66
민족주의 222
밀, 존 스튜어트(John Stuart Mill) 199
밀그램, 스탠리(stanley milgram) 115, 224
밀그램의 실험 115, 224
바쉬니, 아슈토쉬(Ashutosh Varshney) 259
바커, 데이비드(David Barker) 99
반(反)지배 전략 267
발, 프란스 드(Frans de Waal) 278
방어감정체계 185
밴필드, 에드워드(Edward C. Banfield) 237, 245
번, 리처드(Richard Byrne) 288
범죄율 18
베버리지 보고서 234
벤, 토니(Tony Benn) 275
보노보 278, 282, 283
보박, 마틴(Martin Bobak) 247
보울비, 존(John Bowlby) 224, 294
보일, 지미(Jimmy Boyle) 174, 175
보흠, 크리스토퍼(Christopher Boehm) 264, 267
복지 이전 165
복지 정책 50, 131, 333
부당한 계급 구분 195
부르디외, 피에르(Pierre Bourdieu) 112, 201
불면증 18
불평등과 폭력 64, 153, 170, 171
불평등의 문화 244
브룬, 존(John G. Bruhn) 235, 236
비도덕적 가족주의 245, 246

비스마르크, 오토 폰(Otto von Bismarck) 234, 333
빈곤선 25, 40, 196
빈부 격차 38, 61, 67, 210
빈약한 친분관계 105, 107
사고 실험 217, 218
사망률 26~29, 31, 34, 40, 54, 55, 74, 76, 83, 87, 92, 96, 98, 103, 105, 107, 125, 126, 128, 129, 131~133, 138, 141, 143~145, 147~150, 153, 154, 157, 159~161, 204, 231, 232, 240~244, 247, 255, 319, 339, 340
사회 계층화 15, 166
사회 보장 326, 332, 334, 342, 344
사회계급기관 이론 117
사회민주주의 30, 131
사회의 원자화 139, 231
사회적 감정 39, 113, 114
사회적 불안 15, 82, 108, 116~120, 191, 300
사회적 불의 31, 32
사회적 비교 119, 150, 155, 178, 191, 195, 199, 331, 346, 348
사회적 삶의 사사화 139, 230
사회적 유형화 77, 78
사회적 자본 9, 38, 47, 49~51, 58~62, 139, 165, 206, 230, 232, 244~246, 258, 347, 349
사회적 지배 92, 149, 208, 212, 221~224, 227, 238, 256, 343
사회적 지배 지향 척도 222~224, 256, 343
사회적 지배 체계 92
사회적 지위 8, 9, 22, 29, 33, 39~41, 45, 76, 80, 83, 84, 86, 88~95, 105~109, 111, 120, 122, 137, 149, 150, 152, 170, 171, 175, 178~181, 183~192,

195, 197~201, 204, 207, 208, 210, 211, 220, 221, 227, 238, 239, 241, 251, 253, 255~257, 279, 281, 286, 293, 297~299, 301, 310, 312, 314, 315, 319, 321, 325, 329, 331, 347
사회적 지위 호르몬 106, 190
사회적 행복 20
사회적 행복 지수 20
사회적 환경의 질 8, 148, 345
사회정의 12, 32, 228
살린스, 마샬(Marshall Sahlins) 84, 195, 214
살인율 38, 47, 63~66, 69~71, 121, 127, 148, 149, 153, 197, 319
삼각측량법 112, 113, 122
상대적 박탈감 33, 40, 82, 93, 148, 150, 161, 167, 178, 194, 219, 230, 321, 345, 352, 353
상대적 빈곤 40, 49, 64, 88, 143, 145, 153, 196, 230, 251, 281, 300, 301
새폴스키, 로버트(Robert Sapolsky) 91, 178, 251, 298, 306
서열 행위 200
선물 교환 36, 43, 213, 214, 265, 266, 287
성차별주의 222
성찰성 112
세계 가치관 조사 58
세로토닌 106, 107, 190, 191, 299, 310, 311
센, 아마티야(Amartya Sen) 135, 136
셰프, 토마스(Thomas Scheff) 113, 114, 185
소득 분배 66, 69, 126, 131, 136, 141, 147, 160, 168, 227, 229, 230, 232, 334, 343
소득 불평등 33, 38, 41, 42, 50, 56, 57, 59, 62~64, 66, 67, 71, 72, 87, 122~128, 130~132, 134, 136, 141~145, 147, 148, 151~154, 156~158, 160, 163, 165, 167~171, 199, 200, 206, 211, 217, 219, 220, 229, 232, 237, 244, 246, 247, 257, 276, 281, 286, 301, 315, 329~331, 347
소련식 수정주의 231
솔로몬 애쉬의 실험 114
쇼, 버나드(Bernard Shaw) 200
쇼어, 앨런(Allan Schore) 116
쇼어, 쥴리엣(Juliet Shore) 199, 331, 343
수렵·채집 사회 43, 214, 215, 223, 263~268, 271~274, 295
순위이양증후군 267
쉬블리, 캐롤(Carol Shively) 89
스미스, 아담(Adam Smith) 111, 194, 195, 198
스위프트, 아담(Adam Swfit) 136
스트레스 9, 10, 17, 19, 25~27, 32, 33, 36, 38~41, 43~45, 72, 76~82, 91, 93, 100~102, 104~106, 108, 109, 111, 112, 120, 144, 186~189, 208, 229, 230, 243, 249, 278, 286, 292, 294, 296~309, 311, 320, 346, 349
스트레스 호르몬 77, 91, 101, 108, 189, 294, 296
시데니우스, 짐(Jim Sidanius) 222, 223, 254
시민 공동체(civic community) 59
시민사회 52, 166, 246
시장 민주주의 26, 31, 45, 51, 55, 132, 220, 321
시장 사회 218, 292
식량 공유 36, 43, 214, 265, 266
신유물론 162~165, 167
신자유주의 50, 228, 229
실업률 75, 76, 121, 141, 233~235, 251, 315
심근경색 97, 98, 235, 308

심리사회적 요인　26, 27, 33, 38, 76, 78, 79,
　　81~84, 99, 106, 109, 113, 120, 161,
　　163, 168, 187, 311, 320, 322
심리사회적 행복　27, 72, 82, 229
심혈관 질환　23, 307
아도르노, 테오도르(Theodor Adorno)　42,
　　224, 250
아드레날린　187, 303
아리스토텔레스(Aristotle)　210
아이젠버그, 존(John F. Eisenberg)　284
알렉산더, 리처드(Richard D. Alexander)
　　209, 287
알로스타 부하　307, 308
알코올 중독　17, 18, 22, 70, 106
애국주의　222
애쉬, 솔로몬(Solomon Asch)　114
애착이론　224
앤잘두아, 글로리아(Gloria Anzaldúa)　252
에르달, 데이비드(David Erdal)　263, 268
에머슨, 랄프 왈도(Ralph Waldo Emerson)
　　187
에스트로겐　304
에피네프린　303, 304
엘리엇, 제인(Jane Elliot)　254
엘리트주의　222
엘머, 니콜라스(Nicholas Elmer)　180, 181,
　　183
엥겔스, 프리드리히(Friedrich Engels)　195,
　　263
연금 제도　143
연기된 보상　271
열등감　81, 94, 108, 113, 116, 120, 177,
　　180, 183, 186, 210, 220, 268, 321
영아 사망률　133, 134, 143~145, 241, 301
영장류　32, 42, 92, 178, 188, 212, 213, 215,
　　250, 264, 265, 276, 278, 284, 289,
　　290, 297, 299, 310, 317, 319
외상 후 스트레스 장애　327
우드번, 제임스(James Woodburn)　271
우울증　17~19, 22, 26, 32, 33, 76, 82, 106,
　　108, 121, 190~192, 229, 282
울프슨, 마이클(Michael Wolfson)　158~161
원시사회　213
월드만, 로버트(Robert Waldmann)　133
웨일스 계곡　235
의료 서비스　75, 76, 353
이데올로기　136, 228, 293
이치로 가와치(Ichiro Kawachi)　55
이환율　76
인구 구성비 효과　158, 160, 161
인종주의　42, 66, 93, 180, 183, 222, 223,
　　226, 241, 251, 254, 257, 326, 343
일반 사회 조사　55, 256, 318
자살률　18
자연 상태　214
자전거 타기 반응　42, 250~252, 254, 260
전국 사망률 종단 조사　159
전위된 공격 행동　42
절대적 빈곤　25, 64, 124, 195, 196, 216,
　　232
제임스, 올리버(Oliver James)　230
존중에의 추구　111
졸리, 앨리슨(Alision Jolly)　278, 288
좀머, 폴커(Volker Sommer)　250
종업원 지주제　335~337, 347, 354
중위 계층 가구 소득　28
즉각적인 보상　271
지니계수　123
지배-복종체제　213
지배의 관계　36, 207
진화의 막다른 골목　281
질병 구조의 변화　23, 24

집단밀집효과 203~256
찰스워스, 사이먼(Simon Charlesworth) 83, 176, 197, 202, 234
챈스, 마이클(Michael Chance) 276
최저임금제 332, 334
최초의 풍요로운 사회 272
친화의 관계 36, 207
카퍼, 아카쉬(Akash Kapur) 259, 260
케네디, 브루스(Bruce Kennedy) 55, 67, 247, 256
케랄라주 257~260
케임브리지 척도 210
코니언, 마틴(Martin J. Conyon) 337
코르티솔 91, 101, 108, 120, 189, 190, 229, 297, 300, 304~307
코월스키, 로빈(Robin M. Kowalski) 117~119, 191
코헨, 마크(Mark Cohen) 308
코헨, 셸던(Sheldon Cohen) 97, 98
코호트 연구 99
쿡-메들리 적대감 척도 66
크래머, 피터(Peter D. Kramer) 106
크리스텐슨, 마가레타(Margareta Kristenson) 91
테스토스테론 304
토크빌, 알렉시스 드(Alexis de Tocqueville) 51~53, 166, 238, 259, 321, 322
통화주의 228, 229
퇴행성 질환 23, 26, 144, 311
퇴행성 회피 행동 117
투쟁-도주 반응 187, 188
티트머스, 리처드(Richard Titmuss) 54, 233
파워, 마가렛(Margaret Power) 298
퍼트남, 로버트(Robert Putnam) 58~62, 205, 244, 245, 258, 319

페인, 톰(Tom Paine) 52, 321, 335
펠리시아, 프라토(Felicia Pratto) 222, 223, 254
평균 소득 24, 25, 84, 87, 93, 128, 129, 151, 152, 196, 301, 325
평균 수명 24, 55, 93, 126, 138, 232, 258
평등주의 35, 43, 59, 61, 62, 128, 147, 223, 225, 227, 228, 232~235, 237, 243, 248, 253, 262~264, 266, 267, 269~271, 273, 277, 278, 293, 333, 336, 342
평등주의적 해결 35
사회 건강에 관한 지표 324
풍요의 질병 24, 275
프란지니, 루이지아(L. Franzini) 204
프랭크, 로버트(Robert Frank) 199, 239, 325, 330
프로게스테론 304
프로락틴 304, 310
플라톤(Plato) 210
피브리노겐 188, 189
핑커, 스티븐(Steven Pinker) 281
하우스, 짐(Jim House) 96
핼펀, 데이비드(David Halpern) 12, 203, 204
향정신성 약물 중독 17
헤르츠만, 클라이드(Clyde Hertzman) 137
홉스, 토머스(Thomas Hobbes) 19, 213, 214, 282, 286, 316
후견인-피후견인 관계 59
희망 소득 199, 343
희소 자원 35, 92, 208, 209, 215, 279, 280, 282, 286, 316, 318, 332
히스패닉 93, 94, 95, 204, 222
히스패닉의 역설 93, 94